Mark C. Ross

Afrika – Das letzte Abenteuer

Mark C. Ross

Afrika – Das letzte Abenteuer

Die Geschichte eines Safariführers

Aus dem Amerikanischen von
Gabriele Werbeck und Andrea Stumpf

ARGON

Die amerikanische Originalausgabe erschien 2001 unter dem Titel
»Dangerous Beauty. Life and Death in Africa: True Stories From a Safari Guide«
im Verlag Hyperion/Talk Miramax Books, New York
© Mark C. Ross 2001

Originally published in the United States and Canada by Hyperion/Talk Miramax
Books as »Dangerous Beauty«. This translated edition published by arrangement
with Hyperion.

Für die deutsche Ausgabe
© 2002 Argon Verlag GmbH, Berlin
Gesetzt aus der Stempel Garamond
Satz: deutsch-türkischer fotosatz, Berlin
Druck und Bindung: Clausen & Bosse, Leck
Printed in Germany
ISBN 3-87024-535-2

Gewidmet Judy und Mike Rainy,
Susan und Rob

»Man sagt, dass wir alle auf der Suche nach dem Sinn des Lebens sind. Ich denke, wir suchen nach dem Gefühl, lebendig zu sein, sodass unsere rein physischen Lebenserfahrungen mit unserem innersten Wesen und unserer innersten Wirklichkeit in Verbindung kommen: Damit wir wirklich den Glückstaumel verspüren werden, am Leben zu sein.«

JOSEPH CAMPBELL, Die Kraft der Mythen

»Was uns dieses Abenteuer schenkt, ist reine Freude. Und Freude ist letztlich das Ziel des Lebens.«

GEORGE MALLORY

INHALT

I

Das Leben vor dem Tod

25. Februar 1999, fünf Uhr dreißig

Es war ein kühler Morgen. Ich lag auf dem Bauch und lauschte dem heiseren Ruf der Afrikanischen Zwergohreneule. Sie musste irgendwo in der Nähe sein, vermutlich saß sie in der Schirmakazie; in den niederen Büschen würde sie sich nicht sicher genug fühlen. Während ich überlegte, wohin ich meine Safarigruppe an diesem Morgen führen sollte, kroch das erste Tageslicht vom Ngorongoro-Krater her über die Serengeti. Wir kampierten schon seit vier Tagen am Ndutu-See und waren in dieser Zeit mehr als hundert Löwen und fünfzehn Geparden begegnet. Es war der reine Zufall gewesen, der uns zu einem Leopardenweibchen und seinen beiden Jungen geführt hatte. Sie taten sich an einem jungen Gnu gütlich, das sie auf eine niedrige und dicht belaubte Akazie geschleppt hatten. Damit hatten wir unser »Programm« eigentlich erledigt, und heute war einer der seltenen Tage, an denen ich nicht das Gefühl hatte, noch irgendeine Attraktion aus dem Hut zaubern zu müssen. Abgesehen davon, bekämen wir sicher noch genug Interessantes zu sehen, das uns für die viertägige, staubige Fahrt, die uns hierher gebracht hatte, belohnen würde.

Genau siebenundneunzig Stunden später sollte mich statt einer knapp fünfzehn Zentimeter großen Eule das Geknatter eines Maschinengewehrs wecken. Noch vor Ende des Tages würde man in dem Dschungelgebiet an der Grenze zwischen Uganda und dem Kongo einunddreißig Leute gefangen genommen, sechzehn gekidnappt und zehn umgebracht haben. An diesem Morgen jedoch, als ich die Eule hörte und mir vorstellte, wie ihr aufgeplustertes Gefieder bei jedem Ruf erzitterte, spürte ich wieder das Versprechen, das Afrika von jeher für mich dargestellt hat.

Dafür, dass der Februar am afrikanischen Äquator zur heißen Jahreszeit gehört, war es kalt. Nach sieben Wochen Safari war ich mittlerweile erschöpft. Ich rollte mich aus dem Bett, streifte mir ein paar Klamotten über und schlüpfte in die Sandalen mit den Sohlen aus Autoreifen. Dann griff ich nach meinem Fernglas und der Safarijacke und stolperte durch die offenen Klappen des Zeltes in die Dunkelheit heraus in Richtung Lagerfeuer und Kaffeeduft. Einen Moment hielt ich inne und lauschte noch einmal dem Ruf der Eule aus der Akazie, während aus dem knöchelhohen feuchten Gras die Kälte meine Beine hochkroch. Der Kaffee wärmte mir Hände und Magen, ich setzte mich vor das flackernde Feuer und beschloss, meine Reisegruppe noch etwas schlafen zu lassen. Rob Haubner und Susan Miller hatte ich schon ein paar Jahre zuvor während ihrer Flitterwochen auf einer Safari begleitet. Damals hatten sie praktisch keine Sekunde voneinander gelassen, als wären sie an Armen oder Beinen zusammengewachsen. Auch auf dieser Tour trennten sie sich kaum einmal. Sowohl Susan und Rob als auch Bob McLaurin und Susan Studd, das andere Paar meiner Reisegruppe, schliefen in Zelten mit Doppelbetten. Ich beneidete Rob und Susan, wenn ich mir vorstellte, wie sie verschlungen nebeneinander lagen, friedlich, voller Vertrauen, tief schlafend. Ich war zufrieden mit meinem Leben, aber manchmal fühlte ich mich in meiner ausschließlichen Liebe zu Afrika eben doch etwas einsam.

Unser Fahrer Emanuel begrüßte mich mit leiser Stimme, so wie es in Afrika üblich ist, selbst wenn etwas Dringendes ansteht. Wir sprachen kurz darüber, das Frühstück einzupacken und uns auf den Weg nach Norden zu den großen Felseninseln der Gol Kopjes zu machen, die sich über die ausgedehnten Ebenen der Serengeti erhoben. Sie waren wegen der Deckung, die sie boten, ein bevorzugtes Jagdrevier für Raubtiere. Dann verschwand Emanuel wieder in einem der Küchenzelte, und ich stand auf und goss wie immer den letzten Schluck Kaffee aus meinem Emaillebecher auf dem Boden aus.

Ich hasse es, Leute zu wecken. Ein, zwei Mal schlug ich mit der flachen Hand gegen die Wand des Zelts von Bob McLaurin und Susan Studd und wünschte ihnen einen guten Morgen. Bob brummelte: »Wir kommen gleich«, und ich machte mich auf den Weg zu dem anderen Zelt, das zwanzig Meter entfernt stand und Rob Haubner und Susan Miller gehörte. Es stand offen, und ich rief laut, dass es schon hell sei oder zumindest fast. Robs Antwort kam prompt und mit klarer Stimme, begleitet von Susans Grunzen, und ich kehrte zum lockenden Feuer zurück.

Vor genau einem Jahr hatten wir fünf uns an derselben Stelle befunden. Damals hatten uns die von El Niño verursachten Regenfälle vertrieben. Sie hatten es fast unmöglich gemacht zu fahren, und als wir es mit dem Flugzeug versuchten, hatten wir drei Anläufe gebraucht, um in die Luft zu kommen, da die Räder immer wieder im Schlamm stecken geblieben waren. Diese Safari hatte die Unbilden des letzten Jahres wieder wettgemacht: Erst gestern hatten wir den großartigen und zugleich schrecklichen Kampf zwischen zwei Hyänen und einem Weißschwanzgnu beobachtet. Das Gnu, dem bereits die Eingeweide aus dem aufgerissenen Bauch hingen, hatte seinen beiden Angreifern eine Dreiviertelstunde widerstanden, bis es schließlich erschöpft von den Hyänen getötet worden war. Bob McLaurin und Susan Studd hatten dem Kampf verständlicherweise nicht zusehen wollen und zur Weiterfahrt gedrängt. Zu guter Letzt hatten sie aber doch nachgegeben, und Rob, Susan Miller und ich hatten dieses einzigartige Erlebnis mit unseren Kameras festhalten können. Vielleicht hatten Susan und Bob ja Recht gehabt, aber der Biologe in mir hatte diese Aufnahmen einfach haben müssen, und wie die beiden anderen war ich vollkommen gefesselt gewesen von dem Lebenswillen und der Lebenskraft, die in diesem Kampf zum Ausdruck gekommen waren.

»Morgen, Mark«, ertönte es hinter mir. Erschrocken fuhr ich zusammen. Rob hatte sich von hinten angeschlichen und ließ sich nun neben mir auf einen Stuhl fallen. Er hatte einen Becher mit Kaffee in der Hand, und als er sich hinsetzte, blitzten seine Sandalen für einen Moment im Feuerschein auf. Er ließ sich in seiner ganzen Länge tief in den Stuhl sinken, und nur sein Dreitagebart, der im Feuer aufleuch-

tete, verriet, dass er nicht mehr so jung war, wie er auf den ersten Blick
wirkte. Die Flammen züngelten nach oben. »Wunderschön«, sagte er,
als er zu den kristallklaren Sternen hinaufsah, die Löcher in das Blauschwarz des Himmels stachen.

Susan Miller strich mir mit der Hand über die Schultern, als sie an
mir vorbeiging. Bei Rob angelangt, beugte sie sich nach vorne und ließ
sich schläfrig über ihn sinken. Sein Kaffee schwappte über den Becher-
rand, als sie ihn von hinten umarmte und ihren Kopf in seiner Hals-
beuge verbarg. Er beschwerte sich nicht. Nach kurzer Zeit richtete sie
sich wieder auf und setzte sich neben ihn. Rob holte ihr Kaffee.

Rob und Susan stammten beide aus Portland im Nordwesten der
USA, hatten aber schon überall auf der Welt einmal ihre Zelte aufgeschlagen. Rob war von seinem Arbeitgeber Intel auf die Philippinen
und nach Südostasien versetzt worden und hatte von da aus die ganze Dritte Welt bereist. Susan organisierte weltweit Multimedia-Kon-
ferenzen und -Präsentationen; sie verkörperte in Reinkultur das, was
man »soziale Kompetenz« nennt. Die beiden hatten im Zoo von Portland geheiratet und 1997 ihre Flitterwochen – unsere erste gemeinsame Safari – im Massai-Mara-Reservat verbracht.

Emanuel trat zu uns und erklärte mir auf Kisuaheli, dass Frühstück
und Lunch im Laster verstaut seien und er auch für Kaffee, Tee und
Wasser gesorgt habe. Alles war bereit.

Susan Studd hatte uns in aller Unschuld davor gewarnt, sie morgens
in der ersten Stunde anzusprechen, egal ob sie schon Kaffee getrunken habe oder nicht. Und als die beiden ein paar Minuten später auftauchten und sich zu uns setzten, sagte keiner von uns auch nur
Hallo. Titus, der Camp-Kellner, bot ihnen auf einem Silbertablett
zwei der blauen Blechtassen mit Kaffee an. Der Dampf stieg zum
sternenübersäten schwarzblauen Himmel auf und bildete im orange-
farbenen Licht der Flammen kleine Wirbel, bevor er sich in der Dunkelheit verlor.

Wir waren schweigsam, noch gar nicht ganz wach. Nur unwillig
störte ich die Stille und bemerkte, dass wir uns vielleicht auf den Weg
machen sollten, wenn wir bei Tagesanbruch in Naabi Hill sein wollten.

Emanuel saß am Steuer des Landrovers, den er schon seit zehn Jahren souverän durchs afrikanische Gelände steuerte und in dem wir schweigend die nächsten vierzig Minuten bis zum Posten des Parkwächters bei den Gol Kopjes verbrachten. Ich saß wie immer auf dem Dach, und der kalte Wind trieb mir unablässig Tränen in die Augen. Als ich ein Jahr später mit einer anderen Safarigruppe im Schlepptau zum Ngorongoro-Krater fuhr, sollten mir in Erinnerung an dieses Camp und die friedliche Morgendämmerung erneut die Tränen kommen.

Wir entdeckten eine Gepardin und folgten ihr mehr als zwei Stunden lang, bis sie ihre Beute gefasst hatte. Es dauerte eine weitere halbe Stunde, bevor sie die junge Thomson-Gazelle verschlungen hatte und wir uns an das Frühstück machen konnten, das Arthur, der Verwalter des Camps, für uns vorbereitet hatte. Da es noch früh war und wir immer noch froren, suchten wir uns einen sonnigen Platz auf einem Granitvorsprung, der wie ein Walrücken an die Oberfläche des Grasmeers brach. Rob und Susan saßen eng aneinander gedrängt auf der Erde und lehnten sich mit dem Rücken gegen den Felsen. Wir unterhielten uns über die Fotos, auf denen wir zu sehen hofften, wie der Gepard die Gazelle zur Strecke brachte, und kamen regelrecht ins Schwärmen, als wir uns die Bilder mit dem blutbefleckten Gesicht des Raubtieres vorstellten. Dieser Ort war nicht nur in geographischer Hinsicht Welten vom Leben Susans und Robs bei Intel in Portland entfernt. Die Gepardin hatte in der frühen Morgendämmerung einen Durchsetzungswillen bewiesen, der so gar nichts mit dem zu tun hatte, was der Wettbewerb auf dem Softwaremarkt oder das Leben in der Großstadt erforderte. Die Aufgaben, die das Leben hier stellte, waren elementarer und eindeutiger, auch wenn sie dem menschlichen Auge manchmal brutal erscheinen mochten. Ich glaube, Rob und Susan genossen es auch deswegen, hier zu sein – hier konnten sie die Dringlichkeiten des eigenen Lebens vergessen und den Pulsschlag der Natur spüren.

Um elf Uhr saßen wir wieder im Landrover und waren auf dem Weg Richtung Norden. Während einer Pause suchte ich mit meinem Fernglas die Umgebung ab und entdeckte in einer Entfernung von drei Kilometern ein paar Löwen. Sie befanden sich zwar am Fuße eines kleinen Hügels, waren aber mit ihrem tiefgelben Fell deutlich im kurzen grünen Gras zu erkennen. Je näher wir kamen, desto mehr Junge konnten wir ausmachen, und schließlich war vor unseren Augen das Rudel auf stolze sechzehn Tiere angewachsen. Bei ihnen würden wir unseren Lunch einnehmen.

Anderthalb Stunden lang beobachteten wir die Löwen und machten Fotos. Die Löwenjungen tollten in der zunehmenden Hitze herum und gingen auf alles los, was sich bewegte, und auch auf vieles, was sich nicht bewegte. Selbst in der Enge des Landrovers verging die Zeit wie im Flug, und es war bereits halb drei, als wir zu einer Gruppe von Feigenbäumen fuhren, die in einiger Entfernung an der Westseite einer Felsformation standen. Da die Ebene offen vor uns lag und sich fast zwanzig Kilometer in jede Richtung überblicken ließ, konnten wir hier sicher und in aller Ruhe Pause machen. Ich suchte die Felsen nach Verstecken von Raubtieren ab. Dann stiegen alle aus, nahmen die Sitzkissen aus dem Auto, und wir ließen uns, Löwinnen gleich, mit einem Seufzen auf dem Boden nieder. Wie ein grünes, von weißen Balken gestütztes Dach spendeten uns die großen Blätter eines Feigenbaums Schatten.

Ich hatte mich auf den Rücken gelegt; in dieser Haltung würde ich nicht wegdämmern. Zufrieden stellte ich fest, dass es sich die vier aus meiner Reisegruppe auf der blanken Erde bequem gemacht hatten und bald darauf eingeschlafen waren. Über mir segelten die allgegenwärtigen Raubvögel durch das endlose Blau, das sich über ein ebenso endloses Grün erstreckte. In Afrika wartet immer irgendwo ein Räuber auf seine Beute.

Unser Tag wurde durch ein paar Löwenjungen, die wir an den Simba Kopjes beobachteten, und einen atemberaubenden Sonnenuntergang über dem Moru-Gebirge abgerundet. Zurück im Camp, gönnten wir uns eine Dusche beim Licht der Laternen und versammelten uns dann müde und schweigend um das Feuer. Es war wieder eine wunderschöne Nacht; die paar Wolken, die wir in der nachmittäglichen Hitze gesehen hatten, waren mit der Sonne im Westen verschwunden. Über uns strahlte Jupiter in seiner ganzen Pracht, während Venus über den westlichen Nachthimmel herrschte.

Ich hatte meine Mitarbeiter gebeten, den langen Esstisch mit der Leinentischdecke aus dem Speisezelt zu holen, sodass wir unter dem Sternenhimmel essen konnten. Von den Kerzen, die wir vor der leichten Brise unter Glasstürzen geschützt hatten, blitzten winzige Lichter, die von dem Silber und den Gläsern zurückgeworfen wurden.

Ich weiß nicht mehr, welche Suppe wir gegessen haben, Erdnuss vielleicht, und auch an das Hauptgericht erinnere ich mich nicht, Grillhähnchen möglicherweise oder Beef Wellington. Aber die Gesichter bei Tisch sehe ich noch genau vor mir. Nach den neun Tagen unter der Äquatorsonne erglühten im Kerzenlicht alle in verschiedenen Schattierungen eines gesunden Brauns und Rots – besonders Susan Miller strahlte, was aber vielleicht auch von ihrem breiten Lächeln und dem leisen gutturalen Lachen herrührte. Susan Studd stand diese Tageszeit ebenfalls gut. Die düstere Spannung, die morgens auf ihrem Gesicht gelegen hatte, war schon lange vom Wind der Serengeti weggefegt worden. »Ich bin froh, dass wir nicht den Katzentisch bekommen haben«, bemerkte sie trocken. »Schon allein die Aussicht hier!« Um ihren Mund spielte ein leichtes Lächeln. Rob grinste nur.

Nachdem die beiden Paare müde eine gute Nacht gewünscht hatten und Arm in Arm zu ihren Zelten gegangen waren, saß ich noch allein am Feuer, schläfrig und froh, das Meine dazu getan zu haben, dass der Tag rundum gelungen war. Aus der Ferne hörte ich unsere Helfer leise miteinander plaudern, während sie das Geschirr spülten und das Küchenzelt aufräumten. Seit unserer Ankunft waren jede Nacht Hyänen, Leoparden und Ginsterkatzen um das Lager geschlichen. Das bisschen, das sie stibitzt hatten, war nur ein kleiner Preis, den wir ohne weiteres für ihre Anwesenheit zu zahlen bereit waren. Aber morgen würden wir die Serengeti verlassen, und deshalb machte sich die Crew schon mal ans Packen. In der Früh würden alle acht Hand anlegen und die riesigen Zelte mit den stählernen Rahmen und die dazugehörigen Duschkabinen abbauen, alles einpacken und im Laster verstauen.

Irgendwann konnte ich schließlich kaum noch die Augen offen halten, stand auf und machte mich auf den Weg zu meinem Zelt. Meine feste Matratze und das flache Kissen waren ganz kalt, und ich trat ein paar Mal auf der Stelle, bevor ich mich hinlegte und auf den Bauch drehte. Eine Weile noch lauschte ich, ob Löwen in der Nähe waren, aber es waren nur die Hyänen vom westlichen Ende des Sees zu hören, die sich wieder zu einem Raubzug auf der nächtlichen Ebene zusammenriefen.

26. Februar 1999, fünf Uhr dreißig

Das Gebrüll der Löwen musste mich geweckt haben. Offenbar waren sie in der Nacht näher herangekommen und waren jetzt nordwestlich von uns, irgendwo in dem bewaldeten Gelände. Ich ließ mich wieder zurücksinken, an diesem Morgen musste ich ja niemanden in aller Frühe wecken. Wir mussten nur frühstücken, packen, das Flugzeug besteigen und Richtung Nordwesten nach Kisumu in Kenia fliegen, möglicherweise über die Löwen hinweg, die ich im Moment hörte. An der Grenze in Kisumu wartete der übliche Papierkram für die Einreise auf uns, und dann wollten wir uns auf eine zwanzigminütige Flugreise nach Südwesten machen, zu der von den warmen und klaren Wellen des Viktoriasees umspülten Insel Rusinga.

Auch nach der zweiten Tasse Kaffee war ich immer noch der einzige Weiße, der schon wach war, und so ging ich zu der Piste, die hinter dem Lager vorbeiführte. Schon in meiner Kindheit in Illinois war ich gerne draußen gewesen. Mit meinem Hund Tumbleweed verbrachte ich endlose Stunden im Wald. Oft kamen wir erst bei Einbruch der Nacht nach Hause. Noch heute lese ich gerne »die Morgenzeitung« – jene Spuren und Zeichen, die die bei Nacht umherziehenden Tiere hinterlassen. Der hiesige Boden, der vor allem aus der feinen, von den Vulkanen im Osten hergewehten Asche besteht, lässt auch die feinste Spur so deutlich erkennen, als habe ein Künstler eine Lithographie in die Erde gekratzt.

Kurz nach einem Leoparden waren eine Weißschwanzmanguste

und ein Honigdachs vorbeigekommen. Um einiges später, als der Tau schon gefallen war, hatten die Löwen die Nähe unseres Camps aufgesucht. Nur drei der Löwen hatten die Piste benutzt, die anderen hatten lieber den Weg über das kurze, von den Gnus niedergetrampelte Gras nördlich der Reifenspuren genommen. Schon tagsüber gibt es hier keinen Stillstand, dachte ich; Leben und Tod, der Übergang der Kraft des einen Wesens auf ein anderes, sind hier stets gegenwärtig. Aber die Nächte sind noch sehr viel geschäftiger und gefährlicher.

»Hey, Mark, kannst du die Löwen nicht dazu bringen, endlich mal Ruhe zu geben?«, rief Susan Miller vom Lagerfeuer her. Sie knuffte Rob in die Seite, und ich musste grinsen, als sie Emanuel wegen seines Fahrstils am gestrigen Tag aufzog. »Du musst durch jedes Erdferkelloch zwischen dem Camp und dem Gol-Gebirge gefahren sein, Emanuel. Durch manche sogar zwei Mal.« Sie kippte mir den Kaffeesatz aus ihrer Tasse vor die Füße, als ich mich neben sie stellte.

»Es ist wohl an der Zeit, dass sie in eine neue Umgebung kommt«, stellte Rob fest.

»Wenn sie immer so ist«, antwortete ich, »würde ich sie, glaub ich, nicht mit auf Reisen nehmen.«

Susan tat so, als hätte sie uns nicht gehört, und ging zum Frühstückstisch. »Ich fang schon mal an«, sagte sie und setzte sich.

Eine Stunde später zogen wir eine Staubwolke hinter uns her, als wir langsam in Richtung der unbefestigten Startbahn fuhren, wo ich mein leuchtend blau und grün gestrichenes Flugzeug stehen gelassen hatte. Auf dem Weg dorthin fuhren wir um den See und hielten ein letztes Mal an der Höhle der Löffelhunde an. »Auf Wiedersehen, ihr kleinen Hunde!«, rief Susan Studd, und beim Klang ihrer Stimme wandten uns die Tiere ihre spitzen Gesichter zu. Während der ganzen Zeit, die wir hier verbracht hatten, waren wir morgens und abends, manchmal sogar in der Mittagszeit, an ihrer Höhle vorbeigekommen. Sie mussten mittlerweile unser Auto, unsere Stimmen, möglicherweise sogar unseren Geruch kennen, hatten daher auch keine Angst mehr und liefen nicht vor uns weg.

Nachdem wir eine Stunde geflogen waren, sahen wir den Viktoriasee, der sich wie ein im Landesinneren gefangenes Meer unter uns ausbreitete. Jenseits seiner fleckig silbern schimmernden Oberfläche lagen Uganda und der Impenetrable Forest – der unergründliche Wald –, der seinen Namen zu Recht trägt. Das grelle Grün von Rusinga erhob sich nur wenig über die Wellenkämme. Als ich das Flugzeug über die linke Tragfläche kippte und in einem flachen Bogen nach Süden steuerte, sah ich eine Dhau-Flotte, die von der Insel Mfangano auf Rusinga zusegelte. Die geblähten Segel trieben die schwarzen schlanken Rümpfe rasch nach Norden.

In Sekunden hatten wir die Insel überflogen und befanden uns wieder über offenem Gewässer. Ich flog noch eine Kurve und richtete meinen Kurs an der schmalen Landebahn aus, die geradewegs auf das Tor der kleinen Farm zulief, die uns auf Rusinga beherbergen würde. Ich drosselte die Geschwindigkeit und setzte die Landeklappen auf zwanzig Grad. Am südlichen Ende der Landebahn konnte ich eine Herde von grasenden Vierbeinern ausmachen. Da die Landebahn lang genug war, entschloss ich mich, hinter der Herde zu landen, statt noch einmal eine Platzrunde zu fliegen.

»Sag mal, willst du etwa im Wasser landen, Mark? Ich hab keine Gummistiefel an!«, rief Susan Studd über die Bordsprechanlage vom Rücksitz, der ihr Lieblingsplatz war. Sie konnte nichts als Wasser unter sich sehen.

»Weiß noch nicht, Susan«, rief ich zurück. »Muss ich mir noch überlegen.«

Ein Hirte beobachtete, wie unser Flugzeug herunterkam, und vergaß dabei völlig, auf seine Herde zu achten. Es mussten Schafe sein; Ziegen sind schlau genug wegzulaufen, während sich Schafe nur zusammenrotten und auf den nahen Tod warten. Und tatsächlich, die Tiere liefen mitten auf der Landebahn zusammen und verschwanden dann unter der Nase des Flugzeugs, als wir über sie hinwegschossen.

Beim Landen berührte das Flugzeug das Gras nur so leicht, dass man das Aufsetzen kaum spürte. Ich griff hinüber zum Landeklappenhebel und brachte ihn in die Ausgangsstellung zurück, dann klemmte ich mir den Steuerknüppel gegen den Bauch und öffnete das

Fenster, sodass die Hitze aus der Kabine weichen konnte, während wir ausrollten. Das war nicht die trockene Luft der Serengeti. Die von Feuchtigkeit und dem Geruch von Pflanzen gesättigte Brise verschaffte uns sofort Kühlung und ließ uns das Inselparadies nur noch verführerischer erscheinen. Wir rollten an einem Hain von Papayabäumen und Passionsfruchtstöcken entlang, die sich an der Mauer des Obstgartens hochrankten

»Sieht ja aus wie auf Hawaii«, sagte Rob.

»Stimmt, die Insel hat was davon«, stellte Susan Miller fest.

Ich war 1987 zum ersten Mal in diese Oase gekommen, um mir etwas Abwechslung nach einer zweiwöchigen Camping-Tour zu gönnen. Die Camps auf meinen Safaris sind zwar auch nicht gerade von Entbehrung geprägt, aber Rusinga ist dagegen purer Luxus und reinste Erholung. Die Häuser haben keine Fenster, nur Fliegengitter und Vorhänge, die nachts zum Schutz vor Insekten zugezogen werden, und das unberührte Gras reicht von den Schatten spendenden Feigen- und Papayabäumen bis an den Strand.

Unser Gastgeber Richard kam, um uns zu begrüßen, bevor ich das Flugzeug gewendet und den Motor ausgestellt hatte. Neben ihm trotteten zwei große lohfarbene Labradore. Richard trat heran und half Susan Studd beim Aussteigen aus dem engen hinteren Teil des Flugzeugs; dann stellte er sich ihr und den anderen vor. Susan schüttelte seine Hand und kniete sich dann neben die beiden sichtlich erfreuten Hunde, um sie zu streicheln. Richard machte große Augen, als sich Susan Miller mit glühendem Gesicht aus der mittleren Sitzreihe herausschälte und nach dem langen Flug streckte. Sie hievte ihre Kameratasche hoch, sah Richard an und fragte: »Und wo geht's hier zur Bar?«

Von ihrem Lächeln gefangen genommen, ließ Richard das Gepäck, seine anderen Besucher und mich stehen und geleitete Susan zum Tor. Während wir anderen noch unser Zeug in die Unterkunft schleppten, hatte es sich Susan, ein Glas Rum mit Passionsfruchtsaft in der Hand, bereits auf einem Liegestuhl bequem gemacht. Richard hatte sich mit einem Bier neben sie gesetzt.

»Sparen wir uns doch die weitere Reise«, sagte sie, »und bleiben einfach hier.«

Ich wandte mich grinsend zu Rob um. »Und sie hat noch nicht mal die Hütten gesehen.«

»Nein«, gab Rob zurück, »aber das ist ein Ort, wie man ihn sich nur erträumen kann.«

Das Mittagessen bestand aus mariniertem Fisch, Avocadosuppe und Nilbarsch mit Ingwer. Von unserem Tisch aus hatten wir Aussicht auf die drei Inseln im Westen, und von der Küste her strich uns der Wind durch die Haare. Auch für mich war der Aufenthalt hier eine willkommene Abwechslung, nachdem ich bisher damit beschäftigt gewesen war, die Abenteuer des Lebens in der Wildnis der Serengeti zu präsentieren. Ich fühlte mich verpflichtet, ständig etwas aus dem Hut zu zaubern – sei es etwas Lehrreiches oder Unterhaltsames – und dafür zu sorgen, dass sie die Tage genießen konnten. An einem Ort wie diesem musste man da nicht lange nachhelfen.

Nach dem Essen machten sich die beiden Paare davon, um sich auf den Liegestühlen vor ihren Hütten auszustrecken. Ich ging auf mein Zimmer, holte ein Buch über Geparde hervor und folgte ihrem Beispiel, schon ahnend, dass ich nicht lange wach bleiben würde. Als ich um halb sechs die Augen wieder aufschlug, hatte das grelle Licht des frühen Nachmittags einen sanfteren goldenen Ton angenommen. Richard hatte uns zu einem Dämmerschoppen auf Bird Island eingeladen, und wir mussten spätestens um sechs Uhr dort sein, wenn wir die Zehntausende von Vögeln sehen wollten, die vom Festland hierher zu ihren Schlafplätzen kamen.

Susan Miller stand neben Richard, dessen Eltern dieses wunderbare kleine Paradies aufgebaut hatten, als er das zweirumpfige Motorboot aus der breiten Bucht heraus Richtung Süden steuerte. Susan Studd und Bob saßen schweigend am Heck und hielten sich aneinander fest, während das Boot über die Wellen hüpfte. Nachdem wir fünfundzwanzig Minuten über die Dünung geflogen waren, nahm Richard das Gas weg, und wir trieben auf der plötzlich spiegelglatten Fläche auf der Leeseite von Bird Island, das eigentlich aus zwei eng nebeneinander liegenden Inseln bestand.

Ich warf einen Köder aus und ließ die Leine zwanzig Meter von der Spule laufen, bevor ich sie arretierte und die Rute in ihrer stählernen

Halterung verankerte. Richard übergab Susan das Ruder und öffnete den Reißverschluss der Segeltuchtasche mit den Getränken. Er machte eine Flasche südafrikanischen Rotwein auf, schüttete ein paar noch warme geröstete Cashewkerne in eine hölzerne Schüssel und hielt leere Weingläser in die Höhe. Fragend hob er seine Augenbrauen.

»Ich nehme einen«, sagte Susan sofort und streckte ihren gebräunten Arm aus. Auch Rob streckte Richard seine Hand entgegen, wandte dabei den Blick aber nicht von der untergehenden Sonne, als zöge sie seine Augen mit magnetischer Kraft an. Richard plauderte mit den vieren, sodass ich hinten im Boot sitzen bleiben und mich ganz meiner Angel widmen konnte. Die Leine schnitt ein V in das Wasser, ganz wie die Flosse eines Fisches, der vergeblich unser langsam dahingleitendes Boot einzuholen versuchte. In der schmalen Durchfahrt zwischen den beiden Inseln brachen sich die Wellen und ließen unser Boot für kurze Zeit auf und ab schaukeln, bis wir uns wieder auf der Leeseite der zweiten Insel befanden. Plötzlich ertönte hinter mir der rasselnde Schrei eines riesigen Eisvogels, und ich beobachtete, wie er nahe den Felsen knapp über der Wasseroberfläche dahinsegelte und dann plötzlich nach oben stieg, um sich auf dem toten Ast eines Feigenbaumes niederzulassen.

Während wir uns leise unterhielten, kamen immer mehr Schwärme kleiner Silberreiher und Heiliger Ibisse aus dem Westen von den Reisfeldern des Festlandes. Lautlos flogen die Vögel zu ihren Nistplätzen unter den Bäumen, wo sich bereits einer neben dem anderen die heiseren, langschwänzigen Kormorane drängten. Die Ibisse flogen dicht über uns hinweg, und wir konnten gut den schwarzen Saum von Federn an ihren sonst makellos weißen Flügeln erkennen.

Nördlich von Mfangano versank die Sonne im Wasser und warf eine goldene Rettungsleine aus Licht bis zu den Schandeckeln unseres Bootes. »Wir sollten warten, bis es dunkel ist«, sagte Richard, als wir, angezogen von dem grandiosen Schauspiel, nach Westen blickten. »Dann können wir auf dem Rückweg bei den Nachtfischern vorbeifahren. Sie werden ihre Laternen aufstellen, mit denen sie Insekten anlocken.« Noch einmal füllte er unsere Gläser und ließ die Nüsse herumgehen.

Langsam senkte sich die Nacht über uns, und noch immer flogen die Vögel zu ihren Nistplätzen. Wir ließen den Außenborder wieder an, verstauten die Tasche mit den Gläsern und fuhren über die spiegelglatte Wasseroberfläche Richtung Norden auf eine Lichterkette zu, die über dem schwarzen Wasser hing. Aus der Nähe erkannten wir, dass es Gaslaternen waren, die die Fischer in einer Reihe aneinander gehängt und deren Enden irgendwo in der unter uns liegenden Schwärze verankert hatten. Ein schlankes Boot, voll besetzt mit Männern des Luo-Stamms mit bloßen Oberkörpern, vervollständigte das Bild. Die Laternen baumelten einen knappen halben Meter über den Wellen.

Richard erklärte uns, dass die Lichter die Fliegen am See anzögen, die wiederum die Fische herbeilocken würden. »Alle vier Stunden ziehen die Fischer ein Beutelnetz um die Lichter und fangen die Fische, die gerade dabei sind, sich an den Fliegen gütlich zu tun. Morgen werde ich euch zeigen, wie die Fischer die Fische trocknen, indem sie sie einfach auf Segeln in der Sonne ausbreiten. Aus den Weißfischen in der Größe von Sardinen bereitet man später eine Suppe mit gekochtem Maismehl, oder man verschifft sie nach Nairobi.«

Eine einzelne Messinglaterne, deren Flamme von einem dickwandigen Glassturz geschützt wurde, begrüßte uns, als wir am Kai bei unseren Hütten festmachten. Nachdem wir geduscht hatten, nahmen wir ein einfaches, aber gutes Abendessen zu uns und schafften es, müde, wie wir waren, gerade noch in die Hütten, wo die milde Luft sanft durch die Moskitonetze strich, die unsere Betten umgaben.

27. Februar 1999, sieben Uhr

Fast überall in Afrika kann man aus den Taubenarten, deren Rufe man in der Dunkelheit vor der Morgendämmerung hört, schließen, auf welcher Höhe man sich befindet. In dieser Nacht hörte ich das tiefe Gurren der Trauertauben, die mir sagten, dass ich mich wieder auf geringer Höhe befand, in der man weder Rotäugige Halbmondtauben noch Oliventauben antrifft. Der Wind hatte in der Nacht zwar nachgelassen, aber zugleich war auch die Temperatur gefallen. Ich hatte Lust auf einen Kaffee und ging auf die Veranda hinaus, wo schon ein dampfender Becher auf mich wartete. Erstaunlicherweise hatte ich nichts gehört, als er mir gebracht worden war. Sonst weckte mich schon das leiseste Geräusch, aber die Wellen, die sanfte Brise und die langen Tage während der Safari hatten mich tiefer schlafen lassen als sonst. Ich trank meinen Kaffee, die Füße auf die niedrige Brüstung der Veranda gelegt, und dachte über den kommenden Tag nach.

Während dieser neunzehntägigen Safari sollte Rusinga unser einziger »One-Night-Stand« sein. Ich bemühe mich immer darum, mit einer Gruppe wenigstens drei Nächte an einem Ort zu verbringen. Dann hat man genug Zeit, die Namen und Gesichter der Mitarbeiter eines Camps kennen zu lernen und sich an die neue Umgebung zu gewöhnen. Ich wusste, dass meine Gruppe gerne noch mindestens einen Tag hier verbracht hätte, aber die Genehmigung für die Gorilla-Tour zwang uns zur Einhaltung des Zeitplans. Pro Tag durften nur zwölf Leute die etwa dreihundertzwanzig Berggorillas besuchen, die inmitten eines Gebiets von erloschenen und aktiven Vulkanen im Kongo (dem vormaligen Zaire), in Ruanda und in Uganda leben. Ich hatte mit den zuständigen Stellen im Bwindi Impenetrable Forest schon gestritten, ich hatte gebeten und gebettelt, um die Erlaubnis für einen Besuch an zwei aufeinander folgenden Tagen zu bekommen. 1986 war ich das erste Mal in dem ruandischen Teil dieses Gebiets gewesen, wo Dian Fossey, die mit ihren Forschungen und dem Buch *Gorillas im Nebel* diese Tiere berühmt machte, gelebt hatte. Sie war 1985 von Wilderern ermordet worden, die seit Jahrzehnten eine Gefahr für die Gorilla-Population darstellten und ihren Lebensunterhalt durch die Popularität bedroht sahen, die Dian Fossey den Gorillas verschafft hatte.

Im vorangegangenen Jahr hatten Rob, Susan und ich einen Besuch bei den Gorillas geplant, aber da die Lage damals wegen des Krieges im Kongo und in Burundi bestenfalls prekär zu nennen war, hatte ich diesen Teil der Safari sicherheitshalber abgesagt. In einem Zeitraum von nur hundert Tagen waren im April, Mai und Juni des Jahres 1994 zwischen achthunderttausend und einer Million Menschen in Ruanda umgebracht worden. Die Stammeskonflikte zwischen den Hutu und den Tutsi hatten schließlich auf den benachbarten Kongo und Bu-

rundi übergegriffen, wo sowohl die Mörder als auch die Flüchtlinge
Zuflucht gesucht hatten. Ich hatte mich zu dieser Zeit in Kenia auf-
gehalten, meistens in Nairobi, wo die Vertreter der internationalen
Presse Quartier genommen hatten und wo ich zu Hause war. Einige
der Bericht erstattenden Reporter hatte ich gekannt. Was sie erzählten, war zutiefst erschütternd gewesen, obwohl ich zunächst kaum
hatte glauben können, dass über achthunderttausend Menschen in so
kurzer Zeit und einzeln, mit Handwaffen, getötet worden waren. Wir
alle waren wie gelähmt gewesen.

Da Ruanda weitgehend zerstört war und auch der benachbarte
Kongo keine Sicherheit bot, blieb nur Uganda, wenn man die Gorillas besuchen wollte. In den beiden ugandischen Camps, von denen eines das von Abercrombie & Kent war, in dem wir unterkommen wollten, war man bereit, jederzeit die Zelte abzubrechen. Ich hatte
während des letzten Jahres immer wieder E-Mails an A & K geschickt
oder war bei der Verwaltung in Nairobi vorbeigefahren, um mich zu
vergewissern, dass alles in Ordnung sei. Es schien keine Probleme zu
geben.

Die Lage wurde zu dieser Zeit für sicher gehalten. Bislang hatten
sich in Uganda noch keine Vorfälle ereignet, durch die Touristen in
Gefahr geraten wären. Darüber hinaus gab es einen steten Reiseverkehr, und man berichtete in schillernden Farben von den Gorilla-Tou-
ren in Uganda. Ich selbst hatte Bwindi in diesem Jahr schon vier Mal
besucht und jedes Mal nur die besten Erfahrungen gemacht.

Den heutigen Tag würden wir im Flugzeug verbringen. Wir mussten zwei Mal Einreise- und Zollformalitäten hinter uns bringen – ein
Mal, wenn wir Kenia verließen, das andere Mal, wenn wir nach Uganda einreisten. Von dort aus würde uns das Flugzeug mehrere hundert
Kilometer weit zu den Teeplantagen in der Nähe von Buhoma bringen, einen guten Kilometer von der ugandischen Grenze zum Kongo
entfernt. Nach weiteren dreißig Minuten im Auto sollten wir dann gerade rechtzeitig zum nachmittäglichen Tee am Rand des Impenetrable
Forest eintreffen.

Während wir gut gelaunt unter einem Feigenbaum frühstückten,
gab ich Rob, Bob und den beiden Susans Weisungen, wie sie sich beim

Betreten des Waldes an der Grenze zum Kongo zu verhalten hatten. Die Gorillas haben wirklich eine außerordentliche Anziehungskraft, und von der Tiefe und Dunkelheit des Waldes geht ein großer Zauber aus. Ich erklärte ihnen den Flug und die anschließende Autofahrt, die wir an diesem Tag hinter uns bringen müssten, um unser Zeltlager zu erreichen, das dort, wo die Straße auf den Regenwald trifft, am steilen Westhang des Tals klebte. Ich erzählte ihnen ausführlich von den Gorillas, ihren Familienstrukturen, ihren Arten und Unterarten und ihrer Verbreitung und beschrieb dann noch kurz die Forschungsarbeit von Dian Fossey über die anderen Gorillas tief unten im Süden von Ruanda. Sie mag im Privatleben und als Vorgesetzte ja herrisch gewesen sein, aber ohne sie und ihre hingebungsvolle Arbeit würde es heute vielleicht keine Berggorillas mehr geben.

Um neun Uhr morgens rollte ich mit dem Flugzeug ans südliche Ende der Startbahn. Ich hatte den Motor und die Elektrik gecheckt und den Propeller durchgedreht, um warmes Öl in den Drehzahlregler zu bekommen, die Landeklappen auf ihre Funktionstüchtigkeit geprüft und schließlich die Trimmung und den Kompass justiert. Die meisten Start- und Landebahnen, die ich in Ostafrika benutze, sind Geröll-, Sand- oder Graspisten; sie können außerordentlich hart und uneben sein, und durch die Erschütterungen lockert sich immer etwas am Instrumentenbrett. Meistens funktioniert dann der Funk nicht mehr, aber ich habe auch schon zwei Mal die Landeklappenbedienung verloren und ein Mal den Bremshebel. Solange ich das früh genug bemerke, kann ich mir noch irgendwas ausdenken, aber der Start ist nicht unbedingt die beste Zeit, um von solchen Mängeln überrascht zu werden. Am Ende der Startbahn trat ich fest auf die rechte Bremse, wendete das Flugzeug, ließ es weiterrollen und gab dann wieder Gas. Es kommt immer wieder vor, dass beim Start Steine hoch geschleudert werden, die den Propeller beschädigen. Ist das Feld lang genug, und ich kann bis zum eigentlichen Start langsam immer mehr Gas geben, kann ich die Propellerblätter vor solchen Schäden bewahren.

Die Bäume am nördlichen Ende der Startbahn nahmen wir spielend, und ich zog die Maschine steil nach oben, um Höhe zu gewinnen, dann flog ich eine Kurve nach Nordosten Richtung Kisumu und warf einen Blick nach hinten auf meine Fluggäste. Sie hatten ihre Gesichter gegen die Fensterscheiben gepresst, um den See und die dahingleitenden Daus zu betrachten.

Der Zoll in Kisumu machte erstaunlich wenig Umstände. Ich hatte am Tag zuvor Bescheid gegeben, dass wir heute auf unserer Reise nach Uganda zwischenlanden würden. Sie hatten sich sogar daran erinnert, dass ich einen Tankwagen bestellt hatte. Unsere Pässe wurden abgestempelt, der Tank wurde mit hundert Liter Flugbenzin voll getankt, und die Zollbeamten nahmen uns das Versprechen ab, auf dem Rückflug aus dem Duty-free-Shop in Entebbe Whiskey mitzubringen. Bald waren wir wieder in der Luft. Himmel und Wasser verschmolzen ineinander, weshalb ich während des fünfundvierzigminütigen Flugs meine Instrumente umso genauer im Auge behalten musste. Schließlich setzte ich, die sattgrünen Inseln des Viktoriasees, die unseren Weg nach Entebbe markiert hatten, hinter uns lassend, zum Landeanflug an. Der hiesige Flughafen war 1976 zu Berühmtheit gelangt, als israelische Streitkräfte neunundachtzig Geiseln aus einem Flugzeug befreit hatten, das von einer palästinensischen Guerillagruppe entführt worden war.

Da auf dem internationalen Flughafen von Entebbe auch Boeings 747 landen, musste ich mir keine Gedanken über die Länge der Landebahn machen. Ich hatte keine Lust, zehn Minuten mit dem Flugzeug bis zum Terminal herumzukurven, überflog die erste Hälfte der Landebahn und setzte meine Blue Bird erst dann auf die gemalte Mittellinie auf. Wir rollten zum Terminal, und ich drosselte die Benzinzufuhr, um den Motor anzuhalten. Ein Gesicht erschien an meinem Fenster, und nachdem der Propeller zum Stillstand gekommen war, öffnete ich die Tür und begrüßte Peter, den Abgesandten des Unternehmens, das das Gorillacamp unterhielt. Wir folgten ihm in das Terminal, die Pässe griffbereit in der Hand. Auf gut Glück hatten wir unser Gepäck im Flugzeug gelassen, vielleicht würden sie ja nicht alles durchsuchen wollen.

Während Peter die anderen zum Mittagessen oben im Flughafengebäude begleitete, füllte ich den Flugplan für den nächsten Streckenab-
schnitt aus. Ich musste mich auch noch beim Militärposten melden.
Fünf Minuten später, nachdem ich allen die Hand geschüttelt, über das
Ausbleiben des Regens gejammert, vom bisherigen Verlauf der Reise
erzählt und mich nach der Lage der Dinge erkundigt hatte, stieß ich
wieder zu meiner Gruppe.

Im Gegensatz zu Kenia und Tansania besteht Uganda zu weiten Teilen aus grünem und fruchtbarem Land. Es war Uganda gewesen, auf
das sich das Begehr von Großbritannien und Deutschland gerichtet
hatte. Die beiden europäischen Kolonialmächte waren mehr oder weniger gezwungen, Kenia beziehungsweise Tansania zu »nehmen«,
denn nur so verfügten sie über Häfen, über die sie ihre Schätze aus
Uganda verschiffen konnten. Seit Uganda 1962 die Unabhängigkeit
erlangte, hat das Land unter einer ununterbrochenen Folge brutaler
Diktaturen gelitten: zunächst unter Milton Obote, dann unter dem
berüchtigten Idi Amin und dann wieder unter Milton Obote. 1985
schließlich gab es zwei Aufstände – im südöstlichen Teil des Landes
zettelte General Okello einen Krieg an und im Westen Yoweri Muse-
veni. Ich war damals von der *New York Times* und der *London Times*,
für die ich jeweils als Fotograf und Dolmetscher arbeitete, nach Uganda geschickt worden, um Material über diese beiden Konflikte zu sammeln.

Erst nachdem wir Entebbe schon eine Stunde hinter uns gelassen
hatten, konnte ich direkt vor uns die Umrisse der Bwindi-Berge ausmachen. Es lässt sich kaum erahnen, was sich hinter dem Dunstschleier verbirgt, bis man plötzlich erschreckend nahe ist. Durch die
leichten Turbulenzen über dem niedrigen Gebirge wachten meine vier
Passagiere auf, und sie blickten mit großen Augen auf die dunkel-
grün umhüllten Berge und die Dörfer, die sie säumen. Ich steuerte das
kleine Flugzeug das Tal hinauf, das zum Impenetrable Forest führt,
weil ich ihnen die Ausdehnung und die steilen Hänge des Gebiets zeigen wollte, das wir durchqueren würden. Die Größe und Unberührt-
heit dieses Dschungels lassen sich eigentlich nur aus der Luft erkennen.

Die Landebahn war von dichtem Gras umwachsen und wurde an drei Seiten vom hellen Grün der Teeplantagen begrenzt. Als wir am östlichen Ende der Piste ausrollten, fuhr ein erfreulich vertrauter braungelber Landrover auf dem Grasstreifen vor. Selbst hier, im abgelegenen Regenwald, klappte die Planung also.

Hunderte von Kindern rannten auf die Landebahn. Ich rief den anderen zu, sie sollten mir dabei helfen, die Kinder im Auge zu behalten. Als ich vor drei Wochen hierher gekommen war, musste ich den Motor des Flugzeugs gleich nach der Landung abwürgen, weil ich Angst hatte, eines der Kinder mit dem im Laufen nahezu unsichtbaren Propeller zu erwischen. So schnell ich konnte, stellte ich die Benzinzufuhr ab und den Motor aus. Die Gefahr, jemanden zu töten, war einfach zu groß, lieber würden wir das Flugzeug in seine Parkposition schieben.

Neugierig kamen die Kinder auf uns zugelaufen, als wir aus dem Flugzeug stiegen. Diesen Teil der Welt überflog so gut wie nie ein Flugzeug, geschweige denn, dass eines landete. Die Ankunft meiner blitzenden blau-grünen Cessna war jedes Mal ein Riesenereignis für sie. Meine vier Gäste waren erstaunt, dass die Ankunft eines Flugzeugs einen solchen Aufruhr verursachen konnte, und begeistert schüttelten sie den Kindern die Hand und fotografierten das Schauspiel. Nichtsdestoweniger warnte ich sie, auf alle Fälle das Gepäck im Auge zu behalten. Einhundert Paar Hände streckten sich uns entgegen, um unsere fünf Gepäckstücke und die Kameraausrüstungen zu dem wartenden Auto zu tragen. Nachdem ich mich versichert hatte, dass nichts davon in den Teefeldern verschwand, bat ich Mutabe, einen der Askari oder Wächter, darauf zu achten, dass sich keine der kleinen Hände an dem Flugzeug zu schaffen machten; Mutabe war ein alter Mann aus dem Dorf, den ich schon lange als vertrauenswürdig kannte. Und bald darauf holperte unser Land Cruiser über die unbefestigte und steinige rote Piste in Richtung Wald.

Wir bewegten uns hier abseits der üblichen Touristenpfade. Bwindi ist für den durchschnittlichen Safariteilnehmer viel zu teuer und zu abgelegen. Das Wissen, allein dort draußen zu sein, verleiht diesem Ort eine ganz besondere Aura. Dazu trägt auch bei, dass man in dieser Weise die Aufmerksamkeit aller Einheimischen auf sich zieht und weit und breit kein anderes weißes Gesicht zu sehen ist. Durch welches Dorf wir auch fuhren, überall winkten uns die Leute zu und schauten uns nach. Susan Miller presste trotz des Geholperes während der ganzen Fahrt ihr Gesicht gegen die Scheibe, abwechselnd die Kinder grüßend, die beim Geräusch des näher kommenden Lasters an den Straßenrand stürmten, und Rob in die Seite stoßend, um ihn auf irgendetwas Außergewöhnliches aufmerksam zu machen. Zwischen den Dörfern gehörte die Straße dann den Rindern mit ihren riesigen Hörnern, und wir waren immer wieder gezwungen anzuhalten, bis die Hirten das Vieh mit ihren kurzen kräftigen Stöcken zurück in die Bananenplantagen getrieben hatten, die die Straße zu beiden Seiten säumten.

Vollkommen unvermittelt endet die befestigte Straße an der Stelle, wo der Impenetrable Forest beginnt. Außerhalb des Parks sind so gut wie alle großen Bäume schon vor langer Zeit gefällt und ist der Wald durch Kartoffel- und Maisfelder ersetzt worden; die Talsohle ist in ihrer ganzen Länge mit schier endlosen Reihen von Bananenpalmen bepflanzt. Innerhalb des Nationalparks ist das Fällen von Bäumen nicht erlaubt. Auf den Feldern selbst ist es still, aber aus dem geheimnisvollen schwarzgrünen Dickicht des Regenwaldes dringen ständig fremdartige und lockende Rufe. Einige stammen von Vögeln, andere von Säugetieren, und bei manchen ahnt man den Urheber nicht einmal. Der Regenwald zieht mich sogar noch mehr an als die Serengeti in der Zeit der Dämmerung. Vielleicht kenne ich jene Ebenen aber auch nur zu gut, und es ist das Neue und Unbekannte, das mich verführt. Es gibt hier Vögel, die ich noch nie gesehen habe, und Schmetterlinge, so groß wie Vögel, und Säugetiere, von denen ich noch nicht einmal Spuren entdeckt habe, geschweige denn ihre im Dunklen verborgenen Körper.

Am Parkeingang hielten wir an, trugen uns vom Auto aus in das Besucherbuch ein, und schon glitt der Holzbalken, der die Straße versperrte, zur Seite und gab uns den Weg in den Park frei. Nach zweihundert Metern waren wir endlich am Ziel angekommen. Ich begrüßte die Mitarbeiter des Camps und machte sie mit meinen Mitreisenden bekannt. Die Leute nahmen unser Gepäck, und wir stiegen hinter ihnen die steilen Treppen hinauf, die zum Camp führten. Dort waren auf hölzernen Plattformen die Zelte aufgeschlagen; sie verfügten über schmale Betten und Wasserklosetts, aber es gab keinen Strom. Der Busch reichte bis dicht an die Treppe. Oben angekommen, öffnete sich uns zu unserer Überraschung die Aussicht auf eine Wiese. Durch das Dickicht drum herum ließ sich aber selbst von hier aus keines der Zelte erkennen, die uns die nächsten drei Nächte beherbergen sollten. Wir hatten alle das Bedürfnis nach einer Dusche, und auf meine Bitte hin ließ der Camp-Verwalter Kübel mit heißem Wasser bringen, mit denen die Duschen gefüllt wurden. Ich setzte mich ein paar Minuten lang auf die Lichtung und lauschte den Rufen der Vögel, die ich kannte – ganz in der Nähe waren der Große Blaue Turako, der blauköpfige Kuckuck und die weißköpfige Schmätzerdrossel zu vernehmen. Vom Tal her waren aus der Ferne in der aufkommenden Dämmerung das Japsen und Kreischen der Schimpansen zu hören.

Als ich zurück zu meinem Zelt ging, hörte ich auch schon die Männer kommen, die die leinenen Duscheimer mit heißem Wasser füllten. Ich dankte ihnen, zog mich aus und stellte mich unter das dampfende Wasser. Lange bevor der Eimer leer war, hatte ich mich schon gewaschen, aber ich blieb noch unter der Dusche stehen und genoss den Luxus; erst als der Wasserstrahl zu einem Tröpfeln wurde, trat ich unter der Dusche hervor. Mein Körper dampfte in der kalten feuchten Luft.

Im Speisezelt fanden sich außer mir nur meine vier Leute und eine einzelne Frau ein, ihrer Aussprache nach zu urteilen eine Amerikanerin. Selbstverständlich luden wir sie ein, an unserem Tisch Platz zu nehmen. Linda Adams war stämmig und trug weite Kleider; sie hatte eine Art, die uns auf Distanz hielt. Sie erzählte uns, sie habe den ganzen Weg von Kalifornien hierher auf sich genommen, nur um die Berggorillas zu sehen. Sie wollte keinen der anderen Naturparks in Ostafrika besuchen. Nach den beiden je einstündigen Besuchen bei den Affen würde sie nach Entebbe fliegen und dann über Nairobi und London zurück nach Los Angeles. Das schien mir ein verdammt langer Weg für eine zweistündige Stippvisite zu sein. Allerdings war ich schon vielen allein stehenden Frauen begegnet, die von Afrika und insbesondere den Affen hier fasziniert waren. Aber es tat mir Leid, dass

Linda, wo sie doch schon mal da war, so wenig von dem unglaublichen Leben in freier Wildbahn, das Afrika zu bieten hatte, zu sehen bekommen würde.

Um uns herum war die Größe des Waldes zu spüren, als wir um das Lagerfeuer saßen und uns unseren Wein zu Gemüte führten. Außer dem Zirpen der Grillen und dem Quaken der Frösche war kein Laut zu hören, ganz anders als in den Ebenen, wo immer irgendein Tier laut über irgendetwas sinnierte. Auch wenn die riesenhaften Bäume nicht zu sehen waren, so waren sie doch da und ihre Präsenz zu spüren. Und trotz der tiefen Dunkelheit, die uns wie ein Tuch einhüllte, drängte es mich in den Wald.

28. Februar 1999, sechs Uhr dreißig

B ald schon sollte sich mein Leben einschneidend und für immer verändern, aber an diesem Morgen begrüßte ich noch fröhlich den Mann, der mir freundlicherweise einen Becher mit wunderbar duftendem Kaffee brachte. Ich nahm ihn mit auf die Plattform vor meinem Zelt und hörte dem Konzert der Vögel um mich herum zu. Es war kaum zu glauben, was alles in der Luft los war. Ich versuchte, die einzelnen Vogelrufe zu unterscheiden, und konzentrierte mich dabei vor allem auf die mir unbekannten, weil ich sie wenigstens einer Familie zuordnen wollte.

In diesem Wald verbargen sich Elefanten und Büffel, Buschböcke und andere Antilopen. Während ich mir so die verschiedenen Möglichkeiten durch den Kopf gehen ließ, brach eine Gruppe von Stummelaffen in lautes Kreischen aus, das von ihren über das ganze Tal verteilten Artgenossen beantwortet wurde, sodass bald der ganze Wald von ihren Rufen widerhallte. Was wohl die Berggorillas so früh am Morgen taten? Wahrscheinlich lagen sie noch zusammengerollt in ihren Nestern und schliefen.

»Wir werden den Gorillas bald von Angesicht zu Angesicht gegenüberstehen«, sagte ich beim Frühstück zu den anderen. »Ihr solltet von eurer Fotoausrüstung nur das Nötigste mitnehmen, nur das, womit ihr die besten Fotos machen könnt.« Es war zwar keine Wolke am Himmel zu sehen, aber da es hier fast immer am Nachmittag regnete, steckten wir auch unsere Regenjacken ein. Ich entschied, statt der üblichen Shorts heute lange Hosen anzuziehen. Lieber schwitzte ich ein bisschen, als mich von den vielen Kletterpflanzen und Bäumen zerkratzen zu lassen.

Wir machten uns gemeinsam mit Linda auf den Weg und gingen die Treppen hinunter zum Büro der Parkverwaltung, wo wir uns für die Gorillatour eintragen wollten. Wie es überall auf der Welt der Fall ist, trieb auch der hiesige Verwaltungsapparat zunächst zur Eile an, um einen dann warten zu lassen, und tatsächlich saßen wir dreißig Minuten vor dem Büro herum. Schließlich wies man uns vier Träger zu, die unser Essen und das Wasser trugen und uns darüber hinaus nötigenfalls an schwierigen Stellen des Wegs helfen und uns schieben oder ziehen konnten, damit wir an unserem Ziel, den Gorillas, auch wirklich ankamen. Die Träger boten uns Wanderstäbe an, mit denen wir die steilen Pfade besser bewältigen würden. Ich war froh, dass Bob und Susan Studd sie nahmen, weil ich mir Sorgen machte, wie die beiden den Tag durchstehen sollten. Bob war kein Leichtgewicht, und abgesehen davon, lebten die beiden in Portland auf Meereshöhe. Wir mussten heute auf zweitausendfünfhundert Meter steigen, und eine solche Höhe macht jedem zu schaffen.

Dann kam der Parkwächter, der uns begleiten sollte. Er war ein kleiner, zierlicher Mann mit einem außerordentlich lebhaften und freundlichen Gesicht; sein Englisch war gut, und er hatte die reizende Angewohnheit, Wörter auf der falschen Silbe zu betonen. »Wenn Sie krank sind, dann gehen Sie bitte jetzt zurück; Sie erhalten die Gebühr für Ihre Gorillabesuchserlaubnis zurück und den Eintritt vom Park«, sagte er. »Wenn erst später herauskommt, dass Sie eine Erkältung, einen Husten oder etwas anderes haben, und ich schicke Sie zurück, bekommen Sie nichts mehr. Das sollten Sie wissen.« Dieser Hinweis war vollkommen gerechtfertigt, wenn man bedenkt, wie leicht sich Krankheiten von Menschen auf Gorillas übertragen. Deshalb war es auch verboten, sich den Tieren auf weniger als fünf Meter zu nähern, um die Ansteckungsgefahr so gering wie möglich zu halten.

»Wir werden nur eine Stunde mit den Gorillas haben – eine Stunde! Machen Sie also Ihre Fotos, aber verwenden Sie keinen Blitz!«, sagte er bestimmt. Ich achte mittlerweile selbst darauf, wann diese eine Stunde vorbei ist. Meine Kunden sind um die halbe Welt gereist und haben Tausende von Dollars bezahlt, um die Primaten zu sehen, und ich bin nicht gewillt, ihnen ihre Zeit von einem Parkwächter oder einem Spurensucher beschneiden zu lassen, nur weil er vor Einsetzen des Regens zu Hause sein will. Allerdings hatte mich derselbe Parkwächter schon vor drei Wochen begleitet, und damals hatte ich ihn und zwei seiner Kollegen ein kurzes Stück in meinem Flugzeug mitgenommen. Es war der erste Flug ihres Lebens gewesen, und ihr kleines Abenteuer hatte sich bis zum Abend in der ganzen Gegend herumgesprochen. Ich erwartete daher keine Probleme mit ihm.

Schließlich stiegen wir in unseren Wagen, um das kurze Stück bis zum Anfang des Pfades zu fahren. Dort stellten wir uns in einer Reihe hinter dem Parkwächter auf, der auf dem schlüpfrigen Trampelpfad aus rotem Lehm in das Tal hinunterzusteigen begann. Der Fluss auf der Talsohle war breit und nicht sehr tief, und ich sprang über die schwarz gefärbten Steine auf die andere Seite, Rob Haubner immer hinter mir her. Susan Miller und Susan Studd trafen die klügere und weniger riskante Entscheidung, indem sie ihre Schuhe auszogen, die Hosen hochkrempelten und durch das Wasser wateten. Bob MacLarin, der eine schwere Kameraausrüstung dabeihatte, wog kurz zwischen beiden Möglichkeiten ab, bevor er sich auf einen Baumstamm setzte und seine Stiefel aufschnürte. Von sich aus ins Wasser zu gehen war in jedem Fall besser, als hineinzufallen.

Langsam stieg der Pfad wieder an. Wir bahnten uns unseren Weg durch Bananenfelder und gingen an ein paar Lehmhütten vorbei, aus deren Türöffnungen mit großen Augen Kinder schauten. Wir grüßten sie, blieben aber nicht stehen. Es konnte leicht einige Stunden dauern, bis wir an unserem Ziel anlangten. Wir wussten nur, wo die Gorillas am vorhergehenden Nachmittag gewesen waren, nicht, wo sie sich jetzt aufhielten. Unser Plan war, bis zu der Stelle zu klettern, an der sie zuletzt gesehen worden waren, und von dort aus den Fährten zu ihren Schlafnestern zu folgen. Dann waren die Spurenleser an der

Reihe und würden den Gorillas langsam dorthin folgen, wo sie sich an
diesem Vormittag befanden. Das hörte sich einfach an, aber das Dickicht aus Kletterpflanzen und Büschen war nahezu undurchdringlich. Die Brennnesseln würden unser Tempo erheblich verlangsamen,
während sich die Gorillas, selbst die riesigen Männchen, mühelos
ihren Weg durch den Dschungel bahnen konnten. Für das, was wir bekommen wollten, mussten wir also erst einmal einiges leisten.

Die Wanderstäbe erwiesen sich als ausgesprochen nützlich, da der
Pfad jetzt neben einem riesigen Bohnenfeld steil nach oben führte. Weder Ugander noch Gorillas scheinen den Nutzen von Serpentinen zu
erkennen. Soweit ich es von meinem Platz fast am Ende der Reihe aus
beurteilen konnte, schienen aber alle gut mithalten zu können.

Bis auf Linda Adams. Als wir den oberen Rand des Feldes erreicht
hatten, war sie so weit zurückgefallen, dass wir sie nicht einmal mehr
sehen konnten. Wir warteten. Erst nach fünfzehn Minuten schloss sie
endlich zu uns auf. Sie war in Schweiß gebadet und vollkommen außer
Atem; sie machte den Eindruck, als würde sie jeden Augenblick zu-
sammenbrechen. Ich blickte zu unserem Führer. »Wie geht's ihr?«,
fragte er mich auf Kisuaheli.

»Ehrlich gesagt, ich weiß es nicht«, antwortete ich ihm. »Sie gehört
nicht zu meiner Gruppe, ich kenne sie kaum. Deswegen weiß ich auch
nicht, wie fit sie ist.«

Er war überrascht, da er davon ausgegangen war, dass wir zusam-
mengehörten. Wir zuckten beide mit den Schultern, und er setzte sich
wieder in Bewegung. Alle folgten ihm, nur Linda blieb noch eine Weile auf dem schlammigen Boden sitzen und trank Wasser.

Wir kletterten ein Stück, legten eine Pause ein, tranken Wasser, kletterten weiter und machten wieder Pause. Selbst für die Träger und den
Parkwächter war es anstrengend. Bob, um den ich mir Sorgen gemacht
hatte, hielt sich allerdings gut, und auch Susan war nicht viel anzu-
merken. Rob und Susan plauderten sogar miteinander, während sie
nach oben stapften. Ich war erleichtert. Wir würden es heute bis zu
den Gorillas schaffen, ohne weiteres.

Vor uns erhob sich ein weiterer grasbewachsener Hügel, und wir
hielten erneut an. Von Linda war nichts zu sehen. Sie tat mir zwar Leid,

aber ich war auch verantwortlich dafür, dass meine vier das zu sehen bekamen, wofür sie den weiten Weg auf sich genommen hatten. Dass Linda in so schlechter Form war, war natürlich schade, schließlich war auch sie von weit her gekommen. Wir warteten mehr als zwanzig Minuten, bis sie und ein Träger endlich unter uns auf dem Pfad auftauchten. Der Träger schob sie unsanft von hinten an.

Wieder blickten der Parkwächter und ich uns an. Ich spürte auch die Augen meiner Gruppe auf mir ruhen. »Wenn das so weitergeht«, sagte der Parkwächter mit ausdrucksloser Stimme, »müssen wir umkehren.«

Die Alternative war, Linda mit einem der Träger zurückzuschicken. Wir waren noch nicht einmal bei dem steilen Stück im oberen Teil des Waldes angekommen und lagen schon weit hinter dem Zeitplan zurück. Bei diesem Tempo würden wir von Glück reden können, wenn wir es überhaupt bis zu den Gorillas schafften, und selbst wenn, wäre es schon gefährlich spät am Tag. Es war unmöglich, in der Dunkelheit zurückzuwandern. Leise, aber bestimmt sagte ich: »Schicken Sie sie mit einem der Träger zurück. Es ist meiner Gruppe gegenüber nicht gerecht, wenn sie die Gorillas nicht zu sehen bekommt, weil Linda den Weg nicht schafft.«

Er nickte nachdenklich. In diesem Moment stieß Linda mit letzter Kraft zu uns. Susan Studd und ich boten ihr Wasser und etwas Schokolade an, da wir hofften, dass ein kleiner Energiestoß sie wieder auf die Beine bringen würde. Sie war dankbar, aber zu erschöpft, um ihrer Dankbarkeit groß Ausdruck zu verleihen. Vor Müdigkeit konnte sie kaum die Arme heben. Wir stapften weiter, kletterten über moosbewachsene Baumstämme hinweg oder krochen darunter hindurch, kämpften uns durch das Gewirr von Kletterpflanzen, rutschten auf den glitschigen Pflanzen und dem noch glitschigeren Matsch aus. Beim nächsten Halt, den wir schon nach einem zwanzigminütigen Aufstieg einlegten, war Linda erneut aus unserem Blickfeld verschwunden.

Dem Geräusch der *panga*, einer Art Machete, mit der ihr Träger den Weg freischlug, nach zu urteilen, kam sie jedoch näher. Ich blickte den Parkwächter an. Linda ließ sich ohne ein Wort auf den Boden fallen. Sie wusste, was passieren würde, und es muss ihr schrecklich zumute gewesen sein. Heute zumindest würde ihr das Erlebnis verwehrt bleiben, dessentwegen sie den ganzen weiten Weg von Kalifornien bis hierher gekommen war. Der Parkwächter trat einen Schritt beiseite und sprach mit dem Träger; dann wandte er sich direkt an Linda und sagte ihr, dass er sie zurückschicken müsse. Der anstrengende Teil der Strecke habe noch nicht einmal begonnen, erklärte er ihr. Traurig nickte sie.

Wir ruhten uns noch ein bisschen aus, während die Träger für Linda ein Lunchpaket aus unserem Vorrat heraussuchten und es zusammen mit ein paar Bananen und einer Flasche Wasser an Lindas Träger weiterreichten. Verlegen verabschiedeten wir uns voneinander. Ob berechtigt oder nicht, wir waren alle erleichtert.

Wir legten nun um einiges an Tempo zu, als wir uns nach Süden wandten und in den Wald traten, der sich wie eine dunkle Wand vor uns erhob. Es war kein Weg mehr zu sehen, aber das dichte Blätterdach hielt so viel Sonnenlicht ab, dass der Bodenbewuchs merklich weniger wurde. Das stellte allerdings keine echte Erleichterung dar, da die bloße Erde noch rutschiger war und wir keinen festen Tritt mehr fanden.

Als ich eine Pause einlegte, hörte ich den kurzen gutturalen, rasselnden Ruf eines Afrikanischen Breitrachen. Das Breitrachen-Männchen zeigt eines der komischsten Balzverhalten, die ich kenne. Es sitzt dick und aufgeplustert auf einem toten Ast, und wenn es die Lust überkommt, fliegt es rasch einen kleinen Kreis von etwa einem Meter Durchmesser und gibt dabei ein lautes stakkatoartiges Brummen von sich. Man muss es gesehen haben, es ist zum Schreien komisch.

Ich ging zum Parkwächter und sagte ihm, dass ich mich auf die Suche nach dem Afrikanischen Breitrachen machen wolle. Er warf mir einen zweifelnden Blick zu, aber ich erklärte, dass er mit den anderen einfach weitergehen solle, ich würde schon wieder aufschließen. Ohne seine Antwort abzuwarten, machte ich mich in die Richtung auf, aus der ich den Vogel zuletzt gehört hatte. Wie sich herausstellte, war der Breitrachen viel näher, als ich vermutet hatte, und ich rief Rob zu, dass er und die anderen sich den Vogel unbedingt anschauen müssten.

»Du willst, dass wir uns einen Vogel ansehen?«, fragte Rob.

»Aber ja. Ihr müsst den kleinen Kerl mit eigenen Augen sehen. Ich verspreche euch, er ist es wert.« Die vier hielten in ihrem Aufstieg inne und kletterten zu mir herüber. Schließlich hatten alle ihre Ferngläser auf ihn gerichtet. »Lasst ihn nicht aus den Augen, bis er ruft«, riet ich ihnen. Und das taten sie. Selbst wenn er nicht gerufen hätte, hätte ich, auch ohne hinzusehen, gewusst, wann er losflog. Denn alle brachen unwillkürlich in Gelächter aus, als er eilig im Kreis herumschwirrte, um dann wieder zu seinem Ausgangspunkt zurückzukehren. Wir warteten noch kurz, bis er seine zweite Runde flog, und kletterten dann wieder hinüber zu den wartenden Ugandern.

Zu meinem Glück setzte sich meine Gruppe aus Leuten zusammen, die sich für solche Dinge interessierten. Es war nichts wirklich Aufsehenerregendes und gleichzeitig mit mehr Mühe verbunden, als die Tiere auf der Ebene zu beobachten, und doch hatten alle für solche Begegnungen so viel übrig, dass sie dafür das zusätzliche Schlittern und Stolpern gerne in Kauf nahmen.

Als wir wieder zu dem Parkwächter stießen, erklärte er mir, dass die Fährtenleser eine Gorillaspur gefunden hätten und wir wahrscheinlich bald auf ihre Schlafnester stoßen würden. Ich übersetzte meinen Leuten diese Neuigkeit, und alle blickten um sich, als ob die Gorillas jeden Augenblick auftauchen würden. Es vergingen fünfundzwanzig Minuten, bis wir nach einem kurzen Abstieg schließlich den Platz entdeckten, an dem die Gorillas die Nacht verbracht hatten. Anders als Schimpansen, die die Nächte auf Bäumen verbringen, bauen sich Gorillas ihre Schlafnester auf dem Boden. Und man kann tatsächlich von Nestern sprechen. Wir waren umgeben von einer Reihe überdimensionaler, Vogelnestern ähnlicher Schlafstellen mit durchschnittlich etwa einem Meter Durchmesser. Das intensive Summen der kleinen Fliegenschwärme zeigte an, wo die Exkremente eines Gorillas zu finden waren.

Die Primaten ziehen herum, legen dann von Zeit zu Zeit eine Fresspause ein, brechen kleine Äste ab und streifen die Blätter ab oder stopfen die langen Triebe von Kletterpflanzen wie grüne Spaghetti in ihre Mäuler. Doch das Spurenlesen ist noch immer eine Kunst und keine rein mechanische Angelegenheit. Man muss sich in Gorillas hineinversetzen können, um zu wissen, welche Plätze und welche Nahrung sie bevorzugen und wo sie sich wahrscheinlich als Nächstes hinbegeben werden. In einem dichten Wald ist ein kleiner gebrochener Stängel nicht besonders viel, wenn man im Dämmerlicht nach dem richtigen Weg sucht. Wir folgten den beiden Spurenlesern in einen abschüssigen Wasserlauf, der geradewegs wieder nach unten führte, parallel zu dem Weg, über den wir den Hügel hinaufgeklettert waren.

Ich sprach kurz mit dem Parkwächter, und er schickte einen Träger los, der versuchen sollte, Linda aufzuhalten, bevor sie zu weit abgestiegen war. Es sah ganz so aus, als würden die Gorillas an einer Stelle, die ein ganzes Stück unterhalb von uns lag, zu finden sein. Dann könnte der Träger Linda in einem größeren Bogen um den Hügel herumführen, und sie würde möglicherweise doch noch das zu sehen bekommen, um dessentwillen sie hergekommen war. Darüber würde nicht nur sie sich freuen.

Aus dem Wasserlauf drang ein tiefes Grunzen zu uns hoch. Abrupt blieben wir stehen und sahen uns dann lächelnd an. Meine vier hatten noch nie einen Gorilla gehört, aber dieser Laut war unverkennbar.

Der Parkwächter wies uns an, unsere Wanderstäbe und die Lunchpakete bei den Trägern zu lassen, damit wir die Tiere nicht verängstigen oder ablenken würden. Wir nahmen unsere Kameras und gingen weiter, wobei wir nur leise miteinander sprachen und das vor uns liegende Grün mit den Augen absuchten. Das Gefälle wurde hier zu meiner Freude so steil, dass keine Bäume mehr Halt im Boden fanden. Und auf einmal befanden wir uns im hellen Sonnenlicht und schlitterten und rutschten auf eine Lichtung, die dicht mit niedrigen Büschen bewachsen war. Hier ließen sich wesentlich bessere Fotos schießen. Es fügte sich doch alles!

Linda Adams war quer zu dem jäh abfallenden Abhang gegangen und stieß gerade in dem Moment zu uns, in dem wir den ersten Gorilla entdeckten, ein junges Weibchen, das zufrieden dasaß und methodisch Blatt für Blatt von einer Kletterpflanze abstreifte. Rob strahlte wie ein Weihnachtsbaum, und auf Susan Studds Gesicht lag ein verzückter Ausdruck. Linda packte pflichtbewusst ihre Kamera aus und drängte sich an Susan Miller vorbei, um die richtige Position zu finden, was Susan sichtlich zu ärgern schien.

Der Trick beim Fotografieren von Tieren in freier Wildbahn besteht vor allem darin, dass man dem Motiv eigentlich immer einen Schritt voraus sein muss. Als wir so weit hinuntergestiegen waren, dass wir uns auf gleicher Höhe mit den Gorillas befanden, überlegte ich, wo ich meine Leute am besten hinschicken sollte. Wie weit wir uns den Tieren nähern durften, war die Entscheidung des Parkwächters – aber schließlich konnten ja auch sie sich uns nähern. Ich tippte Rob auf die Schulter und wies ihn auf eine Öffnung im Dickicht hin, die den Blick auf einen schmalen Wildwechsel freigab, knapp unterhalb des fressenden Weibchens. Er begriff sofort, was ich meinte, und wollte sich schon auf den Weg machen, als ihn der Parkwächter aufhielt. Ich erklärte ihm, wohin Rob wolle, und als er sah, wie weit er dann noch von dem Weibchen entfernt sein würde, nickte er. Rob ging leise zu der Stelle und hielt zwei Mal kurz an, um Fotos zu machen.

Susan Studd stand neben mir, und mit Freude hörte ich ihre leisen Begeisterungsrufe. Bob war selbstbewusst genug, sich überallhin zu begeben, wohin er wollte, auch wenn der Parkwächter von Zeit zu Zeit Einhalt gebietend seine Hand hob oder streng guckte. Schließlich hatte er viel Geld gezahlt, um hierher zu kommen, und war nicht gewillt, sich jetzt diese Gelegenheit entgehen zu lassen. Susan Miller fotografierte ihren Ehemann dabei, wie er die Gorillas fotografierte. Nach fünf Minuten tippte ich auf meine Uhr und hielt sie dem Parkwächter hin; nun war klar, dass auch ich die Dauer unserer Begegnung mit den Gorillas im Auge behielt. Für die Ugander, die hier arbeiten, gehört eine solche Begegnung zum Alltagsgeschäft, aber für meine Leute war es ein einzigartiges Erlebnis. Dieser Unterschied ist denen, die für ihre Dienste bezahlt werden, nicht immer klar.

Die nächste Stunde über kletterten und schlitterten wir herum und machten uns so klein und unauffällig wie möglich, während wir versuchten, einen guten Blick auf diese wunderbaren Tiere zu erhaschen. Die beiden Susans spielten längere Zeit Verstecken mit einem einjährigen Gorillajungen, das sich mit seiner durch nichts aus der Ruhe zu bringenden Mutter hinter einem von Kletterpflanzen umrankten

Baum verbarg. Der junge Gorilla tollte übermütig herum, und wir konnten nicht länger an uns halten und brachen immer wieder in Lachen aus. Es schien fast so, als sei dem Kleinen bewusst, wie niedlich er war.

Bob war offensichtlich zufrieden mit seinem Standort und dem, was er sah, und daher schlich ich mich runter zu Rob. »Rob, he, Rob«, flüsterte ich. Er war so beschäftigt damit, das Gorillaweibchen vor ihm zu fotografieren, dass er mich nicht hörte. Schließlich kroch ich zu ihm hin und fasste ihn an der Schulter. Erschreckt fuhr er hoch. »Ich dachte schon, du wärst ein Gorilla, der mich von hinten anfällt«, sagte er leise. Er war erstaunt, wie wenig sich die tiefschwarzen Tiere von unserer Anwesenheit beeindrucken ließen, selbst der alte Silberrücken blieb ganz gelassen.

Ich erinnerte ihn daran, dass sich mit derselben Regelmäßigkeit, mit der es hier nachmittags regne, jeden Tag ungefähr zur gleichen Zeit ein paar Menschen einstellen würden, um sie zu beobachten. »Rob, gib mir das 28er und das 80–200er Zoom. Ich mach dir eine tolle Aufnahme von ihrem Gesicht.«

»In Ordnung«, sagte er. »Prima. Wo ist eigentlich Susan?«

»Sie ist dort hinten, über uns. Sie will die 28er, um ein Bild von dir, dem Weibchen und dem kleinen Tal hier zu machen.«

»Bringst du mir die 50er, wenn du fertig bist?«, bat er mich noch, als ich schon wieder wegkroch.

»Ja, keine Sorge. Mach noch ein paar Bilder, das Licht ist im Moment sehr gut«, sagte ich und blickte zum Himmel, »und das kann sich bald ändern.«

Es blieben uns noch fünf Minuten. Der Parkwächter war korrekt gewesen, großzügig sogar – schließlich hatte er uns erlaubt, uns frei zu bewegen und die Gorillas auf uns zukommen zu lassen. Er hatte sogar Pflanzen weggehalten, die uns bei einigen Aufnahmen im Weg gewesen waren. Ich tippte Rob auf die Schulter und deutete auf die Uhr, er nickte.

Wir machten uns mitten durch die Gorilla-Familie hindurch auf den Weg den Abhang hinunter, wo wir die Träger treffen wollten, die um uns herumgegangen waren und nun am Fuß des Hügels auf uns warteten. Wenigstens mussten wir nicht wieder nach oben, um auf den ursprünglichen Weg zu kommen. Unten angelangt, legten wir eine Essenspause ein. Die Träger, der Führer und der Spurensucher aßen aus alten Farbdosen, in denen sie von zu Hause Porridge mitgebracht hatten. Ihre Wasserflaschen hatten sie mit Bananen verschlossen. Diese »Korken« verspeisten sie und ließen dann die Flaschen herumgehen. Hier durften wir endlich wieder lauter sprechen, was auch alle sofort weidlich ausnutzten. Jeder hatte eine Gorillageschichte auf Lager, als sei er das einzige menschliche Wesen dort oben gewesen. Der Wortfluss versiegte erst, als die ersten Regentropfen auf uns niederfielen. Innerhalb von zwei Minuten goss es in Strömen, und wir waren gezwungen, uns unter eine Gruppe großer Bäume zu flüchten.

Wir warteten allerdings nicht, bis der sintflutartige Regen nachgelassen hatte, sondern brachen schon bald wieder auf. Die durchweichten Kleider und die nassen Pflanzen um uns herum machten das Gehen noch schwerer, als es beim Aufstieg gewesen war. Am Weg endlich angekommen, sahen wir, dass er sich in einen reißenden Bach verwandelt hatte. Nicht länger durch das Blätterdach der Bäume abgeschirmt, trafen uns Wind und Regen mit voller Wucht. Wiederholt mussten wir Pausen einlegen, um wieder zu Atem zu kommen und unsere Rucksäcke mit der Kameraausrüstung neu zu schultern. Noch bevor wir bei dem Fluss auf der Talsohle ankamen, waren wir vollkommen durchnässt.

Die Träger hielten an, um ihre Gummistiefel auszuziehen, bevor sie den Fluss überquerten, aber ich verlangsamte nicht einmal mein Tempo. Ich war ohnehin nass bis auf die Haut. Am gegenüberliegenden Ufer ließ ich meinen Rucksack fallen und kehrte zurück, um Susan Miller zu helfen, die schon mutig allein losgelaufen war, während sich die Träger um Linda kümmerten. Die letzten paar hundert Meter legten wir im Laufschritt zurück. Es war erst halb drei Uhr nachmittags.

Wir verabschiedeten uns mit Handschlag von dem Parkwächter und den Trägern, gaben jedem ein Trinkgeld und drängten uns, nass und dampfend, ins Auto. Zehn Minuten später waren wir an der Treppe unterhalb des Lagers angelangt, wo uns dankenswerterweise Augustus, der Camp-Verwalter, mit Regenschirmen und dem Versprechen auf heiße Duschen erwartete – das eine war unnötig geworden, das andere dafür umso willkommener.

Bis um fünf Uhr abends hatte der Regen nachgelassen. Unsere kleine Gruppe versammelte sich zu einem Glas Wein um die Feuerstelle, von der zitternd eine blaue Rauchsäule in die Luft aufstieg und abwechselnd einen von uns in ihren beißenden Qualm hüllte. Ich blies in das Feuer, um es richtig in Gang zu bringen, bis mir schwindlig wurde, dann übernahm der Kellner. Aber es half nichts, immer noch kräuselte sich nur Rauch empor. Erschöpft holte ich eine der Paraffinlampen aus dem Speisezelt und goss den Inhalt der vollen Kartusche in das feuchte Holz. Dann riss ich ein Streichholz an, und schon hatten wir ein schönes großes Feuer. »Flüssiger Anzünder«, sagte ich und ging wieder zu meinem Klappstuhl. Das Feuer sank etwas in sich zusammen und brannte dann ruhig weiter. Augustus und ich hatten mit einer Gruppe einheimischer Frauen ausgemacht, dass sie zu uns ins Lager kommen und tanzen würden. Ich hatte sie schon drei Mal gesehen und bewunderte immer wieder, wie viel Gefühl und Geist in den Tänzen dieser Gegend zum Ausdruck kamen. Das Geld, das die Frauen erhielten, machte sie finanziell ein wenig unabhängiger, was vermutlich alle bis auf ihre Männer guthießen. Pünktlich um halb sechs kamen sie die Treppe hochmarschiert, gekleidet in *kangas* und farblich dazu passende T-Shirts; ihre Kinder hatten sie auf den Rücken gebunden.

Die ungefähr dreißig Frauen bildeten uns gegenüber einen Halbkreis um das Feuer. Einige hatten ihre schlafenden Kinder in der Nähe ins Gras gelegt, andere störten sich scheinbar nicht an der Last, die sie auf dem Rücken trugen, und sie fingen an zu tanzen. Die Trommeln und der hohe rhythmische Gesang erklangen klar in der kalten, feuchten Luft. Ihre Bewegungen, manche vor Kraft strotzend, andere sanft wiegend, hatten etwas Verführerisches. Wir beugten uns vollkommen gebannt vor. Als ich mich während des Tanzes einmal umwandte, sah ich, dass sich die Mitarbeiter des Camps, allesamt Männer, von ihrer Arbeit weggestohlen hatten und hinter uns standen. Unwiderstehlich hatte sie das Schauspiel angelockt, und sie fielen mit in den Gesang ein.

Rob hatte ununterbrochen fotografiert und mit seiner Digitalkamera Filmaufnahmen gemacht. Es war inzwischen sehr laut im Camp, aber Linda war noch immer nicht aufgetaucht, um sich zu uns zu gesellen. Ihr Zelt, die Nummer acht, lag dem Platz, auf dem die Frauen tanzten, am nächsten, und sie hatte bestimmt schon längst das Trommeln und die Gesänge gehört, aber vielleicht musste sie sich noch von den Anstrengungen der heutigen Tour erholen.

Der vierte Tanz unterschied sich deutlich von den vorigen, er war aggressiver und kraftvoller. Die Frauen taten so, als ob sie Speere werfen und sich mit Knüppeln schlagen würden, einige waren die Angreifer, andere ließen sich als Opfer zu Boden fallen. Einige sahen wild aus, andere verängstigt. Ich wandte mich an einen der Küchenleute und fragte ihn, worum es bei dem Treiben ginge. Er erklärte mir, wir sähen gerade einer »Kriegspartei« zu, die sich gegen einen angreifenden Stamm aus Ruanda verteidige. Schließlich blieb eine einzelne alte und sehr kriegerische Frau übrig, die triumphierend um das Feuer tanzte.

Der nächste Tanz ähnelte wieder den Ersten – eine Frau begann zu singen und zu tanzen, und die anderen fielen ein und ahmten sie nach. Dann kamen ein paar Frauen zu uns herüber, nahmen Susan Miller und Susan Studd bei der Hand und führten sie in den Kreis um das Feuer. Die beiden zögerten keine Sekunde, sondern fielen sofort begeistert in die Schritte und Gesänge ein. Die Ugander kreischten vor Vergnügen, was Bob nur dazu veranlasste, noch mehr Fotos zu schießen.

Als sich eine halbe Stunde später die Dunkelheit über uns senkte und alle Frauen miteinander getanzt hatten, kam die Vorführung schließlich zu einem Ende. Ich dankte den Frauen und versuchte, ihnen klarzumachen, dass sie zu Rob gehen sollten, der ihnen Bilder von ihren Tänzen auf seinem Computer zeigen könne. Trotz meiner dürftigen Übersetzung war Rob bald von einem Kreis schwitzender Frauen umgeben und fuhr seinen Laptop hoch.

Jetzt war Rob, der Intel-Mann, ganz in seinem Element. Hier hatte er Gelegenheit, Menschen einer Kultur, die seiner eigenen so fremd war, und in einer Welt, so fern seiner Heimat, an seinem Können teilhaben zu lassen. Ein Lächeln breitete sich auf seinem Gesicht aus, als das erste Bild erschien. Von meinem Platz aus konnte ich den Bildschirm zwar nicht sehen, aber das Lachen und Kreischen sagten mir, dass die Frauen sich auf dem Computer erkannten. Rob verschwand in einem wogenden Meer aus verschwitzten grünen T-Shirts. Alle paar Augenblicke, wenn ein neues Bild vor den Augen der Tänzerinnen entstand, durchbrach ein weiterer Ausruf des Erstaunens die Dunkelheit.

Rob umrundete mit der Kamera den Bildschirm, um die Gesichter der Frauen festzuhalten, die sich selbst beobachteten, während sie jeweils fünfzehn Sekunden lang über den Bildschirm wirbelten. Dieses Bild war unbezahlbar, die beste Intel-Werbung überhaupt. Hier, buchstäblich am Rand des Impenetrable Forest, keine Steckdose im Umkreis von Kilometern, lachten einheimische Tänzerinnen mit Leuten, mit denen sie sich in Worten nicht verständigen konnten, und sie lagen sich gegenseitig in den Armen, und das alles ermöglicht durch die Magie des Computers.

Diese Bilder würden am nächsten Morgen um Viertel vor sieben unwiederbringlich verloren sein. Aber das war noch der am leichtesten zu verschmerzende Verlust, den die Morgendämmerung mit sich bringen würde.

Widerstrebend machten sich die Frauen schließlich auf den Heimweg, und wir begaben uns ins Speisezelt, in dem zum Abendessen ein gegrilltes Hähnchen auf uns wartete. Linda gesellte sich zu uns, und wir feierten die Tanzvorführung und unsere Begegnung mit den Gorillas. Bob war offensichtlich glücklich darüber, dass er etwas mit diesen Frauen hatte teilen können.

Nach dem Abendessen saßen wir um das Feuer, tranken den Rest des Weins und betrachteten den riesigen honiggelben Mond, der direkt über dem vor uns liegenden Hügelkamm aufgegangen war. Gegen den Himmel hoben sich deutlich die Vogelscheuchen-ähnlichen Silhouetten der Bäume ab, die wie Wachtposten auf dem Hügelkamm in einer Reihe standen. Der Wald war schwarz und still, aber ich spürte seine Nähe und seine Größe, und beides gab mir ein Gefühl der Ruhe.

Morgen früh würden wir uns noch einmal auf die Suche nach den Gorillas machen. Rob und Susan gingen Hand in Hand in Richtung ihres Zeltes und riefen uns noch über die Schulter einen Gutenachtgruß zu. Das andere Paar sollte die beiden nicht mehr lebend wiedersehen.

1. März 1999, sechs Uhr dreißig

Ich hörte die Schritte des Camp-Mitarbeiters, lange bevor er meine Veranda erreichte, und noch bevor er ein Wort sagte, rief ich ihm zu, er möge doch bitte den Kaffee nach drinnen bringen, was er schweigend tat. Zu meiner Überraschung ließ sich die Schmätzerdrossel durch den Mann nicht stören und fuhr mit ihrem Trällern fort. Genauso überraschte mich, dass es noch immer dunkel war – zu dunkel, wie ich fand, bis mir einfiel, dass wir uns hier in Uganda wesentlich weiter westlich befanden als in Kenia oder Tansania. Aus reiner Gewohnheit sah ich auf die Uhr. Es war genau sechs Uhr dreißig, wir waren also in der Zeit. Kurz darauf saß ich auf der Veranda vor meinem Zelt, hörte der Drossel zu und wartete darauf, dass die Stummelaffen mit ihren übermütigen Rufen einstimmten.

Während ich dasaß und in tiefen Zügen die Morgenluft einatmete, vernahm ich plötzlich ein lautes Knacken. Ich hielt es für das Splittern eines riesigen Baumstamms, kurz bevor er umfiel und auf den Waldboden krachte. Aber warum waren dann keine Warnrufe von den Stummelaffen oder Schimpansen zu hören gewesen, ihre übliche Reaktion auf eine solche Störung des Friedens?

Wieder war es still, doch dann durchschnitt ein zweites und ein drittes Krachen die Stille, gefolgt von einem Rattern. Angestrengt lauschte ich. Es mussten Gewehrschüsse sein – ich hatte dieses Geräusch vor vierzehn Jahren oft genug gehört, als ich während des Bürgerkriegs als Fotograf in Uganda gewesen war. Gleich darauf folgten, unterbrochen von kurzen Pausen, weitere Schüsse, manche davon so nah, dass sie die Luft förmlich zerrissen und weder von einem Pfeifen noch einem Widerhall begleitet waren.

Schnell packte ich meine Schuhe und rannte den Weg hinunter zu den Küchen- und Speisezelten. »Was ist denn hier los?«, fragte mich Rob Haubner, der aus seinem Zelt gelaufen kam.

»Ich weiß es nicht. Bleib hier. Schnapp dir Susan und geht in Deckung.«

Ich lief weiter. Nicht mal zehn Meter entfernt tauchte vor mir auf dem Weg ein Mann auf, der rasch in meine Richtung schritt. In diesem Moment wurde seine Silhouette von den ersten Sonnenstrahlen erhellt, die durch eine Öffnung im Walddickicht auf ihn fielen. Gleißend hell blitzte sein Gewehr auf, und ich hörte, wie eine einzelne Kugel durch die Blätter schlug und dabei ein Geräusch erzeugte wie das vielfach verstärkte Ratschen eines Reißverschlusses.

Sofort hob ich meine Arme in die Höhe und fiel in einen langsameren Schritt. Ich ging weiter auf den zierlichen schwarzen Mann zu, der vielleicht zwanzig Jahre alt war und ein Maschinengewehr in Anschlag hielt. Ich versuchte, harmlos auszusehen und nicht bedrohlich auf ihn zu wirken. Seinen Gummistiefeln und der abgerissenen Jacke nach zu urteilen, war er ein Dieb. Je näher ich mit hoch erhobenen Händen kam, desto weniger Grund würde er haben, erneut zu schießen. Er sollte wissen, dass ich ihm nicht gefährlich werden konnte.

Der Mann verharrte reglos mit erhobener Waffe. Wir wechselten kein Wort, als ich ihn endlich erreichte. Für einen kurzen Moment begegneten sich unsere Blicke – seine Augen waren stumpf und kalt. Und so nahm der Albtraum seinen Anfang.

2

DIE ANKUNFT

Alle Biologen, die als Feldforscher mit Tieren zu tun haben, haben auch mit dem Tod zu tun – das bringt die Arbeit mit sich. Oder in meinem Fall die Liebe und das Interesse, die mich auf diesen Kontinent geführt haben. Schon lange bevor ich entführt wurde und die Schrecken durchmachen musste, die mit zehn Morden endeten, kannte ich den Unterschied zwischen Sterben, Töten und Mord. Anders als in den meisten Teilen der westlichen Welt wird man in Afrika ständig mit diesen Ereignissen konfrontiert.

Es mag zunächst überraschen, aber der Großteil meiner Safariteilnehmer will Löwen und Geparde nicht nur beobachten, sondern auch Zeuge sein, wie diese Tiere töten. Sie wollen die Jagd einer Raubkatze miterleben, beobachten, wie sie sich anpirscht, das Beutetier reißt und es schließlich tötet. Wenn man während einer Tour einer anderen Safarigruppe begegnet oder zurück in der Heimat mit Afrikareisenden zusammentrifft, die ein solches Ereignis beobachtet (besser noch: fotografiert) haben, kann man sich sicher sein, dass man die blutige Geschichte in allen Einzelheiten zu hören bekommt.

Weder ich noch meine Gäste sind blutdürstige Menschen. Und trotzdem wollen wir ein Raubtier in vollem Lauf erleben, die Bewegung seiner Augen, Ohren, Beine und Kiefer sehen und uns davon in Erstaunen versetzen lassen, wenn es das tut, wozu es geschaffen worden ist. Ein solches Schauspiel lässt sich nur beobachten, wenn die Tiere tun, was sie tun müssen, um am Leben zu bleiben, und töten. Meinen Safarigästen mag es manchmal schwer fallen, bei solchen Jagd-

schauspielen zuzusehen, sei es bei den Krokodilen im Grumeti, bei
den Löwen am Ngorongoro oder bei den Geparden am Ndutu-See,
aber durch das Töten von Gnus und Büffeln und Zebras erhalten sich
andere Tiere am Leben. Immer rufen diese Szenen letztlich ein Gefühl
der Achtung hervor, sogar des Respekts: Die Raubzüge sind Teil jener
Welt, und ihr Zweck – das schlichte Überleben – ist rein und unschul-
dig. Löwen und Krokodile führen nicht Buch über ihre Siege und fei-
ern sie nicht. Die Morde in Uganda hingegen hinterlassen wie all jene
verabscheuungswürdigen Terrorakte, die zur Durchsetzung persönli-
cher und politischer Ziele und Vorteile verübt werden, ein ganz anderes Gefühl.

Auch der menschliche Tod ist in Afrika allgegenwärtig. Fast jede
Woche sehe ich hier irgendwo einen Toten. Manche sterben am Mala-
riafieber einen einsamen, langsamen und schmerzvollen Tod. Andere
nehmen ein anachronistisches und blutiges Ende, wie der arme Stra-
ßendieb, den man beim Diebstahl einer billigen Halskette erwischt
und an Ort und Stelle zu Tode prügelt. Solche Fälle von Lynchjustiz
sind in meiner Wahlheimat Kenia im letzten Jahr mehr als dreihun-
dertfünfzig Mal vorgekommen, und das sind nur diejenigen, die offiziell bekannt wurden.

Ich habe das Jagen und Töten schon oft miterlebt und will es auf jeder Safari wieder erleben. Seit meiner Kindheit beschäftigt es mich.
Doch nun habe ich auch echte Morde gesehen, die sinnlosen Exeku-
tionen von Menschen durch ihre Artgenossen. Die Erinnerung daran
lässt mich noch heute nicht ruhig schlafen. Zwar habe ich nach wie vor
keine Probleme damit, in der Serengeti, in der Massai Mara oder in
Samburu auf der bloßen Erde zu schlafen, aber noch immer kann ich
nicht in die Wälder von Uganda zurückkehren. Die Morde, die dort
geschahen, sind zu sehr Teil meines Lebens. Den Unterschied macht
eben die Art des Sterbens aus.

Vor einigen Jahren habe ich angefangen, meine vielen Notizen und
die Zehntausende von Fotos zu ordnen und das Exposé für ein Buch
über das Leben und die Erlebnisse eines fliegenden Safarileiters in
Afrika zu schreiben. Ich wollte von meinen Erfahrungen auf Safaris
erzählen, von der einzigartigen Wirkung, die Afrika auf die mit mir

reisenden Menschen hat, und ich wollte von der Bedrohung berichten, unter der die großen Tiere, vor allem die Raubtiere, heute und in Zukunft leben.

Und dann, am 1. März 1999, änderte sich alles schlagartig.

Die Gräueltaten, die an jenem Tag geschahen, erregten weltweites Aufsehen, und noch immer sind die Folgen zu spüren. Der Tourismus und nicht nur der in Uganda, sondern in ganz Ostafrika, erlitt einen tiefen Einbruch. Wann und ob er sich jemals wieder ganz erholt, weiß kein Mensch. Die Familien und Freunde der so brutal Ermordeten und ich selbst müssen für immer mit ihren Verlusten leben. Wir Überlebende blicken mit Angst, Trauer und Wut zurück, einer niemals nachlassenden, schrecklichen Furcht und, zumindest in meinem Fall, mit einer gewissen Schuld: Warum sie? Warum nicht ich? Was wäre, wenn …?

Ein paar Wochen, nachdem sich das tragische Geschehen ereignet hatte, kehrte ich allein in den kenianischen Busch zurück. Als ich zum Schlafen in mein Zelt gekrochen war, überkam mich erneut das Grauen und zwang mich zurück ins Freie. Ich legte mich neben das Lagerfeuer, fand aber auch jetzt keinen Schlaf. Sechs Wochen lang machte ich praktisch kein Auge zu, und noch heute, fast zwei Jahre später, kann ich nicht mehr als drei Stunden am Stück schlafen.

Ich kam vor mehr als zwanzig Jahren nach Afrika; es war nicht zuletzt die Abenteuerlust, die mich hierher geführt hatte, und Abenteuer habe ich in einem Leben voller gefährlicher Situationen auf dem Boden wie in der Luft auch genug gefunden. Ich habe mir eine gewisse Gelassenheit angeeignet, die mich so gut wie nie verlässt. Aber wenn heute jemand eine Tasse neben mich stellt, ohne dass ich ihn vorher bemerkt habe, durchfährt mich ein furchtbarer Schreck, und mein Herzschlag setzt für einen Moment aus. Ich kann diesen Tag und diese Nacht in Uganda nicht vergessen, nicht einmal für ein paar Stunden. Jede Nacht suchen mich die Gesichter meiner ermordeten Freunde heim.

Neun Monate nach dem Tag, an dem sich die Tragödie ereignet hatte, saß ich auf dem Gipfel des Kilimandscharo. Vor langer Zeit hatten meine Freunde und ich beschlossen, das neue Jahrtausend auf dem

Gipfel des höchsten Berges von Afrika einzuläuten und uns dabei bei
diesem Kontinent und seinen Menschen, die wir so sehr liebten, zu
bedanken. Ich hatte nicht geglaubt, dass ich ohne sie hinaufgehen würde, aber schließlich fand ich die Kraft dazu – auch aus Liebe zu ihnen.
Wenn ich nicht mit meinen Freunden hier hochklettern konnte, dann
eben allein, in Schweigen.

Ich verließ Nairobi am 28. Dezember und fuhr auf meinem Motor-
rad zur Basisstation am Fuß des Berges nahe der Stadt Marangu. Die
erste Nacht kampierte ich im dichten und feuchten Wald, die folgen-
de im Moor oberhalb der Baumgrenze, und am dritten Abend war
ich knapp unterhalb des eisigen Kraters angelangt, wo ich schließlich
die Neujahrsnacht verbrachte. Zwei Stunden vor Sonnenaufgang am
1. Januar 2000 kroch ich aus meinem vereisten Zelt und war wie immer ergriffen von der tiefen und unendlichen Schwärze der afrikanischen Nacht. Mein Thermometer zeigte zehn Grad unter null an. Als
ich auf die Sichel des Mondes blickte, die tief über dem westlichen
Himmel hing, fiel eine hell leuchtende Sternschnuppe durch die Nacht.
Damit allein hatte sich die Reise schon gelohnt, und glauben überdies
nicht die Buschmänner, dass eine Sternschnuppe die Seele eines Ver-
storbenen ist, die sich in eine andere, bessere Welt begibt?

Es war bitterkalt, und ich brauchte mehr als eine Stunde, um mein
kleines Zelt abzubauen, und noch einmal fünfundvierzig Minuten, um
durch den Schnee auf den Gipfel zu stapfen. Kurz bevor die Strahlen
der Sonne, die zum ersten Mal über dem neuen Jahrtausend aufging,
den Himmel im Osten erhellten, war ich oben angelangt. Eine Wol-
kenbank verhüllte die Küste des Indischen Ozeans, so wie fast jeden
Morgen zu dieser Jahreszeit. Ich suchte mir einen Platz, von dem aus
ich nach Osten blicken konnte, aber kaum saß ich auf dem vereisten
Felsen, begann ich schon zu frieren, und meine Beine fühlten sich an
wie Holzklötze. Bald blitzten die ersten Sonnenstrahlen über den Horizont. Die Gletscher und Felsen des mehr als fünftausend Meter hohen Mount Kenya im Norden glühten sanft im neuen Licht, und in
sechshundert Kilometer Entfernung hatten sich hoch über dem Viktoriasee rosafarbene Gewitterwolken zusammengeballt. Ansonsten
war der tief unter mir liegende Kontinent noch immer in Dunkelheit

gehüllt. Neun Monate lang hatte ich meine Gefühle im Zaum gehalten, aber jetzt war es mit meiner Beherrschung vorbei, und ich ließ meinen Tränen freien Lauf.

Und nun dieses Buch, das letztlich so ganz anders ist als das Buch, das ich ursprünglich im Sinn hatte. Allerdings entspricht ihm auch vieles: Geschichten von den wunderbaren Menschen, dem außerordentlichen Land und von der freien Wildbahn im östlichen Afrika und den Safaris selbst. Aber manches ist eben doch anders.

Ich wuchs in einem Naturschutzgebiet an den östlichen Ufern des Mississippi in Illinois auf, aber ich kann mich an keine Zeit erinnern, zu der ich nicht von Afrika fasziniert gewesen wäre. Mein jüngerer Bruder Colin und ich stellten uns bei unseren Spielen vor, dass ein ganz bestimmter großer Felsen unser unzerstörbarer Landrover war, mit dem wir über die Pisten der riesigen Serengeti holperten. Derjenige von uns beiden, der an diesem Tag der Wildwächter war, sprang aus dem Auto, rang den anderen, der das Gnu spielte, zu Boden und gab dem widerspenstigen Tier dann eine Injektion gegen irgendeine furchtbare Krankheit.

Ich tauchte ab in Büchern wie dem Klassiker von Laurens van der Post, *Die verlorene Welt der Kalahari*, einem Bericht über die Suche nach dem ältesten Eingeborenenstamm Afrikas, den legendären Buschmännern oder San. Mit der Einbildungskraft eines Zehnjährigen sog ich sämtliche Einzelheiten dieser Geschichte in mir auf, und vieles habe ich bis heute nicht vergessen. Samstagabend, dem Abend, an dem es in meiner äußerst strengen Familie erlaubt war, den Schwarz-Weiß-Fernseher einzuschalten, wartete ich auf *Mutual of Omaha's Wild Kingdom*, eine Tierfilmserie mit Dr. Marlin Perkins und Jim Fowler, seinem supertollen Helfer. Marlin und Jim nahmen uns zwar nicht jedes Mal mit nach Afrika, aber doch sehr oft, und wenn sie es taten, war es einfach himmlisch.

Ich wusste, dass ich nur in Afrika wirklich glücklich sein würde, und zwölf Jahre später verwirklichte sich mein Traum endlich. Ich ging als Biologiestudent nach Afrika, um dort das Leben in der freien

Wildbahn zu erforschen, und gleich nach Beendigung meines Studiums zog ich nach Kenia, wo ich seitdem lebe. Ich habe in einem kleinen Dorf an der Schule unterrichtet und als Fotograf und freier Korrespondent für das *Time-Magazine* und die *New York Times* gearbeitet; nebenbei habe ich regelmäßig für Freunde Safaris durchgeführt, meine Pilotenlizenz erworben, und seit 1986 leite ich hauptberuflich Safaris. In meiner sechssitzigen Cessna flog ich meine Kunden vor allem in Kenia und Tansania von Camp zu Camp, von Park zu Park; daneben habe ich aber auch Safaris in Simbabwe, Botswana und Uganda geführt. Das war genau das Leben, das ich mir als kleiner Junge bei meinen Afrikaspielen erträumt hatte.

Als ich im Dezember 1977 aus dem Flugzeug stieg und die klare kühle Luft von Nairobi einatmete, lief mir buchstäblich ein Schauer über den Rücken. Jahrelang hatte ich von Afrika gelesen und geträumt, aber jetzt sah ich zum ersten Mal echte Giraffen und Gazellen unter den Flötenakazien, die die alte Rollbahn säumten. Es waren echte Antilopen, die vor uns auseinander stoben, als wir die Straße zu unserem Hotel entlangfuhren, und mein klopfendes Herz wollte geradewegs mit ihnen laufen. Kaum im Hotel eingetroffen, war ich schon wieder auf der Straße, das Fernglas um den Hals gehängt, ein Vogelbuch in der Hand.

Ich war einundzwanzig Jahre alt, im Begriff, mein Grundstudium abzuschließen, und mit einer Gruppe anderer Studenten unterwegs zu Judy und Mike Rainy, bei denen wir das Wintersemester verbringen wollten. Diese beiden Amerikaner waren kurz vor der Unabhängigkeit nach Kenia ausgewandert und veranstalteten vor Ort für eine Reihe von Universitäten ein fachübergreifendes Studienprogramm. Zwei Tage nach unserer Ankunft begaben wir uns zu dem Camp, das unsere Lehrer westlich von Nairobi in der Nähe der Grenze zu Tansania am nördlichen Rand des Massai-Mara-Reservats saisonabhängig betrieben. Sie wechselten sich am Steuer des einen Mercedes-Lasters ab, während ihr Partner Pakwo, ein Samburu, den anderen fuhr. Pakwo war für die gerade angekommenen Studenten eine beeindruckende Erscheinung mit der fahlroten *shuka*, die er um den Leib geschlungen trug, und dem *rungu*, ein Wurfholz, das aus einer besonders harten Baumwurzel geschnitzt war und neben seinem Sitz steckte. Auf den Ladeflächen der beiden Laster war man dem Wind, dem Wetter, der Welt ausgesetzt. Alles, was ich sah, war neu für mich, schien mir aber völlig vertraut nach all den Fernsehsendungen und den Büchern, die ich verschlungen hatte. Es zeigte sich, dass ich damals mit meinen Kinderaugen alles mit fast beängstigender Genauigkeit aufgenommen hatte. Ich kannte die meisten Vögel, die jetzt aufgeschreckt aus den Büschen davonflogen oder träge über uns dahinsegelten, und wenn ich welche nicht sofort identifizieren konnte, dann gehörten sie Familien an, über die ich schon gelesen hatte und die ich daher ohne weiteres in meinem Vogellehrbuch nachschlagen konnte.

An diesem ersten Abend kampierten wir am Mara, wo ich das erste Mal in einem Safari-Zelt schlief, das nichts gemein hatte mit den Zelten, die ich kannte. Meine Eltern waren beide Lehrer, und seit meinem dritten oder vierten Lebensjahr sind wir regelmäßig in den Bergen von Wyoming zelten gewesen. Nie mieteten wir uns in Motels oder Hütten ein, nicht einmal, wenn wir von Illinois aus zu unserem Reiseziel unterwegs waren. Für unsere vier- bis achtwöchigen Wander- und Klettertouren nahmen wir alle nötigen Vorräte mit. Mit sieben hatte ich schon den zweithöchsten Gipfel von Wyoming erklommen, und in einem Zelt zu schlafen schien mir die normalste Sache der Welt zu sein. Die Zelte am Ufer des Mara aber waren so groß wie Zirkuszelte, und die Feldbetten mit Leintüchern waren im Vergleich zu den Schlafsäcken und dem harten Boden in Wyoming der pure Luxus.

Der Mara ist ein magisches Band rotbraunen Wassers, und in den fünfundzwanzig Jahren, die ich nun schon in Afrika lebe, hat er sich überhaupt nicht verändert. Seine Ufer sind immer noch gesäumt von Feigenbäumen und Akazien, deren Äste über das Wasser reichen, und dazwischen wachsen dichte Gehölze aus Olivenbäumen, Kroton und Euklea. Ungezähmte Flüsse üben immer einen unwiderstehlichen Zauber auf mich aus, und der Mara mit dem dunklen Pflanzensaum an seinen beiden Ufern ganz besonders. Mochten dort nun Krokodile leben oder nicht, der Mara wollte erkundet werden, und schon in der ersten Nacht im Busch gab ich der Versuchung nach. Und in dieser ersten Nacht lernte ich auch schon eine entscheidende Lektion über

Afrika: In der freien Wildbahn ist Unwissenheit keine Entschuldigung.

Ich wusste, dass die Nilpferde, die wir während des Tages bis zu den Augen untergetaucht im Fluss gesehen hatten, nachts zum Grasen herauskommen würden, und die einzige Möglichkeit, sie in ihrer ganzen Größe zu fotografieren, bestand darin, sie während ihrer nächtlichen Streifzüge am Flussufer zu erwischen. Mir war bewusst, dass sie in einer solchen Situation sehr gefährlich sein konnten, und ich nahm mir deshalb vor, mich für meinen Fototermin mit ihnen vorsichtig anzuschleichen. (Mittlerweile weiß ich, dass ein Nilpferd zwar tatsächlich gefährlich sein kann, aber nicht ganz zu Recht in dem Ruf steht, dasjenige Tier zu sein, das für die meisten Tode in Afrika verantwortlich ist. Viele dieser tödlichen Begegnungen sind auf das zufällige Zusammentreffen zwischen einem Fischer in seinem Boot und einem aus den Fluten auftauchenden Nilpferd zurückzuführen. Wenn der Fischer dabei ertrinkt, wird sein Tod dem Angriff durch das Nilpferd zugeschrieben, was nicht richtig ist. Der Tod durch das Zusammentreffen mit einem Tier ist in Afrika fast immer die Folge eines menschlichen Fehlers, wenn nicht sogar menschlicher Dummheit.)

Bevor ich mich zum Schlafen legte, montierte ich schon mal den Blitz auf meine Kamera. Ich erwartete, wie jede Nacht aufzuwachen, wollte mich dann nach draußen in die Dunkelheit begeben und die zwei Tonnen schweren Nachtschwärmer während ihres Grasens fotografieren. Weiter hatte ich nicht gedacht, aber das schien auch nicht nötig zu sein. Ich wachte um halb zwei auf, und fünf Minuten später lief ich das Flussufer entlang und watete durch das mannshohe feuchte Gras, barfuß und angezogen mit nichts weiter als meiner Unterwäsche, die hell im Mondlicht leuchtete.

Ich hielt inne und lauschte. Von irgendwo weiter vorne konnte ich das stete und erstaunlich schnelle Kauen von mindestens zwei Nilpferden hören. Im Mondschein waren auch zwei Felsen auszumachen, die in der Nähe der Nilpferde liegen mussten. Ich beschloss, einen der beiden Felsen zu erklimmen, es mir dort, geschützt vor den Hauern der Nilpferde, bequem zu machen und meine Bilder zu schießen. Ich kämpfte mich durch das dichte Gras, sprang immer wieder hoch, um mich an den Felsen zu orientieren, und duckte mich dann ohne besonderen Grund wieder. Nach fünfzehn Metern hielt ich erneut an und lauschte. Jetzt lagen die massiven, geräuschvoll mahlenden Kiefer der Nilpferde genau vor mir, aber sie waren immer noch außer Sichtweite. Ich sprang hoch und sah, dass die Felsen ganz nah waren, ein Stück weiter links. Ich wandte mich in diese Richtung, doch als ich an dem Punkt angelangt war, an dem ich sie vermutete, waren sie nicht mehr da. Wieder sprang ich in die Höhe, jetzt waren sie rechts von mir.

Ich war noch neu in der Gegend, aber zu guter Letzt dämmerte mir dann doch die schreckliche Wahrheit, dass nämlich die beiden sanft geschwungenen Felsen, die ich als Aussichtspunkt gewählt hatte, in Wirklichkeit die gebogenen Rücken der Nilpferde waren, die ich beobachten wollte. Ich traf die erste richtige Entscheidung in dieser Nacht. Ganz langsam und mit klopfendem Herzen kehrte ich zurück zu meinem Zelt und betrat es so leise, dass mein Schlafgenosse nicht aufwachte. Ich wollte meine dumme Expedition nicht auch noch erklären müssen.

Die nächsten Tage entsprachen dagegen wieder genau meinen Vorstellungen. Wir waren erst die zweite Studentengruppe, für die Mike und Judy verantwortlich waren, aber von irgendeiner Unerfahrenheit war nichts zu merken. Ich war schwer beeindruckt davon, wie gut sie sich in diesem Gebiet auskannten und was für gute Lehrer sie waren. Mike war Biologe, kannte den Park wie seine Westentasche und konnte sein Wissen jedermann vermitteln. Er war ein echter Feldforscher, kein Wissenschaftler, der für die Arbeit im Labor oder im Vorlesungssaal geschaffen war. Er und Judy trieben uns jeden Morgen schon vor Sonnenaufgang hinaus, und dann ging es die grünen Höhen um die Loita-Hills rauf und runter. Wir fuhren ein Stück, hielten an, um das weite Grasland zu überschauen, und fuhren dann zum nächsten in Frage kommenden Aussichtspunkt. Allmorgendlich begegneten wir schon in der ersten halben Stunde unserer Expeditionen einer Raubkatze, mochte es nun ein Gepard, Leopard oder Löwe sein. Mike hatte seine Doktorarbeit über eine der wunderbaren Antilopenarten der Savanne geschrieben, aber er war auch Raubtierexperte, und am liebsten waren ihm Löwen. Er hatte die meisten Löwen, die im Reservat

lebten, katalogisiert und kannte ihre Territorien, Verbände, Geburts-
zyklen und Jagdgewohnheiten. Wir lernten alles über das einzigartige Schnurrhaarmuster und die ausgefransten Ohrkerben, an denen
man jede Katze identifizieren konnte.

Das waren nicht einfach nur Löwen. Moshe Dayan, ein riesiger
Löwe mit nur einem Auge (daher sein Name), war der Anführer des
Miti-Miwili-Rudels, und das Weibchen dort drüben war Sheeba, die
im letzten September drei Junge zur Welt gebracht hatte, die jetzt Moshe piesackten. Die beiden anderen Jungen waren zwar gleichen Al-
ters, hatten aber eine andere Mutter, die Mfupi hieß. Sie zeigte große
Scheu vor den Lastern und hielt sich immer in sicherer Entfernung im
Kroton versteckt, ließ aber zu, dass ihre Jungen mit denen von Sheeba herumtollten. Mike wusste, wer sich gern in wessen Gesellschaft
aufhielt, welches Weibchen welche fremden Jungen tolerierte und welche Paare sich für die Jagd zusammenschlossen. Er konnte seinen Studenten bei der Beobachtung einer Jagd sogar schon vorher sagen, welcher Löwe jeweils welche Technik anwenden und welche Deckung er
wählen würde, um sich seinem Beutetier zu nähern. Während meines
Studiums hatte ich mich mit dem Sozialsystem der Löwen beschäftigt, aber in der freien Wildbahn war es noch sehr viel ausgeprägter,
als ich geglaubt hatte. Afrika war das wunderbarste Klassenzimmer,
das ich mir vorstellen konnte. Mikes Erklärungen waren faszinierend,
und er verdiente sich seinen Lebensunterhalt damit, Safaris zu leiten.
Letzteres merkte ich mir gut.

Nach einer wunderbaren Woche verließen wir das Camp am Mara
und fuhren einige hundert Kilometer nach Norden in das Samburu-
land, wo Mike und Judy lebten. Das dortige Camp war, wie es üblich
war, unter Schirmakazien aufgeschlagen und unterschied sich grundlegend von dem in der üppigen Landschaft der Mara. Das Samburu-
land ist eine Halbwüste, und auch wenn der Busch von regem Leben
erfüllt ist, fällt hier im Allgemeinen alles eine Nummer kleiner aus als
im Süden. Als wir durch das ausgedehnte, sandige Gelände des Sam-
buru-Reservats fuhren, waren es besonders die Vögel, die mich faszi-
nierten. Mike und Judy fühlten sich hier, inmitten der Berge und
flachen Wüsten, offensichtlich genauso zu Hause wie die Samburu,

die in diesem scheinbar ungastlichen Land geboren und aufgewachsen waren. Mike sprach Maa, die Sprache der Massai und der Samburu, und er und Judy hatten sogar ihren Sohn in einer traditionellen Samburu-Zeremonie beschneiden lassen. Mir war bald klar, dass ich so leben und arbeiten wollte wie sie. Alles an diesem Land, der freien Wildbahn und ihrer Lebensweise übte eine unwiderstehliche Anziehungskraft auf mich aus.

Der Ewaso Ngiro fließt durch die versengte Landschaft und bildet die Grenze zwischen den Reservaten von Samburu und Buffalo Springs. Dieses Band rotbraunen Wassers ist ein Lebensband. Und auch die Dumpalmen und Akazien, die die Ufer säumen, stellen eine viele Kilometer lange Wildbahn dar. Unter den grünen Schatten des Galeriewaldes am dunklen Wasser versammeln sich Netzgiraffen, Grévyzebras, Spießböcke und zahllose Elefanten. Auf einem unserer morgendlichen Ausflüge hatte ich plötzlich das Gefühl, dass mich ein Gesicht aus einem Salzbusch anstarrte. Bis ich über die Ladefläche gelaufen war und auf das Dach des Führerhauses gehämmert hatte, waren wir schon fünfunddreißig Meter weiter. Michaels Kopf tauchte im rechten Fenster auf, und er verdrehte den Hals, um zu mir hochzusehen. Aufgeregt erklärte ich ihm, dass wir gerade am Versteck eines Gepards vorbeigefahren seien. Er wollte mir nicht so recht glauben, aber ich ließ mich nicht davon abbringen und überredete ihn schließlich, den schweren Laster zu wenden und zurückzufahren.

In dem Busch war nichts zu sehen, aber ich hielt weiter Ausschau, und Michael zeigte Geduld; nach kurzer Zeit tauchte das gefleckte Gesicht an genau derselben Stelle im Busch wieder auf. Michael entdeckte es sofort und grinste mich an. Wenn ich heute zurückdenke, glaube ich, dass sich in diesem Moment unser Verhältnis grundlegend wandelte. In den folgenden Wochen forderte er mich regelmäßig auf, dieses oder jenes zu tun, irgendwohin zu gehen oder zurückzubleiben, während er mit der Gruppe schon ein Stück vorausging. Und eines Morgens schließlich warf er mir die Schlüssel für den Landrover zu, und mein Leben änderte sich für alle Zeiten.

Michael sagte mir, ich solle losfahren und mich vor dem Abend nicht wieder blicken lassen. Ansonsten war ich auf mich allein gestellt.

»Aber ich kenne den Park doch gar nicht, Michael!«

»Stimmt.«

»Ich werde mich ganz sicher verlaufen!«

»Stimmt auch. Deshalb solltest du viel zu trinken einpacken, wenn du das Camp verlässt. Wenn du willst, kannst du Tad und Phil mitnehmen, oder fahr allein los. Aber fahr endlich!« Er wandte sich wieder zum Speisezelt. Dünn und krumm ragten seine Beine aus den weiten Shorts heraus. Über die Schulter rief er mir noch zu: »Komm aber auf jeden Fall heute Abend zurück.«

Ich raste zu meinem Zelt, aus dem ich meine Kamera und genug Filmmaterial für einen Tag holte. Abgesehen davon, vergaß ich alles, bis auf die Säugetier- und Vogelführer und meinen ständigen Begleiter, das Fernglas, das wie eine Ehrenmedaille um meinen Hals baumelte. Sonnencreme, Hut, Wasserflasche und Jacke waren überflüssig und blieben zurück. Dann lief ich zu Tads und Phils Zelt. Sie machten sich in Sekundenschnelle fertig, während ich zur Küche eilte, eine Hand voll Bananen, eine Packung Kekse und ein halbes Dutzend Flaschen Mineralwasser einpackte und dann zum Landrover rannte. Ich hatte natürlich keine Ahnung, wie man den Wagen mit Allradantrieb fuhr, dessen Lenkrad und Gangschaltung sich außerdem noch auf der falschen Seite befanden, aber egal. Wir fuhren geradewegs auf den breiten, gewundenen Ewaso Ngiro zu. In dieser trockenen, ziemlich unfruchtbaren Region blieb den Tieren und Pflanzen nichts anderes übrig, als sich um seine Ufer zu drängen. Wenn, dann würden wir hier etwas zu sehen bekommen.

Wir waren noch einige Kilometer vom Fluss entfernt, als wir auf eine Elefantenherde stießen, die nur auf uns gewartet zu haben schien. Ich hatte von Michael gelernt, dass man nicht direkt auf sie zufahren darf, verlangsamte daher das Tempo und näherte mich ihr von der Seite, wie ein Segelboot, das sich in den Wind legt. Die Elefanten ließen ihre Köpfe hin und her schwingen, und ab und an gaben sie einen Trompetenstoß von sich. Wir schlossen daraus, dass sie sich unserer Gegenwart sehr wohl bewusst waren, aber sie ließen sich dadurch offensichtlich nicht stören und fraßen weiter von den Akazien. Ich fuhr mit dem Landrover noch ein Stück näher heran. Schon bald waren wir ringsherum von Elefanten umgeben, und ich verließ den Fahrersitz und gesellte mich zu Tad und Phil.

Ungefähr eine halbe Stunde lang fraßen die Elefanten vor sich hin, und wir fotografierten und unterhielten uns dabei im Flüsterton. Bis plötzlich ein Weibchen, unter deren Bauch ein Elefantenbaby stand, einen Trompetenstoß von sich gab und aus vierzig Meter Entfernung auf uns zustürmte.

Ich hatte keine Ahnung, warum sie uns angriff, und wartete noch kurz, da ich dachte, es sei vielleicht nur eine Drohgebärde, was Michaels Erklärung zufolge viele Elefantenangriffe waren. Nun, zu jeder Regel gibt es eine Ausnahme, und dieses Weibchen dachte gar nicht daran, von seinem Angriff abzulassen, und donnerte weiter durch die dürren Akazien. Phil und Tad riefen mir zu, wir sollten sofort abhauen, und ich stürzte zurück durch die Dachluke und griff nach dem Anlasser. Aber verdammt noch mal, wo war das Ding? Ich fand nicht einmal das Lenkrad! In der Eile hatte ich völlig vergessen, dass bei diesem Landrover das Lenkrad auf der rechten Seite war. Phil und Tad brüllten mir zu, dass ich endlich losfahren sollte, aber ich saß noch nicht einmal auf dem richtigen Sitz. Ich kletterte über die Bank, blieb dabei auch noch an dem langen Schalthebel hängen, und als ich dann schließlich hinter dem Lenkrad saß, wollte der Motor nicht anspringen. Der Wagen gab keinen Mucks von sich, und die Rufe vom Dach gingen langsam in ein Kreischen über. Endlich sprang der Motor an, und gleichzeitig griff auch die Kupplung. Ich hörte es laut poltern, als der Landrover einen Satz nach vorne tat und Phil und Tad nach hinten fielen. Auf den näher kommenden Elefanten hatte ich überhaupt nicht geachtet. Ein paar hundert Meter weiter hielt ich an. Ich lachte, bis mir die Tränen in die Augen traten, und drehte mich zu den beiden anderen um, die sich ebenfalls vor Lachen kaum halten konnten.

Als wir uns wenigstens so weit beruhigt hatten, dass wir wieder normal atmen konnten, sagte ich: »In meinem Buch steht, dass Elefanten vierzig Kilometer die Stunde laufen können. Wollen wir doch mal sehen, ob das stimmt – wir fahren zurück.«

Die lautstarken Proteste ebbten langsam ab, als ich zurücksetzte.

»Ich lass den Motor laufen und bleib hinterm Steuer. Ihr sagt mir
Bescheid, wann ich losfahren soll, und dann geb ich Gas. Wenn sie die
ganze Zeit möglichst knapp hinter uns bleibt, wissen wir, wie schnell
sie ist.«

»O Mann!«, sagte Tad. »Du bringst uns alle um.«

Phil stimmte ihm zu. »Willst du wirklich umkehren? Ich kann's
nicht fassen!«

Aber sie kicherten dabei beide vor sich hin und hielten ihre Fotoapparate schussbereit. Die Elefanten hatten sich nicht von der Stelle
gerührt und schienen die Aufregung von vor ein paar Minuten bereits
vergessen zu haben. Sie waren wieder damit beschäftigt, Äste abzurei-
ßen, Blätter und Dornen abzustreifen und in aller Gemütsruhe alles
um sich herum zu vernichten.

Unser Weibchen stand inmitten der Herde; es hatte uns den Rücken
zugekehrt, das Baby dicht hinter sich. Ich hielt kurz an und guckte
durch die Dachluke, um mir den Weg zu ihm hin und von ihm weg
anzusehen. Das einzige Hindernis war ein roter Termitenhügel. Ich
setzte mich wieder und legte den Rückwärtsgang ein. Die beiden anderen gaben keinen Mucks von sich, und ich bemühte mich, den Motor
ruhig laufen zu lassen, während ich den Termitenhügel umrundete
und über einen toten Ast fuhr, den ich nicht gesehen hatte. Bei dem
knackenden Geräusch wandte sich das Weibchen halb zu uns um,
kaute aber weiter an einem Stück Rinde, das ihm aus dem Maul hing.

Vorsichtig manövrierte ich den Wagen weitere zwanzig Meter zurück und hielt an. Bei laufendem Motor kletterte ich aufs Dach. Alles
schien ruhig zu bleiben, und ich richtete meine Kamera auf die Elefantenkuh. Doch genau in dem Moment, als ich ihre gerunzelte Haut
deutlich im Sucher hatte, griff sie an. Phil und Tad brüllten gleichzeitig: »Fahr los!« Ich hielt noch immer meine Kamera vors Auge und
zoomte sie näher heran. Ich hatte schon jahrelang Tiere in der freien
Wildbahn fotografiert und wusste, dass ich die Schärfe nicht auf das
Tier einstellen musste, sondern auf die Stelle, zu der es hinlaufen würde. Ich wartete, den Finger auf dem Auslöser, während Phil und Tad
brüllten. Als die Elefantenkuh in den Fokus gerast war, drückte ich ab,
wirbelte herum und ließ mich auf den Fahrersitz fallen, ich legte den

ersten Gang ein, und schon stoben wir davon. Ich gab Vollgas, schaltete in den zweiten Gang und schaute über die linke Schulter, um zu sehen, was hinter mir los war. Die Elefantenkuh raste noch immer auf uns zu. Der Tacho zeigte fünfunddreißig Stundenkilometer. Ich behielt diese Geschwindigkeit bei, damit sie aufschließen konnte. Ich hatte Angst, dass sie die Verfolgung aufgeben würde, wenn sie nicht unmittelbar hinter uns war, und dass wir dann nie herausbekommen würden, wie schnell sie laufen konnte.

Als ich wieder nach hinten blickte, sah ich ihren massigen Körper direkt hinter uns. Phils Rufe übertönten den Lärm des Motors und das Trompeten der Elefantenkuh. Ich drückte das Gaspedal durch, bis wir vierzig Stundenkilometer erreicht hatten. Da erschütterte ein Stoß den Wagen, gefolgt von einem Krachen und herumfliegenden Glassplittern. Ich trat wieder aufs Gas, wir holperten über den Rand des Termitenhügels und rasten auf den weichen Sand der Piste.

Als ich mich erneut umdrehte, war von dem Elefanten nichts mehr zu sehen. Tad rieb sich seinen Kopf, Glassplitter glitzerten auf seinen Schultern. Phil klammerte sich an die Rückenlehne meines Sitzes und blickte hinter sich, auch auf seinem Hemd hingen Scherben. Ich konnte mir nicht erklären, was eigentlich passiert war, und drosselte das Tempo. »Was war denn los?«

Phil erklärte mir, dass die Elefantenkuh den Landrover eingeholt und mit ihrem mächtigen Rüssel die Stoßstange abgerissen habe, einfach so. Dann hatte sie sie auf den Wagen geschleudert und dabei das Heckfenster zerschmettert. »Tja«, sagte ich, »dann stimmen entweder die Angaben in dem Buch oder die auf dem Tacho nicht.«

Ich las den beiden einen Abschnitt aus meinem Lehrbuch vor, in dem es hieß, dass Impalas auf der Flucht vor einem angreifenden Raubtier drei Meter hoch springen und dabei zehn Meter oder weiter quer durch die Luft fliegen können. Nach einer Weile stießen wir auf eine Herde von ungefähr zwanzig männlichen Impala-Jungtieren. Sie sahen ganz friedlich aus, wie sie da still und mit großen Augen standen. Als wir näher kamen, rückten sie enger zusammen und erstarrten. Antilopen sind lange nicht so einschüchternd wie Elefanten, und es fällt einem leichter, Mut zu beweisen, deshalb fuhr ich näher heran. Tad

und Phil hoben ihre Kameras, ich zählte bis drei und ließ den Motor
aufheulen; wir schrien und brüllten, und einer der anderen schlug mit
der flachen Hand aufs Autodach. Es war aus dieser Nähe ein unglaublicher Anblick, wie die Impalas auseinander stoben. Ich jagte ihnen
mit Vollgas hinterher, musste das Tempo aber bald drosseln, als sie mit
gewaltigen Sätzen ins höhere Gras sprangen. Hohes Gras wie das dortige weist oft darauf hin, dass eine Quelle, ein Bach oder auch ein kleiner Fluss in der Nähe ist, da erst eine höhere Bodenfeuchtigkeit den
Pflanzen ein besseres Wachstum ermöglicht. Damals wusste ich noch
nicht, dass das auch für die Wüste genauso wie für die Savanne gilt. Jedenfalls flogen auch wir plötzlich durch die Luft, aber nicht wie die
Impalas himmelwärts, sondern nach unten. Und wir schlugen um einiges härter auf als sie, so hart, dass sich das Lenkgestänge dabei ver-
bog.

Phil und Tad waren ziemlich sauer auf mich, aber ich hatte den Fluss
einfach nicht gesehen und hielt ihnen entgegen, dass sie ihn von ihrem
erhöhten Aussichtspunkt aus schließlich auch nicht gesehen hätten.
Nach dem dritten Anlauf stand der Landrover wieder auf festem Boden. Wir stiegen aus und streckten uns. Dann wateten wir durch das
seichte und erstaunlich kühle, sandige Wasser des Flusses, wobei immer einer von uns nach Krokodilen Ausschau hielt. Ich setzte mich
ans Ufer, legte meinen Kopf in den Nacken und ließ meinen Blick über
eine Dumpalme wandern. Ganz oben, wo die Blätter nach außen
strebten, hingen Trauben orangefarbener Früchte. Ich lauschte auf die
Vogelrufe, die die heiße Luft durchschnitten; einige kannte ich schon,
und die unbekannten versuchte ich mir einzuprägen. Etwas weiter unten am Fluss näherte sich zögernd eine Herde von Spießböcken dem
gegenüberliegenden Ufer. Ich sah zu, wie sie sich schließlich auf die
Knie niederließen, ihre braunen Mäuler in das flache Wasser steckten
und tranken. Ich durfte nicht vergessen, mir von Michael dieses Her-
denverhalten erklären zu lassen.

Während ich so den Geräuschen um mich herum lauschte, wurde
mir klar, dass der Busch ein ganz eigenes Leben hatte, das brummte,
wisperte, klackerte, pfiff. Insekten und Vögel erfüllten die Luft mit
ihrem wunderschönen Konzert. Ich hatte schon viel Zeit draußen in

der Natur zugebracht, aber noch nie hatte ich so bewusst ihren Klängen gelauscht. Seitdem ist mir das zu einer lieben Gewohnheit geworden, der ich nachgehe, wann immer ich die Gelegenheit dazu habe. Ich kann ganze Tage damit zubringen, einfach nur zuzuhören, ohne dabei ein Tier zu sehen, das größer ist als ein streifenloses Erdhörnchen. Auch meinen Safarigästen versuche ich, diese Leidenschaft fürs bloße Hören zu vermitteln. An diesem Tag verbrachte ich jedenfalls einige Zeit auf diese Weise am Flussufer, überwältigt von dem Gefühl, mich in Einklang mit einem so ungeheuer weiten Land zu befinden.

Nur, wo waren wir eigentlich? Nachdem wir das Camp verlassen hatten, hatten wir versucht, uns auffällige Punkte, Abzweigungen und Kehren zu merken, aber das hatte sich schon vor unseren Verfolgungsjagden als ziemlich aussichtsloses Unterfangen erwiesen. Ich wusste nur, dass das Camp sich flussabwärts und ein paar Kilometer weiter im Land, irgendwo in der hitzeflirrenden Savanne befand. Nach etwa einer Stunde stolperten wir zu unserem Wagen zurück und fanden dort den wartenden Michael und die anderen Landrover vor. Er hatte schon eine ganze Weile lang beobachtet, wie sich die weiße Staubwolke, die unser Landrover aufwirbelte, mal in diese, mal in jene Richtung, aber immer auf ihn zu bewegte. Wie der Tag gewesen war, musste er uns gar nicht erst fragen – unsere Gesichter sagten alles. Nachdem wir einen aufgeregten ersten Bericht gegeben hatten, deutete ich auf das Heckfenster und entschuldigte mich. Als wir Mike erzählten, wie es dazu gekommen war, schüttelte er nur den Kopf und lachte. Pakwo hatte sich zu uns gesellt und gab sein leises Samburu-Lachen von sich, er amüsierte sich wie ein Kind. Gegenüber den anderen Studenten untertrieben wir das Ganze dann doch lieber etwas. In dieser Nacht trug ich mein Feldbett aus dem Zelt und zog es unter die nächste Schirmakazie an eine Stelle, wo das helle Mondlicht ein Spitzenmuster durch die spärlich belaubten Bäume warf, so fein und zierlich, dass man es nicht fotografieren, sondern nur lächelnd betrachten und in seinem Herzen bewahren konnte. Ich legte mich auf den Rücken und lauschte lange in die tiefschwarze Nacht. Was wohl die Elefanten taten, überlegte ich, ob sie liegend oder im Stehen schliefen? Von flussabwärts, nahe den Bäumen am Ufer, war der Ruf einer Hyäne zu hören. Hochzufrieden schlief ich ein und wachte noch vor Sonnenaufgang, aber erst nach den gurrenden Tauben wieder auf.

Eine weitere Woche verging, und wir verlegten unser mobiles Klassenzimmer aus dem Samburu-Reservat nach Norden in das Gebiet, das offiziell als Northern Frontier District bezeichnet wird. Die Straße wurde schlechter und das Land wilder, in den trockenen Gebieten noch dürrer und in den Gebirgsregionen zerklüfteter. Hier oben gab es keine Elektrizität, keine Städte, keinen Handel und auch nur wenige Dörfer. Der NFD, wie man das Gebiet hier kurz nannte, beschwor Bilder von marodierenden Banden somalischer *shifta* (Banditen) herauf, von Kamel reitenden Samburu, Viehdieben und offen ausgetragenen Kämpfen. Wie ich erfahren sollte, entsprachen all diese Bilder zumindest manchmal der Wirklichkeit. Weißer Sand wirbelte hinter den Zwillingsreifen des Lasters auf und hüllte die auf der Ladefläche Sitzenden in ein gespenstisches Weiß. Aber das schien nur angemessen für den Eintritt in diese berüchtigte Ödnis. Wir machten uns bereit.

Unser Ziel war Mikes und Judys ständiges Camp, wo wir in der nachmittäglichen Hitze von Samburus empfangen wurden. Ihre wunderbaren roten, blauen, lila und weißen Gewänder und ihr imposanter Halsschmuck hoben sich leuchtend gegen das dunkle Grün der Zelte ab. Während der nächsten Tage sollten sie uns in ihren aus getrockneten Kuhfladen gebauten *bomas* beherbergen. Ich sprach zwar ihre Sprache nicht, war aber ansonsten zu allem bereit, als Mike uns Studenten mit unseren jeweiligen Gastgebern bekannt machte. Wie er es uns gelehrt hatte, umfasste ich mein Handgelenk, als sich Ole Sempeles lange und kräftige Finger um meine Hand schlossen und sie eine Zeit lang festhielten. Wir hatten kaum ein Wort gewechselt, da schulterte Sempele schon meinen Rucksack und eilte auf seinen schlanken und sehnigen Beinen in ausgreifenden, federnden Riesenschritten davon. Sein Bruder Kasoi, der uns begleitete, tat es ihm nach. Ich hatte mit meinen kurzen Beinen Mühe, mit ihnen Schritt zu halten.

Schweigend liefen wir während der nächsten paar Stunden über den ausgedörrten Boden auf die Hügel am nördlichen Horizont zu; westlich von uns lag der kuppelartige Gipfel des Neibor Keju, ein beeindruckender Anblick. Am Fuß der Hügel betraten wir Waldland, das mit niedrigen Akazien und dichten Büschen bestanden war. Hier richtete Sempele das Wort an mich, aber natürlich verstand ich ihn nicht, und daher nickte ich nur. Wir überquerten eine weitere Ebene, viel kleiner als diejenige, über die wir gerade gekommen waren. In der Ferne konnte ich hinter einer Mauer von Dornsträuchern winzige blaue Rauchwolken aufsteigen sehen. Es war Sempeles Dorf, sein *manyatta*. Genau in diesem Moment schlüpften ein paar kleine Kinder durch die Hecke und kamen auf uns zugelaufen.

Erst als die Kinder bei uns angelangt waren, hielten meine Samburu-Führer kurz inne. Sie legten jedem der Kinder die flache Hand auf den Kopf, als diese sich verbeugten. Dann setzten wir unseren Weg fort, wenn auch langsamer. Einige Kinder fassten die Männer an der Hand, und auch in meine Hand schlüpften ein paar kleine schlanke Finger. In meiner Kindheit in Illinois hatte man sich nicht an der Hand gehalten, selbst dann nicht, wenn wir im Sommer wandern gewesen waren, und es war mir unangenehm, die Hand des kleinen sieben oder acht Jahre alten Samburu-Jungen zu halten. Aber ich ließ sie nicht los, bis wir die Siedlung erreichten. Ein wenig linkisch stand ich an der Seite meiner Gastgeber herum, als sie nacheinander die erwachsenen Dorfbewohner begrüßten und sich weiter unterhielten, während sie jedes der Kinder am Kopf berührten. Die Kleinen standen stocksteif da, bis die Hand auf ihrem Kopf lag, aber sobald sie wieder weggezogen war, flitzten sie davon, schwarzen Blitzen gleich.

Ich schüttelte allen die Hand und folgte dann meinen Gastgebern in ihre Hütte. Aus dem hellen Licht der äquatorialen Nachmittagssonne kommend, sah ich zunächst gar nichts. Innerhalb der Wände, die aus Dung bestanden, war es vollkommen dunkel. Es vergingen Minuten, bis ich endlich etwas in dem raucherfüllten Inneren meines vorübergehenden Heims erkennen konnte. Was für einen Schrecken bekam ich, als ich plötzlich ein altes, von Ohrschmuck umrahmtes Gesicht erblickte, das mich ernst ansah. Automatisch streckte ich meine Hand aus und war überrascht von dem kräftigen Händedruck, mit dem meine Begrüßung erwidert wurde. Es war Sempeles Mutter. Kei-

ner kannte ihr genaues Alter, man wusste nur, dass sie in dem Jahr geboren worden war, in dem die Kälber starben. Das Sterben von Kälbern war für ein Hirtenvolk, dessen Existenz völlig von seinem Vieh
abhing, von größter Bedeutung, aber in diesem Moment trug diese Erklärung nur noch zu meiner Verwirrung bei.

Auf dem kleinen Feuer, das in der Mitte der Hütte vor sich hin loderte, wurde Tee zubereitet. Trotz der stickigen Hitze, die in der Hütte herrschte, war die heiße und rauchige, mit viel Milch und Zucker
versetzte Flüssigkeit erstaunlich erfrischend. Auf meiner Stirn bildete sich ein Schweißfilm, aber wenn ich ganz entspannt und ruhig dasaß, ließ es sich aushalten. Kaum hatte ich meine Tasse leer getrunken,
wurde sie mir auch schon aus der Hand genommen und erneut gefüllt.
Diese Tasse Tee war noch erfrischender als die erste. Sempele bot mir
mit einer freundlichen Geste eine dicke, zusammengebundene Decke
an, dann berührte er mich kurz an der Hand, bevor er seinen Kopf
einzog und aus der Hütte trat, hinaus unter den klaren hellen Himmel. Ich schüttelte der alten Frau die Hand, nickte und bedankte mich,
als ich die emaillierte Tasse in ihre welke Hand drückte, und folgte
ihrem Sohn nach draußen. Sempele führte mich aus dem *boma* und
ging im Zickzackkurs zwischen den Kuhfladen hindurch zu einem
Platz links von der Öffnung in der Dornenstrauchmauer, die als Eingangstor diente. Seine schwarzen Augen blickten nach Süden. Ich
konnte dort nichts ausmachen, was seine gespannte Aufmerksamkeit
verdient hätte. Nur das Läuten und Klingen der Glocken aus der Ferne
waren zu hören.

Fünfzehn oder zwanzig Minuten verharrten wir schweigend in der
aufkommenden Kühle, die Decken um unsere Schultern gelegt, bis
sich unter den Bäumen auf der anderen Seite der kleinen Ebene eine
feine weiße Linie bildete. Sie löste sich in zahlreiche verschiedenfarbige Punkte auf, als sie sich weiter auf das offene Land schob. Jetzt erkannte ich, dass es Rinder, Schafe und Ziegen waren, die von vier oder
fünf Jungen, nicht älter als sieben Jahre, angetrieben wurden. Sempele und ich beobachteten schweigend, wie sie näher kamen, und verblüfft sah ich, dass sich die Linie der Tiere beim Überqueren der Ebene auffächerte, um dann erneut eine Reihe zu bilden, als sie sich dem

manyatta näherte. Sempele betrachtete jedes einzelne Tier, während die Herde an uns vorbeidefilierte und in den Pferch innerhalb der Dornenmauer lief. Den Ziegen und Schafen schenkte er kaum Beachtung, aber von den Rindern entging keines seinem prüfenden Blick. Als der letzte Jungbulle durch das Tor gelaufen war, folgten wir ihm und ließen den Baumstamm, mit dem das Tor geschlossen wurde, draußen auf der Erde liegen. Wir liefen zwischen den dampfenden Rindern herum, die den Reichtum der Familie darstellten, und Sempele hob hier ein Bein, um den Huf zu untersuchen, bog dort einen Kopf an den Hörnern zur Seite, um sich ein Auge anzusehen. Keines der Tiere sträubte sich gegen seinen Griff, keines versuchte, ihm zu entgehen. Zwei Frauen begannen mit dem Melken der Kühe und lenkten den weißen Strahl in zwei alte Kalebassen, die vom langen Gebrauch schon ganz blank waren.

Das Licht ließ jetzt schnell nach, und ich wollte noch etwas frische Luft schnappen, nachdem mich die ganze Zeit Schwaden von Rauch und trockenem Dung umgeben hatten. Ich bedeutete Sempele, dass ich einen Spaziergang machen wolle, und zeigte auf meiner Armbanduhr die Dauer von einer halben Stunde an. Als ich durch das Tor ging, legte ich meine Decke über die Büsche. Fünf Minuten später hatte ich den Rauch und den Dunggeruch hinter mir gelassen und trat in die reine Wüstenluft des Nordens. Es war, als würde ich durch eine Öffnung in einer unsichtbaren Wand treten. Ein niedriger, blaugrauer Dunstschleier hing über der Ebene und den Bäumen; die Feuchtigkeit sammelte sich in der abkühlenden Luft und brach das Licht der tief stehenden Sonne, als hätte man ein blasses Gazetuch über das Land gebreitet.

Als ich ins Dorf zurückkehrte, hatte sich das Vieh friedlich niedergelassen, eines neben dem anderen lagen die Tiere in dem engen Gehege, in der Luft hing ihr Geruch. Der Wind hatte sich gelegt, und die zu Boden sinkende feuchte Luft schien die starken Ausdünstungen mit sich genommen zu haben. Vielleicht hatte ich mich mittlerweile aber auch schon an die neue Umgebung gewöhnt. Ich konnte Sempele nirgends entdecken, und daher wandte ich mich nach links zu seiner Hütte und rief »hodi«, bevor ich mit eingezogenem Kopf eintrat.

Meine Augen gewöhnten sich diesmal schneller an die Dunkelheit, und ich musste nicht mehr so lange blind und unbeholfen herumstehen. Ich nahm schweigend auf einem der kleinen hölzernen Sitze Platz. Sempele schenkte mir eine Tasse Tee ein und reichte sie mir direkt über die Flammen hinweg. Ich konnte die verbrannten Haare auf seinem Arm riechen, aber er achtete nicht auf den Schmerz, wenn er ihn überhaupt spürte.

Dem Tee folgte ein größerer Emaillebecher, der mit einer geronnenen Mischung aus Blut und Milch gefüllt war. Ich hatte einen starken Magen und wusste, dass ich das Angebot lieber nicht ausschlagen sollte, aber riechen durfte ich trotzdem nicht daran, und es bedurfte auch einer gewissen Willensstärke, um von dem rosafarbenen joghurtähnlichen Gebräu zu trinken. Nach den ersten Schlucken fiel es mir schon leichter, und als der Becher leer war, hatte ich sogar Geschmack daran gefunden. Sempele lächelte breit, als ich ihm den leeren Becher zurückgab. Einen Moment lang fürchtete ich, dass er ihn noch einmal füllen wollte, aber zu meiner Erleichterung bekam ich stattdessen wieder süßen Tee.

Mit gespitzten Ohren hörte ich zu, als er und die anderen in aller Ruhe über einige für sie offensichtlich bedeutsame Dinge sprachen – über das Vieh und das Gras, über den Regen und die Frauen, wie ich später erfuhr, und zwar in genau dieser Reihenfolge. Der kreisförmige Raum war erfüllt von den sanften und rollenden Lauten der Maa-Sprache, die sich entfernt wie Spanisch anhörte. Die Wärme in der Hütte, mein voller Bauch, meine schweren Beine und die Aufregungen des Tages ließen mir vor dem langsam niederbrennenden Feuer die Augen zufallen, und ich musste mich immer wieder zur Aufmerksamkeit zwingen. Zwei weitere Männer in Sempeles Alter waren dazugekommen, und die Gespräche wurden noch eine Weile fortgesetzt, bis unvermittelt Schlafenszeit war. Ohne ein Wort zu mir zu sagen, gingen Sempele und die beiden anderen Männer zu einem erhöhten Teil der Hütte, hüllten sich in ihre Decken und legten sich dann wie ägyptische Mumien mit lang ausgestreckten Beinen und auf der Brust verschränkten Armen auf den Rücken.

Ich starrte eine Weile auf die drei kleinen Holzstücke, die vor sich hin glimmten. Drei Jungen stahlen sich herein und legten sich ebenfalls hin. Ich wusste nicht, was ich tun sollte, und kroch daher zu ihnen und streckte mich auf der den drei Männern gegenüberliegenden Seite des Lagers aus. Mir war es mit der Decke noch zu warm, und daher verwendete ich sie erst mal als Kissen, wohl wissend, dass der kleine Raum im Laufe der Nacht abkühlen würde. Ich fühlte mich beengt und wachte immer wieder auf, aber ein paar Stunden schlief ich doch recht gut, bis plötzlich alle von einem Tohuwabohu aus Stimmen, Bewegungen und flackernden Lichtern aufgeweckt wurden. Das Feuer wurde wieder entfacht und warf ein gespenstisches Licht auf die chaotische Szenerie. Sempele griff nach seinem *rungu* und seinem Speer, sah mich einen Moment lang an und sagte auf Englisch »Löwe!«, bevor er den Kindern nach draußen folgte.

Löwen. Ich konnte mein Glück kaum fassen und schlüpfte schnell hinaus in die Nacht. Der Pferch war ein einziges Durcheinander aus hin und her laufenden Menschen und Tieren. Ich hielt mich an die Wand der *boma* gedrückt, um nicht von einem Rind niedergetrampelt oder dem Speer oder Pfeil eines heranwachsenden Samburu, der nach ewigem Ruhm trachtete, zu Boden gestreckt zu werden. Plötzlich und ohne dass ich ihn kommen gesehen hatte, stand Sempele vor mir. In Englisch, und zwar gutem Englisch, erklärte er mir, dass ein einzelner Löwe auf das Dach einer der Hütten gesprungen war, die in die Dornenstrauchmauer gebaut waren. Von dort aus hatte er sich mitten in die verschreckte Herde gestürzt und ein Kalb gerissen, bevor er von den Samburu zurückgetrieben wurde. Allerdings hatte er das Kalb mit sich geschleppt, als er geradewegs durch die Dornstrauchmauer flüchtete. Das hatte selbst den erfahrenen Samburu erstaunt. Wie unverfroren dieser Löwe war, aber auch wie verzweifelt. Sich auf diese Weise sein Überleben zu sichern war äußerst gefährlich, und das wusste bestimmt auch der Löwe.

Sempele packte mich an der Schulter und schob mich sanft in Richtung des Hütteneingangs. Ich protestierte nicht. Wieder in der Hütte, wurde mir erneut eine Tasse Tee kredenzt. Sempele sprach mit seiner Mutter, vermutlich über den Angriff, die Verfolgung und die Flucht des Löwen. Nicht lange, und Sempele kehrte zu seinem Schlafplatz zurück, um wieder die Mumienhaltung einzunehmen, und ich tat es ihm nach, auch wenn ich fern davon war, schlafen zu können. Um mich herum war es warm und still, und ich stellte mir vor, wie die kleinen Jungen in der mondlosen Nacht herumliefen, mit Speeren bewaffnet, die viel größer waren als sie selbst, und mit Pfeilen, die viel kleiner waren, und genau wussten, dass sich irgendwo in der Nähe ein Löwe mit seiner Beute versteckt hielt.

Morgens nahmen Ole Sempele und ich, noch immer in unsere Decken gehüllt, unseren Posten am *manyatta*-Tor wieder ein und sahen zu, wie die Jungen die lange Reihe von Rindern, die kleineren Tiere im Schlepptau, nach draußen brachten, über die Ebene in den Busch auf der anderen Seite führten und von dort aus zu den ausgedehnten Ebenen zogen. Nachdem alle Tiere den Pferch verlassen hatten, setzten sich die Männer zusammen, sprachen über den Löwen und untersuchten das Bullenkalb, das dieser mit sich durch die Dornstrauchumfriedung geschleppt und dann weiter draußen fallen gelassen hatte. Das übel zugerichtete Kalb sollte geschlachtet und abends gegessen werden, da es sowieso wohl kaum überleben würde. Man würde das Fleisch zu Ehren der Jungen verspeisen, die, ohne zu zögern, die Verfolgung des Löwen in der Nacht aufgenommen hatten. Ihre lärmende Suche hatte den Räuber schließlich dazu gebracht, seine Beute zurückzulassen.

Wir verbrachten diesen Abend draußen vor der Hütte und aßen schweigend das gebratene Fleisch. Die Kinder nahmen, was ihnen gereicht wurde. Wenn das eine Feier war, dann eine sehr ernste, dachte ich. Kein Lachen, keine Gefühlsäußerung bewegte die ernsten Gesichter. Auch ich aß schweigend mein Fleisch, trank meinen Tee und betrachtete dabei die Jungen, die mit gesenkten Augen dasaßen. Ein Leben, in dem alles so klar bestimmt war, das so geordnet und so anders als mein eigenes verlief, versetzte mich in Erstaunen. Nach den zwei Tagen, die ich jetzt hier war, fühlte ich mich sicherer und geschützter, als ich mich jemals in meiner Kindheit in Illinois in unserem eigenen Haus gefühlt hatte. Damals wurde mir bewusst, wie schwer es mir fallen würde, in die Vereinigten Staaten zurückzukehren, nachdem ich einmal die Schwelle in diese andere Welt übertreten hatte und dort aufgenommen worden war – eine Welt, die ich immer lieben würde, egal, was sie für mich bereithielte.

3

WILLKOMMEN IM BUSCH

Ein kluger Mann sagte einmal, das Problem bei Reisen nach Afrika sei, dass man sich zurück zu Hause immer wie in der Verbannung fühle. Nach Beendigung meiner Studien bei Mike und Judy Rainy kehrte ich in die Vereinigten Staaten zurück und machte meinen Abschluss in Biologie und die Prüfung für das Lehramt an höheren Schulen. Das war im Jahr 1978, und ich hatte vor, zu unterrichten oder als Biologe für den Forstdienst zu arbeiten. Zunächst nahm ich allerdings denselben Ferienjob an wie in den Sommern der vergangenen Jahre und half bei der Feuerbekämpfung in den Bergen von Washington und Montana. Im darauf folgenden Winter baute ich für ein paar Freunde eine Blockhütte. Aber die ganze Zeit über ging mir Afrika nicht aus dem Kopf, und am Ende des Sommers 1979, als die Gefahr der Waldbrände gebannt war, unternahm ich eine Tour durch Westafrika. Sie fand ein abruptes Ende, als der Nachtzug, mit dem ich von Abidjan zurück nach Ouagadougou in Obervolta (dem heutigen Burkina Faso) und weiter nach Timbuktu fuhr, aus den Gleisen sprang. Mein Brustbein war zertrümmert, ich erlitt drei Wirbelbrüche und trug einen Schädelbruch, schwere Verbrennungen und Schnittwunden am rechten Arm davon. Sechs Monate später, im Sommer 1980, war ich so weit wieder hergestellt, dass ich mich meinem alten Arbeitsteam zur Feuerbekämpfung anschließen konnte.

Der Ausbruch des Mount St. Helens am 18. Mai sorgte für einen dramatischen Beginn der neuen Saison. Der U. S. Forest Service verfügt wie vermutlich alle Regierungseinrichtungen über ein Diensthandbuch mit Anweisungen für jedes denkbare Ereignis. Je nach Brennstoff, Berghang und Luftfeuchtigkeit müssen die Mannschaften in einer genau festgelegten Weise und mit einer bestimmten Ausrüstung gegen das Feuer vorgehen. Jeder von uns hatte an Lehrgängen teilgenommen, jeder hatte die entsprechenden Unterrichtsfilme gesehen und schon viele verschiedene Arten von Feuer bekämpft, aber für einen Vulkanausbruch musste die Regierung erst noch ein Diensthandbuch schreiben. Hier wurde der Traum eines jeden Feuerwehrmannes Wirklichkeit – um mit einem Vulkan fertig zu werden, musste er mit den verschiedensten Methoden der Feuerbekämpfung improvisieren. Man trug uns in den ersten Wochen täglich neue Aufgaben auf, die wir nach eigenem Ermessen erledigten, wenn wir von unserem Stützpunkt in der Nähe von Hood River in Oregon aus Einsätze zum Mount St. Helens flogen. Wir arbeiteten siebzehn Stunden am Tag, kassierten Gefahrenzulagen, Überstundenzuschläge, Tagesgelder, und zur Krönung des Ganzen bekamen wir auch noch freie Unterkunft und Verpflegung. Für mich und das Team war der Vulkan ein Glücksfall, ich wurde meine Schulden los, und mein Konto schrieb wieder schwarze Zahlen. Nun war die Gelegenheit gekommen, mich in das Unvermeidliche zu fügen und für immer nach Afrika zurückzukehren. Im Rahmen eines Trainingsprogramms des Friedenskorps absolvierte ich einen dreimonatigen Intensivkurs in Kisuaheli (der Sprache eines kleinen Küstenstammes, die Amtssprache wurde, als Kenia 1963 seine Unabhängigkeit von Großbritannien erlangte) und unterrichtete anschließend naturwissenschaftliche Fächer an der örtlichen Schule von Gakindu in Zentralkenia, etwa hundertzwanzig Kilometer nördlich von Nairobi.

Kenia ist nun seit mehr als zwanzig Jahren meine Heimat. Viele meiner Kunden, die ich während der Vorbereitungen für eine Safari treffe, erzählen mir, dass sie schon von jeher den Wunsch hatten, Afrika zu besuchen, ohne genau sagen zu können, warum. Bei all den Kriegen und der Armut, die in Afrika herrschen, lässt es doch weiten Raum für Abenteuer und Entdeckungen, und dieses Gefühl von Risiko und Gefahr und die verlockende Aussicht, Großwild aus der Nähe zu erleben, nennen einige Männer, weniger Frauen, als Gründe. Häufiger geben meine männlichen Gäste und nahezu alle Frauen jedoch an, dass sie sich im Innersten mit diesem Kontinent verbunden fühlen. Als stelle Afrika in einem tieferen Sinn den Ursprung von allem dar. Es übt eine Anziehungskraft aus, die vielleicht wirklich in jedem von uns genetisch verankert ist. Ich zumindest habe das von dem Augenblick an, als ich das erste Mal aus dem Flugzeug gestiegen bin, so empfunden, und die meisten meiner Kunden reisen mit genau diesem Gefühl ab.

Vielleicht liegt es aber auch daran, dass ich mir meine Kunden selbst aussuche und in dieser Hinsicht eine entsprechende Auswahl treffe. Von den etwa fünfhunderttausend Touristen, die jedes Jahr nach Kenia kommen, fahren drei Viertel (die meisten davon Europäer) schnurstracks in die Hotels an der Küste des Indischen Ozeans und rühren sich dann nicht mehr vom Fleck. Es gibt dort herrliche Strände, und Lamu, Mombasa und Malindi sind faszinierende Städte, aber mit dem eigentlichen Ostafrika haben sie nicht viel zu tun. Das findet man weiter im Norden, im Busch. Die Mehrzahl der Touristen, die sich in den Norden wagen, wählen dazu eine Tour mit dem Kleinbus. Ich habe nichts gegen diese Art von Safaris, schließlich sind sie für viele Menschen die einzige Möglichkeit, wenigstens eine vage Vorstellung vom wahren Afrika zu bekommen. Ich für meinen Teil will nur einfach nicht so arbeiten. Ich lasse es auf meinen Touren langsamer angehen und dringe dafür weiter vor.

Wenn wir in den Wildreservaten unterwegs sind, ist es im Allgemeinen meine Gruppe, die als Erste aufbricht und als Letzte zurückkommt. In den kenianischen Nationalparks werden die Tore bei Sonnenuntergang geschlossen, und irgendwann fielen mir keine auch nur halbwegs glaubwürdigen Entschuldigungen für die Wächter mehr ein, wenn wir wieder einmal erst eine Stunde später auftauchten. Eines Tages sagte ich ihnen einfach die Wahrheit, und zu meinem Erstaunen traf ich damit auf wesentlich mehr Verständnis. Wenn ich den uniformierten Wächtern mit den geschulterten AK-47-Gewehren erzählte, dass wir so spät kämen, weil wir einen Gepard bei der Jagd beobachtet hätten oder weil das Licht auf den Wellen des Flusses einfach zu schön gewesen sei, um daran vorbeizufahren, winkten sie uns nachsichtig durch. Meine Gäste können von der Zeit, die sie draußen im

Gelände verbringen, wirklich etwas für sich mitnehmen. Wir stellen
Kontakt zur Erde her, im wörtlichen Sinne. Wir machen uns die Knie
schmutzig und nehmen für die Dauer der Safari unser Geschick selbst
in die Hand. Die Lebendigkeit und Bedeutung des Lebens im Busch
wie in jeder anderen Wildnis kann man nur dann erkennen, wenn Beobachtungen und Ereignisse zu etwas Persönlichem werden, wenn
man einen Leoparden oder Löwen kennen und in irgendeiner Weise
verstehen lernt, nachdem man stundenlang geduldig in seiner Nähe
ausgeharrt hat. Vom ersten Tag an, von der ersten Begegnung mit
einem Tier an lasse ich mir mit meinen Leuten viel Zeit. Wir verbringen Stunden damit, den ersten Gepard, der uns über den Weg läuft, zu
beobachten, es sei denn, er liegt nur satt und zufrieden im Schatten.
Wenn wir am Morgen oder am Nachmittag auf Löwen stoßen, die über
die Steppe streifen oder mit ihren Jungen spielen, verbringen wir den
Rest des Tages an genau dieser Stelle. Eine friedlich grasende Elefantenherde? Wir bleiben in der Nähe und schauen, was passiert.

In der heimischen Umgebung »entziffern« wir das Verhalten und
die Stimmungen unserer Tiere. Nach Jahren des Zusammenlebens
können wir oft vorhersagen, wann sich unser Hund oder unsere Katze auf den Rücken drehen wird, wann sie gähnen, auf das Fensterbrett
springen oder sich zum Schlafen zusammenrollen wird. Ich habe lange genug mit afrikanischen Tieren gelebt, um ähnliche Verhaltensmus-
ter zu erkennen. In den meisten Fällen kann ich voraussagen, welche
Katze gähnen wird, wer wen begrüßen wird und wo sie sich hinlegen
wird. Das ist keine hellseherische Gabe, sondern das Ergebnis endlo-
ser Stunden, die ich in der Nähe der Tiere im freien Gelände verbracht
habe, und dieses Wissen gehört zum Grundwerkzeug eines professionellen Führers.

Vor einigen Jahren unterhielt sich eine meiner Gruppen gerade über
dieses Thema, während wir eine schattige Straße im Meru-National-
park entlangfuhren, einem abseits gelegenen und nur wenig besuchten Park nordöstlich des Mount Kenya. Plötzlich fiel mir auf, dass es
im Busch wie auf ein Stichwort still geworden war. Ich bat Kimani,
meinen Fahrer auf dieser Safari, den Wagen anzuhalten. Ohne das
Brummen des Dieselmotors herrschte ein für den Busch ganz unge-

wöhnliches Schweigen. Hinzu kam, dass die kleine Herde Grantgazellen vor uns und die beiden Kirk-Dik-Diks, die fast auf gleicher Höhe mit unserem Wagen am Rand der Piste standen, in völliger Bewegungslosigkeit verharrten. Keines der Tiere fraß, keines tat auch nur einen Schritt oder ließ sich nieder. Irgendetwas stimmte hier nicht. Je länger ich diese Gruppe von Tieren beobachtete, umso sicherer war ich mir, dass sich irgendwo in der Nähe ein Raubtier befand. Die anderen taten es mir nach und suchten das Gelände ebenfalls mit ihren Blicken ab. Es vergingen einige Minuten, ohne dass wir etwas entdeckten, aber das konnte mich nicht von meiner Überzeugung abbringen. Dazu standen die Gazellen einfach zu dicht aneinander gedrängt, und die Dik-Diks sprangen weder herum, noch fraßen sie.

Ich bat Kimani, ein Stück weiterzufahren, vielleicht war uns ja nur die Sicht auf den Räuber verstellt. Aber das brachte nichts. Kimani fuhr den Wagen an die alte Stelle zurück. Immer noch nichts. Meine Gruppe war natürlich enttäuscht, und vermutlich dachten sie, das Ganze wäre reine Zeitverschwendung oder ich würde nur eine Schau abziehen, aber ich war mir vollkommen sicher, dass etwas im Busch war, und bat sie deshalb um Geduld. Ich wies Kimani an, noch einmal um die kleine Baumgruppe herumzufahren, die seitlich von uns stand. Es vergingen weitere fünf Minuten, und ich konnte förmlich spüren, wie die Blicke meiner Leute sich in mich bohrten. Frustriert beschloss ich weiterzufahren – da ließen die beiden Kirk-Dik-Diks plötzlich ihren hohen, nasalen Warnruf ertönen. Auch die anderen hörten ihn und glaubten jetzt, dass irgendetwas in der Luft lag. Sie blickten zu mir herüber, und ich erklärte ihnen, dass es sich bei diesem Pfeifen um den Warnruf der Dik-Diks handelte und dass wir ihrer Blickrichtung folgen sollten. Allerdings starrten die zierlichen Tiere in zwei verschiedene Richtungen, und in keiner von beiden war auch nur das Geringste zu entdecken.

Ein umgefallener Baumstamm, der etwa acht Meter von der Straße entfernt lag, zog schließlich meine Aufmerksamkeit auf sich, er schien mir ein gutes Versteck zu bieten. Ich suchte die verwitterte Rinde mehrmals an beiden Seiten ab, konnte aber außer abgestorbenem Holz nichts erkennen. Schließlich kletterte ich durch die Dachluke in den Wagen zurück, machte die Tür auf und stieg aus. »Ich will mir nur

kurz den Baumstamm dort ansehen. Ich bin gleich wieder zurück«,
sagte ich. Alle Augen folgten mir. Ich war noch fünf Meter von dem
Stamm entfernt, als ein großer Leopard aus seinem Versteck hinter
dem Baumstamm hervorsprang und wie ein dunkelgelber Blitz davon-
schoss. Jeder konnte einen kurzen Blick auf seine fliehende Gestalt erhaschen. Ich war hochzufrieden.

Es bedarf viel Erfahrung, um zu erkennen, wann man stehen bleiben und innehalten muss. Dagegen ist es das reinste Kinderspiel, im
Voraus zu wissen, welches Gnu aus der Herde ein Löwe auf der Jagd
nach Beute reißen wird oder welche Gazelle in den Fängen eines Krokodils landen wird, wenn sie versucht, den Grumeti zu überqueren.
Wir hatten den Leoparden nicht deshalb zu Gesicht bekommen, weil
ich irgendetwas in einem Buch gelesen oder von einem anderen Führer aufgeschnappt hatte. Diese Begegnung verdankten wir dem Um-
stand, dass ich seit vielen Jahren in und mit meiner Umgebung gelebt
hatte. Endlose Stunden draußen im Gelände und ebenso viel Geduld
werden einem letztlich das bescheren, wonach man sucht. Das und ein
bisschen Glück.

Jedes Raubtier wählt sein Revier aus ganz besonderen Gründen,
und es muss es genau kennen, um Erfolg auf der Jagd nach Beute zu
haben. Ein Raubtier muss über Geschick, Erfahrung und die entsprechenden Anlagen verfügen, um töten und leben zu können. Ein Löwe
kann nicht einfach bei Naabi Hill durch die Savanne streifen und irgendein Beutetier reißen, wenn er überleben will. Er muss ein Revier
abstecken, markieren und verteidigen. Er muss wissen, welche Tiere
in seinem Revier leben und wann sie wo zu finden sind, welche geo-
graphischen Gegebenheiten er zu seinem Vorteil nutzen kann, wer die
Rivalen sind, die in sein Territorium eindringen könnten und die er
vertreiben oder sogar töten muss. Dazu muss er nicht unbedingt in
diesem Revier aufgewachsen sein, aber er muss eine genügend lange
Zeit dort verbringen, es bis in den letzten Winkel kennen und die ständigen Veränderungen wahrnehmen können. Diese Vorgehensweise hat
sich auch für mich als von großem Nutzen erwiesen. Ich muss viel Zeit
da draußen verbringen, wenn ich mich im *Who's who* der Gemeinschaft der Wildtiere in einem beliebigen Nationalpark oder Reservat

zurechtfinden will. Die großen Raubkatzen treiben sich nicht zufällig irgendwo in einem Gebiet herum. Jede Art lebt in einem klar umrissenen sozialen Gefüge, das beispielsweise bei Leoparden und Löwen ein Netz genau abgemessener Territorien festlegt, die sie bis zum Letzten verteidigen. (Geparde sind nicht auf diese Weise an ein bestimmtes Revier gebunden.)

Die Steppen im Süden Kenias und im angrenzenden Tansania und selbst die Wüstengebiete im Norden sind in ständiger Veränderung begriffene Lebensräume. Unablässig führen die dort lebenden Raubtiere Kämpfe um Reviere, Wasserquellen, Beutetiere und Verstecke, in denen sie ihre Jungen aufziehen und Schutz finden können. Jeden Tag fügt sich die Ordnung aufs Neue, und immer, wenn ich eine Zeit lang nicht in der Gegend gewesen bin, muss ich mir erst wieder einen Überblick über die neuesten Entwicklungen unter meinen langjährigen Bekannten verschaffen. Während ich mich darauf vorbereite, eine neue Gruppe von Gästen in Empfang zu nehmen und mit ihnen in den Busch aufzubrechen, gehe ich im Kopf meine Checkliste durch und ziehe mein Notizbuch zu Rate, um mir wieder in Erinnerung zu rufen, nach wem ich auf der Safari Ausschau halten sollte. Ich weiß oder hoffe es zumindest, dass ich neben den vertrauten auch auf neue Gesichter treffen werde und dass aus dieser ersten Begegnung langfristige Beziehungen entstehen werden. Die Territorien und Lebensräume, auf die meine »Freunde« im Moment Anspruch erheben, werden irgendwann wieder frei, wenn sie sterben oder weiterziehen. Das Ganze folgt einem unerbittlichen Kreislauf, der auf das einzelne Individuum keine Rücksicht nimmt, aber voller Freude schließe ich Bekanntschaft mit dem neuen Bewohner, auch wenn ich es bedaure, dass der vorherige verschwunden ist.

Als ich im August 1987 mit einer Safarigruppe in der Massai Mara kampierte, kreuzten sich unsere Wege des Öfteren mit denen einer einzelnen Löwin. Es gab deutliche Anzeichen dafür, dass sie trächtig war, nicht zuletzt, weil sie sich von ihrem Rudel abgesondert hatte; ein Verhalten, das typisch ist für trächtige Löwinnen und Muttertiere mit

Jungen, die weniger als sechs Wochen alt sind. Zwei Wochen später war ich mit zwei Ehepaaren in der Mara unterwegs, den Ealys und den Perezes aus New York, und ich war gespannt, ob die Löwin ihre Jungen inzwischen auf die Welt gebracht hatte. Am ersten Abend fuhren wir stundenlang am oberen Olare Orok herum und hielten Ausschau nach der Löwin mit dem auffälligen Riss im Ohr, hatten jedoch kein Glück. Wir setzten unsere Suche am darauf folgenden Morgen fort, entdeckten sie aber auch jetzt nicht. Als wir dann auf dem Rückweg zum Mittagessen im Camp die gewundene Schotterpiste unterhalb der Mara Buffalo Rocks entlangfuhren, tauchte sie plötzlich auf. Gemächlich trottete sie dahin, mit dem entspannten Gang und den rollenden Schultern einer Raubkatze, die nichts in der Welt kümmern konnte. Sie hatte die gleiche Richtung wie wir eingeschlagen und wich an den Rand der Piste aus, als wir näher kamen. Dort ließ sie sich nieder und wandte keinen Blick von uns, bis wir schließlich neben ihr anhielten.

Im Allgemeinen sind die großen Katzen an Fahrzeuge gewöhnt, scheinen sie oft nicht einmal mehr zur Kenntnis zu nehmen. In der ungezähmten Wildnis ist ein großer Haufen Blech ein Fremdkörper, in den Wildparks dagegen, wo die Raubkatzen häufig irgendwelchen Fahrzeugen begegnen, stellt er nichts Fremdes für sie dar. Nicht aufgrund mangelnder Intelligenz, sondern gerade weil sie klug sind, erlauben sie den Menschen, sich ihnen zu nähern und Gesellschaft zu leisten, solange diese sich einigermaßen ruhig verhalten, im Wagen bleiben und ihre Umgebung nicht mit abrupten Bewegungen oder lauten Geräuschen stören. Es mag zwar ein schwieriges Unterfangen sein, eine Raubkatze aufzuspüren, hat man sie aber erst einmal entdeckt, ist es meistens kein Problem mehr, näher an sie heranzukommen. Vor allem die Geparde sind an Fahrzeuge gewöhnt und denken sich oft nichts dabei, wenn sie auf ein Autodach springen, um sich eine bessere Aussicht zu verschaffen. Auf meinem Wagen saßen schon einmal drei Geparde gleichzeitig. Die Katzen verbinden mit einem großen Fahrzeug offensichtlich keine Gefahr, und so bietet es dem Menschen eine hervorragende Tarnung. Sobald man jedoch das Auto verlässt und sie einen als das erkennen, was man ist, nämlich das gefährlichste Lebewesen auf diesem Planeten, ändert sich die Situation schlagartig.

Diese Löwin hatte es zwar zugelassen, dass wir uns ihr von hinten näherten, aber normalerweise ist es besser, zuerst da zu sein und sich vor dem Löwen zu befinden. Es ist kaum zu glauben, welchen Unterschied es für nahezu alle Wildtiere bedeutet, ob man sich ihnen von hinten nähert oder in einem Bogen um sie herumfährt und sie auf sich zukommen lässt. Wenn die Tiere ihres Weges gehen und unerwartet auf einen Menschen treffen – das heißt, obwohl sie ihn bereits gesehen, gehört und gerochen haben –, bleiben sie völlig ruhig und gelassen. Man gehört einfach zum Ablauf dieses Vormittags und stellt keine Veranlassung für sie dar, ihre Richtung oder ihr Verhalten zu ändern. Das ist der Idealfall, und diesen anzustreben gibt es gute Gründe.

Wir blieben einige Minuten in der Nähe der Löwin stehen und machten uns gegenseitig auf das unverwechselbare Muster ihres Schnurrhaars, ihr geschlitztes Ohr und die körperlichen Anzeichen für die unmittelbar bevorstehende Geburt aufmerksam. Ich war erleichtert, dass ich dieses Ereignis nicht verpasst hatte. Ihre Zitzen waren nicht angeschwollen, und das Fell um sie herum wies keine schmutzigen oder abgescheuerten Stellen auf. Als wir schließlich weiterfuhren, lag sie noch immer ausgestreckt auf ihrer gesprenkelten Seite, nur wenige hundert Meter von unserem Lager entfernt. Nach der üblichen Teepause um vier Uhr nachmittags beschlossen wir, in die Grassteppe im Norden zu fahren, wo wir einen Gepard aufzuspüren hofften. Auf dem Weg dorthin wollte ich einen kurzen Abstecher zu der Löwin machen, um zu sehen, wie es ihr ging. Wir fanden sie an fast der gleichen Stelle vor, an der wir sie vier Stunden zuvor zurückgelassen hatten, sie hob kaum den Kopf, warf uns nur einen kurzen Blick zu und legte sich dann schwer atmend wieder hin. Wir beließen es dabei und setzten unseren Weg fort. An diesem Nachmittag hatten wir zwar kein Glück mit Geparden, verbrachten aber lange Zeit damit, eine Familie von Löffelhunden zu beobachten, die mit hoch erhobenem Schwanz zwischen den verschiedenen Eingängen ihres Baus hin und her liefen, übereinander stolperten und sich balgten. Auf dem Rückweg ins Lager blieben wir eine Weile bei der trächtigen Löwin stehen, die jetzt lang ausgestreckt auf einer graugrün schimmernden Felsplatte aus Phonolith lag, einem Ergussgestein, das oft in den schönsten Farbtönen schillert. Sie bedachte uns mit einem huldvollen Blick und wandte ihre Augen dann wieder dem Grasland zu. Vermutlich schätzte sie die Möglichkeiten für einen Beutefang vor Einbruch der Dunkelheit ab.

Zwei Tage vergingen, und die Löwin schenkte uns nicht einmal mehr für einen Moment ihre Aufmerksamkeit, wenn wir auftauchten. Sie schien nichts gefressen zu haben, und wenn doch, konnte es keine große Beute gewesen sein, da ihr Maul und ihr Hals immer sauber waren und nicht die blassrosa Blutflecken zeigten, die bei einem Löwen, der kurz zuvor ein Beutetier gerissen hat, fast immer zu sehen sind. An unserem letzten Morgen in der Massai Mara, der klar und wolkenlos war, fuhren wir noch einmal die mittlerweile vertraute Piste ab, um zu sehen, wie unsere Löwin die Nacht überstanden hatte. Wir kamen gerade rechtzeitig zu unserem üblichen Treffpunkt, um zu sehen, wie sie mit staksenden Schritten in einem kleinen, etwa dreihundert Meter entfernten Wäldchen verschwand.

Wir fuhren ihr nach, blieben mit dem Wagen längsseits der Bäume stehen und sahen uns suchend um, nicht ahnend, dass sie uns schon längst im Visier hatte. Weniger als sieben Meter entfernt erhob sich die Löwin und begann, direkt auf unseren Wagen zuzutrotten. Sie hielt ihren Kopf tief gesenkt und setzte vorsichtig einen Fuß vor den anderen, während sie sich uns näherte. Zwischen ihren riesigen Fangzähnen hielt sie ein höchstens ein paar Stunden altes Junges, das seinen winzigen Schwanz eingerollt hatte und im Rhythmus der Bewegungen der Mutter sanft von einer Seite zur anderen schaukelte.

Wir waren vollkommen hingerissen. Abgesehen von dem fortwährenden Klicken unserer Fotoapparate, bemühten wir uns nach Kräften, leise zu sein und uns nicht schneller als im Zeitlupentempo zu bewegen, da wir fürchteten, die Löwin könne sonst ihre Richtung ändern. Drei Meter vor dem Wagen blieb sie stehen und scharrte Blätter und vertrocknetes Gras auseinander, um eine Art Nest zu machen, in das sie das winzige Junge, das sie die ganze Zeit über im Maul behalten hatte, legte. Ohne uns eines weiteren Blickes zu würdigen, drehte sie sich um, ließ das wimmernde Junge liegen und lief in das Wäldchen zurück. Gerade als wir fürchteten, sie würde aus unserem

Blickfeld verschwinden, senkte sie ihren Kopf, hob ihn wieder, kam mit einem zweiten Jungen, das sie vorsichtig zwischen ihren glänzenden schmutzig weißen Zähnen hielt, auf uns zu und legte es neben das erste Junge in das Nest. Eine Weile wimmerten die beiden leise vor sich hin, dann schmiegten sie sich aneinander und verstummten. Die Löwin machte einen kleinen Bogen um die vordere Stoßstange unseres Wagens und lief über die Ebene auf eine andere Baumgruppe zu. Ihre Jungen ließ sie einfach bei uns zurück.

Das Verhalten der Löwin erstaunte und beunruhigte mich zutiefst. Warum hatte sie ihre Jungen zu uns gebracht? Und warum ging sie dann einfach ihrer Wege und ließ sie bei uns zurück? Eigentlich wäre zu erwarten gewesen, dass sie ihre neugeborenen Jungen zwei Monate lang von ihrer Umgebung vollkommen abschirmt, bevor sie sie aus ihrem Versteck holt und dem Rudel präsentiert. Wenn sie dieses Alter erreicht haben, können die kleinen Löwen mit den Erwachsenen mithalten und wissen, wann und wie sie sich verstecken müssen, sollte Gefahr drohen. Außerdem sind sie dann auch über das Alter hinaus, in dem sie von den Löwenmännchen getötet werden. Das Verhalten der Löwin schien also nichts Gutes zu bedeuten, und wir hatten wohl keine andere Wahl, als dazubleiben und Babysitter zu spielen, bis die Mutter wiederkam. Dass sie das täte, war allerdings keineswegs sicher, und in diesem Fall wären die Jungen eine leichte Beute für Hyänen, Schakale oder sogar Raubvögel. Aus den sich dehnenden Minuten wurde mehr als eine Stunde, und noch immer kauerten wir in unbequemen Stellungen im Wagen und hielten Ausschau nach der Löwin.

Plötzlich packte mich Kinyolo, unser Fahrer, an der Schulter und deutete mit einer Kinnbewegung nach rechts. Geduckt und mit geschmeidigen Schritten kam die Löwin über die Steppe zurück zu ihren neugeborenen Jungen. Sie umrundete unseren Wagen, ohne uns eines Blickes zu würdigen, und lief direkt zu den Jungen, schnupperte an ihnen, leckte ihnen das Fell und gab von Zeit zu Zeit einen leisen Laut von sich, während die Kleinen vor sich hin wimmerten. Dann nahm sie das dunklere der beiden, ein Männchen, auf und trug es in die gleiche Richtung davon, aus der sie am Morgen gekommen war. Einige bange Minuten lang blieb sie verschwunden, doch dann tauchte sie wieder zwischen den Bäumen auf, lief geradewegs zu dem zurückgelassenen zweiten Jungen, einem Weibchen, packte es ein paar Mal im Genick, bis sie es bequem fassen konnte, und kehrte mit ihm in das schützende Dunkel der Bäume zurück.

In den darauf folgenden zwei Monaten bekam ich die junge Mutter kein einziges Mal zu Gesicht, und so sollte es ja schließlich auch sein. Als ich sie das nächste Mal sah, tollten und stolperten die beiden Jungen hinter ihrer Mutter her. Sie zeigten eine sehr unterschiedliche Färbung: Das Männchen war dunkler und hatte kaum Flecken, während das Fell seiner Schwester einen goldfarbenen Honigton mit weißen Flecken auf dem kleinen Bauch aufwies. Meine damalige Safarigruppe und ich hatten beschlossen, sie Dusk und Dawn zu nennen. Ich beobachtete Dusk, wie er heranwuchs und sich elf anderen Männchen anschloss, als die Jahre seines Nomadenlebens begannen. Eines Tages stieß ich auf dieses Rudel von Männchen, als es gerade eine Giraffenkuh gerissen hatte. Ich suchte das ganze Rudel ab, bis ich Dusk entdeckte, der halb in den mittlerweile ausgeweideten Kadaver gekrochen war. Ich frage mich, ob mir meine Gruppe glaubte, als ich ihr von diesem Löwen und seiner Mutter erzählte, die ihn und seine Schwester vor ungefähr zwei Jahren unserer Obhut anvertraut hatte, als sie losgezogen war, um sich zu putzen und eine Wasserstelle zu suchen. Diese Geschichte zaubert immer noch ein Lächeln auf meine Lippen.

Zu einer anderen Zeit und an einem anderen Ort (im Südosten der Serengeti) wurde mir eine noch größere Freude zuteil. Selten genug kann man einen Gepard bei der Jagd beobachten, und dennoch habe ich in den mehr als zwanzig Jahren, die ich jetzt Safaris leite, weitaus häufiger Geparde beim Reißen eines Beutetiers beobachtet als neugeborene Gepardjungen zu Gesicht bekommen. Löwen und Hyänen, aber auch Nahrungsmangel und Vernachlässigung durch die Mutter tragen dazu bei, dass sich ihre Population immer weiter dezimiert. Etwa siebenundneunzig Prozent aller Geparde, die in der Serengeti geboren werden, werden nicht älter als ein Jahr. An diesem Morgen hatte ich von unserem Lagerplatz aus einen Gepard entdeckt, der in etwa drei Kilometer Entfernung ein ausgedehntes Becken in dem vor uns liegenden Gelände durchstreifte. Nach dem Frühstück hatten meine Gruppe und ich unsere Sachen zusammengepackt und waren langsam zu der Stelle gefahren, an der wir die Raubkatze zuletzt gesehen hatten. Ihr Hin-und-her-Streifen ließ darauf schließen, dass sie auf Jagd war, und deshalb hielten wir Abstand. Wir wollten den Gepard, auch in unserem eigenen Interesse, nicht stören – die Gelegenheit, eine solche Jagd zu beobachten, wollten wir uns nicht entgehen lassen.

Etwa siebenhundert Meter entfernt in östlicher Richtung blieben wir stehen und sahen zu, wie der Jäger über die Ebene strich. Ich vermutete, dass der Gepard entweder nach einem Hasen Ausschau hielt, was nichts Ungewöhnliches ist, oder nach einer neugeborenen Thomsongazelle, die er dabei beobachtet hatte, wie sie in Deckung gegangen war. Wir blieben, wo wir waren, und warteten geduldig ab, was passieren würde, aber die Zeit verstrich, ohne dass irgendetwas geschah. Schließlich beschloss ich, näher heranzufahren und ein paar Nahaufnahmen zu machen, und wenn die Katze mit ihrer Jagd auf Beute keinen Erfolg haben sollte, würden wir weiterfahren und uns nach einem anderen Gepard umsehen.

Als wir uns näherten, setzte sich der Gepard hin, erhob sich jedoch gleich darauf wieder, um seine Pirsch fortzusetzen. Erst in diesem Moment erkannte ich, dass es sich um ein Weibchen handelte, dessen Zitzen prall mit Milch gefüllt waren. Sie hielt Ausschau nach ihren Jungen und hatte deswegen jede Bodenvertiefung und jedes Loch durchsucht. Was mich in noch größere Aufregung versetzte, war, dass sie ihre Jungen nicht mit dem an einen Vogelruf erinnernden Laut gelockt hatte, den man so oft von Geparden hört. Ihre Jungen waren demnach noch zu klein, um zu ihr kommen zu können.

Kurz vor vier Uhr hatten wir sie aus dem Blickfeld verloren. Ohne Eile luden wir unsere Sachen wieder in den Wagen und fuhren langsam nach Westen an die Stelle, an der wir sie zuletzt gesehen hatten. Gerade als wir über eine sanfte Steigung auf einen flachen Granitfelsen zusteuerten, sahen wir sie plötzlich vor uns. Sie hatte ihren Kopf bis zu den Schultern in ein enges Loch gesteckt und bewegte ihn vor und zurück. Als sie sich schließlich aufrichtete, hielt sie ein winziges, halb zusammengerolltes Junges im Maul.

Die Leute aus meiner Gruppe verharrten vollkommen bewegungslos. Durch jahrelange Erfahrung geübt, griff ich nach meiner Kamera, wechselte das Objektiv und bannte die Szene auf Film. Man kann sich vorstellen, wie erschrocken wir waren, als die Gepardin direkt auf uns zukam und das Junge an einer ungeschützten Stelle kaum fünf Meter von der Tür auf meiner Seite des Wagens entfernt absetzte. Ich war sprachlos. Unablässig betätigte ich den Auslöser, als die Mutter, für die wir offensichtlich völlig uninteressant waren, kehrtmachte, zu dem Versteck lief und mit einem zweiten Jungen im Maul auf uns zukam, dann erneut zu dem Bodenloch ging und mit dem dritten und letzten Jungen zurückkam. Dieser kleine Gepard hatte noch nicht einmal die Augen geöffnet. Er konnte nicht älter sein als vier Tage.

Die Mutter umkreiste die Kleinen ein paar Mal, bevor sie sich hinlegte und sie dabei fast unter sich begrub. Dann packte sie eines nach dem anderen mit den Zähnen, zog sie zu sich heran und leckte ihnen das Fell. Dem letzten Jungen, das sie aus dem Loch geholt hatte und das einen lethargischen Eindruck machte, schenkte sie nur sehr wenig Aufmerksamkeit. Die beiden anderen schienen von dieser Art der Körperpflege auch nicht gerade begeistert zu sein, aber klein und hilflos, wie sie waren, hatten sie kaum eine andere Wahl, als stillzuhalten. Allerdings konnten wir hören, dass sie sich lautstark beschwerten, während sie versuchten, auf dem Bauch davonzukriechen, um der rauen Zunge und überhaupt der peinlichen Situation zu entkommen. Anschließend drückte die Gepardin mit ihren großen Vordertatzen die Jungen gegen ihren Bauch, wand sich im Gras und ließ sie saugen. Das blinde Junge wusste entweder nicht, was es tun sollte, war nicht energisch genug, um an die Zitzen zu kommen, oder es war zu schwach und blieb deshalb einfach neben seiner Mutter liegen, deren Flanke sich langsam hob und senkte. Jedenfalls unternahm es keinen Versuch, etwas von der Milch abzubekommen.

Nach ungefähr einer Stunde, in der die Mutter ihre Jungen abgeleckt und gesäugt hatte, erhob sie sich und ließ die Jungen liegen, wie sie waren, während sie sich zielstrebig in Richtung Norden bewegte.

Statt ihr auf ihrer abendlichen Pirsch zu folgen, fühlten wir uns verpflichtet, bei den schutzlosen Jungen zu bleiben, so gern wir sie auch bei der Jagd beobachtet hätten. Die beiden lebhafteren Jungen krochen sofort aufeinander zu und verknäulten sich im dichten Gras zu einem Ball aus grauen, goldenen und winzigen schwarzen Flecken. Das dritte Junge blieb auf der Seite liegen, es konnte oder wollte sich nicht zu seinen Geschwistern gesellen.

Als ich mir absolut sicher war, dass die Mutter die Anhöhe erreicht hatte und außer Sichtweite war, verließ ich den Wagen und maß die Jungen mit dem Maßband, das zusammen mit meiner Kamera fester Bestandteil meiner Ausrüstung ist. Ich achtete darauf, keines von ihnen zu berühren, obwohl ich kaum dem Bedürfnis widerstehen konnte, das schwächliche Junge in die Wärme und den Schutz der beiden anderen zu bringen, damit es ebenfalls eine Chance hätte zu überleben. Als ich zum Landrover zurückging, trat ich ein großes Büschel Rotes Hafergras nieder, das die Jungen teilweise vor unseren Blicken verbarg, und wie auf ein Stichwort brach die Sonne unter der Wolkendecke hervor und beleuchtete die Szenerie, die bis dahin im Dämmerlicht gelegen hatte. Es war, als ob ein Scheinwerfer angegangen wäre. Alle im Wagen blickten überrascht nach Westen, als sich Farbe und Intensität des Lichts so dramatisch veränderten und der orangerote Ball auftauchte. Wir hatten noch mehr als eine Stunde Fahrt zu unserem Lager am Ufer des Sodasees vor uns, aber wir warteten, bis die Mutter zu dem Grasflecken zurückgekehrt war. Dann, als die Sonne einen Augenblick über dem riesigen wogenden Grasmeer der Serengeti still stand, ließen wir den Motor wieder an und fuhren nach Süden in Richtung Camp. Die sanften Sonnenstrahlen streichelten unsere Haut, wir waren wie verzaubert und überglücklich.

Ich nahm mir vor, im folgenden Monat wieder nach den Jungen Ausschau zu halten, und dann im nächsten und im übernächsten – das hieß, wenn sie dann noch am Leben waren. Vorsorglich notierte ich das Datum in meinem Notizbuch.

Mittlerweile ist keines der Raubtiere mehr am Leben, die damals, als ich das erste Mal nach Ostafrika kam, die Wälder und die Steppen durchstreiften. Der einäugige Moshe Dayan, die allererste Raubkatze, mit der Mike Rainy mich bekannt gemacht hatte, wurde schließlich aus seinem Revier verjagt und starb eines jämmerlichen Hungertodes. Der Sohn der ersten Löwin, die jemals einem meiner Camps in der Serengeti einen Besuch abgestattet hatte, ein mächtiger, schwarzmähniger Patriarch, ist an Altersschwäche gestorben. Dessen Sohn wiederum ist in einem Revier groß geworden, das sich im Lauf von zehn Jahren um nahezu einhundert Kilometer verschoben hat. Die Löwen in diesem Revier müssen sich das Territorium jetzt mit einem Rudel teilen, das aus den wogenden Grassteppen der Gol-Ebene in den Süden abgewandert ist, sei es freiwillig oder weil es vertrieben wurde.

Als ich eines Jahres im August in Samburu nach einer Leopardin Ausschau hielt, deren Schicksal ich vier Jahre lang verfolgt hatte, stellte ich fest, dass der Baum, auf dem ich sie das erste Mal gesehen hatte, inzwischen umgestürzt war und jetzt einer Horde Paviane als Behausung diente. Das gab mir zu denken. Dass auch Bäume direkt vor meinen Augen sterben könnten, wäre mir nie in den Sinn gekommen. Ich stellte mir die Tiere, deren Verhalten ich studierte und die ich mit meinen Gästen besuchte, als eine Art lebender Kalender vor, und mir wurde klar, dass das, was noch in ferner Zukunft zu liegen scheint, immer schneller von der Gegenwart eingeholt wird. Die einzige Konstante ist der Wandel, und diese Binsenweisheit gilt wohl auch für mich.

Die gute Nachricht war, dass sich die Leopardin offensichtlich besser als ich an die neuen Verhältnisse anzupassen vermocht hatte. An unserem zweiten Abend im Reservat entdeckten wir sie. Sie lag, wie schon früher so oft, in entspannter Haltung auf dem Baum, die Hinterbeine hingen über den Stamm, die mächtigen Vordertatzen hatte sie unter ihre gefleckte Brust gezogen. Es schien sie in keiner Weise zu stören, ihr Königreich jetzt von einem umgefallenen Baumstamm aus zu überwachen, der sich kaum zwei Meter über den Boden erhob, statt sicher in sieben Meter Höhe über der Welt zu thronen. Auch wir waren ganz zufrieden mit dieser Entscheidung, war es uns dadurch doch möglich, das schlanke Tier aus Augenhöhe zu fotografieren, anstatt uns den Hals verrenken zu müssen, wie es normalerweise der Fall ist, wenn man Leoparden auf einem Baum fotografieren will. Allerdings sollte das Weibchen den Preis dafür zahlen, dass es diesen niedrigen Aussichtsposten benutzte. Als wir ihr das nächste Mal begegneten, hatte die Leopardin ein Impalakitz mit auf den Baumstamm geschleppt. Nachdem sie sich satt gefressen und die Überreste ihres Risses versteckt hatte, um sich anschließend geräuschlos auf den Weg zum Fluss zu machen, stolzierten sofort die Paviane herbei, die sie fast ohne Unterlass mehr als eine halbe Stunde lang beschimpft hatten. Ohne zu zögern, sprangen zwei der Männchen auf den umgestürzten Stamm und machten sich über das übrig gebliebene Fleisch her. (Es heißt, dass Paviane nur das Fleisch eines Tieres fressen, das sie selbst getötet haben oder wenn sie bei seiner Tötung zugesehen haben. Das deckt sich auch mit meiner Erfahrung. Vermutlich hatten diese Paviane die Leopardin beobachtet, als sie das Kitz riss.)

Als ich vier Jahre zuvor der Leopardin zum ersten Mal begegnet war, hatte ich allein in Samburu kampiert, um Tonbandaufnahmen von den verschiedenen Vögeln zu machen, die diesen Lebensraum bevölkern. Eines Spätnachmittags hörte ich aus einem Akazienwäldchen das Gekreische von Grünen Meerkatzen schallen. Um diese Tageszeit waren eigentlich keine Raubvögel mehr unterwegs, also musste es sich wohl um die Warnung vor einer Raubkatze handeln, die sich in der Nähe aufhielt. Ich fuhr hin, um der Sache auf den Grund zu gehen, spürte die Meerkatzen auch ohne größere Mühe auf und folgte ihrer Blickrichtung. Weil ich zunächst nichts entdecken konnte, kletterte ich auf das Autodach, wo ich noch ein bisschen ausharren wollte, und aus irgendeinem Grund blieb mein Blick an dem abgestorbenen Ast einer Akazie hängen, der keine Rinde mehr hatte und geschmirgelt glatt war. Auf dem Ast lag lang ausgestreckt und gut getarnt im Schatten der Blätter eine honigfarbene Gestalt. Ich weiß nicht, wie lange die Leopardin dort schon gelegen hatte, jetzt war sie auf jeden Fall da. Ich beobachtete sie. Eine ganze Weile rührte sie sich nicht, so als wäre sie die Beute, dann richtete sie sich plötzlich auf und glitt vom Ast wie ein Quecksilbertropfen von einem Blatt Papier, und wie durch Zauberhand tauchte sie auf einem anderen Baum ganz in meiner Nähe wie-

der auf. Aufmerksam musterte sie ihre Umgebung, wobei sie die krei-
schenden Affen geflissentlich ignorierte, und auch mir maß sie offensichtlich keinerlei Bedeutung bei. Zwar ließ sie kurz ihren Blick auf
mir ruhen, doch dann sah sie sofort wieder weg – es war also völlig
unnötig gewesen, den Atem anzuhalten. Während ich sie so betrachtete, fiel mir etwas an ihr auf, das mir in den folgenden Jahren als Erkennungszeichen dienen sollte. Dieses Leopardenweibchen hatte einen kleinen Riss am oberen Rand des rechten Ohrs, etwa einen
Zentimeter lang. Und so wurde ich bekannt mit Msikio Kulia (Rechtes Ohr).

Acht Wochen später war ich wieder in Samburu unterwegs, diesmal
mit zwei recht unternehmungslustigen Familien aus Colorado. Ich
richtete es so ein, dass wir zur gleichen Tageszeit, zu der ich das erste
Mal auf Msikio Kulia gestoßen war, bei dem kleinen Wäldchen anlangten. Wir hatten eine Runde gedreht und vielleicht eine Viertelstunde
gewartet, als wieder das Gekreische der Affen einsetzte, genau wie vor
zwei Monaten. Wir fuhren näher heran und kamen gerade rechtzeitig,
um zu sehen, wie die Leopardin auf eine große Akazie zulief und mit
drei kraftvollen Sätzen mühelos auf einen Ast sprang, der sich in fast
sieben Meter Höhe befand. Er war eben groß genug für sie, und sie
streckte sich darauf aus. Ich rief über Funk den zweiten Wagen und
verkündete gewichtig: »Wir haben einen Leoparden!«

Wie sich herausstellte, hatte es sich das verhältnismäßig kleine Weibchen zur Gewohnheit gemacht, diesen Platz etwa alle drei Tage aufzusuchen, wenn es sein Revier durchstreifte und auf Jagd ging. Für gewöhnlich kampiere ich auf jeder Tour nach Samburu mindestens drei
Tage dort, sodass ich die Leopardin während meines Aufenthaltes
wenigstens einmal zu Gesicht bekomme, wenn ich zwischen Viertel
vor sechs und halb sieben zum Akazienhain fahre. Sie war in dieser
Hinsicht erstaunlich verlässlich, und selbst als sie sich paarte und
Junge hatte, wich sie nicht von ihrer Gewohnheit ab. Das stellte ich
eines Abends fest, als ich mit einer Gruppe auf sie wartete und auf dem
grasbewachsenen Flussufer ein riesiges Männchen auftauchte, das ich
noch nie zuvor gesehen hatte. Als der Leopard den Kopf in unsere
Richtung drehte, konnten wir sehen, dass sein rechtes Auge von ei-

nem Glaukom getrübt war, aber das schien ihn nicht weiter zu beeinträchtigen. Er war gut genährt und hatte einen kräftigen Nacken – und er hatte ein Ziel. Wenige Augenblicke später tauchte auf einem umgestürzten Baumstamm auch Msikio Kulia auf, und das einäugige Männchen lief geradewegs auf sie zu. Statt auf den Boden zu springen und nach einem Versteck zu suchen, bedachte ihn die Leopardin mit einem huldvollen Blick und ließ es zu, dass er sich mit einem eleganten Sprung neben ihr auf dem Baumstamm niederließ. Wir blieben bis Einbruch der Dunkelheit in der Nähe der beiden Leoparden und sahen ihnen beim Fressen zu. Es war klar, dass sie sich in dieser Nacht und wahrscheinlich auch in den folgenden Nächten paaren würden. Ich notierte mir das Datum auf der Innenseite meines Notizbuchs und addierte einhundertzehn Tage dazu. Die Leopardin hat mich nicht enttäuscht.

Einige Monate später, genauer gesagt im November, hielt ich mich zwischen zwei Safaris wieder in Samburu auf und trieb mich mit Neil, einem guten Freund, und seiner Freundin Emily im Reservat herum. Neil ist der Geschäftsführer eines nahe gelegenen Ferienresorts und weiß viel über Vögel, vorausgesetzt, sie befinden sich hinter Glas oder sind mit Sauce übergossen. Jedes Mal, wenn ich ihn auf einen Vogel aufmerksam machte, beschrieb er mir in allen Einzelheiten irgendeine farbenfrohe Sauce, von der er meinte, dass sie gut zu dessen Gefieder passen würde. Ich berichtete Neil und Emily von der kleinen Leopardin, während wir auf unserem ersten abendlichen Ausflug gemächlich am südlichen Ufer des Ewaso Ngiro entlangfuhren. Leoparden bleiben ihr Leben lang, also zehn Jahre oder länger, in einem fest abgesteckten Revier, weshalb wir eine gute Chance hatten, sie aufzuspüren. Es war inzwischen drei Monate her, dass ich Msikio Kulia das letzte Mal gesehen hatte. Auf der Fahrt flussabwärts hatten wir kein Glück, aber das sollte sich auf dem Rückweg ändern. Als wir uns der umgestürzten Akazie näherten, sahen wir zwar nicht die Leopardin, dafür aber drei Löwinnen, die die gleiche Piste genommen hatten wie wir. Sie trotteten gemächlich dahin, sahen weder nach rechts noch nach links und ließen sich auch durch unseren näher kommenden Wagen nicht aus der Ruhe bringen. Wir hatten auch gar kein Interesse daran, dass sie sich beeilten, da ich keinen Menschen kenne, dem es der wunderbare Gang eines Löwen nicht angetan hätte. Von hinten kann man besonders gut sehen, wie sich die Schultern im Gleichklang mit den kraftvollen Schritten heben und senken. Ich bin selbst jedes Mal wieder fasziniert von den geschmeidigen Bewegungen ihrer Tatzen, die sich heben und senken, dabei nach außen schwingen und wieder zurück, bevor sie den Sand berühren und flach und gerade auf den riesigen Ballen landen. Jeder Schritt sieht aus wie eine gymnastische Übung. Ich bin geradezu hypnotisiert von diesem anmutigen Gang.

Hundert Meter vor den drei Löwinnen gabelte sich die Straße, und die rechte Spur führte zu einer ausgedehnten, mit Bäumen bewachsenen Sandbank am Fluss. Auf dieser Sandbank lag der umgestürzte Baum unserer Leopardin. Ich nahm an, dass die Katzen auf der Suche nach ihrem Rudel in der offenen Steppe waren und deshalb geradeaus weiterlaufen würden, statt nach rechts abzubiegen und den Schutz der Bäume aufzusuchen. Wahrscheinlich um mich eines Besseren zu belehren, taten sie jedoch genau das. Plötzlich erstarrten alle drei mitten in der Bewegung, mit erhobenen Köpfen, nach vorne gerichteten Ohren und steifen Rücken. Die Gleichzeitigkeit der Reaktion der drei Tiere war faszinierend. Beim Blick durch das Fernglas entdeckte ich die Leopardin, die ein Stück von den Löwinnen entfernt ausgestreckt auf ihrem Baumstamm lag, den Kopf in den pelzigen Pfoten vergraben, und schlief. Die Löwinnen rührten sich eine Ewigkeit nicht vom Fleck, bevor sie sich schließlich geräuschlos, mit einer kaum wahrnehmbaren Bewegung in den Sand duckten.

Ich hievte das riesige 400-mm-Teleobjektiv aufs Wagendach und bat Francis, meinen Fahrer, die rechte Spur zu nehmen und nach einer Stelle Ausschau zu halten, von der aus wir alle vier Katzen gleichzeitig beobachten konnten. Löwen machen bei ihrer Beute keine großen Unterschiede und reißen auch andere Raubkatzen, wenn sie sie erwischen können. Die kleine Leopardin befand sich in geringer Höhe über dem Boden und schlief noch immer. Mit einer Geduld, die ich nur fürs Angeln, Unterrichten und das Fotografieren von Wildtieren aufbringe, wartete ich. Die Löwinnen begannen, sich anzupirschen. Geduckt liefen sie langsam weiter, ihre Bäuche befanden sich nur wenige Zentimeter über dem Sand, der die gleiche Farbe hatte wie ihr Fell. Als ob sie auf Gleisen liefen, setzten sie Schritt nach Schritt, die Vorderpfoten weit nach vorne ausgestreckt. Ihre Beine bewegten sich gleichmäßig und kontrolliert wie Maschinen, die Tatzen hielten sie steif am Ende ihrer stämmigen Vorderbeine und bewegten sie, ohne sie abzuknicken, nur, wenn sie für den nächsten Schritt auf dem Sand aufsetzten.

Löwen und andere Raubkatzen können sich völlig geräuschlos anpirschen, aber irgendetwas warnte die Leopardin. Sie schreckte hoch und drehte den Kopf mit einer raschen Bewegung in Richtung der Löwinnen, die noch etwa vierzig Meter weit entfernt waren. Mit eng an den Baumstamm gepresstem Körper reckte sie den Hals, um die Gefahr abzuschätzen. Als sie erkannte, dass sich ihr drei Löwinnen näherten und mit ihnen der Tod, verschwendete sie keine Zeit. Statt wie üblich vom Baum zu gleiten, sprang sie mit einem einzigen Satz auf den Boden und rannte davon. Im gleichen Augenblick und gewaltige Sandwolken hinter sich aufwirbelnd, griffen die Löwinnen an. Verglichen mit der Behändigkeit und Flinkheit der Leopardin, waren sie jedoch sofort im Hintertreffen, schwerfällig und ungeschickt, wie sie waren. Eine Sekunde später hatte die Leopardin bereits den Stamm einer anderen Akazie erreicht, dieses Mal einer, die noch aufrecht stand. Mühelos kletterte sie nach oben, glitt geschmeidig auf den ersten ausladenden Ast und lief darauf gemächlich noch fünf Meter weiter, bevor sie sich niederließ. Inzwischen hatten auch die Löwinnen den Fuß des Stamms erreicht und sahen begehrlich nach oben. Nun, da sie sich in Sicherheit befand, machte sich die Leopardin nicht einmal mehr die Mühe, einen Blick nach unten zu werfen. Sie legte den kräftigen Kopf auf eine ihrer weichen Tatzen und schloss erneut die Augen.

Unsere Anspannung ließ nach, wir wussten, dass jetzt nichts mehr passieren konnte, und richtig, die Löwinnen liefen weiter den Fluss hinauf und verschwanden aus unserem Blickfeld. Ich vergewisserte mich mit einem Blick auf das gespaltene Ohr, dass es sich um dieselbe Leopardin handelte, die sich für gewöhnlich den umgestürzten Baum als Ruheplatz auserkor, und Emily und Neil hatten zum ersten Mal die Gelegenheit, aus der Nähe die körperlichen Merkmale zu bewundern, die einem Leoparden seine Überlegenheit verleihen. Drei der vier großen pelzigen Tatzen hingen in der Luft und zuckten gelegentlich. Die weißen Schnurrhaare der Leopardin waren, anders als die kurzen, stacheligen Haare der Geparde und der Löwen, erstaunlich lang und reichten ihr bis zu den Schultern. Diese Schnurrhaare ermöglichten es ihr, sich völlig geräuschlos an ein Beutetier heranzupirschen. Ihr dicker Schwanz, der ihr beim Rennen als eine Art Ruder diente, hing auf der uns zugewandten Seite des Astes gerade nach unten, nur manchmal durchlief die weiße Schwanzspitze ein Zucken. Erst als mir Neil das Fernglas zurückgab, stellte ich fest, dass sie Junge haben musste, die sie noch säugte. Selbst im diffusen Dämmerlicht konnte ich den ungewöhnlich dunklen Ring um jede Zitze herum erkennen, den die feuchten, schmutzigen Mäuler kleiner Leoparden hinterlassen. Dem wollten wir am folgenden Tag näher auf den Grund gehen, wenn eine größere Chance bestand, die Jungen zu Gesicht zu bekommen.

Allerdings gelang es uns am nächsten Tag nicht, die Leopardin aufzuspüren, geschweige denn ihre Jungen. Ich verließ Samburu, ohne sie noch einmal gesehen zu haben, und es vergingen zwei Monate, bis ich Neil und Emily telefonisch von den neuesten Ereignissen berichten konnte. Ich war zwei Tage im Samburu-Park gewesen und vier oder fünf Mal an ihrem Baum vorbeigefahren, um meiner neuen Gruppe, die diesmal ausschließlich aus Ornithologen bestand, die tiefen und deutlich umrissenen V-förmigen Abdrücke zu zeigen, die die Leopardin mit ihren Krallen hinterlassen hatte, als sie den Baum hinauf- und hinuntergeklettert war. Ich fuhr mit dem Finger an den Vertiefungen im Stamm entlang und erklärte, dass die Abstände zwischen den Abdrücken zu klein und diese darüber hinaus auch zu scharf abgegrenzt seien, um von einem Löwen zu stammen.

An unserem letzten Abend in Samburu machten wir noch einmal einen Abstecher zu dem umgestürzten Baum, wo wir in angemessener Entfernung parkten. Still saßen wir da und nahmen die Geräusche, die Luft und die Atmosphäre um uns herum in uns auf. Es erschien mir unpassend, das Schweigen zu brechen, um irgendwelche Bezeichnungen zu nennen und Erklärungen zu geben. Eine menschliche Stimme hätte hier nur gestört, deshalb saßen wir ruhig da und taten nichts, außer Kaffee und Wein zu trinken. Ich schloss die Augen, wie ich es oft tue, um meine Sinne zu schärfen, und als ich sie wieder öffnete, saß die Leopardin auf dem Baum. Ohne das geringste verräterische Geräusch zu verursachen, hatte sie sich genähert. Ich wies meine Leute an, mit dem Fotografieren noch zu warten, und erklärte, dass wir der Leopardin erst Zeit lassen sollten, sich auf ihrem Baumstamm einzurichten, dann würden wir näher an sie heranfahren. Vier lange, quälende Minuten später schlichen wir uns so leise, wie es mit einem anderthalb Tonnen schweren Laster möglich ist, an sie heran. Nachdem alle eine Viertelstunde lang haufenweise Fotos geschossen hatten, kehrte wieder Ruhe ein, und wir nahmen uns die Zeit, das Tier zu betrachten, ohne dabei eine Linse vor den Augen zu haben.

Eine kleine Bewegung veranlasste mich, den Blick von ihr abzuwenden und auf das Gewirr aus dunklen Zweigen um den Fuß des Stammes herum zu richten. Und da war wieder die Bewegung, aber ich konnte nichts erkennen. Ich wusste, dass es kein Kirk-Dik-Dik war, eine der drei Kilo schweren Antilopen, die in großer Zahl in diesem Park leben, und nahm an, dass es sich um einen übermäßig vertrauensvollen Schopffrankolin handelte, den die Anwesenheit der Leopardin nicht schrecken konnte. Als die Bewegung weiter nach rechts wanderte, zeigte sich, dass sie von einem einzelnen Leopardenjungen stammte, das sich mit äußerster Vorsicht seinen Weg durch die langen Dornen des verdorrten Gebüschs bahnte. Ich war genauso verblüfft wie alle anderen in der Gruppe. Wie es auch bei den ausgewachsenen Tieren der Fall ist, sieht man sehr viel seltener ein Leopardenjunges als ein Löwen- oder ein Gepardjunges.

Der kleine Leopard, der höchstens drei oder vier Monate alt war, hatte schließlich genug Mut gesammelt, um sich daranzuwagen, neben seiner Mutter auf den Baumstamm zu klettern. In der zunehmenden Dämmerung konnten wir keine Fotos mehr machen – was vielleicht eine glückliche Fügung war –, deshalb begnügten wir uns damit, sie durch unsere Ferngläser zu beobachten, bis uns fast völlige Dunkelheit umgab und die beiden Katzen nur noch als Schemen erkennbar waren, dann machten wir uns auf den Rückweg zu unserem Camp am

Flussufer. Mir war von Anfang an klar gewesen, dass dies einer der Abende werden würde, an denen wir spät zurückkehrten, aber ich ging davon aus, dass ich unter den gegebenen Umständen auf die Nachsicht der Wächter rechnen konnte. Ich hatte Recht.

Es vergingen viele Monate, in denen die beiden Leoparden praktisch unauffindbar waren, möglicherweise zeigte die Mutter mehr Scheu, als das Kleine begann, ihr überallhin zu folgen. Sie hielten sich vielleicht eine Zeit lang in einem anderen Teil ihres Reviers auf und gaben den Tieren am Fluss damit die Gelegenheit, sich während ihrer Abwesenheit zu vermehren und unbefangener zu bewegen. Jedes Mal wenn ich in Samburu auf Safari war, fuhr ich an ihrem Baumstamm vorbei, aber auch das Fehlen frischer Krallenabdrücke auf dem Stamm zeugte davon, dass sie das Revier verlassen hatte. Ich war enttäuscht und machte mir Sorgen.

Im Juni, als die Steppe infolge der Regengüsse in den beiden vorangegangenen Monaten immer noch mit hohem, üppigem Gras bedeckt war, hatten ich und meine damalige Gruppe endlich Glück. Wir waren am frühen Morgen vom Camp aufgebrochen und hatten vor, uns weiter vom Fluss zu entfernen, weil wir nach Grévyzebras und Giraffenantilopen Ausschau halten wollten, den schlanken, langhalsigen Antilopen, die sich im trockeneren Norden aufhielten. Nachdem wir die Brücke überquert hatten, nahm mein Fahrer Ndiema aus Versehen die linke Abzweigung, anstatt geradeaus in Richtung der offenen Hochebene zu fahren. Er entschuldigte sich für seinen Fehler, sobald er ihn bemerkte, und meinte, es sei die Macht der Gewohnheit gewesen, die ihn veranlasst habe abzubiegen. Kein Problem. Mit Ndiema gibt es nie Probleme. Er ist einer der nettesten und bemerkenswertesten Menschen, mit denen ich arbeite, und viele meiner Kundinnen haben sich schon in ihn verliebt. Wir haben mehr als sechs Jahre zusammengearbeitet und kennen uns sehr gut. Wenn mir einmal die Ideen ausgehen, kann ich ihn um Rat fragen, und ich kann mir sicher sein, dass er einen guten Vorschlag hat.

Da wir nun schon mal nach links abgebogen waren, konnten wir genauso gut eine Weile am Fluss entlangfahren und dann erst bei den beiden riesigen Schirmakazien einen Schwenk machen. Ich dachte dabei gar nicht unbedingt an die Leopardin, ihr Junges oder den umgestürzten Baum. Doch dann war sie plötzlich da, als wäre nichts gewesen, nur ihr Junges war nicht zu sehen. Ich gab meiner Gruppe – alles Berufsfotografen, die auf dem Wagendach saßen – ein Zeichen, in den Wagen zurückzuklettern, um der Leopardin Zeit zu lassen, sich an unsere Anwesenheit zu gewöhnen. Wir würden ihr sehr viel weniger Furcht einflößen, wenn wir in den offenen Dachluken standen, anstatt groß und breit auf dem Dach zu sitzen. Im Wageninneren kramten alle so schnell und so geräuschlos wie möglich zwischen den Klamotten und Sitzkissen die entsprechenden Objektive hervor, während Ndiema uns näher heranfuhr.

Schließlich befand ich mich wieder in »Periskop-Tiefe«, begann, mein Objektiv einzustellen, und freute mich schon auf den Augenblick, in dem ich die Katze im Sucher deutlich vor mir hätte, alle Einzelheiten in ihrer Schönheit vergrößert. Ich hatte ungefähr zehn Fotos geschossen, als ich bemerkte, dass Ndiema mit einer lang nach hinten ausgestreckten Hand am Saum meiner Shorts zog.

»Das ist nicht dieselbe Leopardin«, flüsterte Ndiema, und er hatte Recht. In der Eile, meine Kamera schussbereit zu machen, war mir völlig entgangen, dass es sich hier um ein anderes Weibchen handelte. »Das ist ihre Tochter«, fuhr Ndiema fort. »Sie hat von ihrer Mutter den schwarzen Fleck am Hals geerbt.«

Die erwachsene Leopardin habe ich nie wieder gesehen. Ich glaube, dass sie damals, als wir ihre Tochter auf dem Baumstamm entdeckten, bereits tot war. Wenn ich an die vielen Stunden zurückdachte, die meine Safarigäste und ich damit verbracht hatten, ihr beim Fressen, Klettern und Schlafen zuzusehen, war ich froh, dass mir der Anblick ihres leblosen, möglicherweise sogar verstümmelten Körpers erspart blieb. Es wäre mir einem Leoparden nicht angemessen erschienen.

Aber eines nicht allzu fernen Tages werde ich mit Ndiema und einer Safarigruppe wieder in Samburu sein, und wir werden am Abend auf die andere Seite des Flusses fahren, still dasitzen, Kaffee und Wein trinken und den Warnrufen der Grünen Meerkatzen lauschen, die sie ausstoßen, wenn sich die junge Leopardin nähert. Wir werden ihr Zeit lassen und uns schließlich dem Baumstamm nähern, um uns der Erbin dieses Throns, von dem aus sie über den Uferstreifen und das Wäldchen herrscht, vorzustellen.

Egal wie vertraut man mit einer Situation im Gelände ist, egal wie geduldig man gewartet und wie schmutzig man sich die Knie gemacht hat, manchmal hat man nicht nur kein Glück, sondern beschwört darüber hinaus auch noch eine Katastrophe herauf.

Genau das passierte mir und meiner Gruppe vor einigen Jahren in Lewa Downs, einem privaten Wildreservat nördlich von Nairobi. Ich habe die Szene noch so lebhaft in Erinnerung, als wäre es gestern gewesen. Als wir eine Steigung erreichten, die einen wunderbaren Blick über ein Tal bietet, das in dieser Gegend als Tal der schwarzen Leoparden bekannt ist, legten wir eine Pause ein. Im Westen steigt dieses Tal sanft zu einer Hügelkette an, die sich zum Mount Kenya windet, dessen schwarzweiße Felsen und Gletscher starr und still in der Ferne aufragen. Im Norden hebt es sich allmählich zu den Berghängen, wo man oft kleinere Büffelherden aufspüren kann; im Süden senkt es sich zu dem alten Camp ab und weitet sich zu einer Ebene, bevor es auf den Lewa mit seinem Galeriewald aus Fieberakazien stößt. Jenseits des Flusses steigt das Land zunächst steil an, wird dann aber bald wieder flacher und bildet eine ausgedehnte Ebene, die sich weit in den Süden erstreckt. Diese Ebene ist übersät mit Herden von Grévyzebras und Steppenzebras, Elenantilopen, Impalas und Giraffen. Aus dieser Entfernung sehen sogar die riesigen, sechs Meter hohen und einenhalb Tonnen schweren Pflanzenfresser wie Ameisen aus, die über eine hellgrüne Picknickdecke verstreut sind. An diesem Tag graste auf der Westseite des Tals friedlich eine Herde Elefanten. Auch sie sahen aus dieser Entfernung winzig aus, wie dunkle Brotlaibe, die zum Abkühlen auf den Berghang gelegt worden waren.

Die langsam weiterziehende Herde bot uns die gute Gelegenheit, die komplizierte und rätselhafte Familiendynamik dieser scheinbar ausdruckslosen Riesen zu beobachten. Da wir uns auf Privatgrund befanden, konnten wir stehen bleiben, so lange wir wollten, ohne von anderen Fahrzeugen gestört zu werden und ohne uns an irgendwelche

Parkregeln halten zu müssen. Wir konnten uns einen Eindruck verschaffen, wie die Elefanten sich während ihres gewöhnlichen Tages-
ablaufs verhielten und miteinander umgingen. Hinter dem Lenkrad
saß Mungai, mein langjähriger Freund und Lieblingsfahrer für Touren in diesem Gebiet. Seinen Adleraugen entgeht nichts, er kennt alle
Tiere, kann sich an jedes einzelne Schlagloch auf der Piste in Lewa
Downs erinnern und spricht fließend Englisch, Kisuaheli, Meru, Kikuyu, Luhya und Kalenjin.

Ich arbeite schon seit Jahren mit Mungai zusammen. Gemeinsam
haben wir offensichtlich ein besonderes Gespür für das Auffinden von
Leoparden, wobei uns zugute kommt, dass ungefähr ein halbes Dutzend der Katzen problemlos zugängliche Reviere gewählt hat. Er teilt
meine Ansicht darüber, wie unsere Gäste sich den Wildtieren annä-
hern sollten, und er fährt auch in Gebiete, in denen viele andere Fahrer Angst haben, die markierten Pisten zu verlassen. Mungai bog sofort von der Hauptstraße auf eine Nebenstrecke ab, die durch ein
enges, felsiges Tal steil hinauf zu den lang gestreckten Hängen führte.
Meiner Einschätzung nach brachten die sechs Leute in meiner Gruppe genug Mut und Durchhaltevermögen auf, um die uns heute gebo-
tene ungewöhnliche Gelegenheit zu nutzen, aus dem Wagen auszustei-
gen und uns im wahrsten Sinne des Wortes auf die gleiche Ebene wie
die Elefanten zu begeben. Cynthia, ihr Ehemann Mac und Len waren
Psychologen aus Colorado, und alle drei waren durchtrainiert und fit.
Sie joggten regelmäßig, machten lange Wandertouren, und im Winter
fuhren sie Ski. Auch Pete, Lens Freund aus Kindertagen, war gut in
Form und machte nicht den Eindruck, als würde es mit ihm Probleme geben. Meine einzige Sorge galt Chris, einer jungen Labortechni-
kerin aus Kalifornien, die aufgrund ihrer Tätigkeit und ihrer Arbeits-
belastung selten rauskam. Ihre Freundin Elaine aus New Jersey schien
mir dagegen körperlich und psychisch belastbar zu sein.

Alle sechs waren nach kurzer Diskussion damit einverstanden, den
Wagen zu verlassen und zu Fuß zu gehen. Wir hatten uns bereits erfolgreich an Nashörner herangepirscht, und alle hatten dieses Abenteuer genossen und sich tadellos verhalten. Nun schien ein ähnliches
Erlebnis auf uns zu warten, das zudem noch mit weniger Gefahr ver-

bunden war, da sich die Elefanten unterhalb eines kleinen Felsvorsprungs aufhielten, von dem aus wir sie in sicherer Entfernung beobachten konnten. Ich wusste, dass nur wenige Monate zuvor in der Massai Mara eine Elefantenkuh drei Menschen niedergetrampelt und erst von ihnen abgelassen hatte, als sie sich sicher war, dass sie auch wirklich tot waren. Sie hatte die Körper mit ihren kräftigen Stoßzähnen durchbohrt und immer wieder mit ihrem breiten Schädel auf sie eingeschlagen. Meiner Meinung nach wäre es allerdings ein Fehler gewesen, deshalb von nun an meinen Safarigästen alle verhältnismäßig nahen Begegnungen mit Elefanten vorzuenthalten, und ich war mir sicher, dass wir uns keiner ernsthaften Gefahr aussetzten.

Mungai brachte uns zu der Stelle, wo der Felsvorsprung aus dem Berghang herausragte. Ich überlegte, wie wir weiter vorgehen sollten, und ging mit der Gruppe in Ruhe noch einmal die Regeln durch, die für das Heranpirschen an jedes Tier gelten: Verhaltet euch ganz ruhig. Bleibt in meiner Nähe. Lauft auf der Außenkante eurer Schuhsohlen, von der Ferse zu den Zehen, um möglichst leise zu sein. Sprecht nicht. Macht keine Fotos, bevor ich die Erlaubnis dazu gebe. Bleibt immer hinter mir. Folgt meinen Anweisungen. Tut alles, was ich sage, sofort und ohne Fragen zu stellen. Das alles sind einfache und unmissverständliche Regeln. Im Grunde genommen muss jeder Führer während einer Pirsch eine sanfte Diktatur ausüben. Sonst kann man es gleich bleiben lassen. Alle nickten. An diesem Tag ergriff ich noch eine zusätzliche Vorsichtsmaßnahme und bat unauffällig meinen Freund Adam, der uns auf dieser Tour begleitete, bei Chris zu bleiben und sie, im wörtlichen Sinne, bei der Hand zu nehmen, falls irgendetwas geschehen sollte. Im Gänsemarsch, nur mit den Außenkanten unserer Schuhe auftretend, folgten wir dem Wildpfad, der über den Felsvorsprung führte. Während wir uns der Herde näherten, hielten wir ein paar Mal an, um den wachsamen Elefanten die Gelegenheit zu geben, sich an unsere Anwesenheit zu gewöhnen. Ich bin mir sicher, dass sie uns nicht gesehen haben, doch sie hatten bestimmt unsere Witterung aufgenommen, da in diesem engen Tal der Wind ständig seine Richtung änderte. Und gehört hatten sie uns sicherlich auch, trotz unserer Bemühungen, leise zu sein. Nur Adam und ich hatten Erfahrung darin, uns zu Fuß an Wildtiere heranzupirschen, und meistens kann man Neulingen nicht klarmachen, wie viel Lärm sie verursachen, mögen sie sich noch so sehr anstrengen. Da wir uns darüber hinaus hier auch noch über ein Geröllfeld aus flachen Sandsteinbrocken bewegen mussten und die Steine mit losem Sand und trockenem Laub bedeckt waren, war es schlichtweg nicht möglich, jegliches Geräusch zu vermeiden. Aber wir kamen gut voran. Nachdem wir zwanzig Minuten gelaufen waren und dabei vielleicht fünfhundert Meter zurückgelegt hatten, ließen wir uns in sicheren zehn Meter Höhe auf den Felsen über der Herde nieder, die etwa zweihundert Meter entfernt von uns graste. Gelegentlich hielt einer der Elefanten inne und hob den Rüssel, um unsere Witterung besser aufnehmen zu können, ansonsten jedoch weidete die Herde einfach weiter und bewegte sich langsam und friedlich am Fuß des Felsens entlang.

Zwei Stunden später kauerten wir noch immer auf den Sandsteinfelsen und beobachteten wie gebannt die riesigen grauen Tiere direkt unter uns. Die kleinen Elefanten ließen sich beim Fressen Zeit, der eine oder andere wurde sogar noch gesäugt, während die großen Kühe und die beiden noch nicht ganz ausgewachsenen Bullen langsam weiterzogen. Die Sonne sank tiefer, und der Mount Kenya wechselte seine Farbe von Schwarzweiß zu einer Mischung aus zunehmend verschwommenen Grautönen. Die Herde graste und wanderte dabei gemächlich weiter, hielt schließlich irgendwann inne und wandte sich dann zielstrebig Richtung Norden, parallel zu dem Felsvorsprung, von dem aus wir sie beobachteten. Im Norden allerdings wich der Felsen zurück, verschmolz wieder mit dem Berghang und ließ nur eine steile Böschung zwischen uns und den ruhig zu unseren Füßen vorüberziehenden Kolossen. Rasch versammelte ich meine Leute um mich und erklärte ihnen, dass wir sofort zum Wagen zurückgehen müssten, falls die Elefanten auch nur das kleinste Stück den Hang heraufkämen. Als die vierzehn Elefanten das Ende des Felsvorsprungs erreicht hatten, drehten sie sich tatsächlich in Richtung des Hangs und legten zu meiner Überraschung an Geschwindigkeit zu. Sofort wies ich meine Gruppe an, zum Wagen zurückzulaufen, wo Mungai auf uns wartete. Auf mein Zeichen hin nahm Adam Chris bei der Hand und machte sich unverzüglich mit ihr auf den Rückweg zum Wagen, wobei er gleichzeitig die Führung der Gruppe übernahm. Ich blieb aus Gewohnheit zurück und bildete die Nachhut.

Und dann geschah es. Irgendjemand aus der Gruppe vor mir blieb stehen und schoss ein letztes Foto. Selbst in der Entfernung von zweihundert Metern, wenn nicht mehr, hörte die Leitkuh das Klicken des Verschlusses und das Surren des Motors. Sie ließ einen Trompetenstoß los und griff, ohne zu zögern, an. Donnernd raste sie geradewegs auf uns zu. Ich schrie meinen Leuten zu, dass sie zum Wagen laufen sollten, und während sie davonstürzten, wartete ich noch einen Augenblick, um zu sehen, ob es sich wirklich um einen Angriff handelte oder nur um einen geräuschvollen Bluff. Die Elefantenkuh meinte es tatsächlich ernst, daher nahm auch ich die Beine in die Hand.

Als ich eine scharfe Kehrtwendung nach links machte, sah ich aus dem Augenwinkel Cynthia. Offensichtlich war sie auf einem der Felsbrocken ausgerutscht und gestürzt. Das Brüllen der Elefanten hatte inzwischen eine ohrenbetäubende Lautstärke erreicht. Wie erstarrt lag Cynthia da und rührte sich nicht vom Fleck. Eine Entfernung von mehr als zweihundert Metern mag groß erscheinen, aber die Elefantenkuh konnte diese Strecke in zwanzig Sekunden zurücklegen, vielleicht sogar noch weniger.

Noch immer lag Cynthia reglos auf der Seite, während die wütende Herde immer näher kam, und jetzt konnte kein Zweifel mehr daran bestehen, dass es die Leitkuh, die mit gesenktem Kopf und aufgerolltem Rüssel heranstürmte, auf Cynthia abgesehen hatte. Der Doppelstamm einer Akazie, die ihr im Weg stand, knickte um wie ein Zweig, als sie daran vorbeipreschte.

Jetzt hatte sie Cynthia schon fast erreicht. Es herrschte völliges Chaos, der Lärm war markerschütternd, und ich war wie gelähmt vor Entsetzen. Meine einzige Chance, Cynthia zu retten, bestand darin, die angreifenden Elefanten von ihr abzulenken und ihre Aufmerksamkeit stattdessen auf mich zu ziehen. An Cynthia vorbei, rannte ich ein Stück zurück und blieb fünf oder sechs Meter von ihr entfernt an der Kante des Felsvorsprungs stehen. In dem ebenso verrückten wie verzweifelten Versuch, den Elefanten an der Spitze auf mich aufmerksam zu machen und damit den Angriff auf mich zu lenken, hüpfte ich auf und ab, schrie und kreischte und klatschte laut in die Hände. Falls das funktionierte, so dachte ich, könnte ich über die Felskante springen und mich in Sicherheit bringen.

Und es klappte tatsächlich. Alle vierzehn Elefanten schwenkten zu mir herüber und liefen in einem Abstand von sechs oder sieben Metern an Cynthia vorbei.

Mit dem Mut der Verzweiflung wartete ich so lange wie möglich, und die ganze Zeit über schrie ich und fuchtelte mit den Armen. Dann drehte ich mich um, rannte auf die Kante des kleinen Felsvorsprungs zu und ließ mich ins Nichts fallen. Noch während ich mich von der Felskante abstieß, nahm ich hinter meiner rechten Schulter eine riesige graubraune Gestalt wahr, die mich um Armeslänge verfehlte. Dann segelte ich durch die Luft dem felsigen Grund und den Grasbüscheln entgegen, die sich (wie ich später nachgemessen habe) vier Meter unter mir befanden. Ich landete hart auf dem Boden, stürzte auf meine Knie und konnte mich gerade noch mit einer Hand abstützen, während ich mit der anderen meine Kamera festhielt. Mir war nichts weiter passiert, außer dass ich eine meiner Sandalen mit den Sohlen aus Autoreifen verloren hatte, und ich begab mich auf die Suche danach.

Als ich mich wieder dem Felsen zuwandte, durchzuckte mich plötzlich der schreckliche Gedanke, dass die Herde erneut auf Cynthia und die anderen losgegangen sein könnte, nachdem sie von der Felskante gestoppt worden war. In diesem Augenblick tauchte die Leitkuh über der Kante des Felsvorsprungs auf. Aber das war doch gar nicht möglich. Sie konnte mir nicht einfach hinterherspringen. Es heißt, dass Elefanten, ähnlich wie Giraffen, nicht besonders gerne bergabwärts laufen, geschweige denn über Felsen springen. Offensichtlich hatte diese verärgerte Dame die Forschungsberichte nicht gelesen. Genauso wenig wie der Rest der Herde, die umgehend ihrem Beispiel folgte.

Pfeif auf die Sandale. Halb beschuht rannte ich los ins Tal, den riesigen Elefanten dicht auf den Fersen. Ich hatte schon oft in meinem Leben Angst gehabt. Doch jetzt verwandelte sich meine Angst von einer Minute auf die andere in blankes Entsetzen. Ich konnte nicht fassen, dass sie das getan hatte, dass sie mich offenbar unbedingt erwischen wollte. Ich rannte um mein Leben und wusste es. Nicht einmal einen Blick über die Schulter nach hinten konnte ich mir erlauben, aber das war auch gar nicht nötig. Das Krachen und Donnern ließ keinen Zweifel daran, dass sie dicht hinter mir war.

Nachdem ich ungefähr dreihundert Meter in das Tal hineingerannt war, merkte ich auf einmal, dass mich die Elefantenkuh nicht länger verfolgte. Oder vielleicht tat sie es doch, und ich nahm sie nur nicht mehr wahr. Wie auch immer, ich sprang unter einen Busch und kauerte mich zusammen. Um mich herum war es still, von meinem rasenden Herzschlag einmal abgesehen. Die Elefanten hatten die Verfolgung aufgegeben, aber weiter unten im Tal konnte ich das Trompeten der wütenden Dickhäuter hören, die alles niedertrampelten, was ihnen im Weg stand. Zusammengekauert blieb ich hocken und wartete ab. Ich verging fast vor Sorge, was inzwischen dort oben auf dem Felsen geschehen war oder noch geschehen würde. Aber im Moment blieb mir nichts übrig, als da, wo ich war, still auszuharren und den Elefanten Zeit zu lassen, weiterzuziehen und sich zu beruhigen.

Fünfzehn Minuten später sah ich sie gemächlichen Schritts auf der anderen Seite des Tals den Hang hinaufziehen, als sei nicht das Geringste geschehen, als sei dieser wütende Angriff ein unbedeutendes, alltägliches Ereignis gewesen. Voller Angst und immer wieder um mich blickend, machte ich mich auf den Rückweg zum Felsvorsprung und fand schließlich einen Spalt, durch den ich hinaufklettern konnte. Mein bloßer Fuß war aufgeschürft und blutete, und ich kam nur langsam vorwärts, aber ich musste wissen, was passiert war, ob alle am Leben waren, ob Cynthia unverletzt und in Sicherheit war. Oben auf dem Felsen war niemand zu sehen. Rasch lief ich den Weg zu unserem Wagen zurück. Als ich um eine Schirmakazie bog, sah ich ihn unvermittelt vor mir. Meine Leute standen in den Dachluken, und Mungai saß am Lenkrad. Rasch zählte ich acht Köpfe. Mir fiel ein Stein vom Herzen – niemand war getötet worden, niemand war verletzt. Ich ließ den Kopf auf die Brust sinken und humpelte die letzten Schritte zum Wagen. Ich spürte, dass alle ihren Blick auf mich gerichtet hatten, aber ich hätte nicht sagen können, ob sie erleichtert oder wütend waren.

Vor lauter Angst und Erleichterung war wohl meine erste Reaktion, das Ganze etwas herunterzuspielen. Ich fragte die anderen, was dort oben auf dem Felsvorsprung geschehen sei, während sie wissen wollten, was mir da unten widerfahren sei. Erst als Adam das Wort ergriff und berichtete, er habe gesehen, wie die Elefantenkuh mit ihrem Rüssel gegen mich ausgeholt, mich in die Luft geschleudert und über die Felskante geworfen habe, wurde mir klar, dass alle gedacht hatten, sie habe mich umgebracht. Bei meinem Sprung über die Felskante hatte die Leitkuh ja tatsächlich ihren Rüssel in meine Richtung geschwungen, und für meine Gruppe hatte es so ausgesehen, als ob sie mich erwischt und über den Felsen gestoßen hätte. Nachdem dieselbe Elefantenkuh mir dann gefolgt war, und nach ihr mit Getöse alle anderen, waren sie sich sicher gewesen, dass sie dort unten das zu Ende bringen würde, was sie begonnen hatte. Danach hatten sie nur noch den fürchterlichen Lärm gehört, der im ganzen Tal widerhallte. Und da ich zunächst nicht zum Wagen zurückgekommen war, hatten sie darin eine zusätzliche Bestätigung dessen gesehen, was sie bereits zu wissen glaubten. Adam hatte sogar gerade beschlossen, die Gruppe beim Wagen zurückzulassen, um nach meinem zweifellos niedergetrampelten und zerschmetterten Körper zu suchen, als ich über dem Rand des Felsens auftauchte.

Einer der Wildhüter von Lewa Downs kam angerannt. Er hatte in über drei Kilometer Entfernung den Lärm der tobenden Elefanten gehört, und ihm war klar gewesen, dass irgendetwas Furchtbares geschehen war. Vermutlich aus einer Mischung aus Besorgnis und Erleichterung begann er loszuschimpfen, aber ich war einfach nicht in der Laune, mir auch noch seinen Ausbruch anzuhören, und schnitt ihm kurzerhand das Wort ab.

Mungai ließ den Motor an, und wir fuhren langsam hügelabwärts, um zum Haupthaus in Lewa zurückzukehren. Zuerst redeten alle wild durcheinander, nach einer Weile aber, mit Einbrechen der Nacht, wurde die Gruppe immer stiller. Unsere Gesichter teilten die warme Luft wie der Bug eines Schiffes das klare Wasser. Sie floss an unseren Wangen vorbei und umspülte unsere Ohren, bevor die Dunkelheit sie verschluckte. Im Süden ragte der Gipfel des Mount Kenya wie der Fangzahn eines Raubtiers über fünftausend Meter hoch in den nachtschwarzen Himmel, als wolle der Berg die Sterne verschlingen. Jenseits des Lichtkegels der Scheinwerfer war nichts zu erkennen, und außer dem Diesel war kein Geräusch auf der staubigen Piste zu vernehmen. Nach dem Abendessen saßen wir noch eine Weile zusammen. Die Gespräche schleppten sich dahin, jeder war bemüht, den Zwischenfall am Nachmittag nicht zu erwähnen. Wir gingen früh auseinander, und die anderen begaben sich paarweise in ihre Blockhütten. Ich wollte noch nicht schlafen und wanderte ungefähr zwei Kilometer die Straße entlang. In den vergangenen Stunden hatte ich keine Gelegenheit gehabt, über das Vorgefallene nachzudenken, wie rasch alles gegangen war und welch schreckliche Wendung es genommen hatte. Nun traf mich mit voller Wucht die Erkenntnis, dass ich um ein Haar den Tod von sechs Safarigästen, vielleicht den von Adam und auch meinen eigenen verursacht hätte. Ich war jetzt zwar in Sicherheit, ebenso wie meine Leute, aber in meinem Innersten konnte ich nicht glauben, was ich verstandesmäßig wusste. Und das war vielleicht auch gut so. Trotz all meiner Erfahrung und der vielen Jahre, in denen ich immer wieder Elefanten begegnet war, hatte ich diese unwissenden und vertrauensvollen Menschen absichtlich in diese Situation gebracht. Und auch wenn ich mir sagte, dass Mungai und Adam ebenfalls über eine lange Erfahrung verfügten, brachte mir das nichts, ebenso wenig wie meine anderen Versuche, zu rationalisieren und logisch zu argumentieren.

Ich fand in dieser Nacht keinen Schlaf, und mir war hundeelend. Jedes Mal, wenn ich mir sinnloserweise erlaubte, die Szene noch einmal an mir vorbeiziehen zu lassen, überkam mich ein Zittern. Als die Sperlingsweber um halb sechs anfingen zu singen, nahm ich das als Aufforderung aufzustehen. Erneut wanderte ich die Straße entlang, während ich mir das beinahe in einer Katastrophe geendete Geschehen nochmals vergegenwärtigte. Ich hoffte nicht unbedingt, Frieden zu finden, vielmehr wollte ich das Ganze verstehen und daraus lernen. Nie mehr sollten meine Gäste einer solchen Gefahr ausgesetzt sein.

Bislang hatten wir uns jeden Tag um halb sieben am Lagerfeuer oder am Frühstückstisch eingefunden. Als um halb acht immer noch niemand aufgetaucht war, nahm ich schließlich meinen ganzen Mut zusammen und ging zur Blockhütte von Mac und Cynthia. Cynthia hatte eine mehr als schlechte Nacht hinter sich. Mac und Len, die beiden Psychologen, hatten sich über Stunden um sie gekümmert und ihr geholfen, den Schrecken zu verarbeiten. In der Hütte erzählte sie mir, sie habe gewusst, dass sie sterben würde. »Ich konnte einfach nur daliegen«, sagte sie, »und zusehen, wie der angreifende Elefant immer näher kam.« Es wäre ihr zuvor nie in den Sinn gekommen, dass sie von einem wütenden Elefanten getötet werden könnte. Sie hatte sich mit ihrem Tod abgefunden, einfach dagelegen und darauf gewartet, dass es geschehen würde. Und nun, da sie noch am Leben war, konnte sie dieses Bild einfach nicht aus ihrem Kopf bekommen.

Elaine und Chris ging es zwar besser, aber sie waren sehr niedergeschlagen und ernst. Ich hielt es für das Beste, eine weitere Pirschfahrt zu unternehmen und im hellen Tageslicht die Wildtiere zu beobachten, sodass unsere Safari wieder ihren normalen Gang gehen konnte. Und nichts anderes taten wir dann auch, mit einem schweigsamen Mungai hinter dem Lenkrad.

Keine drei Kilometer von der Ranch entfernt stießen wir am Ufer des Lewa auf eine Herde von Elefanten. Es waren dieselben Tiere wie am Vortag. Mungai brachte den Wagen langsam zum Stehen, und wir überlegten, ob wir näher an sie heranfahren sollten. Einstimmig, und das gereicht meiner Gruppe zur Ehre, beschlossen wir, uns den Elefanten erneut zu nähern, nur wollten wir dieses Mal im Schutz des Jeeps bleiben.

Schweigend fuhren wir zum Flussufer hinunter und hielten in einiger Entfernung von den vierzehn Tieren, die am Tag zuvor versucht hatten, uns umzubringen. Ohne Mühe erkannten wir die Leitkuh wieder. Sie hatte im unteren Drittel ihres Rüssels eine blutende Wunde. Die Wunde sah aus, als rühre sie von einem Schuss her, mit einem kleinen Loch an der Stelle, wo die Kugel eingedrungen, und einem großen, wo sie wieder ausgetreten war. Wir sprachen über die Möglichkeit – eher die Wahrscheinlichkeit, dachte ich bei mir –, dass die Elefanten gestern das Klicken des Kameraverschlusses und das Surren des Motors mit dem Geräusch eines Gewehrbolzens beim Laden einer Kugel in Verbindung gebracht hatten. Jetzt waren sie alle friedlich mit Fressen beschäftigt, und wir verzichteten darauf, Fotos zu machen.

Drei Tage später, am ersten Tag der Kamelsafari, die ich mit meiner Gruppe von einem anderen Lager aus unternahm, fanden wir uns erneut auf einem Felsvorsprung wieder. Zu unseren Füßen zog eine andere, noch größere Herde von Elefanten vorbei. Dieses Mal waren wir schwer bewaffnet, wie immer, wenn man plant, sich auf einer Safari zu Fuß oder auf dem Rücken von Kamelen zu bewegen. Wir verhielten uns mucksmäuschenstill, aber irgendein kaum wahrnehmbares Geräusch machte die Herde auf unsere Anwesenheit aufmerksam. Plötzlich, buchstäblich mitten in der Bewegung, erstarrten die mehr als sechzig Elefanten, als seien sie ein Tier, einige von ihnen verharrten mit dem Fuß in der Luft. Diese gleichzeitige Wahrnehmung war unglaublich. Das einzige Geräusch rührte nun vom rhythmischen Schlagen unserer Herzen her. Nach dreißig Sekunden in äußerster Anspannung setzte sich die Herde wieder in Bewegung, wir machten kehrt und schlichen auf Zehenspitzen den Hügel hinauf in die Richtung, aus der wir gekommen waren.

4

Zu Hause in der Savanne

Ich hatte mein Nachtlager dort aufgeschlagen, wo ich es am liebsten tat – auf der Erde unter freiem Himmel –, als ich um vier Uhr morgens den ersten Löwen brüllen hörte. Geborgen unter meinen Decken und von den verschlungenen Ästen der Olivenbäume gegen den starken Tau geschützt, lauschte ich mit angehaltenem Atem, wie eine Löwin in das Gebrüll des alten Männchens einstimmte. Wir befanden uns offensichtlich auf jemandes Grund und Boden. Das Weibchen hätte nicht gebrüllt, wenn das Rudel auf der Wanderung gewesen wäre und sich in einem Gebiet befunden hätte, das nicht zu seinem Territorium gehörte. Es wären nur die tiefen Stimmen der herumziehenden Männchen zu hören gewesen, die versuchsweise Anspruch auf das Territorium erhoben hätten.

Wenn sie noch einmal brüllen würden, wüsste ich, wo sie sich genau aufhielten. Das einzige Problem bestand darin, dass ich mich dazu aufsetzen und die wohlige Wärme meiner Bettstatt verlassen musste. Ich wusste, an welcher Stelle des Camps ich mich befand, in welcher Richtung mein Kopf lag, wo das Isiria Escarpment war, wo die Mara floss und wo die Ausfahrt war, aber das genügte leider noch nicht, und ich würde mich wohl oder übel erheben müssen. Ich wartete. Fünf Minuten später waren die Löwen wieder zu hören. Nun brüllten sie ein Dutzend Mal, bevor sie wieder verstummten, und das reichte mir leicht, um sie auszumachen. Ich drehte meinen Kopf in die Richtung, in der ich sie vermutete. Ja, sie befanden sich auf der anderen Seite des Hügelkamms, vielleicht sogar jenseits der Ebene mit den Hyänenhöhlen, also immerhin in einer Entfernung von acht Kilometern, irgendwo in der Gegend, in der das Wäldchen abgestorbener Krotonbäume stand. Wenn wir dieses Rudel heute Morgen aufspüren könnten, hätten wir für mehrere Stunden Lehrmaterial und genug Informationen und Unterhaltung, um uns Tage damit zu beschäftigen. Und einmal mehr könnte ich durch eine ganz konkrete Erfahrung zeigen, dass man in dieser Umgebung kein Fremder, kein Außenseiter sein muss.

Um fünf Uhr warf ich die Decken beiseite und zog mich so rasch an, wie ich mich vor sechs oder sieben Stunden ausgezogen hatte. Durch die feuchte Luft und das nasse hohe Gras kam es mir noch kälter vor. Ich lief an den Gästezelten vorbei, und als ich an dem neu entfachten Feuer angelangt war, waren meine Beine bis zu den Knien nass vom Tau. Ich nahm mir einen Stuhl von der Veranda des Speisezelts, wo er während der Nacht zum Schutz vor der Feuchtigkeit abgestellt worden war, schob ihn ganz nah an die Flammen, sodass die vorderen Stuhlbeine in der Asche standen, und setzte mich vorsichtig hin. Innerhalb von Sekunden waren meine Schienbeine glühend heiß, aber das störte mich nicht weiter, und ich ließ die ersehnte Wärme durch meinen Körper dringen. Mwangi, der Koch, überreichte mir wortlos eine Blechtasse mit Kaffee, in den er schon Sahne gegeben hatte. Ich beugte mich nach vorne und blickte durch das Blätterdach zur Venus hinauf. Tief atmete ich ein. Bald würde es Zeit sein, mit meinen Leuten den Tag zu beginnen. Die Lichter von Taschenlampen tanzten wie Leuchtkäfer hinter den Zeltwänden, als deren Bewohner nach Dingen suchten, die sie in der Nacht zuvor wahllos irgendwo verstreut hatten. Wie üblich war ich am vergangenen Abend bei jedem Zelt vorbeigegangen, bevor ich mich selbst hinlegte, hatte Schuhe zusammengesucht und sie vor die mit Reißverschlüssen verschlossenen Eingänge gestellt, Gläser umgedreht und leise die Laternen gelöscht. Eigentlich sollten sie jetzt nicht allzu viel zu suchen haben. Die Leute kamen zum Feuer und ließen sich in die durchgesackten Campingstühle fallen. Auf kleinen Beistelltischchen lagen schon Kekse und ordentlich gefaltete Servietten bereit, und Mwangi bot Tee und Kaffee an. Noch lag die Nacht blauschwarz wie ein Schleier über allem, und wir saßen schweigend und wie gebannt vor den tanzenden Flammen, inmitten der anderen und doch jeder für sich.

Ndiema, mein Fahrer, hatte die Dachluken des Lasters geöffnet und den Tau von den Scheiben gewischt.

Kaum waren wir losgefahren, stieg ich durch die Luke und setzte mich auf das Dach, um auf dem Weg aus dem Camp die frische Morgenluft zu genießen, auch wenn ich mich ständig unter den niedrigen Ästen wegducken und mir die Augen wischen musste, die in der kalten Luft so sehr tränten, dass ich fast nichts mehr sehen konnte. Die anderen hielt der starke Wind vorerst davon ab, aufs Dach zu klettern und Ausschau zu halten. Überdies hörte keiner außer Ndiema die Löwen, und daher waren sie kaum davon zu überzeugen, dass die Tiere vielleicht ganz in der Nähe waren und man jetzt schon nach ihnen suchen sollte. Ich wusste, dass ich zu Beginn einer Safari kaum etwas anderes erwarten durfte. In einer Woche dagegen würden mich die Gäste drängen, und wenn sie irgendetwas entdeckten, das meinen Augen verborgen geblieben war, würden sie mir das garantiert unter die Nase reiben. Aber darüber würde ich mich dann wohl kaum beschweren können, schließlich ging es mir ja genau darum.

Als wir das Camp verlassen hatten und über die erste kleine mit Rotem Hafergras bewachsene Ebene fuhren, entdeckte ich nichts als Zebras, Impalas und ein paar Topis. Wir überquerten den nächsten Hügelkamm und bahnten uns gerade unseren Weg durch die Felsen bei dem krummen Leopardenbaum, als der Hyänen-Clan von seinem nächtlichen Treiben zurückkehrte. Das Rudel hatte offenbar eine erfolgreiche Jagd hinter sich, da alle Tiere von der Nasenspitze bis zum Halsansatz mit mittlerweile braunrot getrocknetem Blut bedeckt waren. Während sie langsam an uns vorbeitrabten, musterten sie uns mit verschlagenem Blick. Sieht man sie so mit ihren gesenkten Köpfen und hoch gezogenen Schultern, ist es leicht zu verstehen, warum so viele Menschen unwillkürlich Abscheu vor ihnen empfinden, aber wenn man Hyänen von nahem betrachtet und sie nicht gerade von der Jagd kommen, machen sie einen ganz anderen Eindruck. Sie sind sehr reinlich, und ihre Jungen sind so niedlich wie kleine Stofftiere. Abgesehen davon, sind Hyänen die besten Eltern. Ich nahm mir vor, meinen Kunden irgendwann im Laufe des Tages mehr von diesen Tieren zu erzählen. Sie haben ein differenziertes Sozial- und Lautverhalten; und was ihren schlechten Ruf anbelangt, sollte vor allem klargestellt werden, dass sie keine Aasfresser sind. Hyänen sind Raubtiere und als solche ausgesprochen erfolgreich, wesentlich erfolgreicher jedenfalls als Löwen oder Leoparden.

Ich rufe bei meinen Reisegruppen immer wieder Erstaunen hervor, wenn ich erkläre, dass es viel eher Löwen und nicht Hyänen sind, die sich über Aas hermachen. Der Irrglaube ist dadurch entstanden, dass die ersten Forscher auf ihren frühmorgendlichen Touren beobachteten, wie nicht weit von der Stelle entfernt, wo sich Löwen um ein gerissenes Tier versammelt hatten, immer schon Hyänen lauerten und auf die Gelegenheit warteten, diesen den Riss stehlen zu können. Wes Henry, ein Forscher aus den Vereinigten Staaten, fragte sich schließlich, welche Beobachtungen er wohl machen würde, wenn er nachts zum Zeitpunkt der Jagd am Schauplatz des Geschehens wäre statt erst Stunden später um sechs Uhr früh. Er stellte fest, dass die meisten Beutetiere von Hyänen erlegt werden und deren lautes Bellen dann die Löwen anzieht, die ihnen die Beute streitig machen. Es ist ein reines Zahlenspiel. Ich habe ein Foto, auf dem zu sehen ist, wie sieben Löwen ihr Mahl gegen fünfunddreißig Hyänen zu verteidigen versuchen. Die Hyänen hatten schließlich gewonnen. Sie sind kleiner, haben aber wesentlich kräftigere Kiefer. Ein einzelner Löwe kann nicht mehr als drei oder vier Hyänen in Schach halten, je nachdem, wie hungrig die Kontrahenten sind.

Ndiema hielt den Land Cruiser an, bevor wir zu der steinigen Überquerung zum nächsten, mit kurzem Gras bewachsenen Hügelkamm hinunterholperten, und in diesem Moment sah ich sie. Eine verstreute Gruppe gerade noch erkennbarer dunkelgelber Gestalten verließ die Ebene und war auf dem Weg zu den größeren Bäumen, die mehr Deckung boten. Das waren unsere Löwen. Selbst in diesem Dämmerlicht konnte ich eines der riesigen alten Männchen erkennen, das zurückgefallen war und mit rollenden Schultern und schweren Schritten auf seinen riesigen Pranken dahintrottete. Zu beiden Seiten liefen mehrere Jungen neben ihm her. Ich ließ mich durch die Luke rutschen und erklärte Ndiema und der Gruppe, dass wir einen Volltreffer gelandet hätten. Rasch machten alle ihre Kameras bereit, überprüften die Filmrolle und tauschten sie, wenn nötig, gegen eine frische Rolle mit einem empfindlichen Film aus. Die Sonne würde noch zwanzig Minuten auf der Seite des Indischen Ozeans hinter dem Horizont bleiben, und so lange hätten wir kein gutes Licht, aber ansonsten war hier alles, was man sich wünschen konnte: drei Würfe kleiner Löwen, junge und alte Weibchen, einige mit Narben, andere noch völlig unversehrt, und natürlich die beiden alten Kämpen. Man konnte sie kaum anders nennen, wenn man ihren geschmeidigen und gleichzeitig stolzen Gang sah, während die Köpfe langsam von einer Seite zur anderen schwangen und dabei alles registrierten, noch die kleinste Bewegung, den leisesten Laut. Zusammen kamen sie wohl auf nahezu fünfunddreißig Jahre Erfahrung, nicht gerade wenig in dieser Welt der Räuber und Beute, in der jede Jahreszeit ihren tödlichen Tribut forderte. Die weichen runden Ohren bekommen im Lauf der Zeit immer mehr Risse und Narben von all den Raufereien, Jagden und Kämpfen auf Leben und Tod. In die breiten flachen Nasenrücken, die Brauen und die Wangen graben sich tiefe Kratzer, Abzeichen vergangener Paarungen. Ich hatte diese beiden seit ihrer Jugend im Auge behalten, als sie noch stark, makellos und mit hoch erhobenen Köpfen umherstreiften, ihr Territorium bewachten und ihre Rudel führten.

Dass die Löwinnen die ganze Arbeit machen und die männlichen Löwen das Leben von Tagedieben führen, ist ein anderes weit verbreitetes Missverständnis. Die Weibchen übernehmen zwar tatsächlich einen großen Teil der Jagd, aber damit ist noch lange nicht alles getan. Die Männchen wenden zum Schutz und zur Verteidigung des Territoriums sehr viel mehr Energie auf und begeben sich dabei häufig in Lebensgefahr. Das führt zu einer bedeutend kürzeren Lebensdauer für die Männchen, nämlich zehn Jahre gegenüber fünfzehn Jahren. Es ist also gefährlicher, ein Territorium zu verteidigen, als darin zu jagen. Im Gegensatz zum Menschen sind nur wenige Tiere dazu bereit, ihr Leben für ein Territorium zu lassen. In dieser Hinsicht gleicht sich das Verhalten von Löwen und Menschen. Ich habe schon entsetzliche Kämpfe zwischen Löwenmännchen beobachtet, sie endeten jedoch niemals mit dem Tod eines der Kontrahenten. Üblicherweise töten Löwen ihren Widersacher, indem sie ihm den Schädel brechen, nachdem

sie ihn mit einem Biss in das Rückgrat gelähmt haben. Allerdings habe
ich auch schon gelähmte Löwen gesehen, die ihre unbrauchbar gewor-
denen Hinterläufe mühsam hinter sich herschleppten.

Die Bande im Land Cruiser war jetzt aufgekratzt und aufgeregt.
Auch ich war gespannt, obwohl ich über die Jahre schon oft Ähnliches
erlebt hatte. Ich versuchte, ihnen höflich beizubringen, dass sie leise
sprechen und sich langsam und vorsichtig bewegen sollten – und straf-
te gleich meine Worte Lügen, als ich selbst meine Kameraausrüstung
hochriss, rasch den Film überprüfte und das Objektiv wechselte.

»Tutajaribu mbele ya hawa, karibu na mti ile, iliyekufa. Nakumbu-
ka kuweka gari yetu kando kabiza kwa sababu ya jua, na fotos ya wa-
geni wetu.« Mit diesen Worten erklärte ich Ndiema, dass wir uns in
der Nähe eines toten Baums vor den Löwen postieren sollten, und ich
erinnerte ihn daran, den Wagen seitlich zu stellen, damit das Licht aus
einem für unsere Aufnahmen günstigen Winkel auf die Szenerie fiel.
Dann erklärte ich der Gruppe, dass die Kardinalsünde beim Fotografieren in freier Wildbahn darin bestehe, nicht nahe genug heranzuge-
hen. Außerdem seien Schnappschüsse und Verhaltensstudien allemal
besser als Portraitaufnahmen, und um das zu erreichen, müsse man
die Löwen Löwen sein lassen. Möglichst leise und behutsam gesellten
wir uns zu dem Rudel, nichts ragte aus den Wagenfenstern, und wir
selbst versuchten uns, so gut es ging, im Wageninneren zu verbergen.
Meine Gäste verhielten sich vorbildlich, vielleicht waren sie aber auch
nur zu verängstigt, um etwas anderes zu tun. Das Rudel befand sich
jetzt genau vor uns. Meine Leute würden früh genug wieder lockerer
werden, und bis dahin hätten uns dann auch die Löwen akzeptiert.
Wir mussten nur Geduld haben.

Die Weibchen ließen sich bald im Schatten eines Termitenhügels
nieder, gleich neben dem toten Baum und gleich neben uns. Die Jungen folgten ihren Müttern natürlich auf dem Fuße, legten sich aber
nicht einfach hin, das war eindeutig zu langweilig. Stattdessen warfen
sie sich auf die Erde und stöhnten und wimmerten dabei theatralisch,
wie Revolverhelden in einem billigen Western, die von einer Kugel getroffen waren. Kinder sind auf der ganzen Welt gleich, und auch diese
Jungen machten aus allem ein Spiel. Da in der unmittelbaren Umge-

bung kein Knochen zu finden war, musste ein Stecken als ultimatives Objekt der Begierde genügen, und damit war die Runde eröffnet. Um den Wagen herum, selbst unter ihm hindurch jagten sie den kleinen Löwen mit dem seltsam eckigen Kopf, der den Stecken zwischen seine Kiefer geklemmt hatte. Schließlich hatten sie ihn eingekreist, und er erlag der Überzahl; nach einem grimmigen kehligen Knurren, das tiefer war, als seine paar unschuldigen Monate vermuten ließen, musste er das Stückchen Holz an ein kleines Löwenmädchen abgeben, das viel schlanker und zarter war als er. Und schon war die zweite Runde eingeläutet.

Ein einzelnes Löwenjunges hatte sich nicht mit den anderen ins Getümmel gestürzt, sondern saß allein einen guten Meter vom Schwanz seiner Mutter entfernt und verfolgte das Spiel der anderen mit großen Augen und zusammengezogenen Brauen. Plötzlich zuckte der Schwanz des Weibchens, um die lästigen Fliegen zu vertreiben. Der kleine Löwe stellte die Ohren nach vorne und richtete sich auf seinen Pranken auf. Ein, zwei Sprünge, und er war an der Schwanzspitze angelangt und hieb mit all der Zielgenauigkeit, die er aufzubringen vermochte, gegen seine »Beute«. Die kleinen dicken Pranken beschrieben einen Bogen nach rechts und nach links – und erwischten nichts. Nach mehreren Versuchen landete er schließlich doch einen Treffer, nahm die Schwanzspitze ins Maul und biss zu. Das wiederum überraschte seine Mutter, die mit einem Zähnefletschen reagierte, sich umdrehte und nach dem kleinen Angreifer schlug. Der Stoß ließ ihn einen Purzelbaum rückwärts schlagen und in einen Graben rollen. Dort war er aus unserem Blickfeld verschwunden, aber wir hörten ihn deutlich jammern, und schließlich zog er sich wieder heraus und legte sich ins Gras, von wo aus er befremdet seine Mutter anstarrte.

Wieder schlug Mutters Schwanz gegen die Fliegen, und das Junge rappelte sich auf und schlich sich erneut heran. Nach vielen Versuchen hatte es endlich Erfolg und packte die Schwanzspitze mit den Zähnen. Ein weiteres Zähnefletschen, ein weiterer Hieb. Das Junge purzelte erneut in den Graben, aber dieses Mal war kein Jammern zu hören, stattdessen spitzten gleich darauf zwei Ohren mit schwarzen Enden über den Rand hervor. Nun kroch das Junge auf dem Bauch auf sein Ziel zu und verharrte still davor, nur darauf wartend, dass sich der Schwanz von neuem bewegte. Die nach hinten gelegten Ohren des Weibchens zeigten uns, dass es das Junge gehört hatte und wusste, dass es sich wieder näherte, aber es gab vor zu schlafen, während sich der kleine Räuber weiter anschlich.

Ein plötzlicher Schlag erschütterte unser Gefährt, als sich eines der geschmeidigen goldgelben Weibchen in den Schatten des Wagens warf und dabei gegen den Reifen stieß, bevor es zu Boden glitt. Nur wenige Minuten später kamen zwei Jungen zu ihr gelaufen und fingen an, an ihren Zitzen zu saugen, was sie sich ohne weiteres gefallen ließ, auch wenn die beiden möglicherweise gar nicht aus ihrem Wurf stammten. Das ist innerhalb eines Rudels üblich.

Eines der alten Männchen setzte sich vorsichtig und wachsam mit hoch erhobenem Haupt. Als es sich in das fleckige Gras sinken ließ, war es plötzlich fast verschwunden, nur mehr seine dunklen Augen und Ohrspitzen waren zu sehen. Eines der Kleinen gesellte sich zu ihm. Das schien mir keine besonders gute Idee zu sein, und ich bedeutete meinen Leuten, dass sie ihre Kameras schon einmal auf den großen Löwen richten sollten. Der sah zu, wie das Kleine unbeholfen durch das kurze Gras angeschlichen kam, nach jedem Meter innehielt, um sich aufzurichten und die Lage zu sondieren, und sich dann sofort wieder mit tödlichem Ernst flach auf den Boden duckte. Der Alte drehte sich nicht einmal um, hob aber fast unmerklich den Kopf und riss weit das majestätische Maul mit den gelben, abgenutzten Zähnen auf. Seine Augen schwenkten nach rechts, von wo sich der zwei Monate alte Angreifer stolpernd näherte. Aus der enormen Entfernung von gut einem Meter setzte das Junge schließlich zum Angriff auf die Kehle des zweihundert Kilo schweren Männchens an. Zu unserer großen Überraschung brach das riesige Männchen unter diesem Angriff und dem Gewicht des zehn Pfund schweren Killers zusammen und fiel mit einem lauten Brüllen um, wobei es das Junge mit sich riss. Den Kleinen konnte das Getöse nicht im Mindesten schrecken. Er war sich seiner Beute von Anfang an sicher gewesen, und so kletterte er jetzt auf den Rücken des riesenhaften Männchens, versenkte seine spitzen kleinen Zähne in dessen Nacken und schüttelte ihn mit all seiner Kraft, was zugegebenermaßen nicht besonders viel war. Der Alte stöhnte, ruderte mit den Pranken ein wenig in der Luft herum und »starb«. Sofort ließ das Junge von ihm ab und machte sich auf die Suche nach der nächsten Beute, während sich der alte Löwe erhob und seine Wache fortsetzte, als sei nichts gewesen.

Und so vergingen die Stunden. Mir ging der Gedanke nicht aus dem Kopf, dass dieser stämmige kleine Kerl eines Tages genauso werden würde wie der Löwe, den er gerade »erlegt« hatte. Bis es so weit war, lagen jedoch noch Monate vergnüglichen Spiels vor ihm, und daran hätte nicht zuletzt auch ich meinen Spaß.

Mungai, der Cheffahrer, arbeitet schon seit fünfzehn Jahren für das Lewa Downs Wildlife Conservancy und kennt das Gebiet wie seine Westentasche. Es war Mungai, der mich mit Gilbert bekannt machte. Wie die meisten Elefantenbullen führte Gilbert eine meist einsame Existenz fern von den anderen Elefanten. Nur gelegentlich schloss er sich einer Herde an, solange die weiblichen Mitglieder paarungsbereit waren, machte sich aber nach vollzogener Paarung wieder davon. Er war nach dem gleichnamigen Hurrikan auf den Namen Gilbert getauft worden, weil er ungefähr zur gleichen Zeit in Lewa aufgetaucht war, als dieser die Ostküste Floridas verwüstet hatte; Gilberts Zerstörungswut beschränkte sich allerdings auf die Vegetation. Aus unerfindlichen Gründen suchte er die Gesellschaft des Menschen. Aber all seine Freundlichkeit nutzte ihm nichts; das Schicksal dieses riesigen Elefanten mit dem verräterischen tellergroßen Loch im linken Ohr ist gleichzeitig die mahnende Geschichte über die Zukunft der freien wild lebenden Tiere Ostafrikas. In den mehr als zwanzig Jahren, seit ich bei Mike und Judy Rainy meine Studien in Afrika aufnahm, hat sich die Lage entscheidend gewandelt, und ich glaube, sie wird in den nächsten zwanzig Jahren eine noch dramatischere Veränderung erfahren, wenn der Druck, den die Menschen auf die Natur ausüben, durch das stete und rasante Bevölkerungswachstum weiter zunimmt.

Meine Kunden sind immer wieder überrascht, wenn sie erfahren, dass mehr als siebzig Prozent der Tiere in der freien Wildbahn Kenias

außerhalb der Nationalparks und Reservate leben, in unmittelbarer
Nachbarschaft mit den neunundzwanzig Millionen Menschen, die im
Jahr 2000 über ein durchschnittliches Jahreseinkommen von dreihun-
dertzehn Dollar pro Kopf verfügten. Nur zehn Prozent des kenianischen Landes sind landwirtschaftlich nutzbar; die anderen neunzig
Prozent eignen sich allerdings für die meisten Tiere kaum besser als
für den Getreideanbau. Wie eine Schlinge, die sich immer enger zu-
zieht, legen sich die Siedlungen der Menschen um die natürlichen Lebensräume der Tiere. Heute leben in Kenia mehr Leoparden und Löwen als je zuvor, aber das wird nicht so bleiben. Das Territorium eines
einzigen Leoparden umfasst sechsunddreißig Quadratkilometer, und
er muss es aus einem ungefähr vier Mal so großen Gebiet auswählen
können. Der natürliche Lebensraum der Tiere schrumpft immer weiter, und das Zusammenleben von Mensch und Tier funktioniert deshalb nicht besser. Für einen Massai- und Samburu-Hirten hat es nichts
Romantisches, wenn ein Löwe eine seiner wertvollen Kühe reißt.
Schlagen Sie in einer x-beliebigen Woche in Nairobi eine Zeitung auf,
und Sie werden von irgendeinem Farmer lesen, dessen gesamte Getrei-
deernte innerhalb weniger Stunden von einer Hand voll Elefanten zerstört wurde. Die Menschen aus den westlichen Industrienationen können sich den Luxus erlauben, die freie Wildbahn zu romantisieren, der
durchschnittliche Ostafrikaner kann das nicht.

Ich bin überzeugt davon, dass in Kenia von den natürlichen Lebens-
räumen der wild lebenden Tiere in wenigen Jahrzehnten nur noch ein
paar Oasen in den Nationalparks und privaten Wildreservaten übrig
geblieben sein werden. Solche Oasen stellen keine heile Welt dar. In einem begrenzten Raum, und sei er auch so groß wie das nahe der Küste gelegene Tsavo, kann der Kenya Wildlife Service (KWS) die Dinge
nicht einfach laufen lassen. Die Elefanten würden sämtliche Pflanzen
mit Stumpf und Stiel wegfressen und eine unfruchtbare Wüste zurücklassen. Genauso müssten die Belastungen, die vom Tourismus ausgehen, kontrolliert werden. Als ich vor zwanzig Jahren angefangen habe,
als Safariführer zu arbeiten, konnten wir überall in den Parks unsere
Zelte aufschlagen, aber das ist schon lange nicht mehr so. Mittlerweile sind wir auf fest eingerichtete Campingplätze beschränkt.

Auch die etwa zwanzig Wildreservate, die sich in privater Hand befinden, sind keine natürlichen Territorien mit natürlichen Grenzen. Sie sind fast immer von elektrischen Zäunen umgeben. Die Eigentümer siedeln in großen Mengen Elefanten, Leoparden, Geparde, Zebras und Giraffen an und müssen dann einige dieser Tiere wieder wegbringen, wenn das Räuber-Beute- oder Räuber-Räuber-Verhältnis aus dem Gleichgewicht gerät. Wie andere Eigentümer solcher Reservate arbeitet auch die Familie Craig, die das vierundzwanzig Quadratkilometer große Lewa Downs besitzt, eng mit dem Kenya Wildlife Service und zahlreichen benachbarten Dörfern zusammen, um die Pläne zur Verbesserung der Lebensbedingungen in den Dörfern und zum Erhalt der Tierwelt in die Tat umzusetzen; diese Projekte sind unter dem Namen »group ranch« bekannt.

In diese kleine Welt trat nun jedenfalls ein gewisser Elefant namens Gilbert. Zunächst tolerierte er kaum ein Fahrzeug in seiner Nähe, aber nach einiger Zeit war er bereits so weit, dass er einem den Weg ersparte, wenn er hörte, dass sich langsam ein Wagen näherte, und sich selbst herbemühte. Elefanten haben eine sehr komplexe und feine Vokalisation, und daher überraschte es mich nicht, dass Gilbert antwortete, wenn ich oder Mungai oder Will Craig seinen Namen riefen. Meine Safarigäste dagegen waren ziemlich überrascht. Ich glaube nicht, dass der Elefant die Worte verstand, so wie auch ein Hund wahrscheinlich die Worte nicht versteht, die man zu ihm sagt, aber er wusste, dass man mit ihm sprach. Ohne zu zögern, kam er zum Wagen – und damit meine ich, dass er sich direkt an die Seite des offenen Fahrzeugs stellte. Diese extreme Nähe hatte für uns kümmerliche, in einen Land Cruiser gequetschte menschliche Wesen etwas sehr Einschüchterndes; und das umso mehr, wenn die Safariteilnehmer gerade erst in Kenia angekommen waren. Elefanten sind zwar von Natur aus friedliche Tiere, aber sie bringen immerhin fünf oder sechs Tonnen auf die Waage, von denen jede enorme Kraft und potenzielle Zerstörung bedeutet. So saßen die Leute meistens wie festgefroren da und starrten auf eines der massigen Elefantenbeine, das in einer Entfernung von gerade mal anderthalb Metern vor uns aufragte. Es mündete in einen dicken, tief hängenden Bauch und einen massigen Brustkasten. Darüber waren,

vom blauen Himmel umrahmt, zwei mächtige, wenn auch kurze Stoßzähne und die wirklich riesigen, Schatten spendenden Ohren, deren
linkes ebenjenes auffällige Erkennungszeichen aufwies.

Gilbert stand neben dem Wagen und tat so, als würde er fressen oder
mit einem Ast oder Busch spielen, um sich die Zeit zu vertreiben, während er sich bestaunen ließ. Die meisten meiner Safarigäste hatten zunächst zu viel Angst, um sich in seiner Nähe frei zu bewegen und zu
fotografieren, aber während des zwei- bis dreitägigen Aufenthalts in
Lewa wurden sie immer lockerer. Dann machten sie Fotos von Gilbert und sprachen sogar mit ihm, wobei sie seine unglaublich tiefe,
dröhnende Stimme nachahmten. Ich erinnere mich an eine Gruppe,
die gerade erst das Flugzeug verlassen hatte und sich plötzlich diesem
Elefanten gegenübersah. Ich griff mir eine ihrer Kameras, schlüpfte
vorsichtig auf der Gilbert abgewandten Seite aus dem Wagen und
machte aus ein paar Meter Entfernung ein Foto der Gruppe, als sie
sich für einen Moment von Gilbert wegdrehte und alle in die Kamera
lächelten – den gesamten Hintergrund füllte Gilberts imposanter
grauer Leib aus. Dieses Foto diente den Familien, die damals an der
Safari teilnahmen, zum nächsten Weihnachten als Karte für ihre Grüße und Segenswünsche.

Anders als ich war Gilbert nie unfreundlich zu jemandem oder tat
etwas, das er im Nachhinein bereuen musste. Er verhielt sich Menschen
gegenüber immer wie ein Gentleman, was man von seinem Verhalten
gegenüber Bäumen nicht unbedingt sagen konnte. Ein oder anderthalb Jahre, nachdem Gilbert in Lewa aufgetaucht war, schloss er sich
drei anderen Elefantenbullen an, und die vier hinterließen an den Bäumen, die ihren Weg säumten, eine Spur der Verwüstung. Es war bald
klar, dass etwas geschehen musste, und man sprach beunruhigender-
weise davon, Gilbert umzusiedeln oder sogar zu erschießen. Aber damals schützte ihn sein Naturell. Er gehörte mittlerweile ganz einfach
zu Lewa Downs, und ständig fragte jemand nach ihm oder erzählte
anderen von seinem ganz persönlichen »Gilbert-Erlebnis«.

Es wäre für die Craigs ein Ding der Unmöglichkeit gewesen, einen
so guten alten Freund, einen solchen Botschafter des gegenseitigen
Vertrauens zu erschießen. Man beschloss also, die drei anderen Ele-

fanten zu betäuben und in einen Nationalpark zu bringen, in dem sie mehr Platz zum Herumwandern hätten und nicht so große Zerstörung auf kleinem Raum anrichten könnten. Der Plan wurde mit größtmöglicher Behutsamkeit ausgeführt, um die drei Tiere nicht unnötigem Stress auszusetzen, aber niemand hatte mit den Folgen gerechnet, die das Ganze für Gilbert haben sollte. Ohne seine alten Kumpane schien er verloren. Er fing an, weite Strecken zu wandern, vielleicht getrieben von der Sehnsucht nach ihnen. Lewa Downs ist rundum von Zäunen umgeben bis auf eine sieben Meter breite Öffnung auf der westlichen Seite, wo eine niedrige Felsmauer Elefanten und anderen Tieren einen Durchschlupf lässt. Viele Elefanten nutzen diese Möglichkeit, weil sie in der Regenzeit den sandigen Boden von Samburu der schlammigen schwarzen Erde von Lewa vorziehen. Vielleicht war Gilbert nach Samburu oder Buffalo Springs im Norden gezogen, wo eine größere Zahl von Elefanten umherwanderte. Ich hielt jeden Monat, wenn ich ein paar Tage in diesen Nationalparks verbrachte, nach ihm Ausschau, hatte aber kein Glück.

Sechs Monate nach seinem Verschwinden wurde Gilbert eines Tages oder Nachts in dem ungeschützten Gebiet, das Lewa Downs mit dem Samburu-Reservat verbindet, getötet. Er war wahrscheinlich von einem Einheimischen mit einem Speer oder einer Kugel erlegt worden, allerdings nicht wegen seiner Stoßzähne, die trotz seines mächtigen Körpers alles andere als beeindruckend waren. Seine Freunde vermuteten, dass er einen Menschen gesehen, gehört oder gerochen hatte und in all seiner Grandezza angeschlendert kam. Der Mörder kannte Gilbert und sein freundliches Wesen wohl nicht und brachte ihn aus Angst und um sich zu verteidigen um. Gilbert war einfach zur falschen Zeit am falschen Ort gewesen. Man fand seinen massigen Leib in einer seltsamen Verrenkung hingestreckt. Ich habe ein Bild vor mir, wie sein großes linkes Ohr wie eine faltige graue Decke ausgebreitet auf dem Boden liegt, und bin froh, dass ich das nicht sehen musste. Selbst in Afrika scheinen die Menschen ihre Besitzansprüche auf das Land nicht teilen zu können.

In der Gegend von Lewa Downs hatte Gilbert eine gewisse lokale Berühmtheit erlangt. Eine Leopardin namens Half-tail aus der Massai Mara wurde dagegen weltberühmt und zum vielleicht meistfotografierten und -beobachteten Leoparden aller Zeiten, aber auch dieses Tier musste den Preis für seine symbiotische Beziehung zu den Menschen zahlen.

Half-tail erhielt ihren Namen, als sie sich nach einer allzu heftigen Begegnung mit einer Horde gereizter Paviane ohne Schwanzende wieder fand. (Kein Tier würde sich aus freien Stücken einer solchen Begegnung stellen. Paviane sind sehr stark und werden, wenn sie sich in die Enge getrieben fühlen, bösartig. Kein Raubtier ist für eine große Gruppe von Männchen ein ernst zu nehmender Gegner. Half-tail konnte also froh sein, nicht mehr als nur einen Teil ihres Schwanzes verloren zu haben.) Erstaunlicherweise hatte das durch die Paviane erlittene Trauma keinen Einfluss auf ihr Verhalten gegenüber deren nahen Verwandten, den Menschen. Sie zeigte Menschen gegenüber eine unglaubliche Geduld und war kein bisschen schüchtern. Wenn ich mit anderen Führern in Nairobi zusammentraf, war immer zumindest einer dabei, der sich nach dem Tun und Treiben von Half-tail erkundigte. Und als ich einmal in Vancouver in British Columbia eine Diashow vor fünfhundert Leuten hielt, fragte jemand, ob der Leopard mit dem fehlenden Schwanzstück in der Massai Mara noch am Leben sei und ob es ihm gut ginge.

Ich lernte diese Leopardin noch vor ihrem verhängnisvollen Zusammentreffen mit den Pavianen kennen. Auf die Bitte meiner erschöpften Safarigruppe hin war ich eines Nachmittags allein zu einer Wildbeobachtungstour aufgebrochen. Als ich nach einer halbstündigen Fahrt an einer Kuppe aus Basaltgestein vorbeikam, sah ich eine Leopardin, die unbekümmert auf dem zerklüfteten Felsen auf und ab lief. Ich stellte den Motor aus und ließ den Wagen im Leerlauf bis zum Fuß des Felsens rollen, während ich gleichzeitig meine Kamera hervorholte. Die Leopardin ignorierte mich. Am Felsen angekommen, streckte ich langsam meinen Kopf durch die Dachluke und legte meine Jacke unter das Teleobjektiv meiner Kamera. Noch immer würdigte sie mich keines Blickes. Offensichtlich war sie auf der Jagd nach etwas, das sich zwischen den schwarzen Felsen verbarg. Kopf und Schultern der Leopardin verschwanden in einer Felsspalte, tauchten wieder auf, und dann lief sie zur nächsten Spalte. Manchmal verschwand sie ganz aus meinem Blickfeld. Und noch immer ignorierte sie mich. Schließlich legte sie sich hin und putzte sich mit einer solchen Hingabe, wie sie nur Katzen aufbringen.

Als ich abends mit den anderen am Lagerfeuer saß, erzählte ich ihnen begeistert von der Leopardin und ihrer offenkundigen Gelassenheit angesichts meiner Gegenwart, und dieser Bericht machte alle so neugierig, wie ich gehofft hatte. Um sechs Uhr am nächsten Morgen warteten wir, noch schläfrig, aber trotz des im späten August unüblichen Regens ganz gut gelaunt und mit Decken und Kaffee ausgerüstet darauf, dass die Dämmerung über dem Fels anbrach. Als schließlich das erste Licht auf die Landschaft fiel, war weit und breit nichts von einem Leoparden zu sehen. Wir stimmten ab und beschlossen, noch bis halb elf zu warten und dann zu einem späten Frühstück ins Camp zurückzukehren.

Um halb elf hörte ich einen Schabrackenschakal von der nördlich der Felskuppe gelegenen Ebene her mehrmals hintereinander bellen. Das sei ein gutes Zeichen, versicherte ich meiner Gruppe, da Schakale diesen Warnruf normalerweise nur von sich geben würden, wenn ein Leopard oder Gepard in der Nähe sei. Wir öffneten die tropfenden Dachluken, streckten die Köpfe in die dünne graue Luft und warteten. Jetzt kam das Bellen von rechts hinter uns und wurde mit dem Näherkommen des Schakals ständig lauter. Und als sei es die normalste Sache der Welt, spazierte schon die Leopardin aus dem Gestrüpp, umrundete das Heck unseres Wagens und schlenderte mit ihren rollenden Schultern und geschmeidigen Pfoten an uns vorbei, um dann mit einem Satz auf die Felsen zu springen.

Sie setzte die Suche fort, bei der ich sie schon am vorhergehenden Abend beobachtet hatte, und schaute in jeden Spalt und in jede Höhle. Endlich brach der Himmel im Osten auf, und die Sonne tauchte die ganze Felsformation in gleißendes Licht. Die Leopardin sprang auf einen breiten grasüberwachsenen Vorsprung und gab eine Reihe von leisen Seufzern von sich. Einen Meter vor ihr war plötzlich eine Bewegung auszumachen, und wie durch Zauberhand hervorgeholt, stolperte unbeholfen ein winziges Leopardenjunges ins helle Tageslicht. In Sorge, dass es gleich wieder in dem Spalt verschwinden würde, stießen wir uns gegenseitig an und versuchten uns auf das Kleine aufmerksam zu machen, ohne uns dabei zu bewegen – was schlecht möglich war. Aber der kleine Leopard stolperte weiter, die Augen zum Schutz gegen das helle Sonnenlicht fast ganz geschlossen. Dann tauchte ein zweites Junges auf, und wieder machten wir umständliche Verrenkungen, um uns darauf hinzuweisen. Die Mutter rührte sich nicht vom Fleck, sondern wartete, bis die beiden zu ihr gekrochen waren, und leckte sie dann abwechselnd ab.

Es hatte uns schier die Sprache verschlagen, was uns nun aber nicht davon abhielt, in eilige Betriebsamkeit auszubrechen. Der Motor meiner Kamera lief heiß, während ich hektisch ein Foto nach dem anderen von den Jungen schoss. Wir waren an diesem Morgen wirklich vom Glück begünstigt, und die Geduld meiner Gäste hatte sich ausgezahlt. Es ging schon gegen Mittag, als die Leopardenmutter die beiden gescheckten Fellbälle in eine breite Felsspalte führte und mit dem Schwanz ins Dunkle dirigierte. Sofort fingen wir alle gleichzeitig an zu sprechen. Für mich war dies der Beginn einer lang andauernden Freundschaft. Wie viele andere Führer, Fahrer und Safarigäste sah ich die beiden Jungen gedeihen und selbstständig werden. Beide wuchsen in der ständigen Gegenwart von Safarifahrzeugen auf, aber sie nahmen es gelassen hin und erlaubten uns, ihnen nahe zu kommen, so wie es schon ihre Mutter getan hatte.

Und dann endete die lange Freundschaft mit dem männlichen Jungen. Eines Tages entdeckte eine Gruppe aus einem der Camps das junge, aber schon erwachsene Männchen auf einem Baum, wo es den Nachmittag verschlief. Nachdem die anderen Fahrer schnell über Funk informiert worden waren, umringte bald eine ganze Schar von Autos den Baum. Das lockte auch ein paar vorbeiziehende Löwen an. Wahrscheinlich wussten sie aus Erfahrung, dass eine solche Ansammlung von Autos auf potenzielle Beute in der Nähe hindeutete, vielleicht war es aber auch nur die für Katzen typische Neugier, die das Rudel anzog. Wie dem auch sei, jedenfalls entdeckten sie den Leoparden.

Kein Löwe lässt sich die Gelegenheit entgehen, einen Leoparden anzugreifen. Löwen und Leoparden sind Todfeinde. Das Rudel fing an, knurrend unter dem Baum zu streichen. Der Leopard wurde immer nervöser. Und irgendwann konnte er wohl die Spannung nicht mehr ertragen und sprang herunter. Praktisch im selben Augenblick wurde er von dem Rudel angegriffen und getötet. Was für ein Schauspiel für die Touristen in ihren Geländewagen. Ich war nicht dabei, aber die Vorstellung dessen, was dort geschehen war, schmerzte mich.

Das weibliche Junge blieb noch zwei Jahre im Revier seiner Mutter und suchte sich dann in einem angrenzenden Gebiet sein eigenes. Nicht lange darauf starb Half-tail, und zwar unmittelbar durch Menschenhand. Was genau passierte, weiß man nicht, aber offensichtlich riss die Leopardin eines Nachmittags eine Ziege der Massai, und das war Grund genug für die Hirten, sie zu töten. Ich bezweifle, dass diese Jagd großen Mut oder viel Geschick erforderte, wenn man bedenkt, wie viel Vertrauen das Leopardenweibchen Menschen entgegenbrachte. Um einer Ziege willen wurde Half-tail mit einem Speer durchbohrt.

Möchten Sie für hundert Dollar am Tag mit dem Wagen überallhin kutschiert werden? Stehen Ihnen zehn Tage zur Verfügung, in denen Sie mindestens sechs verschiedene Wildreservate besuchen wollen? Vielleicht haben Sie aber auch achtzehn gute Freunde aus Ihrem Fußballverein für diese Reise zusammengetrommelt? Dann bin ich wahrscheinlich nicht Ihr Mann. Meine üblichen Safarigruppen setzen sich aus vier, fünf oder auch sechs Leuten zusammen, die sechzehn Tage lang im Land bleiben und nicht mehr als drei, höchstens vier Orte aufsuchen wollen. Ich fliege sie in meiner Cessna zu den Gästehäusern in den privaten Wildreservaten und innerhalb der Parks in meine eigenen mobilen Camps, wie wir sie hier nennen. Einige dieser Campplätze befinden sich in der offenen Savanne, andere im tiefen Wald, aber alle sind himmlisch. Eines meiner liebsten Camps in der Serengeti Tansanias liegt in der offenen Ebene, bietet aber unter den filigranen Zweigen der Schirmakazien ausreichend Schatten. Der Blick über den Ndutu-See, die Gnuherden, die von Zeit zu Zeit die Erde unter ihren donnernden Hufen zum Erbeben bringen, die Rufe der Hyänen und das Brüllen der Löwen, von denen die Nächte widerhallen – all das macht dieses Camp in der Serengeti zu einem außergewöhnlichen Ort. Das einhundertsechzig Kilometer weiter nördlich in der Massai Mara gelegene Camp ist von ganz anderer Art; es liegt versteckt in einem dichten Hain von Olivenbäumen und Kroton. In der Nähe fließt der Mara, aber er ist im Tal unter unserem Privatwald verborgen. Dieses Camp hat einen ganz eigenen Zauber, der von dem dichten, dunklen Pflanzenwall, der es von drei Seiten umgibt, herrührt.

Die erste Zeit, in der ich mit Freunden und deren Freunden auf Safari ging, schliefen wir dort, wo es sich gerade ergab; im Großen und Ganzen war es uns egal. Aber die Ansprüche meiner Gäste, die aus den Vereinigten Staaten kommen und oft ihre Familien oder Freunde mitbringen, die sie erst zu einer solchen Reise überreden mussten, sind höher – wesentlich höher. Ich habe ja schon erzählt, dass ich eine Safari gerne langsam und dafür intensiver angehe. Dabei ist der Komfort, den wir heute bieten können, ein ungeheurer Vorteil. Meine Gäste kommen wegen der wilden Tiere nach Afrika und weil sie erfahren wollen, wie es ist, sich in diesem ursprünglichen Lebensraum zu bewegen, aber wenn ich ihnen »daheim« im Camp alle Annehmlichkeiten bieten kann, lassen sie sich eher darauf ein, zehn Stunden zu warten, dass dieser eine Gepard endlich mit der Jagd beginnt. Ich unterrichte wirklich gerne, ich lebe dafür. Und wenn ich mehr Komfort biete, ernte ich auf mysteriöse Weise auch mehr Vertrauen bei dem, was ich vermitteln möchte.

Auch wenn ich keine Lust habe, einen ganzen Fußballclub zu führen, bin ich doch bereit, mich der Herausforderung durch zwei Familien mit vier gelangweilten Teenagern zu stellen, die schon die ganze Welt zu kennen glauben. Ich habe ein prima Flugzeug, einen großen Geländewagen, ich habe dieses wunderbare Camp im absoluten Niemandsland, und ich kann sie vielleicht so nah an einen Elefanten oder Büffel heranbringen, dass ihnen die Haare zu Berge stehen und sie feststellen: »Hoppla, vielleicht kenne ich ja doch noch nicht alles. Vielleicht kann ich ja hier noch was lernen.«

Genau so war es mit der Familie von Bernard und Vicki DeWulf aus Georgia. Mit ihren reifen elf Jahren war Cappucine das älteste von drei Kindern, ein aufgewecktes und fröhliches Mädchen, das sich für alles und jeden um sich herum begeistern konnte. Erstaunlicherweise erstreckte sich diese Begeisterung sogar auf ihre jüngeren Brüder, und oft bekundete sie mir oder meinen Leuten gegenüber, wie toll die beiden doch seien, wie schlau, wie klug. Das war etwas vollkommen Neues für mich – ich war in einem Haus aufgewachsen, in dem die Geschwister in einem ständigen Wettstreit miteinander lagen. Dean war ein Jahr jünger als Cappucine, ein kleiner, ernster Junge, der für sein zartes Alter bereits ein hohes Maß an Verantwortung übernommen hatte, wozu auch das Wohlergehen seiner Schwester Cap und des ihn anhimmelnden jüngsten Bruders James gehörte.

Kinder haben ein natürliches Vertrauen. Normalerweise tun sie, worum man sie bittet, und normalerweise wollen sie gut und nett sein und geliebt werden. Das bringt mich auf einer Safari in eine wunderbare, oft aber auch schwierige Lage. Ein kleines Mädchen hat keine Angst, dass das Wasser mit E. coli verseucht sein könnte. Ein Junge überlegt sich nicht lange, was noch in dem Matsch sein könnte, in dem er unbedingt herumwaten möchte. Ich muss sie beschützen, aber sie sollen auch keine Angst haben. Ich kann mir ihre Freude zunutze machen. Wenn ich will, dass die Eltern auf das Dach des Wagens kommen, um die Morgenluft zu spüren und den Geruch eines Elefanten oder Büffels zu riechen, an dem wir vorbeifahren, schnappe ich mir einfach das nächste Kind und nehme es mit aufs Dach. Meist dauert es nicht lange, und einer der Eltern steckt den Kopf durch die Dachluke, weil er dieses Erlebnis mit seinem Kind teilen möchte.

Wenn ich mich recht erinnere, war es Dean, auf den die schwere, nasse Erde in der Nähe einer Quelle in dem Wäldchen gelbrindiger Akazien entlang der Straße von Lewa Downs einen unwiderstehlichen Reiz ausübte. Ich versicherte mich mit einem Blick, dass keine Elefanten in der Nähe waren – andere Tiere würden sich zu dieser Tageszeit hier so und so nicht aufhalten –, dann hielt ich den Wagen an und ließ Dean rausspringen. Bernard und Vicki sahen mich fragend an, aber keiner von beiden sagte etwas. Hier konnten die Kinder ungefährdet spielen, und sie würden ein größeres Gefühl der Sicherheit gewinnen, wenn sie in dem schwarzen Schlamm herumtollten, in einer Umgebung, in der wir schon Nashörner, Elefanten und Giraffen gesehen hatten. Und schon sprangen die Jungen mitten hinein in die schwarze, klebrige, unergründliche Masse. Cappucine, ganz Dame, hatte es zunächst nicht sehr eilig, ihnen zu folgen, aber da ihre Brüder offensichtlich so viel Spaß hatten, konnte auch sie nicht lange widerstehen und wühlte bald ihre Zehen in den Matsch. Bernard, Vicki und ich setzten uns unter eine große Akazie und sahen ihnen zu. Nicht lange, und der nachmittägliche Ausflug zu den wilden Tieren war vergessen. Kinder sind nun mal Kinder, und Afrika ist Afrika, und das schien die angemessene Art zu sein, seine Zeit zu verbringen. Bis zum Ende der Safari sollten wir noch gefährliche Raubtiere sehen und aufregende Begegnungen mit riesigen Tieren haben, unter anderem mit einem angreifenden Büffel, aber bis zum heutigen Tage erinnern wir uns alle noch an das Schlammloch, das Dean neben der staubigen Straße entdeckt hatte.

Von Lewa aus flogen wir in die Massai Mara zu meinem Privatcamp, das versteckt in einem Olivenhain lag und von unzähligen Tieren und allen möglichen Attraktionen umgeben war. Ohne auch nur einen Augenblick zu zögern, ging ich mit Cappucine die Wette ein, dass wir im Laufe eines Tages die fünf bedeutendsten Raubtiere in der Massai Mara aufspüren würden. Nicht die großen Fünf unter dem Großwild – Leoparden, Löwen, Elefanten, Nashörner und Büffel –, sondern die fünf wichtigsten Räuber: Leoparden, Löwen, Geparde, Hyänen und Wildhunde. Löwen, Geparde und Hyänen waren nicht allzu schwer zu finden, das wusste ich, aber Leoparden und wilde Hunde zu entdecken war nicht leicht und würde ein gewisses Maß an Glück erfordern. Wenn ich die Wette verlöre, sagte Cappucine, müsse ich meine Haare einen Tag lang zu Zöpfen zusammenbinden. Wenn ich dagegen gewänne, müsse sie mit mir zusammen eine Nacht lang draußen anstatt im Zelt schlafen. Die Sache war abgemacht, und der besagte Tag kam. Bis um halb zwölf hatten wir uns schon mit Löwen und Hyänen vergnügt, die für mich, da sie territorial gebunden Tiere sind, relativ leicht zu finden waren. Auf dem Weg zurück ins Camp lief uns dann noch durch puren Zufall ein Leopard über den Weg, als er vor unserem Wagen über die Piste schoss, um von einem Waldstück in ein anderes zu kommen. Drei hatten wir also schon, fehlten noch zwei. Ich grinste Cappucine an.

Wie üblich nahmen wir um vier Uhr nachmittags Tee und Kuchen zu uns, und eine halbe Stunde später quetschten wir uns wieder durch die Dachluken des Wagens. Eine Fahrt nach Süden in den Hauptteil des Parks brachte mir eine Gepardin mit ihren Jungen ein, und mit ihnen vertrödelten wir den größten Teil der Zeit, die uns das Tageslicht noch ließ. Jetzt fehlte nur noch ein Tier. Unbarmherzig zog ich Cap auf und malte ihr in allen Einzelheiten aus, wie es sei, wenn man draußen schliefe. Sie zahlte es mir mit gleicher Münze heim und erklärte, dass sie ein Foto von mir mit Zöpfen machen und an alle mir bekannten Safariführer in Kenia schicken würde, um ihnen zu zeigen, wie ich wirklich aussähe. Die Eltern schlugen sich auf meine Seite und warnten Cappucine, jetzt sei sie bald fällig und solle sich schon mal auf eine Nacht im Freien einrichten. Cappucine selbst machte sich keine Sorgen und war zuversichtlich, als wir uns auf den Weg zurück ins Camp machten. Wir wussten beide, dass uns noch ein Afrikanischer Wildhund fehlte.

Wir ließen den Hügelkamm hinter uns und wandten uns nach Westen in Richtung unserer gemütlichen Zeltbehausung. Als ich einen Blick zurück auf die Hochebene warf, bemerkte ich eine seltsame Silhouette unter einer weit entfernten Akazie. Wir waren schon ein gutes Stück weitergefahren, als ich plötzlich beschloss, umzukehren und mir das Ganze aus der Nähe anzusehen. Es konnte eine Familie Schabrackenschakale sein, die gerade aus ihrer Höhle kam und sich für ihren nächtlichen Raubzug bereitmachte. Genauso gut konnten es aber auch Löffelhunde sein, die allerdings meines Wissens nach in dieser Gegend keine Höhlen hatten. Oder es waren Wildhunde.

Mit einem Aufschrei ließ sich Cappucine durch die Dachluke auf ihren Sitz fallen, als sie die drei Wildhunde sah, die es sich auf einem Flecken Roten Hafergrases gemütlich gemacht hatten und sich gegenseitig ableckten. Ich kannte keine Gnade. »Du musst draußen schlafen. Du musst draußen schlafen«, sang ich vor mich hin.

»Nein, nein, ich nehm die Wette zurück. Ich nehm sie zurück«, sagte sie. »Ich mach alles, was du willst, aber zwing mich nicht, draußen
zu schlafen.«

Ich ließ mich nicht erweichen. »Abgemacht ist abgemacht. Heute
Nacht bist du fällig.«

Zu meiner Überraschung unterstützten mich Bernard und Vicki.
Ihre Tochter hatte eine Wette geschlossen, sie hatte verloren, und jetzt
musste sie ihr Wort halten. Cappucine krümmte sich auf ihrem Sitz
zusammen, die Arme um ihre Beine geschlungen. In dem Moment ergriff James das Wort und rettete uns allen den Tag. »Ich schlaf mit euch
da draußen«, sagte er. Dann erklärte Dean, dass er auch mitmachen
wolle, und das schien die Schwester zu beruhigen. Als wir ins Camp
zurückkamen, holten wir vier unsere Betten und Decken aus den Zelten und schleppten sie vierzig Meter weit ins offene Gelände, wo wir
sie nebeneinander aufstellten. Die Camp-Mitarbeiter dachten bestimmt, ich hätte nicht mehr alle Tassen im Schrank.

Nach dem Abendessen saßen wir alle noch um das Lagerfeuer, erschöpft von diesem Tag mit viel Sonne und Wind und all den aufre-
genden Dingen, die wir gesehen hatten. Ich nahm das Buch zur Hand,
aus dem ich den Kindern jeden Abend vorlas, und nach ein paar Seiten waren sie schon fast eingeschlafen, ihre Gesichter glühten sanft im
Licht des Feuers. Wir Erwachsenen tranken schweigend noch eine Tasse Kaffee, während das träge brennende Feuer einen Schleier aus Wärme und Licht über uns breitete und die fernen Rufe der nächtlichen
Räuber der Mara zu hören waren.

Da wir alle sehr müde waren, hatte ich entschieden, dass die Kinder genauso gut in einer der nächsten Nächte draußen schlafen könnten, aber als ich aufstand, erhob sich auch Cappucine und bat mich,
auf sie zu warten. James und Dean schlossen sich uns an, und gemeinsam machten wir uns auf den Weg zu unseren Betten und unserem
kleinen Abenteuer. Cappucine sagte, sie wolle in der Mitte liegen, also
nahm ich das erste und Dean das letzte Bett in der Reihe, und James
legte sich neben seine Schwester. Plötzlich tauchte Bernard mit seinem
Bett im Schlepptau auf und verkündete, dass er sich zu uns gesellen
wolle. Die Kinder waren begeistert und wiesen ihm den Platz am an-

deren Ende der Reihe neben Dean zu. Nun riefen alle zu dem Zelt hoch, in dem ihre Mutter war, dass auch sie zu ihnen unter die Sterne kommen solle, aber Vicki erklärte, keine zehn Pferde könnten sie nach da draußen bringen. Schließlich kehrte Ruhe ein, und es bestand eine gewisse Aussicht, doch noch ein Auge zuzubekommen, als wir plötzlich Vickis klagenden Ruf vernahmen: »Ich bin so allein hier drinnen. Will nicht mal einer kommen und mein Bett raustragen helfen?«

Bernard und ich standen auf, stapften durch das feuchte Gras, trugen Vickis Bett aus dem Zelt und stellten es in die lange Reihe neben das von Bernard. Nachdem wir noch eine Viertelstunde miteinander gequatscht hatten, zeigten mir die regelmäßigen Atemzüge, dass das erste der Kinder endlich eingeschlafen war.

Die Leute vom Camp konnten sich morgens ihr Grinsen nicht verkneifen, als sie die Reihe der im Gras stehenden Betten abliefen und Becher mit Kaffee und heißer Schokolade in die Hände drückten, die sich ihnen unter den von Tau schweren Decken entgegenstreckten. Vor uns lagen noch drei Tage, an denen ich mit meiner Gruppe Wanderungen machen, Picknicks im Busch veranstalten, am Fluss spielen und sogar Welse fangen konnte, die auf dem schlammigen Grund der Flussbecken zu finden waren. Auf einer unserer morgendlichen Fahrten entlang des Mara entdeckte Bernard etwas in einem Grünholzbaum verborgen, der links von uns vierhundert Meter weit entfernt auf einem Hügel stand. Weder unser Fahrer Nganga noch ich hatten eine Bewegung bemerkt, aber wir konnten sie ja auch übersehen haben, selbst wenn das in Ngangas Fall höchst unwahrscheinlich erschien. Er arbeitete nun schon seit einigen Jahren als Fahrer auf Safaris und war außerordentlich aufmerksam; seinen Kikuyu-Augen blieb nur wenig verborgen.

Aber Bernard hatte Recht, wir hatten etwas durchaus Bemerkenswertes übersehen. Wir waren noch etwa hundert Meter von den zwei dicht belaubten, zusammengewachsenen Grünholzbäumen entfernt, als sich der Umriss eines Leoparden abzuzeichnen begann. Wir näherten uns möglichst leise und konnten jetzt eine mittelgroße Katze ausmachen, die auf einem weit vorspringenden Ast, knapp auf halber Höhe des Stamms über ihrer Beute, eine Impala, kauerte. Nachdem auch alle Kinder das Tier entdeckt hatten, hielten wir unsere Kameras schussbereit und beobachteten die Szene.

Es waren vielleicht fünfzehn Minuten vergangen, als zu unserer Überraschung ein Leopardenjunges von etwa drei Monaten unter einem Krotonbusch hervorkroch und unbeholfen den Baum hinaufkletterte, wo es sich neben der Beute an seine Mutter schmiegte. In rascher Folge klickten unsere Kameras, und die Begeisterungsrufe der Kinder mischten sich mit dem Blitzlichtgewitter, als die beiden Raubkatzen zu fressen begannen, ohne sich von uns im Geringsten aus der Ruhe bringen zu lassen. Ein anderer Land Cruiser, der die Piste unten am Fluss entlangfuhr, stoppte und änderte abrupt seine Richtung, um sich zu uns zu gesellen. Das ist in den Nationalparks nichts Ungewöhnliches und kann dazu führen, dass sich ein Dutzend Autos um eine solche Szene drängt. Wir waren allerdings nicht besonders scharf darauf, »unsere Leoparden« zu teilen, und entwarfen daher schnell einen Plan, bevor die Eindringlinge bei uns ankamen.

»Habari zenu?«, grüßte uns der Fahrer des anderen Wagens. Wie geht's?

»Tuko sawa, asante. Na ninyi, inaendelaje?«, gab Nganga zurück. Uns geht's gut. Und wie steht es bei euch?

»Vizuri, lakini bado kuona kitu leo. Mmekuwa na bahati?«, sagte der Fahrer. Gut, aber wir haben heute noch nichts Aufregendes zu Gesicht bekommen. Hattet ihr mehr Glück?

»Hapana. Tunatafuta ndege tu«, antwortete Nganga. Nein, wir beobachten gerade ein paar Vögel.

Glücklicherweise verzichteten die Bleichgesichter darauf, sich von ihren Sitzen zu erheben und ihre Köpfe durch die Dachluken zu stecken, um dem Gespräch der Schwarzen zu folgen, und so blieben die Leoparden, die nicht einmal zehn Meter entfernt waren, von ihnen unbemerkt. Nachdem er sich bedankt hatte, wendete ihr Fahrer den Wagen, fuhr zum Fluss zurück und weiter gen Westen. Die DeWulfs konnten es kaum fassen, dass die andere Gruppe die beiden Raubkatzen nicht gesehen hatte, aber Nganga und mich überraschte das nicht weiter. Der durchschnittliche Besucher eines Wildparks sitzt, so traurig es auch ist, nur passiv im Wagen, bis der Fahrer anhält und ihn auf etwas aufmerksam macht. Daher hängt alles vom Fahrer ab, und wenn der Fahrer … nun ja, lassen wir das.

Bald darauf verließen die beiden Leoparden ihren Baum, die Mutter in langen, mühelosen Sätzen, das Junge dagegen rutschte, schlitterte und krallte sich, als ginge es um sein Leben, am Stamm fest; das letzte Stück ließ es sich fallen und landete nicht eben elegant mit einem Plumps im hohen Gras neben unserem Geländewagen. Wir waren mucksmäuschenstill, keiner rührte sich. Die Augen der Mutter wanderten langsam die ganze Länge des Wagens ab und schienen jedes Gesicht genau zu mustern. Das Junge saß währenddessen auf seinem wuscheligen kleinen Hinterteil neben ihr, neugierig wartend, was wohl als Nächstes geschehen würde. Die Leopardin legte sich hin und begann, sich zu putzen und die Reste des Frühstücks zu beseitigen; das Junge tat es ihr kurze Zeit nach, bis seine Neugier obsiegte und es beschloss, Jagd auf unser linkes Vorderrad zu machen. Vorsichtig setzte es eine Pfote vor die andere und schob sich schlangengleich durch das Gras, kam näher, immer näher, bis es dicht vor dem Reifen war. Dann streckte es sein kleines Gesicht so weit wie möglich nach vorne und das Hinterteil so weit wie nur möglich nach hinten und schnüffelte an dem schwarzen Gummi. Plötzlich rümpfte es seine Nase und sprang zurück in den Schutz der Mutter, wo es sogleich wieder ihre Körperpflege nachahmte.

Schließlich machten wir uns auf den Rückweg. Überraschenderweise rannten weder die Mutter noch das Junge in Deckung, als wir den Motor anließen und zurücksetzten. Sie hörten nur auf, sich zu putzen, und sahen uns freundlich dabei zu, wie wir uns von ihren Bäumen entfernten. Mittags fuhren wir wieder bei ihnen vorbei, und da waren sie noch immer, dieses Mal auf einem anderen Grünholzbaum, und schliefen offenbar so tief, dass sie nicht einmal den Kopf hoben, als wir näher kamen. Und auch am späten Nachmittag waren sie noch da, diesmal jedoch unser Kommen aufmerksam beobachtend. Nach wenigen Minuten kletterte das Junge vom Baum, an Ästen und Rinde nach Halt tastend, und ließ sich in das Grün am Fuß des Stammes fallen. Sekunden später hob sich sein geflecktes Kopf aus dem hohen Roten Hafergras, und es lief vorsichtig auf unseren grünen Wagen zu, während seine Mutter im Baum sitzen blieb und das Ganze beobachtete.

Wir drängten uns auf die linke Seite des Geländewagens und drückten die Nasen gegen die Fenster, von denen aus der kleine Leopard zu sehen war. Er saß weniger als drei Meter entfernt im Gras und blickte zu uns hoch, einen entwaffnend fragenden Ausdruck auf seinem niedlichen Gesicht. Offensichtlich hatten wir auf unserer Safari einen neuen und neugierigen Freund gewonnen.

In den darauf folgenden Tagen sahen wir Löwen und Geparde und fuhren zum Viktoriasee, wo James einen Fisch fing, der vier Pfund schwerer war als er selbst, aber das Wichtigste blieb doch, unsere Leoparden zu besuchen – die gemeinsame Zeit mit ihnen hatte gegenüber allem anderen Vorrang. Diesen Besuchen passten wir unseren gesamten Tagesablauf, einschließlich der Abfahrt vom Camp und der Rückkehr, an, und sogar die Leopardenmutter und das Junge schienen sich darauf eingestellt zu haben. Wenn wir ankamen, saß das Junge schon auf dem von den Reifen unseres Wagens niedergedrückten Grasfleck und wartete auf uns. Dass es tatsächlich wartete, zeigte sich, als wir einmal bereits in der Kurve anhielten, von der aus der Baum gerade eben zu sehen war, und durch unsere Ferngläser guckten. Der röhrende Dieselmotor musste die Aufmerksamkeit des Leopardenjungen erregt haben, da es schon in unsere Richtung starrte. Dann begann es mit seinem übermütigen und unbeholfenen Abstieg vom Baum und wartete geduldig, bis wir endlich bei ihm angelangt waren.

Am Vormittag des dritten Tages beschloss Cappucine, dass wir diesem »süßen kleinen Jungen« einen Namen geben müssten. Zucker ist süß, und auf Kisuaheli heißt Zucker *sukari*. Als habe diese Namensgebung noch die letzte Barriere niedergerissen, versuchte Sukari an diesem Nachmittag, zu uns in den Land Cruiser zu kommen. Zuversichtlich schlenderte er heran und umrundete unseren Wagen. Aufmerksam musterte er jedes einzelne Gesicht. Als er zum vorderen Beifahrerfenster kam, setzte er sich auf seine Hinterbeine, stellte die Vorderpfoten eng nebeneinander und sammelte offenbar seine Kräfte. Wie eine Schlange streckte er seinen Kopf nach vorne und wiegte ihn hin und her, und plötzlich durchzuckte mich der Gedanke, dass er möglicherweise zu uns hereinwollte. So vorsichtig wie möglich langte ich über Vicki hinweg und kurbelte das Fenster bis auf einen Spalt hoch – keine Sekunde zu früh. Denn in diesem Moment stieß sich Sukari vom Boden ab und prallte gegen das Glas. Ausgesprochen unelegant plumpste er zu Boden, landete so gar nicht katzenartig auf dem Rücken und fiel um. Schwer beleidigt sah er zu uns hoch. Dann nahm er wieder Haltung an, erhob sich halb, bedachte uns alle mit einem äußerst verletzten Blick und ließ sich auf die Seite fallen.

Wir konnten nicht länger an uns halten und prusteten los. Die DeWulf-Kinder wollten ihn unbedingt zu uns in den Wagen lassen. »Er würde uns niemals was tun«, sagte Cappucine. »Ganz bestimmt nicht.«

»Nein, absichtlich natürlich nicht«, sagte ich. »Aber aus Versehen könnte es schon passieren. Außerdem mache ich mir vor allem wegen seiner Mutter Sorgen, nicht wegen Sukari.«

»Aber sie guckt ja nicht mal zu ihm hin. Sie bekommt doch überhaupt nicht mit, was er macht«, fiel James ein. Das stimmte. Sie lag bequem im Baum, ein wenig von uns abgewandt, und schlief oder schien zu schlafen, während die Kinder auf mich einredeten. Einen Moment lang überlegte ich tatsächlich, das Fenster herunterzukurbeln. Dann erklärte ich den Kindern, dass es einfach nicht ginge. Aufmerksam verfolgte Sukari unsere Diskussion und lief dann zu dem anderen Fenster, um dort einen neuen Versuch zu unternehmen. Bevor er denselben Fehler noch einmal begehen konnte, legte ich langsam meine flache Hand an die Scheibe und spreizte meine Finger, um das Fenster so weit wie möglich zu verdecken. Sukari starrte auf meine Hand und legte herausfordernd seinen Kopf schief, sprungbereit. Aber es dauerte nicht lange, und er ließ sich zu Boden plumpsen, voller Verachtung und grenzenlos enttäuscht.

An dem Tag, an dem wir die Mara verlassen und nach Nairobi zurückfliegen wollten, fuhren wir auf dem Weg zur Startbahn einen großen Bogen, damit wir von unseren Freunden Abschied nehmen konnten, besonders von dem Kleinen. Er hatte schon auf uns gewartet. Als wir zurücksetzten, um wieder loszufahren, heftete sich Sukari an die sich entfernende Stoßstange. Er setzte sich kurz, solange Nganga den

Wagen wendete, sprang dann aber gleich wieder auf und folgte uns. Dean und James klebten an der Heckscheibe, und wir anderen guckten zum Dach raus und verfolgten, wie Sukari immer näher kam. Vicki und Cappucine weinten beinahe. Und der Kleine hielt mit uns Schritt, leider. Leopardenkinder genießen in Afrika keine Immunität – im Gegenteil, wenn ihn ein Löwe oder eine Hyäne entdecken würden, während er so durch das Gras lief, würden sie ihn sicherlich töten.

Ich wies Nganga an, schneller zu fahren, aber es half nichts, Sukari fing an zu rennen und holte sogar noch etwas auf. Vicki und Cap waren geradezu außer sich, und nun flossen die Tränen. Währenddessen entfernte sich Sukari gefährlich weit aus dem Schutz der Bäume und seiner Mutter. Jetzt drückte Nganga das Gaspedal ganz durch. Sukari durfte keinesfalls weiterlaufen, solange er noch in Reichweite der sicheren Bäume war. Der Motor heulte auf, als wir davonstoben. Sukari fiel zurück. Nach einem Kilometer, auf der anderen Seite der Ebene, hielten wir an, und ich konnte durch mein Fernglas gerade noch ein gelbschwarzes Etwas ausmachen, das sich durch das hohe Gras zwischen unseren Reifenspuren schlängelte. Offensichtlich kämpfte sich Sukari zurück zu seiner Mutter in den Grünholzbäumen.

Vor gar nicht langer Zeit zog ich aus meiner Post einen Umschlag, der eine Einladung enthalten musste, so seidig war das Papier und so elegant die Buchstaben. Absender waren die DeWulfs in Atlanta. Ich hielt eine Hochzeitseinladung in Händen. Sie war von Cappucine. Ich konnte es kaum glauben, dass schon so viele Jahre vergangen waren, seit ich ihr am Feuer vorgelesen hatte und sie ihre Wettschuld hatte begleichen und unter dem Sternenhimmel der Massai Mara schlafen müssen.

Unter die Einladung hatte Cap nur sieben Worte geschrieben: »Wie geht es Sukari? Liebe Grüße, Cappucine.«

Mit Bedauern sagte ich die Einladung ab. Unten auf der Antwortkarte fügte aber auch ich einige Worte hinzu: »Sukari ist dir ein bisschen voraus, vermute ich. Er müsste inzwischen schon Enkel haben. Dein Mark.«

5

GUTE VORSÄTZE

Wie alle Kinder wuchs ich mit bestimmten Sprüchen auf, die mir noch heute in den Ohren klingen. Wann immer eines von uns Kindern an einem Vorhaben gescheitert war, sagte meine Mutter: »Der Weg zur Hölle ist mit guten Vorsätzen gepflastert.« Ich hätte nie damit gerechnet, dass dieses Sprichwort auch für den Umgang mit afrikanischen Wildtieren gelten würde, aber die Zeit belehrte mich eines Besseren.

Der August in Samburu ist zumeist ein trockener, windiger Monat. Die starken Südwinde, die vom Mount Kenya und den höher gelegenen, kühleren Hängen herabwehen, zwingen uns oft, unsere Zelte immer wieder neu zu verankern. Diesmal hatte unser Camp jedoch standgehalten, ebenso meine Gruppe, zu der zwei Frauen, Eleanor und ihre achtunddreißigjährige Tochter Marie, gehörten. Marie hatte gerade einen Monat auf einer Trekkingtour in Nepal verbracht und strotzte nur so vor Gesundheit und Energie. Nach der Kälte in den Bergen von Nepal und dem ständigen Regen in den Bergen nahe dem Mount Kenya, wo wir vorher kampiert hatten, muss die Wärme in Samburu das reinste Vergnügen für sie gewesen sein.

Eines späten Vormittags stießen wir auf dem Rückweg in unser Camp auf eine Herde von einundzwanzig Elefanten, die eng zusammengedrängt im spärlichen Schatten einer Schirmakazie standen und in der morgendlichen Hitze vor sich hin dösten. Die riesigen, mit Sonnenlichtflecken übersäten Gestalten wiegten sich sanft hin und her. Zwei Elefantenkälber lagen flach ausgestreckt auf der Seite, geschützt von den dicht an dicht stehenden stämmigen grauen Beinen. Die Elefanten mussten kurz zuvor am nahe gelegenen Ewaso Ngiro gewesen sein, da ihre Körper anstelle der rötlichen Färbung des Staubs das Grau frisch gewaschener Elefantenhaut zeigten. Wenige hundert Meter von unserem Camp am Flussufer entfernt hielten wir an, um ein paar Fotos zu machen und die friedliche Szenerie zu genießen. Dann fuhren wir die kurze Strecke zurück ins Camp, wo das Mittagessen und ein Nachmittagsschläfchen auf uns warteten. Als wir aus dem Wagen sprangen und den Sand aus unserer Kleidung klopften, nahm uns Lynn, die Verwalterin des Camps, in Empfang. Marie fragte, ob es nicht möglich wäre, zu Fuß zurückzugehen und noch eine Zeit lang die vor sich hin dösende Herde zu beobachten.

Diese Frage wird mir häufig bei der einen oder anderen Gelegenheit auf einer Safari gestellt, und meine Entscheidung kann folgenreicher sein als jede andere, die ich auf dieser Tour treffe. Es ist eine Sache, sich wilden Tieren in einem Fahrzeug zu nähern, und selbst das kann schwierig und aufregend sein, manchmal auch die einzige Möglichkeit. Wenn man jedoch aus dem Wagen steigt, und sei es auch nur kurz, sieht man alles aus einer völlig anderen Perspektive. Diese Momente, in denen ich die Leute dazu bringen kann, aus dem Wagen zu steigen und sich unmittelbar auf die Umgebung einzulassen, geraten fast unweigerlich zu den Höhepunkten ihrer Safari. Es bedarf gar keiner selbst herbeigeführten »todesnahen« Erfahrung, um zu spüren, dass man lebendig ist. Dazu genügt schon eine Kanufahrt auf den seichten Gewässern eines Flusses oder eine gemächliche Bootstour auf dem Sambesi, ein kurzer Marsch über einen winzigen Teil der endlosen Serengeti oder eine einwöchige Wanderung zu Pferd durch die Massai Mara. Es kann Wunder wirken, fünfzig Meter vom Wagen entfernt auf dem Boden zu sitzen und den Sonnenuntergang über dem Chizarira Escarpment in Simbabwe zu beobachten. Oder mitten auf der Strecke anzuhalten, die einzelnen Safariteilnehmer jeweils hundert Meter in verschiedene Richtungen loszuschicken und sie aufzufordern, sich hinzusetzen und eine halbe Stunde einfach nur zu lauschen. Es ist eine wunderbare Erfahrung. Was geschieht dabei? Nichts, absolut nichts, außer dass man Afrika pur erlebt: du allein und der Kontinent.

Das kann allerdings auch mit gewissen Gefahren verbunden sein. Wir alle teilen die Sehnsucht, das Leben unverfälscht und in seiner Reinheit zu erleben. Sich auf einer Safari an ein Tier heranzupirschen kommt der Erfüllung dieser Sehnsucht wohl schon sehr nahe, nur sind wilde Tiere eben genau das – wild. Sie sind außerdem größer, schneller und stärker als wir, und mindestens einer oder zwei ihrer Sinne sind viel schärfer ausgeprägt als unsere. Auf ihrem Territorium werden sie Begegnungen mit Menschen daher meistens zu ihren Gunsten entscheiden. Es geht also darum, den Leuten ein echtes Abenteuer zu bieten und sie so nahe wie möglich an die Tiere heranzubringen, gleichzeitig aber dafür zu sorgen, dass sie dabei keinen Augenblick in Gefahr sind.

Der Schlüssel dazu ist die Fähigkeit, Zeit und Ort richtig einzuschätzen. Überraschungen sind nie besonders gut. Wenn zum Beispiel ein faul im Gras liegender Löwe jemanden aus einiger Entfernung herankommen sieht, geht er natürlich davon aus, dass man ihn auch gesehen hat. Er hat die Witterung aufgenommen und denkt, dass es sich umgekehrt genauso verhält. Aber das ist eben nicht der Fall, und man geht weiter auf ihn zu. Wenn man noch fünfundsiebzig Meter entfernt ist, knurrt er, wenn auch nicht sehr laut: »Hau ab.« Man hört ihn jedoch nicht und läuft weiter. Wenn man bis auf fünfundzwanzig Meter an ihn herangekommen ist, knurrt er wieder, aber noch immer hört man die Warnung nicht. Bei fünf Metern findet er schließlich, dass es jetzt reicht, er fühlt sich in die Enge getrieben, und ihm bleibt nichts anderes übrig, als anzugreifen. Und dann prangt auf der Titelseite der Zeitung die Schlagzeile »Bösartiger Löwe greift Touristen an« und veranlasst die Wildhüter loszuziehen, um ihn zur Strecke zu bringen. Dabei hat sich der Löwe nur verteidigt. Ich erinnere mich an einen Vorfall, der sich vor einigen Jahren in Simbabwe ereignet hat. Ein junger Mann hörte Löwen um sein Zelt herumschleichen und geriet in Panik. Im Inneren des Zeltes wäre er völlig sicher gewesen, aber er rannte nach draußen und provozierte damit einen Angriff.

Für die Raubtiere in Afrika oder irgendwo sonst sind Menschen keine Beutetiere. Sie müssen uns fürchten, und nachdem sie Tausende von Jahren Erfahrungen im Umgang mit uns sammeln konnten, ist diese

Furcht in den Tieren mittlerweile genetisch verankert. Wir machen nur Schwierigkeiten. Wenn wir in einem Auto, auf einem Kamel oder einem Pferd sitzen, ignorieren sie uns für gewöhnlich, vielleicht akzeptieren sie uns sogar, wenn wir uns jedoch auf zwei Beinen fortbewegen, stellen wir eine Gefahr für sie dar. Warum sollte uns ein Büffel umbringen wollen, wenn wir nicht irgendwo tief in seinen Synapsen etwas auslösen würden, das Gefahr signalisiert? Schließlich frisst er ja nur Gras.

In einigen Fällen haben sich die Tiere vielleicht an die Gegenwart von Menschen gewöhnt, aber sie bleiben Individuen und haben wie wir gute und schlechte Tage. Es gibt Zeiten, in denen ihre Geduld schier unerschöpflich ist, und Zeiten, in denen sie unser sehr schnell überdrüssig werden. Die Tiere, die früher schon einmal Bekanntschaft mit Menschen gemacht haben, werden alle anderen zweifellos danach beurteilen, wie diese ersten Begegnungen verlaufen sind. Wer weiß schon, was einer bestimmten Elefantenherde widerfahren ist? Wer weiß, wie sie reagieren wird? Oft ahne ich im Voraus, wann ein Elefant mitten auf der Straße stehen bleiben und unseren Landrover mit einem heftigen Wedeln seiner Ohren und einem Kopfschütteln bedenken wird, bevor er weiterzieht, aber es wäre vermessen zu behaupten, ich wüsste, was er dreißig Sekunden später tun wird. Ich muss die Situation von Minute zu Minute neu einschätzen, von Sekunde zu Sekunde oder von Tier zu Tier, aber ich kann nicht vorhersagen, was der Elefant möglicherweise tut, statt mit den Ohren zu wedeln. Eine Elefantenherde, die zwei Stunden lang friedlich gefressen hat, kann aus unerfindlichen Gründen plötzlich kehrtmachen und auf jeden losgehen, der sich in ihrer Nähe befindet. Besser gesagt, aus für uns unerfindlichen Gründen. Einmal musste ich eine Löwin erschießen, die uns aus einer Entfernung von sechshundert Metern angriff. Wir hatten sie im hohen Gras aufgeschreckt, hörten sie knurren und zogen uns sofort etwa fünfzig Meter zurück. Dann drehten wir uns um und gingen in eine andere Richtung, in der Annahme, dass sie sich nicht vom Fleck gerührt hatte. Aber nachdem wir sechshundert Meter zurückgelegt hatten – wir haben später nachgemessen –, griff sie an. Ohne dass wir es bemerkt hatten, war sie uns im hohen Gras gefolgt.

Sie hatte es tatsächlich auf uns abgesehen. Dieses Verhalten war zwar sehr ungewöhnlich, aber aus ihrer Sicht verständlich: Sie hatte vier Jungen, die in einem Versteck im Gras lagen. Ihr Angriff war so stürmisch, dass meine Kugel sie nicht sofort stoppen konnte und sie erst mitten unter uns zusammenbrach.

Aber auch das Verhalten von Menschen kann unvorhersehbar sein. In einer Gefahrensituation ist man vielleicht von seiner eigenen Reaktion überrascht und lernt eine neue, möglicherweise nicht besonders erfreuliche Seite an sich kennen, was Verhalten, Fähigkeiten oder Charakter anbelangt. Geht ein solches Ereignis ohne Opfer ab, zieht man vielleicht seinen Nutzen daraus und gewinnt an Stärke. Aber was ist, wenn jemand dabei sein Leben verliert? Afrika ist Fehlern gegenüber nicht besonders nachsichtig. Genauso wenig wie jeder andere Ort, an dem Leben und Tod so nahe beieinander liegen. Selbst wenn man im Flugzeug auf Safari ist, kann man Erfahrungen machen, bei denen man nicht mehr weiterweiß. Die meisten Leute, die an einer Safari teilnehmen, haben noch niemals zuvor unter dieser Art von Druck gestanden. Es ist eine Sache, ihnen zu sagen, sie sollen stehen bleiben oder in eine bestimmte Richtung laufen, aber ob sie diese Anweisung auch befolgen, steht auf einem ganz anderen Blatt.

Wenn ich eine Situation oder eine Frage wie die von Marie einzuschätzen versuche, bin ich unmittelbar versucht, die Leute aussteigen zu lassen und ins Gelände zu führen. Meine Eltern haben mich ständig körperlichen Herausforderungen ausgesetzt, vor allem während der Sommermonate, die wir in den Bergen verbrachten. Mit ihrer Hilfe bin ich zu einem Menschen geworden, der auf seine Fähigkeiten und Kräfte vertraut. Ich habe keine Kinder, aber die Sorge um Kinder stelle ich mir so ähnlich vor wie die Sorge des Safariführers um seine Gruppe. Ich habe Angst um meine Gäste, und zwar aus persönlichen wie auch aus beruflichen Gründen, und diese Angst gehört zur Arbeit eines Führers. Wie Eltern bin auch ich häufig gezwungen, die körperlichen, geistigen und seelischen Kräfte eines Menschen einzuschätzen. Wie diese liege ich meistens richtig, aber manchmal täusche ich mich eben auch.

Ich erinnere mich noch, dass ich einen kurzen Moment zögerte, als

Marie mich fragte, ob wir uns zu Fuß auf den Weg zu den Elefanten machen könnten, bevor ich einwilligte. Ich nahm an, dass sich die Elefanten nach dem Mittagessen immer noch an derselben Stelle befinden und vor sich hin dösen würden. Außerdem wusste ich, dass Marie weder körperlich noch seelisch so schnell aus dem Gleichgewicht zu bringen war, und ging davon aus, dass sie in einer brenzligen Situation schnell und angemessen reagieren würde. Während der Mittagspause kam unser Gespräch wieder auf Nepal und die Freuden und Qualen von Trekkingtouren in diesem abgelegenen Land. Marie hatte jeden Augenblick genossen, nicht einmal die von der Anstrengung hervorgerufenen Beschwerden hatten ihr etwas ausgemacht. Die Wanderung durch die majestätisch aufragenden Berge war es wert gewesen. Nachdem wir unser Mittagessen beendet hatten, ging Marie zum Wagen, um ihre Kameraausrüstung zusammenzusuchen, für den Fall, dass wir nahe genug an die Elefanten herankämen. Ich erklärte ihr, dass wir sicher ein ganzes Stück weit von ihnen entfernt bleiben würden und sie gut daran täte, ihr 300-mm-Objektiv oder wenigstens den 80–200-mm-Zoom mitzunehmen. Sie entschied sich für den Zoom und legte einen neuen Film in ihre Kamera ein. Von uns aus gesehen, bot das Gelände in der Nähe der Herde keine besonders gute Deckung, und so beschloss ich, einen Bogen um sie herum zu schlagen und Richtung flussaufwärts zu gehen, wo es zwischen den Salvadora- oder Zahnbürstenbüschen bessere Verstecke gab. Unterwegs erklärte ich Marie die Regeln, die für das Heranpirschen an ein Tier gelten. Ich wollte versuchen, beim Näherkommen herauszufinden, in welcher Stimmung die Elefanten waren. Als wir eine Stunde zuvor direkt an ihnen vorbeigefahren waren, waren sie noch ganz dösig gewesen, und nichts anderes erwartete ich jetzt. Marie könnte nach Herzenslust Aufnahmen aus einer dramatischen Perspektive vom Boden aus machen. Griffen die Elefanten wider Erwarten an, würde ich zurückbleiben, um ihr einen Vorsprung zu geben, und sie sollte den gleichen Weg zurücklaufen, auf dem wir gekommen waren, aber keinesfalls so schnell, dass sie ins Stolpern käme. Ich wusste, dass sie gut in Form war, und sie schien keine Bedenken zu haben, dass wir zu Fuß unterwegs waren und nicht geschützt im Inneren des Landrovers saßen.

Nachdem wir uns eine Zeit lang durch die Büsche gekämpft hatten, flüsterte ich ihr ins Ohr, sie solle kurz warten, während ich ein Stück weiterginge, um herauszufinden, wo genau die Elefanten sich aufhielten, und mir eine Vorstellung davon zu machen, aus welcher Richtung wir uns ihnen am besten näherten. Es machte ihr nichts aus, alleine zurückzubleiben, was ich als gutes Zeichen nahm. Ich ließ sie zusammengekauert bei einer großen Akazie zurück und bahnte mir langsam und geräuschlos meinen Weg vorwärts, gespannt auf den Augenblick, in dem ich die Elefanten sehen würde. Wir hatten richtig geschätzt. Der Pfad, den wir eingeschlagen hatten, führte mich an eine Stelle, die fünfundsiebzig bis hundert Meter flussaufwärts von der Herde gut verborgen hinter einem Wall aus Pflanzen lag. Diese Stelle war ideal, von hier aus konnte man gut Fotos machen und hatte freie Bahn für den anschließenden Rückzug. Gleichzeitig lag sie weit genug von den Elefanten entfernt, um ein unbeabsichtigtes Geräusch oder eine geflüsterte Unterhaltung zu erlauben. Aber wie heißt es im Investmentgeschäft: »Wenn etwas zu schön ist, um wahr zu sein, dann ist es das wahrscheinlich auch.«

Ich kehrte leise auf demselben Weg zu Marie zurück und erklärte ihr flüsternd, in welche Richtung der Pfad führe, wo er ende, wo sie sich hinstellen könne und wie ich mir unseren Rückzug vorstellen würde. Außerdem schärfte ich ihr noch einmal ein, dass sie unbedingt auf demselben Weg zurücklaufen sollte, falls irgendetwas schief ginge. »Das ist der Weg«, sagte ich, »das ist der Weg, den du gehen musst.«

Sie drehte sich um und blickte auf den Pfad. »Aber von da sind wir doch gerade gekommen.«

»Stimmt. Jetzt weißt du, wie du ins Camp zurückkommst.«

Sie zuckte mit den Schultern.

»Wenn ich dir sage, dass du loslaufen sollst, dann rennst du in diese Richtung.«

Sie nickte abwesend, wahrscheinlich dachte sie bereits an die Fotos, die sie machen wollte.

Ich fuhr fort: »Du bleibst erst stehen, wenn du im Camp angekommen bist. Keinen Augenblick früher.«

»Keinen Augenblick früher«, wiederholte sie.

Sie hielt meine Anweisungen wahrscheinlich für etwas übertrieben, deshalb fügte ich noch hinzu, dass es sich mit dem Heranpirschen zu Fuß, vor allem bei größeren Tieren, wie mit dem Fliegen verhalte, man hoffe natürlich das Beste, habe aber einen Krisenplan in petto, sollte das Schlimmste eintreten. Über ihr Gesicht huschte ein kurzes Lächeln, und sie nickte, dann drehten wir uns um und begannen, uns an die Elefanten anzuschleichen.

An der Stelle angekommen, die ich am Rand des offenen, sandigen Geländes ausgesucht hatte, sahen wir die Elefanten direkt vor uns. Gerade mal fünfundsiebzig Meter von uns entfernt dösten sie noch immer und wiegten sich dabei in der brütenden Nachmittagshitze langsam und rhythmisch hin und her. Ich flüsterte Marie noch einmal ins Ohr, dass sie sofort losrennen sollte, wenn ich es ihr sagte. Nicht genug damit, dass ich es ihr jetzt drei Mal gesagt hatte, ich drehte sie auch noch an den Schultern herum und zeigte ihr den Weg, auf dem sie gerade erst gekommen war. Wenn man eine Straße nur in eine Richtung befahren hat oder einen Pfad nur in eine Richtung gegangen ist, sieht die Strecke aus der Gegenrichtung oft völlig anders aus, sie kann einem sogar gänzlich unbekannt vorkommen. Marie warf einen kurzen Blick auf den Weg, nickte zum Zeichen, dass sie verstanden hatte, dann entfernte sie den Deckel vom Objektiv, trat einen Schritt vor und hob die Kamera ans Auge. Ich legte meine Hand auf ihre Schulter. Sie ließ sich Zeit mit den Vorbereitungen für ihre Fotos, korrigierte die Einstellung, indem sie am Objektiv an dem Ring für die Blende drehte, und schwenkte den 200-mm-Zoom hin und her, nach dem richtigen Ausschnitt suchend. Trotz der gleißenden Mittagshitze würden sich die Elefanten gut fotografieren lassen, da die weit ausladenden Äste der Akazie genügend Schatten auf ihre massigen Gestalten warfen. Eine wunderbare Schwarz-Weiß-Aufnahme, dachte ich, Marie hatte allerdings einen Farbfilm eingelegt. Schließlich war sie mit ihren Einstellungen zufrieden und machte die ersten Fotos. Meine Hand ruhte noch immer auf ihrer Schulter, als der Verschluss klickte und der Motor der Kamera den Film surrend weitertransportierte.

In diesem Augenblick begann der Boden unter unseren Füßen zu beben, und die Hölle brach los. Bis in die Beine hinauf konnte ich die

Erschütterungen spüren. Meine Knie fingen an zu zittern. Ich warf einen Blick auf Marie. Wie gelähmt hielt sie die Kamera noch halb vors Gesicht und starrte mit offen stehendem Mund auf irgendeinen Punkt in der Nähe. Ich folgte ihrem Blick, und schlagartig wurde mir klar, warum sie wie gebannt dastand. Die Elefantenherde, die gerade noch vor sich hin gedöst hatte, raste jetzt direkt auf uns zu.

Angespannt wartete ich einige Sekunden lang. Bei den meisten Angriffen von Elefanten handelt es sich lediglich um Scheinmanöver, mit denen sie zeigen wollen, wer hier der Herr ist. Ihre Demonstration hier war durchaus überzeugend, nur verringerte sich dabei leider die Entfernung zwischen uns und ihnen rapide. Ich nahm die Hand von Maries rechter Schulter, gab ihr einen kräftigen Schubs und rief in unmissverständlichem Ton: »Lauf.« Ich war keineswegs überzeugt, dass die Elefanten ihren Angriff fortsetzen würden, da die ganze Herde in Bewegung war, selbst die Elefantenbabys, die eben noch faul auf der Seite gelegen hatten. Ich wartete, fast sicher, dass der Lärm gleich verstummen und die Herde nach links auf das offene Gelände hinaus abschwenken würde. Warum sollten sie auch in das dichte Gebüsch laufen? Ich kauerte mich hinter den Büschen zusammen, bis ich es nicht mehr aushielt, dann drehte ich mich um und begann, den Weg zum Fluss hinunterzulaufen, an dem Marie inzwischen angekommen sein musste.

Im Laufen warf ich einen Blick zurück auf die Elefanten, die sich tatsächlich der offenen Ebene zugewandt hatten. Glück gehabt. Ich blieb stehen, immer noch die Leitkuh im Blick, und sah mit Erstaunen, dass sie den Kopf senkte und den Rüssel unter das Kinn zog – typisches Zeichen für einen ernst gemeinten Angriff. Irgendetwas würde sie gleich einen tödlichen Stoß versetzen. Nur was? Ich wandte den Kopf ein bisschen weiter nach links und sah aus dem Augenwinkel eine Gestalt, die von mir wegrannte, geradewegs auf das offene Gelände zu, und sich dabei immer weiter vom Fluss und dem Schutz der Büsche entfernte.

Aus irgendeinem Grund war Marie nicht dem Pfad gefolgt, auf dem sie jetzt in Sicherheit wäre, sondern war stattdessen auf die mit Felsen durchsetzte Sandfläche gerannt, auf die nun die Herde zusteuerte.

Und dann lief sie auch noch langsam, mit den kurzen Schritten eines Kindes. Elefanten können eine Geschwindigkeit von vierzig Stundenkilometern oder mehr erreichen, und diese Elefanten holten mit jedem Schritt auf. Ohne lange nachzudenken, spurtete ich los. Ich rannte parallel versetzt vor der Herde her und rief Marie zu: »Lauf nach links! Lauf nach links!«

Meine Rufe wurden von dem ohrenbetäubenden Trompeten und donnernden Gestampfe der wütenden Herde übertönt. Ich schrie, lief weiter und holte Marie, die – ich konnte es kaum glauben – zu allem Überfluss auch noch barfuß war, schließlich kurz vor den Elefanten ein. Wir waren mehr als zweihundert Meter gelaufen, und auf den letzten dreißig Metern hatte uns die Herde beinahe erreicht. Marie hatte fast keine Kraft mehr und begann zu weinen.

Aus schierer Verzweiflung bückte ich mich, hob eine Hand voll sandiger Erde auf und drehte mich zu der Elefantenkuh um, die an der Spitze der angreifenden Elefanten lief. Ich brüllte und schleuderte ihr den Sand ins Gesicht. Schlitternd, mit in den Boden gestemmten Beinen kam sie so abrupt zum Stehen, dass einige der anderen Elefanten auf sie aufprallten. Ohne ersichtlichen Grund stürzte Marie plötzlich. Ich griff mir eine zweite Hand voll Sand und schleuderte sie den erstaunten Elefanten entgegen, während ich weiter schrie, brüllte und mit den Armen in der Luft herumfuchtelte.

Die Elefanten schwenkten nach links ab und rannten von uns weg, noch immer eine dicht gedrängte Masse aus flatternden Ohren und trompetenden Stimmen. Ich hob Marie auf und trug sie langsam auf das schützende Gebüsch am Fluss zu. Wenige Sekunden später hörte ich, wie die Elefanten wieder kamen und dabei die kleinen Bäume und Büsche, die ihnen im Weg standen, einfach niedertrampelten. Mit Marie auf den Armen ließ ich mich über eine kleine Böschung in ein Sandloch gleiten, das die Niederschläge der letzten Regenzeit auf eine Tiefe von etwa zwei Metern ausgewaschen hatte. Dort kauerte ich mich zusammen und beschwor Marie mit Worten und Blicken, keinen Laut von sich zu geben. Die ebenfalls von Panik getriebene Herde raste direkt am Rand des Sandlochs an uns vorbei. Wie durch ein Wunder herrschte plötzlich völlige Stille, es war nicht das geringste Geräusch zu hören, nicht einmal ein Vogellaut. Wir rührten uns nicht von der Stelle. Ich wartete, bis ich wieder so weit zu Atem gekommen war, dass ich konzentriert lauschen konnte. Marie war mittlerweile aus ihrer Betäubung erwacht, blickte ängstlich um sich und begann, fast schluchzend, nach Atem zu ringen. Erneut beschwor ich sie, still zu sein. Die Elefanten durften uns auf keinen Fall entdecken.

Schließlich setzte ich Marie auf dem harten Sandboden ab und erhob mich vorsichtig, um über den Rand unseres Unterschlupfes zu spähen. Außer einer Sandwolke, die etwa vierhundert Meter weiter flussaufwärts davonwirbelte, konnte ich nichts entdecken. Ich beugte mich wieder zu Marie hinunter und sah mir ihre Füße an. Sie bluteten, die Haut hing in Fetzen herab. Es stellte sich heraus, dass sie sich auf einem unserer früheren Ausflüge riesige Blasen an beiden Füßen zugezogen hatte. Die feine Hautschicht, die darunter zum Vorschein gekommen war, nachdem sie abgeheilt waren, hatte sich jetzt bei Maries Flucht vor den Elefanten auch noch abgelöst und das rohe Fleisch bloßgelegt. Es blutete und steckte voller kleiner Steine und Dornen. Ich war erstaunt, dass Marie überhaupt so lange durchgehalten hatte, und bewunderte widerwillig ihre Stärke.

Ich nahm Marie auf den Rücken, hielt sie an den Beinen fest und schlug den Weg zum Fluss ein, der uns ins Camp zurückführte. Am Rand der Lichtung warteten die anderen bereits in heller Aufregung auf uns. Sie hatten den gewaltigen Lärm gehört, die Trompetenstöße und das Donnern der Herde. Sie hatten gehört, wie die Bäume umgestürzt waren, als die Elefanten sie niedergetrampelt hatten, aber natürlich hatten sie keine Ahnung, wie nahe Marie und ich dem Tod gewesen waren.

Lynn erkannte mit einem Blick, in welchem Zustand Marie sich befand, und schenkte ihr ein großes Glas Gin ein. Inzwischen brachten ihr die anderen Mitarbeiter eine Plastikschüssel mit einer Mischung aus heißem Wasser und Desinfektionsmittel, in der sie ihre Füße baden konnte. Ich war maßlos wütend, konnte mich aber gerade noch beherrschen. Warum hatte sie nicht den Weg genommen, den ich ihr gezeigt hatte? Warum war sie geradewegs auf die Gefahr zugelaufen? Und wo zum Teufel waren ihre Schuhe? Zum einen saß mir der Schrecken noch in den Gliedern, zum anderen war ich wütend auf mich selbst, weil ich einen meiner Gäste in eine so gefährliche Lage gebracht hatte.

Nach Maries viertem Gin nahm ich mir einen Stuhl und setzte mich ihr gegenüber. Dann hob ich einen ihrer Füße aus dem trüben Wasser und fing an, ihn mit Hilfe einer Pinzette aus dem Verbandskasten zu säubern. Es hatte sich jedoch so viel Sand in das rohe Fleisch eingegraben, dass die Pinzette völlig nutzlos war. Ich zog meinen Klappstuhl neben sie, klemmte mir eines ihrer Beine unter den linken Arm, umspannte ihren Knöchel mit einem festen Griff und fuhr mit meiner Zahnbürste über ihre Fußsohle, wobei ich von Zeit zu Zeit innehielt, wenn sie die Schmerzen nicht mehr ertrug. Marie war sehr tapfer und zu meiner Überraschung nicht einmal leicht beschwipst, geschweige denn betrunken. Ihr Stoffwechsel musste dermaßen auf Hochtouren gelaufen sein, dass der viele Alkohol keinerlei sichtbare Wirkung zeigte.

Währenddessen klammerte sich Marie an die Hand ihrer Mutter, ohne sie auch nur einen Augenblick loszulassen, und redete ohne Unterlass. Wir trugen sie in ihrem Stuhl ans Feuer. Den ganzen Abend über trank sie weiter. Ich hätte sie am liebsten immer wieder gefragt: »Warum bist du in die falsche Richtung gelaufen?« Aber sie hatte nicht die geringste Ahnung. Weder konnte sie sich an das erste Anzeichen für einen Angriff noch an meinen Schubs oder die Anweisung loszulaufen erinnern. Sie wusste noch, was ich ihr erklärt hatte, aber das war auch schon alles. Und die Schuhe? Sie hatte gedacht, dass sie barfuß schneller laufen könnte als mit den schweren Schuhen.

Einen Tag später traf eine zweite Reisegruppe aus Samburu im Camp ein und berichtete eine schreckliche Geschichte von einer kleinen Elefantenherde, die vier Tage zuvor außerhalb des Reservats von somalischen Wilderern gejagt worden war. Anscheinend war einer der Elefanten von einem Speer getroffen worden. Am darauf folgenden Tag, einen Tag nachdem wir in Samburu angekommen waren, hatte dieselbe Herde zwei Samburu-Krieger, die sich auf dem Rückweg von einem Bad im Fluss befanden, angegriffen und zu Tode getrampelt. Das also war die Herde, die wenige Tage später auf uns losgegangen war, als das Klicken des Verschlusses von Maries Kamera sie provoziert hatte, ein Klicken, das uns um ein Haar das Leben gekostet hätte.

»Nashorn!«, mehr sagte Mungai nicht, als er auf das Tier zeigte, das weithin sichtbar jenseits des Tals bei Lewa Downs zu erkennen war. Die Schotterpiste, die auf das Nashorn zuführte, schlängelte sich durch das Becken, führte auf der gegenüberliegenden Seite den Hang hinauf und verschwand kurz hinter einer Erhebung, bevor sie sich oberhalb der Stelle, an der das Tier graste, weiter hinaufwand. Mungai schlug vor, ich solle mich mit ein paar Leuten aus der Gruppe – zwei Familien aus Denver – zu Fuß an den Aufstieg machen, während er mit dem Wagen die Piste nehmen würde. Der Vorschlag klang gut, und es meldeten sich auch sofort zwei Freiwillige, die sich zu Fuß an das Nashorn heranpirschen wollten. Big Ben und Little Ben, zwei Teenager, boten an, mich zu begleiten, während ihre Eltern und die Schwestern mit Mungai auf die Kammhöhe fahren sollten.

Wir hatten ein Weißes Nashorn vor uns, das wie das Schwarze Nashorn in ganz Ostafrika vom Aussterben bedroht ist. Die Tiere fallen Wilderern zum Opfer, damit junge Männer im Jemen ihre Dolche mit Griffen aus Rhinozeroshörnern schmücken können. In Kenia ist der Bestand beider Arten in den vergangenen zwanzig Jahren von zwanzigtausend auf schätzungsweise vierhundert Tiere gesunken. Etwa fünfzig davon halten sich in Lewa auf. Die Bezeichnungen haben wenig mit der Farbe zu tun, auch wenn in Reiseführern zu lesen ist, dass das Weiße Nashorn gegenüber dem Schwarzen Nashorn ein etwas helleres Grau aufweist. »Weiß« ist aus dem Afrikaans von dem Wort »weit« abgeleitet und bezieht sich auf das breite, viereckige Maul, das diesen Pflanzenfresser zu einem Weidetier macht, während das Schwarze Nashorn mit seiner langen, zum Greifen geeigneten Oberlippe ein Äser ist. Das Weiße Nashorn ist nach dem Elefanten das zweitgrößte Landsäugetier und erreicht ein Gewicht von vier Tonnen; es soll jedoch eines der etwas kleineren Schwarzen Nashörner gewesen sein, das offiziellen Angaben zufolge einen Zug zum Entgleisen gebracht hat.

Wie ich den beiden Jungen erklärte, sind sowohl Schwarze wie auch Weiße Nashörner auf ihr Gehör und ihren Geruchssinn angewiesen. Ihr Sehvermögen ist nahezu verkümmert, die anderen Sinne machen dieses Manko allerdings mehr als wett. Wir standen gegen den Wind, das Tier konnte unsere Witterung also nicht aufnehmen. Schwieriger würde es schon werden, uns völlig geräuschlos vorwärts zu bewegen. Ich für meinen Teil glaube zwar nicht, dass, wie oft behauptet wird, der Gehörsinn von Nashörnern so hoch entwickelt ist, dass sie aus kurzer Entfernung den menschlichen Herzschlag vernehmen können, aber er ist zweifellos phänomenal. Wir suchten unsere geplante Route mit den Ferngläsern ab und prägten uns alle Bäume entlang der Strecke ein, die groß genug waren, um notfalls hinter ihnen Schutz zu suchen oder hinaufzuklettern. Die beiden Bens versprachen mir, alle meine Anweisungen auf der Stelle und strikt zu befolgen und nicht eigenmächtig zu handeln. Sie hatten die Grundregeln verstanden. Während wir noch über unsere Vorgehensweise sprachen, unterbrach uns Mungai, um uns mitzuteilen, dass das Nashorn ein Junges bei sich hatte. Dieses Junge war so klein, dass es aus der Entfernung wie ein Warzenschwein aussah.

Wir machten uns auf den Weg. Die ersten dreihundert Meter waren einfach, wir mussten nicht einmal besonders leise sein. Wir durften zwar nicht gerade laut singen, aber davon einmal abgesehen, waren wir selbst für die hervorragenden Ohren eines Nashorns außer Hörweite. Bald darauf mussten wir einen Graben durchqueren, und als wir die Böschung auf der anderen Seite erklommen hatten, befanden wir uns auf demselben Hang wie die beiden Nashörner. Wir legten eine kurze Pause ein, um zu verschnaufen und unseren Plan noch einmal durchzusprechen. Die beiden Bens waren gute Sportler, zweifellos konnten sie sich mit einem Sprint in Sicherheit bringen und würden mich dabei wahrscheinlich in einer Staubwolke zurücklassen. Leicht geduckt setzten wir unseren Weg fort. Das war allerdings völlig überflüssig, denn man macht keineswegs weniger Geräusche, wenn man gebückt geht, aber trotzdem tut es jeder. Nicht lange, und wir hatten uns den beiden Tieren bis auf dreißig, vierzig Meter genähert und machten bei einer großen Akazie Halt.

Weder Mutter noch Kind nahmen Notiz von uns, nicht einmal, als wir unsere Kameras zückten und Fotos machten. Entweder nahmen sie das Klicken des Verschlusses nicht wahr, was ich allerdings bezweifelte, oder die Nashornmutter war davon allein nicht in Alarmbereitschaft zu versetzen. Nachdem wir ein paar Bilder geschossen hatten, sahen wir mucksmäuschenstill dabei zu, wie das Kleine seine Mutter mit dem Kopf anstupste, dann losspurtete und kleine Kreise vor ihrer massigen Gestalt drehte.

Mungai war mittlerweile um den Hügel herumgefahren und ließ den Wagen jetzt mit abgestelltem Motor über den steinigen Abhang auf die beiden Nashörner zurollen. Hin und wieder holperte der Landrover gegen einen Felsbrocken, aber keiner davon brachte ihn zum Stehen. Die sechs Leute, die bei Mungai im Wagen geblieben waren, hatten eine gute Sicht auf das Junge. Ich war froh darüber, denn schließlich handelte es sich hierbei um eine nicht gerade alltägliche Begegnung, und jeder sollte die Gelegenheit haben, das Nashornbaby zu beobachten und zu fotografieren. Die ungefähr zwei Tonnen schwere Mutter rührte sich nicht vom Fleck, während ihr Kalb übermütig um sie herumtanzte und mit ziellosen kleinen Angriffen seine überschüssigen Energien loswurde. Von Zeit zu Zeit lief es zurück und ging auf seine Mutter los. Die senkte einfach nur ihren massigen Kopf und ließ den Angriff des Kleinen an ihrem kräftigen vorderen Horn abprallen.

Der Wagen rollte weiter heran, und noch immer schenkten ihm die Nashörner keine Beachtung. Zumindest bis zu dem Augenblick, als er über einen großen abgestorbenen Ast rollte, der verdeckt im gelben Gras lag. Mit einem Krachen so laut wie ein Gewehrschuss brach der Ast, und zu allem Überfluss schnellte auch noch eines der Stücke nach oben und knallte gegen das Blech.

Die beiden Nashörner, das Junge voran, zögerten nicht lange und rasten den Hügel herunter direkt auf uns zu. Eigentlich war es gar kein richtiger Angriff, eher eine Flucht vor der Ursache des Lärms, der unerwartet die Stille zerrissen hatte. Es war nichts weiter als ein unglücklicher Zufall, dass sie auf ihrem eiligen Rückzug in unsere Richtung rannten.

Ich packte jeden der beiden Bens mit einer Hand fest am Kragen und wartete, die Knie sprungbereit gebeugt und die heranstürmenden Nashörner keine Sekunde aus den Augen lassend.

Als das Nashornkalb unser Versteck erreicht hatte, stieß ich die beiden Jungen unter die dornigen Äste der Akazie und sprang hinterher. Das Kleine flitzte an uns vorbei, dicht gefolgt von seiner Mutter, die mit ihren Tritten die Erde buchstäblich zum Beben brachte. Ein kurzes Stück unterhalb von uns, in Windrichtung, kam sie schlitternd zum Stehen, und nun nahm sie zweifellos zum ersten Mal unsere Witterung wahr und überlegte, was als Nächstes zu tun sei.

Da wir keine Möglichkeit hatten zu fliehen, lag die Entscheidung über unser Schicksal bei ihr. Nach einigen bangen Sekunden drehte sie sich um und donnerte, den winzigen Schwanz an ihrem breiten Hinterteil in die Höhe gerichtet, weiter hügelabwärts, dem Kalb hinterher.

Ich befreite mich aus dem dornigen Gestrüpp und zog dann nacheinander die beiden Bens heraus. Die scharfen Dornen hatten ihnen zahlreiche Kratzer beschert, aus denen in dünnen Fäden Blut quoll, ansonsten aber waren die beiden wohlauf. Auch ich hatte einen Kratzer davongetragen, der vom Haaransatz bis zur Nasenwurzel reichte. Von den beiden Nashörnern war längst nichts mehr zu sehen, als wir schließlich lachend den Hügel hinaufkletterten, um zum Wagen zurückzukehren. Die Eltern der Jungen und die beiden Mädchen standen mit gereckten Hälsen aufrecht im Landrover und hielten nach uns Ausschau. Ich bin mir sicher, dass sich auch Mungai nach uns umsah. Als wir am Wagen ankamen und uns den Staub und das Blut von den Kratzern wischten, fiel eine der Mütter über mich her.

»Was zum Teufel haben Sie da unten eigentlich gemacht?«, brüllte sie mich an. »Sie hätten sie umbringen können!«

Mungai saß auf dem Fahrersitz und hielt den Blick geflissentlich auf den Tacho gerichtet, nur seine Schultern, die sich leicht hoben und senkten, verrieten, dass er vor sich hin kicherte. Ich erwiderte bemüht ruhig: »Alles ging gut, bis Sie auftauchten, oder vielleicht nicht?« Ich hielt einen Moment lang inne und fuhr dann fort: »Wir hatten nicht das geringste Problem, bis der Wagen den Hügel heruntergerollt kam und die Nashörner in unsere Richtung trieb.«

Fürs Erste hatten wir damit Dampf abgelassen und starrten einander wortlos an. Da ergriff Heather, eines der Mädchen, das Wort und fragte leise: »Habt ihr den Leoparden gesehen?«

Wir sahen sie überrascht an. »Welchen Leoparden denn?«, fragte ich langsam und ungläubig.

»Er kam unter dem Busch da raus«, antwortete Heather und deutete mit ausgestrecktem Arm auf ein Gebüsch. »Bist du dir sicher?«, fragte ihr Vater, unschlüssig, ob er seiner Tochter glauben sollte oder nicht.

»Na klar. Da war ein Leopard, und er kam aus dem Busch, zumindest glaube ich, dass es ein Leopard war. Auf jeden Fall eine große Raubkatze.«

Ich fragte Mungai, ob er etwas gesehen hätte, aber er verneinte. Auch von den anderen hatte keiner die Katze gesehen. Vermutlich stand uns der Zweifel deutlich ins Gesicht geschrieben. Heather begann, sich offensichtlich unwohl in ihrer Haut zu fühlen, und um die Situation zu retten, schlug ich vor, hinüberzugehen und einen Blick auf den Busch zu werfen, aus dem sie den Leoparden hatte kommen sehen.

Als wir dort angekommen waren, ließ ich mich auf die Knie nieder und kroch unter das Gestrüpp. Kein Zweifel – das Mädchen hatte Recht. Auf dem Boden waren deutlich zwei Paar Abdrücke zu erkennen. Dazwischen war an der Stelle, an der die Katze ihren Bauch in den weichen Boden gepresst hatte, ein einzelner größerer Abdruck. Mungai tauchte neben mir auf und hob vorsichtig ein paar Haare auf, die in dem Bauchabdruck zurückgeblieben waren, als der Leopard vor den Nashörnern die Flucht ergriffen hatte.

Mungai richtete sich wieder auf und überreichte Heather, die sich inzwischen zu uns gesellt hatte, die Haare. »Leopard«, sagte er und stieg dann den Hügel hinauf zum Wagen zurück. Ich konnte nur seinen Hinterkopf sehen, aber ich wusste, dass auf seinem Gesicht ein breites Grinsen lag.

In Gefangenschaft aufgezogene Nashörner scheinen bei einem Angriff nicht mit der gleichen Ernsthaftigkeit oder Bösartigkeit vorzugehen wie in Freiheit aufgewachsene Tiere. Deren Angriffe sind immer ernst

gemeint, und der Anblick, wie eine solche tonnenschwere Masse auf
einen zugerast kommt, löst garantiert einen heftigen Adrenalinschub
aus. Doch selbst dann kann man das Tier meistens noch von seinem
Vorhaben abbringen, indem man laut schreit und mit den Armen in
der Luft herumfuchtelt. Bei meinem Erlebnis mit den beiden Bens hatte ich dazu keine Gelegenheit mehr, sonst hätte ich es versucht. Die
meisten Angriffe von Elefanten wiederum sind Scheinangriffe, die damit enden, dass das Tier plötzlich innehält. Möglicherweise zieht es
sich dann aus unerfindlichen Gründen sogar zurück, wie die Elefanten, die Marie in Samburu verfolgt hatten. Auch Löwen täuschen für
gewöhnlich und lassen sich durch lautes Geschrei vertreiben. Was man
allerdings niemals tun sollte, ist, vor ihnen wegzulaufen. Ein laufen-
der Mensch verwandelt sich in den Augen des Löwen sofort von einem Raubtier in ein Beutetier, und dann bewahrt ihn in den meisten
Fällen nur noch eine Kugel davor, in den Fängen des Löwen zu landen. Abgesehen von seltenen Ausnahmen, ergreifen Leoparden, Geparde, Hyänen, Paviane, Giraffen und Antilopen vor Zweibeinern die
Flucht. Pavianhorden dagegen reagieren gelegentlich aggressiv und
können dann auch sehr gefährlich sein. Und es sind Fälle bekannt, in
denen Hyänen über schlafende Menschen hergefallen sind.

Unter dem Großwild sind die Kaffernbüffel diejenigen Tiere, deren
Angriffe meiner Erfahrung nach niemals vorgetäuscht sind und auch
nicht abgewendet werden können. Es scheint ihnen erheblich an Neugier und Humor zu mangeln. Vielleicht geben sie sich aber auch nur
gern als Raufbolde. Wenn man von einem Büffel angegriffen wird, sollte man auf jeden Fall einen Plan B in petto haben. Selbst Büffelkälber
sind ziemlich stur und lassen sich nicht von einem Angriff abbringen,
wie ich eines Novembertages im Selous-Wildreservat in Tansania feststellen musste. Ich war mit meinem italienischen Freund Guido Ros-
si unterwegs, einem professionellen Fotografen und Autor, den kein
Tier davon abhalten konnte, genau die Fotos zu machen, die er machen wollte.

Wir hatten gerade eine Reihe von Aufnahmen von einem Rudel junger Löwen gemacht, das versucht hatte, ein noch nicht ganz ausgewachsenes Gnu zur Strecke zu bringen. Eine halbe Stunde lang hat-

ten die unbeholfenen und furchtsamen Löwen das sich im Kreis drehende Gnu umrundet und offensichtlich so viel Angst vor den spitzen Hörnern gehabt, dass sie es nicht wagten, es anzuspringen und zu Boden zu werfen. Vier ausgewachsene Löwinnen, die am Rand des ausgetrockneten Seebeckens im Schatten einer Dumpalme lagen, sahen ihnen gelassen und, da bin ich mir sicher, amüsiert dabei zu. Als die Löwenjungen das erschöpfte Gnu endlich bezwungen hatten, was weniger ihrem Geschick als vielmehr ihrer zahlenmäßigen Überlegenheit zu verdanken war, verließen Guido und ich den Schauplatz des Geschehens und fuhren am Rand des ausgedehnten Beckens entlang in Richtung Camp. Auf der gegenüberliegenden Seite lag die Mündung eines Flusses, der nur während der Regenzeit Wasser führt. Zu dieser Zeit war er trocken, und nur die etwas dunklere Schlammschicht gab einen Hinweis auf seine Existenz. Wir mieden diese dunklen Stellen, weil die eingetrocknete oberste Schicht unter dem Gewicht des Wagens nachgeben konnte und wir dann in dem nassen und zähen Schlamm darunter festsitzen würden.

Während wir also die verborgenen Schlammlöcher umfuhren, bat Guido mich plötzlich anzuhalten. Er hob sein Fernglas und stellte es scharf. Im Schlamm sitze ein junger Büffel fest, erklärte er mir. Ich war überrascht, aber wie ich nach einem Blick durch mein Fernglas feststellte, hatte Guido Recht. Etwa vierhundert Meter von uns entfernt steckte ein kleiner Büffel in einem Schlammloch und war bereits so tief eingesunken, dass gerade noch sein Kopf und sein Rücken zu sehen waren.

Guido geht regelmäßig auf Büffeljagd, und zwar nicht nur in Simbabwe, sondern auch in anderen Ländern der Erde, und daher war ich gleich darauf ein zweites Mal überrascht, als er sagte, wir müssten diesen Büffel aus seiner misslichen Lage befreien. Ich gab zu bedenken, dass der junge Bulle sowieso sterben würde, da seine Herde offensichtlich längst weitergezogen sei, aber wie ich sehr wohl wusste, hätte ich mir diese Worte genauso gut sparen können. Guido würde sich nicht von seinem Vorhaben abbringen lassen. Er ist genauso stur wie ich, und das erklärt vielleicht, weshalb wir so gut miteinander auskommen. Wir legten unsere Fotoapparate, die Ferngläser und die Westen ab und machten uns in dem von Rissen durchzogenen trockenen Flussbett auf den Weg. Außer einer Herde von Impalas, deren Aufmerksamkeit wir mittlerweile auf uns gezogen hatten, waren weit und breit keine anderen Tiere zu sehen.

Der kleine Büffel steckte wirklich in der Klemme. Ein flüchtiger Blick auf die Hufspuren zeigte uns, dass die Büffelherde aus den Wäldern gekommen und auf der Suche nach Wasser in das Becken gelaufen war. Die ausgewachsenen Büffel mit ihren längeren und kräftigeren Beinen hatten es im Gegensatz zu dem Kalb jedoch geschafft, das Schlammloch zu durchqueren. Wie es der Natur der meisten Huftiere nun mal entspricht, hatte sich die Herde nicht weiter um das fehlende Tier gekümmert und es einfach zurückgelassen. Was hätten sie auch tun sollen? Der Schlamm, der auf dem Rücken des Kalbes mittlerweile festgebacken war, zeigte fast das gleiche Muster wie der trockene Boden des Flussbetts, den wir gerade überquert hatten. Unter dem Bauch des Kalbs war er jedoch noch feucht und zäh und hielt es mit eisernem Griff fest. Ohne sich erst mit mir zu besprechen, zog Guido seine Stiefel aus. Was blieb mir also übrig, als ebenfalls aus meinen Sandalen zu schlüpfen und gemeinsam mit ihm loszuwaten. Die dünne Kruste brach unter jedem unserer Schritte, und bis über die Knie sanken wir in den schwarzen Schlamm. Jedes Mal, wenn wir ein Bein herauszogen, um einen weiteren Schritt nach vorne zu machen, stieg ein ekelhafter Geruch auf, und im Handumdrehen waren wir beide von oben bis unten schwarz. Als wir den Büffel endlich erreicht hatten, tauchten wir mit den Armen ein und schaufelten den Schlamm um seine Beine herum weg. Doch obwohl wir uns nach besten Kräften bemühten, bewegte er sich kaum von der Stelle, geschweige denn, dass er freigekommen wäre. Stattdessen sanken auch wir nur noch tiefer ein.

»Wir müssen den Schlamm unter seinem Bauch wegschaufeln«, sagte Guido. »Dann fassen wir unten durch und versuchen, ihn herauszuheben.« Die Schlammschicht, die über seinem Mund lag, und sein starker italienischer Akzent machten seine Worte nahezu unverständlich.

Wir waren gerade dabei, Guidos Vorschlag in die Tat umzusetzen, als das Kalb seine Augen in unsere Richtung verdrehte und schnau-

bend und mit heftigem Kopfschütteln Widerstand leistete. Ich sehe
heute noch das Bild seiner stumpfen Hörner, die im grellen Sonnenlicht aufblitzten wie zwei Funken sprühende Feuersteine. Er war zu
erschöpft, um mehr als ein leises Brüllen von sich zu geben. Guido
zuckte zusammen, als meine Finger unter dem Brustkorb des Büffels
sein Handgelenk umschlossen.

»Ich bin's bloß«, sagte ich. »Keine Angst, Kleiner.«

»Ja, ja, ich war ja nur überrascht.«

Wir ließen uns Zeit, beugten uns bis an die Brust in den schwarzen
Schlamm und verschränkten unsere Finger ineinander. Nachdem wir
ein paar Mal nachgefasst hatten, hatten wir den richtigen Griff gefunden. Dann gab Guido das Kommando: »Zieh!«, und gleichzeitig ver-
lagerten wir unser Gewicht nach hinten und richteten uns langsam
unter Keuchen und Ächzen auf. Wir müssen geklungen haben wie die
Gewichtheber bei den Olympischen Spielen, die man im Fernsehen
sieht, während wir versuchten, den richtigen Rhythmus zu finden, und
bei jedem Ziehen heftig den Atem ausstießen. Der Schlamm, in dem
das Kalb gefangen war, gab nur ein langes schmatzendes Geräusch von
sich, aber wir ließen nicht locker und richteten uns mit einem letzten
Ruck wieder ganz auf. Und tatsächlich, diesmal flutschte der kleine
Büffel mit hoch, seine Beine baumelten schwach in der Luft.

»Lass ihn nicht los! Lass ihn bloß nicht los!«, murmelte Guido
kaum hörbar, während sein Gesicht in das schlammverkrustete Fell
gepresst wurde. Die Beine des Büffels schleiften hinter ihm her, während wir mühsam vorwärts stapften, aber wir schafften es, ihn über
dem Schlamm zu halten, aus dem wir ihn eben gerettet hatten. Als wir
ihn absetzten, knickten seine Beine ein, und er brach in einer reichlich
merkwürdigen Haltung zusammen, eines der Vorderbeine unter den
Körper gezogen, das andere mit durchgedrücktem Knie zur Seite gestreckt. Wir waren völlig außer Atem und gönnten uns erst einmal eine
kurze Verschnaufpause, während der Büffel bewegungslos dalag, un-
fähig, sich aufzurichten. Mein Blick fiel auf Guido, und unwillkürlich
brach ich in Gelächter aus, in das er einfiel – was gaben wir doch für
ein herrliches Bild ab: über und über mit Schlamm bedeckt Seite an
Seite mit einem Kaffernbüffel.

Unser nächster Schritt bestand darin, den Büffel an einen schatti-
gen Platz in etwa hundert Meter Entfernung zu bringen. Dort packten wir ihn an den Vorderbeinen und richteten ihn auf. Er schwankte
und trat ziellos um sich, bis er seine Beine schließlich wieder einigermaßen unter Kontrolle hatte. Wir wollten ihn allerdings noch nicht
loslassen, damit er langsam wieder ein Gefühl für den Boden und für
seine Beine bekommen würde, die er, nach den Spuren zu urteilen,
mehrere Stunden lang nicht hatte gebrauchen können.

»Langsam, ganz langsam«, sagte Guido, und ich lockerte allmählich den Griff, mit dem ich den Büffel stützte. Er taumelte zwar noch
etwas, konnte sich aber auf den Beinen halten, und Guido und ich traten einen Schritt zurück, ganz stolze Eltern eines völlig verdreckten
und erschöpften Kindes. Wie so viele Kinder zeigte allerdings auch
unser Büffel keine Spur von Dankbarkeit. Er bedachte mich mit einem
nahezu unerträglich traurigen Blick aus seinen großen runden Augen,
drehte den Kopf nach links und schenkte Guido denselben traurigen
Blick – und dann griff er an! Er versetzte mir einen Stoß, der mich beinahe umwarf, schnaubte leise und griff von neuem an. Ich sprang zur
Seite und versetzte dem Kopf des undankbaren Geschöpfes einen ab-
wehrenden Stoß, als es an mir vorbeirannte.

»Ja verdammt noch mal«, rief ich. »Ist das denn zu fassen? Er kann
kaum stehen, aber er geht auf das Erstbeste los, was ihm vor die Augen kommt.«

»Typisch Büffel«, erwiderte Guido bloß. Jetzt rannte der Kleine auf
wackligen Beinen auf ihn zu, aber er war zu erschöpft, um den weg-
laufenden Guido zu verfolgen, und blieb schwankend und schwer atmend stehen. Ich gab ihm von hinten einen Schubs, um ihn auf die
schützenden Bäume zuzutreiben, aber kaum spürte er meine Berüh-
rung, drehte er sich um und ging erneut auf mich los. Nun probierte
ich es mit Guidos Methode und wich ihm abwechselnd nach links und
nach rechts aus, immer knapp vor den fünf Zentimeter langen Hörnern bleibend, die über seinen großen Ohren im rechten Winkel aus
seinem Schädel ragten, und lockte ihn auf diese Weise bis an die Bäume heran, wo ich ihn schließlich zurückließ.

Als wir ins Lager zurückkamen, war der Schlamm, der an uns klebte, mittlerweile so hart wie gebrannter Ton. Bei jedem Schritt ziepte er an den Haaren auf meinen Armen und Beinen und zwang mich dazu, steife kleine Schritte zu machen und meine Arme möglichst wenig zu bewegen. Guido lief auf dem Weg zum Speisezelt o-beinig neben mir her.

Benson, der Verwalter des Camps, verteilte gerade Teetassen auf dem hölzernen Tisch in der Nähe der Feuerstelle. Ohne eine Miene zu verziehen, musterte er uns kurz und wandte sich dann wieder seinen Teetassen zu, als gäbe es nichts Interessanteres auf der Welt. Er betrieb dieses Camp seit vielen Jahren, übernahm daneben von Zeit zu Zeit auch die Organisation von Jagdcamps und hatte die »Hab ich alles schon mal gesehen«-Haltung, die überall auf der Welt von Veteranen des Dienstleistungsgewerbes an den Tag gelegt wird, zur Perfektion gebracht.

»Und, was ist diesmal stecken geblieben?«, fragte er mit seiner tiefen Stimme. »Wieder mal ein Büffel?«

Um der Wahrheit die Ehre zu geben, Benson hatte tatsächlich schon so ziemlich alles gesehen. Bestimmt erinnerte er sich an das letzte Mal, als ich mich mit einem Büffel eingelassen hatte und – zwar nicht schlammverkrustet, dafür aber schweißgebadet – ins Camp zurückgekommen war. Dieses Camp hatte sich am Olare Orok in der Massai Mara befunden. Ich war mit meiner Gruppe auf der Rückfahrt vom Mara, wo wir eine Herde Gnus bei ihrem verzweifelten Versuch, den Fluss zu überqueren, beobachtet hatten, und an der Stelle, an der wir oberhalb der Leopard Gorge wieder das freie Gelände erreichten, fuhren wir praktisch in einen einzelnen Büffelbullen, um den mit gesenkten Köpfen ein Rudel Hyänen seine Kreise zog. Ein Massai-Speer hatte seinen mächtigen Hals glatt durchbohrt und ragte oben und unten heraus. Entsetzt von dem Anblick blieben wir stehen und beratschlagten, was wir tun könnten. Eine der im Busch geltenden Regeln besagt, dass man die Tiere ihrem Schicksal überlassen soll. Es ist zweifellos eine gute Regel, aber wie viele andere breche auch ich sie gelegentlich. Was sollte unrecht daran sein, wenn wir den Büffel retteten? Schließlich waren Menschen für diesen schrecklichen Anblick verantwortlich, und es erschien daher nur gerecht, wenn Menschen etwas wieder gutzumachen versuchten. Die Massai selbst waren inzwischen natürlich längst verschwunden.

Ich war damals mit einer Gruppe Kanadier unterwegs, die ich schon öfter begleitet hatte und die ein abenteuerlustiger und furchtloser Haufen waren, wie die meisten Kanadier, die ich kenne. Erst wenige Wochen zuvor hatten wir Stunden damit verbracht, uns an eine Herde badender Elefanten heranzupirschen, um sie aus nächster Nähe zu beobachten und Fotos zu machen. Jetzt dachten wir, wenn es uns gelänge, den Speer zu entfernen, hätte der alte Bulle eine Chance durchzukommen. Tiere (wenn auch selten Beutetiere) können selbst mit schlimmen Verletzungen überleben. Ich habe einmal einen Elefanten gesehen, der seinen halben Rüssel eingebüßt und überlebt hatte, und Löwen und Hyänen, die nur noch drei Beine besaßen. Es ist kein Zufall, dass diese Tiere für gewöhnlich keine Einzelgänger und auch keine Beutetiere sind. Dieser große Bulle war zweifellos noch willens und in der Lage, sich zu verteidigen, da er immer wieder auf die Hyänen losging und sie zurückzudrängen versuchte. Die entscheidende Frage war, wie wir einen Speer aus dem Hals eines verwundeten und deshalb äußerst gefährlichen Kaffernbüffels entfernen sollten.

Ich beschloss, es mit dem Lasso zu versuchen. Wenn wir ihn so einfangen und mit Hilfe des Wagens zu Fall bringen könnten, bestünde eine gute Chance, dass er in seiner Erschöpfung lange genug liegen bliebe und wir den Speer, der glücklicherweise keine Widerhaken hatte, herausziehen könnten. Wir würden nichts weiter tun müssen, als den Wagen zu verlassen und den Büffel einzufangen.

Das wenige, das ich über den Umgang mit einem Lasso wusste, hatte ich in North Dakota, genauer gesagt in Fortuna, gelernt. Während meiner Highschoolzeit hatte ich dort auf einer Vieh- und Weizenfarm gearbeitet. Ich war schon damals nicht besonders gut im Lassowerfen gewesen, und ich nahm nicht an, dass zwanzig Jahre ohne jede Übung mein Timing, mein Fingerspitzengefühl oder meine Zielsicherheit verbessert hatten, aber ich konnte ja schlecht einen meiner Kunden bitten, die Sache zu übernehmen. Nicht, dass sie sich unbedingt darum gerissen hätten. Also holte ich das Lasso unter dem Rücksitz hervor und knüpfte eine Schlaufe in das steife Plastikseil.

»Das«, sagte einer der Kanadier grinsend, »muss ich unbedingt filmen.«

Als ich vorsichtig auf den Bullen zuging, drehte er sich um, blickte zu mir her, und noch bevor ich mich auf weniger als dreißig Meter genähert hatte, griff er mich auch schon an. Das konnte mich nicht wirklich überraschen – schließlich lag es in seiner Natur. Da wir uns in einem offenen waldigen Gelände befanden, standen mir viele Möglichkeiten zur Wahl: Ich entschied mich für einen Olivenbaum und ging hinter seinem Stamm in Deckung. Der Bulle blieb stehen, starrte mich einen Augenblick lang an und wandte sich dann wieder den Hyänen zu; vielleicht befürchtete er einen Angriff aus dem Hinterhalt. Mittlerweile hatte ihre Zahl beträchtlich zugenommen. Ich unternahm einen erneuten Annäherungsversuch, wurde aber auf die gleiche Weise wie beim ersten Mal zurückgetrieben. Infolge der Anstrengung war die Wunde des Büffels wieder aufgerissen, das Blut floss über seinen kräftigen Nacken und sammelte sich in dem Streifen dunklen, struppigen Fells an seiner Kehle. Wenn mein Plan nicht bald aufginge, würde er dem Bullen letztlich wohl genauso schnell den Tod bringen wie die Hyänen.

Als ich es zum dritten Mal versuchte und wieder verjagt wurde, rannte ich zu einigen großen Basaltfelsen am Fuß eines Abhangs seitlich von uns. Ich sprang auf einen großen Felsen, auf den mir der Büffel nicht folgen konnte, und warf von dort aus das Lasso. Zu meinem eigenen Erstaunen erwischte ich sogar eines seiner Hörner, aber wütend schüttelte der Bulle den Kopf und warf das Seil einfach wieder ab.

Allmählich verlor ich die Geduld, nur meine Gruppe, die dicht gedrängt in den offenen Dachluken stand, schien voll auf ihre Kosten zu kommen. Als der Bulle bei meinem nächsten Annäherungsversuch wieder auf mich losging, sprang ich zur Seite und rannte zum Wagen zurück. Mir blieb keine Zeit, die Tür zu öffnen und einzusteigen, also sprang ich aus vollem Lauf auf die Motorhaube und flog mit Schwung gegen die Windschutzscheibe.

Der Wagen schaukelte heftig, als der Bulle ihn auf der Längsseite rammte und dabei den Holm neben der Fahrertür eindellte. Er machte ein paar Schritte zurück und setzte zu einem neuen Stoß an. Diesmal drückte er den Radkasten über dem linken Vorderrad ein. Bei seinem dritten Angriff verfing er sich mit einem seiner langen und wunderbar geschwungenen, wenn auch verkratzten Hörner im Radkasten und steckte für kurze Zeit fest. Diese Gelegenheit nutzte ich. Ich stellte mich auf die Motorhaube, zog die Schlinge des Lassos etwas weiter auf und ließ sie zuerst über das eine Horn, dann über das andere gleiten. Als es dem Büffel schließlich gelungen war, sich aus dem Radkasten zu befreien, steckte sein Kopf in der Schlinge. Er raste davon, und ich sprang auf den Boden und schlang das freie Ende des Lassos schnell drei Mal um die vordere Stoßstange. Dann hängte ich mich in das Seil und stemmte mich in Erwartung des Rucks nach hinten.

Wie naiv von mir. Nachdem der Bulle das Seil bis ans Ende gespannt hatte, lief er einfach weiter und riss die Stoßstange vom Wagen. Das Plastikseil, das ich verzweifelt umklammert hielt, verbrannte mir übel die Handflächen und die Finger, als es durch meine Hände rutschte.

Vierzig Minuten später waren wir wieder im Camp. Es bedurfte einiger Überwindung meinerseits, Benson um Jod zu bitten. Er brachte mir die Flasche und einige saubere Gazetupfer und wartete ab, um zu sehen, was ich damit machen würde. Ich drehte meine Handflächen nach oben und zeigte ihm die Verbrennungen und die abgeschürfte Haut.

»Bist du heute mit dem Wagen irgendwo da draußen stecken geblieben?«

»Nein, wir haben versucht, einen Büffel mit dem Lasso einzufangen.«

»Die sind ziemlich groß.«

Ich nickte. Benson sah mir zu, während ich versuchte, die Jodflasche zu öffnen. Schließlich nahm er sie mir aus der Hand, drehte die Kappe auf und gab sie mir, bevor er sich zum Gehen wandte.

»Die sind ziemlich groß«, wiederholte er. »Du solltest dich besser an Nashörner halten.«

Nashörner?

»Benson, was redest du da von Nashörnern? Die sind doch noch größer als Büffel.«

»Hast du im letzten Juli nicht versucht, mit dieser Gruppe aus Colorado ein Nashorn oder so was Ähnliches zu fangen?«

Jetzt dämmerte mir, dass er auf die Episode mit Big Ben und Little Ben in Lewa Downs anspielte. »Aber nein«, sagte ich entrüstet. »Wir sind auf eine Nashornkuh und ihr Kalb gestoßen, und die sind zufällig in unsere Richtung gerannt. Das war etwas anderes. Etwas völlig anderes.«

»Ach so, ich dachte, ihr hättet versucht, sie mit dem Lasso einzufangen. Da muss ich wohl irgendwas falsch verstanden haben.«

»So ist es«, sagte ich mit Nachdruck.

Als wir am nächsten Tag die Stoßstange holten, fanden wir die traurigen Überreste des Büffels.

6

GESCHICHTEN IM SAND: ZU FUSS AUF SAFARI

Die Löwenfährte verlief nur knapp anderthalb Meter vom Feuer entfernt. Nach der Größe des Abdrucks zu urteilen, stammte sie von einem Männchen, das in der Nacht ins Camp gekommen war und lautlos über die von Blättern bedeckte Erde gelaufen sein musste, um sich ebenso unbemerkt wieder davonzuschleichen. Dabei war er mit seiner rechten Vorderpranke einmal zwischen den Blättern auf die blanke Erde getreten, und dieses Trittsiegel hatte ich entdeckt. Der Wind, der die ganze Nacht über von den Hügeln hergeweht hatte und sanft über den Abdruck des Hauptballens und der vier Zehen gestrichen war, hatte die Spur zum Teil ausgelöscht. Aber sie stammte eindeutig von einem männlichen Löwen. Für einen Leoparden war sie viel zu groß, und der dreilappige Hauptballen war ein typisches Merkmal, in dem sich eine Katze von den zwei Lappen der Hunde und Hyänen unterscheidet.

Ich hatte meinen drei Safarigästen Ann, David und Wayne den Abdruck gezeigt und darauf hingewiesen, wie nah das Tier an mir vorbeigekommen sein musste, während ich am Feuer geschlafen hatte. Auch Leon, der mit mir zusammen diese Safari in Simbabwe leitete, war einigermaßen erstaunt. Der Einzige, der den Pfotenabdruck noch nicht gesehen hatte, war Agrippa, unser von Leon angeheuerter Fährtenleser, aber er würde auf dem Weg zum Frühstück am Feuer vorbeikommen.

»Agrippa!«, rief ich ihm zu. »Er ist ganz schön nah gewesen, gestern Nacht.« Ich deutete auf den Abdruck. Aber Agrippa würdigte ihn kaum eines Blickes und ging, ohne ein Wort zu verlieren, weiter. Als er den letzten der im Halbkreis aufgestellten Stühle erreichte, sah er mir direkt in die Augen und sagte nur: »Der ist von dir.«

Ohne auch nur einen Moment stehen geblieben zu sein, hatte Agrippa meine List durchschaut. Auf Hände und Knie gestützt und mit den Lippen fast den Boden berührend, hatte ich sanft aus derselben Richtung wie der nächtliche Wind auf die Spur geblasen, die ich selbst in die Erde gedrückt hatte. Meine Gäste auszutricksen war ziemlich leicht gewesen, aber Leon ist hier in Simbabwe einer der erfahrensten und angesehensten Führer. Mein verwischter Pfotenabdruck war also ganz gut, aber eben nicht gut genug, um auch Agrippa an der Nase herumzuführen. Wenn man sein Leben im Busch verbringt, sind einem Spuren bis ins letzte Detail vertraut, und das ist durch nichts zu ersetzen.

Wir hatten Agrippa vor zehn Tagen kennen gelernt, und ich war zunächst nicht besonders beeindruckt gewesen von dem bescheidenen Mann. Nun schien er allerdings auch kein großes Bedürfnis zu verspüren, irgendjemanden mit irgendetwas zu beeindrucken. Man kann es Arroganz nennen oder Selbstsicherheit, es war ihm jedenfalls einfach egal. Er besaß außerordentliche Fähigkeiten, und das zu wissen genügte ihm. Den endgültigen Beweis für seine Talente lieferte Leon; seit zwanzig Jahren arbeitete er für das Zimbabwe Wildlife Department und als Safariführer, aber kein einziges Mal widersprach er Agrippa oder bezweifelte auch nur dessen Deutung von Spuren oder seine Ausführungen, wann genau ein Tier einen Weg gegangen war oder welche Richtung es eingeschlagen hatte. Genauso wenig äußerte Leon Zweifel, wenn Agrippa das Geschlecht eines Tieres bestimmte – er gab in seinem Ndebele-Englisch einfach nur an uns weiter, was ihm die Spuren sagten.

Agrippa führte ständig eine Pistole mit sich, die er etwas merkwürdig um die Hüfte gebunden trug, aber er tat das nicht etwa, um anzugeben. Wenn man zu Fuß auf Safari geht, braucht man ganz einfach eine Schusswaffe zum Schutz, und während der letzten sieben Tage hatten wir so gut wie nie den Wagen benutzt. In der Morgendämmerung verließen wir das Camp im Gänsemarsch, und in der Abenddämmerung kehrten wir in derselben Formation wieder zurück. Je nachdem, was wir über die Vegetation, das Wasser, die Schutzmöglichkeiten und die Tierwelt wussten, nahmen wir gelegentlich den Wagen, um in einen entlegeneren Teil des Chizarira-Nationalparks zu gelangen, und dort angekommen, machten wir uns dann wieder zu Fuß auf den Weg. Auf diese Weise waren mehrere Tage vergangen, an denen wir weder Autos noch eine Menschenseele zu Gesicht bekommen hatten, und glücklicherweise lagen noch mehr solche Tage vor uns.

Auch mit meiner Gruppe hatte ich Glück. Die drei hatten die klassische Ostafrika-Safari, auf der man mit dem Wagen von Camp zu Camp fährt, schon einmal mitgemacht und wollten dieses Mal mehr erleben, auch wenn das hieß, dass sie sich den Raubkatzen nicht so weit nähern konnten und weniger als von einem Wagen aus zu sehen bekamen. Ich ziehe es sowieso vor, zu Fuß unterwegs zu sein – man erlebt das Land und die Tiere unmittelbarer, die Erfahrung ist direkter und, wie ich glaube, ehrlicher.

Ann war die Erste, die ans Feuer kam. Sie schien angesichts der Kälte viel zu dünn angezogen zu sein, aber vermutlich war es hier immer noch um einiges wärmer als in ihrer Heimatstadt Chicago. Sie hockte sich beim Feuer nieder und streckte ihre Hände den Flammen entgegen, sie gelegentlich drehend und wendend, wohl, um sicherzugehen, dass beide Seiten schön gleichmäßig gegrillt wurden. Mit ihrer leisen und melodischen Stimme wünschte sie Leon und mir einen guten Morgen. Bald folgten auch Dave und Wayne und gesellten sich zu unserer friedlichen Runde ans Feuer.

Schließlich musste Leon dann aber doch die Stille stören, um allen zu erklären, was wir an diesem Vormittag unternehmen würden, und entsprechende Regeln zu geben. Diese Verhaltensregeln entsprachen denen, die allgemein für Wanderungen und Pirschen gelten, mit einer Extra-Ermahnung allerdings: Wir sollten aufpassen, nicht in die Schusslinie des Gewehrs zu kommen, warnte Leon. Dann gab er uns zehn Minuten, um unsere Rucksäcke für den Tag zu packen. Nachdem wir uns wieder versammelt hatten, schlenderte Leon heran, das Gewehr über die rechte Schulter gehängt. Dann tauchte auch Agrippa auf, wieder in denselben langen Hosen, die er seit dem ersten Tag trug, und dieselbe Pistole umgeschnallt, die wahrscheinlich seit An-

beginn der Zeiten an seiner Seite baumelte. Er lief an unserem Grüppchen vorbei direkt auf das Flussbett zu. Leon musterte jeden von uns
von Kopf bis Fuß wie eine Mutter ihre Kinder, bevor man sich zum
Weihnachtsbraten niederlässt. Offensichtlich gab es nichts an uns auszusetzen, und also setzte sich auch Leon Richtung Busi in Bewegung.
Wir folgten ihm einer nach dem anderen.

Agrippa war das Flussbett schon ein paar hundert Meter hinunter-
gelaufen, und ich sah, dass er den Kopf senkte und seinen Blick herumwandern ließ, als er den Sand nach bestimmten Spuren absuchte.
Meinem Auge schienen die bröckeligen Krumen zu grob, als dass dort
ein Abdruck deutlich und leicht identifizierbar zu erkennen gewesen
wäre. Trotzdem sah ich mich im Weitergehen aufmerksam um, in der
Hoffnung, die Spur eines Löwen zu entdecken, bevor Agrippa sie
fand. Als ich wieder aufsah, wartete er bei einer kleinen Senke, in der
einmal Wasser gestanden hatte und die eine glattere Oberfläche hatte
als der umgebende Sand. Tief beugte er sich über Spuren, die an einer
Seite der flachen breiten Senke entlangliefen. Selbst ich erkannte, dass
dieser frische und scharf umgrenzte Abdruck von einem Löwen
stammte. Leon und ich sahen ihn uns näher an. Ein Männchen war
gestern Nacht hier gewesen, vermutlich eines von denen, deren Rufe
wir den ganzen Abend über gehört hatten. Agrippa wies uns noch auf
einen Satz verwischter Abdrücke hin, die etwas weiter weg im groben
Sand zu sehen waren. Ich konnte diese Spuren, die sich in regelmäßigen Abständen voneinander befanden, zwar ausmachen, aber für mich
hätten es auch die von Hyänen oder Leoparden sein können.

Leon übersetzte, was Agrippa vor sich hin murmelte.

»Das ist eines der drei Männchen, die gestern Nacht hier entlanggelaufen sind, und die andere Spur stammt von einem der beiden Weibchen, die sie begleiten.«

Ann stellte die Frage, die sich zwangsläufig aufdrängte. »Wenn er
nur zwei Spuren sehen kann, woher weiß er dann, dass es drei Männchen und zwei Weibchen sind?«

Leon antwortete gelassen für seinen Fährtenleser: »Wir befinden
uns in ihrem Revier. Und sie dulden keinen anderen erwachsenen Löwen auf ihrem Territorium, also müssen sie es ganz einfach sein.«

Wir gingen weiter. Agrippa lief uns wieder ein paar hundert Meter voraus. Immer wenn ich zu ihm schaute, hatte er seinen Blick nach unten gerichtet, aber ich glaube nicht, dass er jemals auf diese Weise etwas entdeckt hat, ohne vorher schon zu wissen, dass es da ist. Leons Gang unterschied sich ganz erheblich von Agrippas. Seine große rechte Hand ruhte auf dem ölglänzenden Lauf seines Kalibers .458, das er über die Schulter gelegt trug, und er schritt beim Gehen gleichmäßig und weit aus, während Agrippa auf seiner Spurensuche kleine unstete Schritte machte und hin und her sprang, als würde er tanzen. Leon hielt auch den Kopf höher als Agrippa. Die beiden hatten zu einer guten Aufteilung der Aufgaben und der Verantwortung gefunden. Es wäre nicht besonders sinnvoll, wenn der Mann mit dem Gewehr immer nur vor seine Füße blickte. Er musste rechtzeitig sehen können, was aus dem Busch kam, und durfte sich nicht davon überraschen lassen, stets aufmerksam und immer bereit, sich notfalls zwischen ein Tier und die Leute in seinem Gefolge zu stellen. Ich entschied, einen Mittelweg zu wählen. Einerseits wollte ich wissen, was sich um uns herum abspielte, aber ich war auch wie gebannt, wenn nicht hypnotisiert von den Spuren der Tiere und konnte die Vorstellung, eine zu übersehen, kaum ertragen. Ich musste einfach gleichzeitig meine Umgebung und den Boden im Blick behalten und trotzdem mit den anderen Schritt halten und weitergehen können.

Eine baumbestandene Halbinsel ragte in das sandige Flussbett des Busi. Um die Stämme hatte sich feinere Erde angesammelt, und dort fand ich den ersten Satz Löwenspuren, dann einen zweiten und schließlich einen dritten. Die Löwen waren flussabwärts zwischen den Bäumen durchgelaufen, ohne hier eine Pause einzulegen. Ich rief Agrippa, und er kam aus dem Schatten, wo er auf uns gewartet hatte, zu mir herüber. Als ich ihm die drei Spuren zeigte, nickte er, packte mich mit Daumen und Zeigefinger am Hemdsärmel und führte mich ein paar Meter weiter zu einem umgestürzten Stamm, wo er auf zwei andere Fährten deutete. Das machte insgesamt fünf – jene fünf, von denen Leon vorher schon gesprochen hatte. Agrippa beugte sich zu dem Stamm hinunter und zog mich, immer noch meinen Ärmel festhaltend, ein Stück mit. Ohne ein Wort zu sagen, deutete er auf ein kurzes, knapp drei Zentimeter langes blondes Haar und dann auf ein zweites. Die Löwen hatten sich den Bauch am Holz gescheuert, als sie über den Baumstamm gestiegen waren, und dabei ein paar Haare als Visitenkarte hinterlassen. Ich kehrte zu meiner Gruppe zurück, die im Schutz eines großen Akazienbaums saß, der lange und verschwommene Schatten über den Sand warf, während die Sonne an Kraft zunahm, aber noch nicht unerträglich heiß brannte. Leon hatte Agrippa und mich beobachtet und fragte, ob ich auf dem Stamm irgendwelche Löwenhaare gefunden hätte. Ich nickte, und er nahm sein Gewehr am Lauf und legte es wieder über seine rechte Schulter, das Zeichen zum Abmarsch. Wir erhoben uns, wuchteten unsere Rucksäcke auf den Rücken und gingen im Gänsemarsch wieder los.

Agrippa schritt rasch voraus und hatte bald einen größeren Vorsprung, zufrieden wohl, dass keiner die noch unberührten Fährten zerstören oder unnötige Geräusche machen konnte. Dann ging er langsamer weiter, hielt aber auf wundersame Weise immer die gleiche Entfernung zu uns. Es war noch viel zu früh, um eine Pause einzulegen, aber nach zwanzig Minuten stießen wir in einer Sandkuhle auf den wartenden Agrippa. Diese Kuhle war vor langer Zeit entstanden, als eine riesige Akazie umgestürzt war und ihre Wurzeln ein beachtliches Loch in die Erde gerissen hatten, das der Wind über die Jahre hinweg wieder mit feinem Sand gefüllt hatte. Auch Blätter, kleine Holzstücke und Dornen waren in die geschützte Vertiefung geweht worden, sodass sie aussah wie eine fünf Meter breite blassbraune Untertasse. Agrippa wechselte mit Leon ein paar Worte, und die beiden drehten langsam eine Runde um den Rand der Kuhle, wobei sie immer wieder kurz innehielten. Dann wandte sich Leon uns zu und erklärte, dass sich die Löwen hier ausgeruht hätten, dass sie möglicherweise ganz in der Nähe seien und wir sie daher höchstwahrscheinlich noch zu Gesicht bekommen würden. Er bat uns, nahe beieinander zu bleiben und leise zu sein, aber das musste man uns eigentlich gar nicht sagen.

Agrippa entfernte sich jetzt nicht mehr weiter als dreißig Meter von uns, und da wusste ich, dass wir tatsächlich bald etwas zu sehen bekommen würden. Für die Zukunft merkte ich mir, dass diese Änderung seines Verhaltens bedeutsam war. Leon und Agrippa machten jetzt auch keine Späßchen mehr – dafür nahmen sie die auf ihnen ruhende Verantwortung viel zu ernst. Ich merkte, dass alle immer wieder zu Leon hinsahen und herauszufinden versuchten, wohin sein suchender Blick wanderte. Ich ließ meine Augen über die in einiger Entfernung stehenden Bäume und Gebüsche streifen. Wenn die Löwen in der Nähe wären, würden auch die anderen sie entdecken können, daher erschien es mir besser, in größerer Entfernung zu suchen. Nach zwanzig oder dreißig Minuten, als sich die Spannung bei allen gerade wieder etwas löste, ging Agrippa plötzlich in die Hocke. Leon tat es ihm augenblicklich nach, und wir anderen folgten wie Dominosteine. Agrippa sah weder zu uns her, noch gab er uns ein Zeichen. Leon wartete und beobachtete Agrippa, bis dieser schließlich mit nach unten gekehrter Handfläche und gespreizten Fingern seinen Arm nach hinten in unsere Richtung streckte. Man musste es uns nicht zwei Mal sagen, ach, nicht mal ein Mal. Wir blieben in geduckter Haltung, reglos und schweigend, und konnten uns kaum beherrschen vor Neugier.

Eine Ewigkeit schien zu vergehen, bevor Agrippa langsam seinen Kopf zu uns wandte und mit seinen Lippen das Wort »Löwen« formte. Aber wie nah sie waren, was sie taten und vor allem, ob sie uns bemerkt hatten, erfuhren wir zu meinem Leidwesen nicht.

Leon lief tief gebückt ein Stück weiter nach vorne, das Gewehr nur ein paar Zentimeter über dem Sandboden haltend. Er stieß zu Agrippa, hob sein Fernglas an die Augen, drehte sich dann nach wenigen Sekunden um und winkte mich zu sich heran. Das schien mir fast eine Auszeichnung zu sein, und ich kroch zu ihnen hin. Die beiden kannten ihr Geschäft! Auch ohne mein Fernglas konnte ich in siebzig Meter Entfernung die Löwen im trockenen Flussbett erkennen. Sie umringten einen toten Büffel, der aus dieser Entfernung noch fast unberührt aussah. Leon beugte sich ganz nah zu mir und flüsterte in mein linkes Ohr, so leise, dass ich mich konzentrieren musste, um ihn überhaupt zu verstehen: »Wir gehen hundert Meter zurück und dann vom Fluss weg, ein Stück flussabwärts, bis wir auf gleicher Höhe mit den Löwen sind. Von dort aus können wir dann versuchen, näher an sie heranzukommen.«

Mit einem Nicken signalisierte ich, dass ich ihn verstanden hatte, und er bat mich, vorsichtig zurückzugehen und den anderen Bescheid zu sagen. Wenn die Löwen uns entdeckten, könnten wir die ganze Sache vergessen. Sie würden sofort von ihrer Beute ablassen und verschwinden. Dieses Mal kroch ich fast auf dem Bauch über den Boden, und als ich bei den anderen war, flüsterte ich dem Nächstbesten ins Ohr, was wir vorhätten. Dann wurden die anderen beiden instruiert, und wir hielten uns bereit. Eng aneinander gerückt warteten wir, bis Leon kam, um unseren Rückzug anzuführen.

Der Versuch, ungesehen und ungehört zu bleiben, erwies sich als überraschend anstrengend und ermüdend. Obwohl der weiche Sand unsere Schritte dämpfte, schien jedes Aufsetzen eines Fußes laut in der Luft widerzuhallen. Nachdem Leon ein Stück des Wegs zurückgelegt hatte, lief er nur noch halb gebückt weiter, und nach weiteren zwanzig Metern richtete er sich ganz auf. Wir taten es ihm nach und eilten ihm hinterher, als er rasch in dem Dickicht verschwand, das in einiger Entfernung vom Flussufer stand.

Bevor wir uns wieder flussabwärts in Richtung der Löwen wandten, winkte Leon uns zusammen. In der Zwischenzeit hatte uns auch Agrippa eingeholt, lief aber, ohne anzuhalten, schnurstracks an uns vorbei. Leon sagte, wenn wir nahe genug an die Löwen herangekommen wären, würde er uns erklären, warum er den Büffel für ihre eigene Jagdbeute hielt und nicht für eine, die sie den Hyänen abgejagt hätten. Er wies uns noch einmal an, sehr leise zu sein und auf seine Handzeichen zu achten, dann setzten wir unseren Weg fort. Nach einer Weile machten wir eine Wendung um neunzig Grad, die uns wieder direkt auf die fressenden Löwen zuführen sollte. Obwohl es gar nicht notwendig war, duckten wir uns erneut instinktiv. Gebückt zu gehen erschien in dieser Situation einfach angebracht, auch wenn wir uns im Schutz der Bäume bewegten. Schließlich erreichten wir die Stelle, an der Agrippa auf dem Boden kauerte, neben sich Leon, der uns in rascher Folge verwirrende Zeichen gab, zu ihm zu kommen, uns zu ducken, wieder weiterzugehen und so fort. Ich zog mit der einen Hand Wayne vor mich in die Reihe und gab mit der anderen Ann einen leichten Schubs vorwärts. Dave war schon bei Leon und sah durch sein

Fernglas. Er drehte sich zu uns um und zeigte wiederholt in Richtung des Flussbetts. Er konnte offensichtlich nicht glauben, was dort, nicht einmal dreißig Meter vor ihm, zu sehen war.

Ich überlegte, ob ich nicht die Beobachter fotografieren sollte, wie sie sich dort auf einem Haufen drängten und die Hälse reckten, damit ihnen ja nichts entginge. Die Löwen schienen zu weit entfernt zu sein, als dass das Klicken des Fotoapparats zu ihnen dringen könnte, aber falls es doch einer von ihnen hören sollte, würde dieses Geräusch alles verderben. Daher ließ ich es bleiben und kroch zu den anderen nach vorne. Leise geflüsterte Fragen und Erklärungen gingen hin und her, bis mich Leon plötzlich am Arm packte. Erschreckt fuhr ich zusammen und blickte rasch zu den Löwen. Alle fünf starrten halb zusammengekauert direkt zu uns herüber. Wir warteten, und sie guckten. Ich fühlte mich wie auf dem Präsentierteller. Sie konnten uns eigentlich nicht gehört haben, aber trotzdem waren sie irgendwie auf uns aufmerksam geworden und versuchten herauszufinden, was wir eigentlich waren.

Welche Antwort sie darauf auch gefunden haben mochten, jedenfalls gefiel sie ihnen nicht. Plötzlich wandte sich zuerst das eine Männchen, dann die anderen beiden um, und alle drei liefen eilig zu den Bäumen auf der anderen Seite des Flussbetts. Die beiden Weibchen starrten uns noch eine Weile an und trotteten dann erhobenen Hauptes den verschwundenen Männchen hinterher. Sekunden später gab es nur mehr uns auf dieser Seite des Flussbetts, den toten Büffel in der Mitte und das Wissen um die fünf Löwen auf der anderen Seite. Es vergingen einige Minuten, bis wir einsahen, dass sie tatsächlich verschwunden waren, und wir uns aufrichteten und Leon mit Fragen bestürmten.

»Womit haben wir uns denn eigentlich verraten?«, fragte David.

»Wir sind doch in Deckung geblieben und haben keinen Mucks von uns gegeben«, klagte Wayne.

»Ich hab keine Ahnung«, war das Einzige, was Leon zu unserem Trost sagte. »Keiner hat etwas falsch gemacht. Vielleicht hat uns einfach einer von ihnen entdeckt, als er in der Gegend rumgeguckt hat.«

Das war möglich. Löwen lassen genauso wie Geparde ständig ihren Blick herumwandern, selbst wenn sie sich über ihre Beute hermachen.

Diese fünf hätten ihre Mahlzeit gegen so gut wie alles verteidigen können, außer gegen eine zufällig vorbeiziehende Elefantenherde, aber es
war ihnen angeboren, immerzu auf der Hut zu sein. Selbst fünf mächtige Löwen werden einem Konflikt mit etwas Unbekanntem lieber aus
dem Weg gehen, und auch Elefanten und Flusspferde – die ganz Großen eben – ziehen es vor, die Auseinandersetzung mit allem, was ihnen fremd ist, zu vermeiden.

Leon schlug vor, dass wir uns den Büffel genauer ansehen sollten,
und machte sich gemeinsam mit Ann auf den Weg; die anderen folgten bald. Ich sah ihnen zu, wie sie über den jetzt schnell heißer werdenden Sand gingen, und versuchte, sie mir in den Straßen von Dallas
und Chicago vorzustellen. Sie alle liefen leichtfüßig über die blanke
Erde und näherten sich dem Büffel, als gehöre das zu den leichteren
Übungen, die man im Laufe eines Tages zu verrichten hat. Als ich um
das riesige tote Tier herumging, fiel mir wieder die Bemerkung ein,
die Leon über die Identität des Jägers gemacht hatte. Das Maul des
Büffels war zerfetzt, die Lippen und das Fell darum waren weggefres-
sen worden. Offensichtlich hatte das Tier, das den Büffel getötet hatte, ihn mitten ins Gesicht gebissen und ihm dabei das Maul zugepresst,
sodass er erstickte. Hyänen hätten ihm den Bauch aufgerissen, seine
Eingeweide zerfetzt und ihn bei lebendigem Leibe gefressen, erklärte
ich der Gruppe. Sie hatten bereits zwei Wochen zuvor in der Massai
Mara Löwen bei der Verrichtung ihres Handwerks zugesehen. Wir
hatten in allen Einzelheiten die Jagd auf ein Gnu mitverfolgen können
und anschließend die Tiefe der Wunden, die Zähne und Klauen hinterlassen hatten, untersucht und gemessen. Selbst Ann, sonst eher zart
besaitet, was das Schicksal von Tieren anbelangte, konnte nicht umhin, ihre Bewunderung für die Kraft und Entschlossenheit zu äußern,
mit der die Löwen zu Werke gegangen waren, um den riesigen Büffel
zur Strecke zu bringen. Wir knieten uns vor dem auf dem Rücken liegenden Büffel auf den Boden und blickten in sein halb offenes Maul
und auf das zerfetzte Gesicht, das uns mit entblößtem Zahnfleisch und
Zähnen entgegenstarrte. Die ganze Zeit über, in der wir das Opfer genau studierten, ließ Agrippa die weit entfernt stehenden Bäume nicht
aus den Augen. Ich konnte mir nicht vorstellen, dass die Löwen zu-

rückkommen würden, um uns gegenüber ihr Recht auf ihre Beute zu behaupten, aber ich war nicht so vermessen, sein Tun in Frage zu stellen.

Die Löwen kehrten nicht zurück. Wir ließen uns mittlerweile um den toten Büffel herum nieder und machten eine Teepause. Noch war es in der Sonne nicht so heiß, dass es uns in den Schatten getrieben hätte. Je länger wir den Büffel betrachteten, desto mehr Einzelheiten fielen uns auf. Dave versuchte vergeblich, eines der steifen Beine des Büffels zu bewegen. Es sei ihm unvorstellbar, sagte er, welche Kraft nötig sei, ein solches Tier zum Stehen zu bringen und umzuwerfen. Bei dem Gedanken, was die Löwen mit einem von uns anstellen könnten, wurde uns allen etwas mulmig zumute.

Auf dem Weg zurück ins Camp stieß ich zu Agrippa vor, als er sich gerade bückte, um einen Baumstamm zu untersuchen. »Neuer Wind«, sagte er.

Mit diesen beiden Worten konnte ich nun nicht allzu viel anfangen. Ich guckte genauer hin und versuchte herauszufinden, was er sah.

»Neuer Wind. Schau dir die Grasfährten an.«

Dann verstand ich. Die trockenen, abgebrochenen Halme des von der Sonne verbrannten gelben Grases hatten im Sand eine bogenförmige Spur hinterlassen, als sie vom Wind hin und her geweht worden waren. Als wir uns an die Löwen angepirscht hatten, war ich auf diese Spur getreten und hatte mit dem Abdruck meiner Sandale das Wellenmuster in diesem Bereich verwischt. Jetzt bildeten Gräser dasselbe Bogenmuster, allerdings auf der anderen Seite des Grasstreifens. Die einzelnen Büschel hatten wie auf einer Schallplatte eine neue Reihe von Rillen in den feinen Sand geschnitten, was deutlich zeigte, dass der Wind gedreht hatte, seit wir auf unserem Weg flussabwärts hier vorbeigekommen waren. Das konnte sogar ich erkennen.

Ann und Wayne stießen gerade in dem Moment zu uns, als Agrippa und ich weitergehen wollten.

»Habt ihr was entdeckt?«, fragte Ann.

»Grasfährten.«

»Was hat er gesagt?«, fragte Wayne Ann. »Hat sich wie ›Grasfährten‹ angehört. Was zum Teufel sollen denn Grasfährten sein?«

Da alle müde und erschöpft von der Pirsch auf die Löwen waren, beschlossen wir, eine Frühstückspause einzulegen – ein bisschen Ruhe hatten wir alle nötig. Nur Leon tat so, als wären wir gerade eben erst aufgebrochen. »Drei erlegt und zwei warten noch«, verkündete er, und wir wussten alle, was er meinte. Bei den Großwildjagden früherer Zeiten wollten die Jäger die großen Fünf schießen – Büffel, Löwe, Leopard, Flusspferd und Elefant.

Leon und ich überlegten, was wir mit dem angebrochenen Tag noch anfangen sollten, und er schlug vor, schwimmen zu gehen, und zwar in einem kleinen Wasserbecken, das versteckt in einem engen und tiefen Canyon lag. Man musste nur eine Stunde lang einigermaßen stramm marschieren, um dorthin zu gelangen, und die alte Schlucht und das klare Wasser waren diese kleine Wanderung wert, ob wir dort nun Tiere sehen würden oder nicht. Minuten später waren wir bereits unterwegs zu dem Bad und dem Picknick am Wasser.

Die Sonne stand im Zenit und zeichnete keine der sanften Schatten die in der Dämmerung die Abdrücke gut sichtbar werden lassen. Zehn Minuten bevor wir unseren Pool erreichten, konnte ich das Wasser riechen – ein sehr angenehmer Geruch. Leon beorderte uns direkt hinter sich und bat uns, still zu sein. Wenn schon wir das Wasser riechen konnten, aus welcher Entfernung konnte es dann erst ein Elefant wahrnehmen. Er war überzeugt, dass die Elefanten, die sich in diesem Gebiet aufhielten, das Wasserloch kannten, und jetzt war genau die Tageszeit, zu der sie es aufsuchen würden.

Kurz bevor wir am Wasser anlangten, blieb Leon stehen. Es gebe da ein kleines Problem, erklärte er. Ein Tier, das bei unserem Eintreffen am Wasserloch die Flucht ergriffe, müsse uns praktisch über den Haufen rennen, da es keinen anderen Weg aus dem Canyon gebe. Dadurch könne ein heilloses Durcheinander entstehen, und zudem könne es gefährlich werden, weshalb er und Agrippa vorgehen würden, um zu sehen, wie es dort aussehe.

Eine Minute später hallte laut Leons Stimme von den Felsen wider, und das Echo setzte sich durch den Canyon fort. Ich konnte zwar nicht verstehen, was er rief, mir aber auch nicht vorstellen, dass er irgendeinen Laut von sich gegeben hätte, wenn dort hinten ein paar Tiere vor uns Anspruch auf das Wasser erhoben hätten. Daher gingen wir weiter. Agrippa thronte auf einem Basaltfelsen, von dem aus er sowohl unseren Weg als auch das Wasserloch überblicken konnte. Als wir dort ankamen, konnte ich Leon nicht gleich entdecken, weil er unter Wasser war und erst, als wir den Rand des Wasserlochs erreicht hatten, vor uns auftauchte. Begeistert stürzte ich mich ins Wasser, und Ann, David und Wayne taten es mir bald nach.

Wir schwammen ein wenig und aalten uns dann in der Sonne, während wir die kleine Melone, die Leon mitgebracht hatte, verspeisten und den in Afrika scheinbar nie auszugehenden Kaffee tranken. Dann schliefen wir erstaunlicherweise fast zwei Stunden lang, mit dem Rücken gegen die Felsen an einer seichten Stelle im Wasser gelehnt. Als die Sonne durch die Lücken in dem dichten Blätterbaldachin brach, wurde uns klar, dass sich der Tag seinem Ende zuneigte. Unser Rückmarsch würde wohl um einiges weniger angenehm sein als der Hinweg. Wir packten unser Zeug zusammen und tauschten die Badesachen gegen Safariklamotten aus. Endlich kam auch Agrippa von seinem Aussichtspunkt herunter, den er bis dahin nicht verlassen hatte, aß einen der übrig gebliebenen Schnitze der saftigen Melone und goss sich einen Schluck des gesüßten Kaffees in einen Plastikbecher.

Die Sonne brannte jetzt nicht mehr so heiß auf uns herab, als wir den Canyon verließen und über die offene Sandfläche in Richtung des Flusses gingen, und wir mussten auch unsere Augen nicht mehr gegen das Licht schützen. Die Vögel waren schon wieder unterwegs, und bald würden auch die größeren Tiere aktiv werden. Wir gingen eine Stunde, ohne dass sich irgendetwas Besonderes ereignete. Wie immer trug Leon sein Gewehr über der rechten Schulter, und Agrippa lief in einiger Entfernung vor uns her. Kurz bevor wir den sandigen Abhang erreichten, der zum Flussbett hinunterführte, mussten wir mehrere riesige Termitenhügel umrunden. Jeder war von Euklea-Büschen umgeben, und dazwischen wuchsen Eisen- und Ebenholzbäume. Diese schützenden Erdwälle zogen Vögel, Schlangen, Nagetiere und kleine Dik-Dik-Antilopen an. Sie bilden eine eigene Miniaturwelt und haben darin eine wichtige Funktion. Leider verstellen sie auch den Blick. Da Agrippa eine Abkürzung genommen hatte und nach rechts gegangen war, um sich an der Flussbiegung umzusehen, war keiner da, der uns vor dem Elefanten hätte warnen können.

Ein lautes Trompeten ließ unsere Beine und Herzen stillstehen. Leon duckte sich, brachte augenblicklich sein Gewehr in Anschlag und lud eine Großwildpatrone in die Kammer. Wir hatten den alten Bullen mindestens ebenso überrascht wie er uns. Er stand etwa fünfzehn Meter vor uns und lief noch ein paar Meter weiter, bevor er sich herumdrehte und erneut trompetete, wobei er seinen Kopf schüttelte und mit den riesigen Ohren gegen seinen Hals schlug. Sein Rüssel ragte bedrohlich in die Höhe, als er mehrmals das Kinn gegen uns reckte.

»Zurück, Leute, zurück«, flüsterte ich heiser.

»Wohin denn?«, fragte Ann.

»Geh einfach«, sagte David, nicht eben leise. »Geh einfach los.«

Leon und ich warteten ab, was der Bulle angesichts unseres plötzlichen Auftauchens tun würde. Ich wusste, dass Leon diesen Elefanten niemals mit einem Schuss würde niederstrecken können, aber ich wollte auch nicht, dass er in die Luft schießen würde, um ihn zum Rückzug zu bewegen. Das Echo eines am Busi abgegebenen Gewehrschusses würde das Wild aus der ganzen Umgebung für Tage, wenn nicht Wochen vertreiben.

Der riesige Elefant stand kurz wie gebannt da, dann machte er abrupt kehrt, lief hinter den nächsten Termitenhügel und verschwand aus unserem Blickfeld. Leon rannte an mir vorbei nach rechts, um in eine bessere Position zu kommen, für den Fall, dass der Elefant auf der anderen Seite wieder auftauchte, um uns von hinten anzugreifen. Wir warteten. Das Blut pochte in meinen Ohren. Aber nachdem eine Minute vergangen war, riefen wir den anderen zu, dass sie wieder aus ihren Verstecken kommen könnten. Es sei erstaunlich, stimmten alle überein, dass ein so großes Tier, das vermutlich mehr als fünf Tonnen wiege, sich so leise bewegen könne, dass man es erst entdecke, wenn man quasi vor ihm stehe.

Wir fanden seine Spur und blickten den Fluss hinunter, von woher er gekommen war. Es waren keine anderen Elefanten zu sehen, aber das war nichts Ungewöhnliches. Alte Bullen ziehen es oft vor, alleine umherzuziehen, und stoßen während der langen Tage und Jahre ihrer Wanderungen eher zufällig auf eine Herde mit Jungen. Erschreckt fuhren wir alle zusammen, als plötzlich Agrippa hinter einem Termitenhügel auftauchte. Er warf zunächst einen Blick auf die Spuren, dann auf uns, aber keine Frage kam aus seinem Mund, kein Lächeln zeigte sich auf seinem Gesicht. Die Geschichte, die die Abdrücke im Sand erzählten, und das, was er aus der Ferne gehört hatte, sagten ihm alles. Zurück im Camp, erklärte sich Agrippa einverstanden, mit unseren drei Gästen runter zur Flussbiegung zu gehen und zu sehen, ob sich dort irgendwelche Tiere eingefunden hätten, während Leon und ich nach Westen fahren wollten, um den Ausflug für den nächsten Tag zu planen.

Wir nahmen den Antichrist, Leons teuflischen Land Cruiser, der sich schlichtweg weigerte anzuspringen, wenn man ihn nicht anschob, auf ihn einhämmerte oder mit dem Lieferwagen Starthilfe gab. Grantgazellen, Impalas und ein ganzer Harem von Zebras liefen in der abkühlenden Luft an uns vorbei durch Ebenholzwäldchen und vereinzelte Akazien – und dann jagte ein Nashorn an uns vorüber, mit hoch über dem massigen Hinterteil aufgestelltem Schwanz. Noch über das Rauschen des Fahrtwindes und das Brummen des dahinrasenden Antichrist hinweg konnten wir das Weibchen wütend und überrascht schnauben und schnaufen hören. Leon stieg so hart auf die Bremse, dass der Wagen schleudernd zum Stehen kam, und wir sahen ihm noch eine Weile nach. Wir befanden uns unmittelbar neben einem trockenen Wasserloch, das von einem dichten Netz von Spuren umgeben war. Sie stammten von den Besuchern, die hierher gekommen waren, noch bevor es austrocknete. Wie in einem Lehrbuch lagen die Spuren vor uns – entenfüßige Hyänenspuren mischten sich mit den schleifenden Fußabdrücken eines Stachelschweins und einer Reihe feiner Linien, die der lange hinterherschwingende Schwanz gezogen hatte. Weißschwanzmangusten, Große Kudus, Büffel, Steppenzebras und unzählige andere Paarhufer hatten sich hier zu verschiedenen Zeiten versammelt. Die Abdrücke waren bis auf die des Nashorns allerdings mehrere Tage alt. In der letzten Zeit waren keine Löwen mehr vorbeigekommen, um auszukundschaften, ob hier etwas zu holen war. Doch schon bei der nächsten Salzlecke entdeckte ich frische Löwenspuren und, noch besser, zwei verschiedene Nashornfährten. Sie waren zwar nicht ganz frisch, aber die Nashörner hatten sie vermutlich letzte Nacht oder sogar erst in der Morgendämmerung hinterlassen. Das machte uns die Entscheidung leicht. Wir würden am nächsten Morgen wieder herkommen.

Leon hatte den Antichrist oben auf einem kleinen Abhang abgestellt, für den Fall, dass ein »Schwerkraft-Start« nötig war, um ihn wieder in Gang zu bringen. Der Wagen sprang jedoch das zweite Mal in Folge ohne Starthilfe an – einsamer Rekord der letzten Monate, wie Leon erklärte –, und wir rumpelten zum Camp zurück. Von dem Nashorn war nichts mehr zu sehen, als wir das ausgetrocknete Wasserloch erreichten, wo es an uns vorbeigerast war. Nur zwei Gaukler drehten uns ihre runden, eulengleichen Köpfe zu, als wir uns näherten. Leon hielt an, und wir beobachteten die beiden Vögel eine Minute lang durch unsere Ferngläser, bevor wir uns wieder in Bewegung setzten. Agrippas Gruppe war noch nicht von ihrem Ausflug an den Fluss zurückgekehrt, daher gehörte das Lagerfeuer Leon und mir für eine Weile allein. Wir gossen uns heißen Tee aus dem immer bereitstehenden vollkommen verbeulten Kessel ein und bedienten uns aus der Zwiebackdose. Es verging eine halbe Stunde, in der weder aus unseren Kehlen noch aus dem Busch ein Laut kam, dann kehrte Agrippa mit der Gruppe zurück, und sie erzählten uns von den vier jungen Großen Kudus, die auf ihren Zehenspitzen zu dem Wasserlauf getrippelt waren, oberhalb dessen sich die Gruppe versteckt gehalten hatte.

Die vier Bullen hatten sie weder gesehen noch gehört. Sie hatten nicht einmal zu der Stelle hoch geblickt, wo die Gruppe im Schutz eines Termitenhügels saß; mehr als fünf Minuten lang hatten die stattlichen Männchen mit den spiralig gewundenen Hörnern aus dem ruhigen und tiefen Wasser getrunken, immer wieder innegehalten und um sich herum und nach oben geblickt, aber niemals die vier Leute entdeckt. Ann, Dave und Wayne waren begeistert. Man muss nicht unbedingt über die großen Fünf stolpern, um auf einer Safari denkwürdige Erlebnisse zu haben. Angesichts ihrer Begeisterung verzichteten Leon und ich darauf, das Nashorn zu erwähnen, aber wir erzählten ihnen von den frischen Spuren, die wir an der zweiten Salzlecke gefunden hatten.

In dieser Nacht kamen unsere Löwen dem Camp erneut sehr nahe, als sie auf unserer Seite des Flusses Richtung flussabwärts liefen. Leise verließ ich in der Dunkelheit das Camp, mein Aufnahmegerät hatte ich über die Schulter gehängt, und das Mikrofon steckte in einer Hülle, die ich an meinem Gürtel befestigt hatte. Ich lief erst eine Weile, bevor ich anhielt und die Geräte einstellte. Als die Löwen zu brüllen begannen, waren sie so nahe, dass ich mit dem Aufnahmepegel ein ganzes Stück runtergehen musste, damit das Gerät nicht übersteuerte. Ich vernahm den rauen Klang ihrer Stimmen, als sie lange und tiefe Laute ausstießen – hier ging es eindeutig um Revieransprüche. Eine Minute lang war nichts zu hören, und zwar gar nichts, was während der frühen Nachtstunden selten vorkommt, doch gleich darauf brüllten die Löwen erneut, zunächst nur einer, dann fielen die anderen beiden ein. Wieder breitete sich in der Dunkelheit eine fast betäubende Stille aus. Ganz Afrika lauschte den Löwen voller Furcht und voller Respekt. Ich wartete, mein Mikrofon in Bereitschaft, aber als ich ein paar Minuten später die Löwen zum dritten Mal hörte, kam das Brüllen zu meiner Überraschung von der anderen Seite des Camps. Ob die Tiere mich in der Dunkelheit gesehen oder auch nur erahnt hatten, weiß ich nicht, auf jeden Fall waren sie an mir vorbeigeschlichen – mindestens drei, wahrscheinlich aber alle fünf –, ohne dass ich einen Laut oder eine Bewegung wahrgenommen hätte.

Fünf vom Feuer beleuchtete Gesichter wandten sich mir zu, als ich in den Lichtkreis trat. Man sah mir wohl an, dass ich glücklich war. Das Aufnahmegerät hatte jeden kleinen Laut, jedes Schnauben sauber aufgenommen. Allein das Wissen, dass ich all das auf Band hatte, jagte mir einen Freudenschauer über den Rücken. Mit seinem Brüllen will ein Löwe das Blut in den Adern gefrieren lassen, und das gelingt ihm. Nachdem ich mein Band abgespielt hatte, lauschten wir alle in die Nacht, ob die Löwen noch mehr von sich gaben, während sie das Tal hinunterliefen.

In dieser Nacht lag ich, wie mir schien, Stunden wach und stellte mir die Löwen vor, wie sie durch die Dunkelheit liefen, ihre enormen

Schultern sich bei jedem Schritt vorschoben und die schweren Köpfe hin und her schwangen, während sie jede Kleinigkeit um sich herum wahrnahmen. Als ich so auf meiner Bettstatt lag und die Äste der Akazien um mich herum betrachtete, die über mir in den Himmel ragten, fragte ich mich, wie das alles wohl durch die tiefbraunen Augen eines Löwen aussehe. Aufgrund ihrer viel tieferen Perspektive, verbunden mit ihren hochsensiblen Wahrnehmungsorganen und dem Spürsinn eines Raubtiers, müssten sie eine andere Welt um sich haben, auch wenn es derselbe Ort war.

Schließlich brach die Dämmerung an, und ich hörte, wie Agrippa und Colette, die Köchin, am Kochfeuer miteinander sprachen. Wie üblich wartete ich mit dem Aufstehen, bis ich davon ausgehen konnte, dass der Kaffee fertig war. In der morgendlichen Frische ging ich zu dem Haufen Brennholz, den wir neben die Feuerstelle geworfen hatten, nahm ein paar Scheite und legte sie in die Glut. Sie schien nur auf die neue Nahrung gewartet zu haben und dankte mit einer auflodernden Flamme. An diesem Morgen gab es keine Verzögerung, und es war noch immer dunkel, als wir in den Wagen kletterten. Die Luft war so kalt, dass wir die Decken unter den breiten Sitzbänken hervorzogen. Nur Agrippa, der erhöht hinten im Wagen saß und dort am stärksten dem Wind ausgesetzt war, lehnte die angebotene Decke ab und ließ seinen Blick während der Fahrt über die Landschaft wandern. Was er in der Dunkelheit zu sehen hoffte, war mir schleierhaft, aber nichtsdestoweniger sah auch ich mich um – der Mensch ist eben ein Gewohnheitstier. Plötzlich stieg Leon auf die Bremse. Er gab mir ein Zeichen, bevor er sagte: »Agrippa, schau dir doch mal die Nashornspuren an.« Leon hatte an der Stelle angehalten, wo gestern Abend das Nashorn über die Piste gerast war. Agrippa sprang aus dem Wagen und hatte die Fährte gleich entdeckt. Eine Minute lang kauerte er über ihr und folgte dann der schwachen Spur kleeblattförmiger Abdrücke, die sich auf dem harten Boden von der Piste entfernten. Wir beobachteten ihn, als er auf der anderen Seite des Wasserlochs ankam und an dessen Rand entlangging. Mit langen, federnden Schritten kehrte er zum Laster zurück, und mit derselben Mühelosigkeit, mit der er vorher heruntergesprungen war, kletterte er zurück aufs Dach.

»Das Weibchen ist schon lange weg. Sie ist gestern Nachmittag hier entlanggekommen«, sagte er. »Es hat keinen Sinn, ihr zu folgen. Die holen wir nie ein.« Mit diesen Worten lehnte er sich zurück und fuhr fort, mit den Augen die Landschaft abzusuchen. Leon und ich sahen ihn wortlos an, bis er schließlich fragte: »Ist noch was?«

Schweigen. Leons und mein Blick kreuzten sich, und er hob seine Augenbrauen, als wollte er sagen: »Hab ich dir nicht gesagt, dass er gut ist?«

An der zweiten Salzlecke, wo wir am vorangegangenen Abend die ziemlich frischen Nashornspuren entdeckt hatten, kletterten wir aus dem Antichrist und machten uns zum ersten Mal in veränderter Aufstellung an die Verfolgung eines Tieres. Leon wies mich an, hundert Meter links von ihm zu gehen, Agrippa ging hundert Meter rechts von ihm, die drei Safarigäste sollten hinter ihm bleiben. Ich machte mich sofort auf den Weg. Als ich mich weit genug entfernt hatte, wandte ich mich nach rechts und begann, die kaum noch sichtbare Senke des Tals nach frischen Nashornspuren abzusuchen. Es ist anstrengend, schnell zu gehen und gleichzeitig zu versuchen, auf der blanken Erde irgendwelche Tierspuren auszumachen. Dabei musste ich auch noch Leon im Auge behalten und darauf achten, nicht in die Dornen zu laufen, die nur darauf zu warten schienen, sich in meine Haut zu bohren. Aber wie immer genoss ich das Spiel auch dieses Mal. Welche Tiere waren hier entlanggelaufen? Was hatten sie gemacht? Waren sie allein? Welche Richtung hatten sie eingeschlagen und warum? Ich sah verschiedene Fährten und auch ein paar Tiere, aber keine Spur von einem Nashorn. Nach einer halben Stunde ging ich in einem weiten Bogen zurück zu Leon, um von den Leopardenspuren zu berichten, die neben unserem Weg herliefen. Sie sahen aus wie die eines Männchens und schienen von letzter Nacht zu stammen, erklärte ich. Agrippa hatte sich zu uns gesellt, als er mich zu Leon gehen sehen und mitbekommen hatte, dass von einer Raubkatzenfährte die Rede war.

Ruhig ergriff er das Wort. »Es ist derselbe Leopard, den wir im April gesehen haben. Er ist über den Hügelkamm gekommen und wahrscheinlich auf dem Weg zu den Felsen, wo er das letzte Mal schon war.«

Leon drehte sich zu mir um, hob den Arm und griff mir unters Kinn, um meinen offen stehenden Mund zu schließen. »Ganz schön frustrierend, was?«, fragte er. Klar, aber ich hatte schon vor einiger Zeit einsehen müssen, dass Agrippa in einer anderen Liga spielte.

Es dauerte keine zehn Minuten, und Leon gab einen leisen Pfiff von sich, um mich wieder zur Gruppe zurückzurufen. Er und Agrippa standen über zwei ganz frische Nashornspuren gebeugt, die weiter in das Tal hineinführten. Leon fragte Agrippa, ob es sich lohnen würde, ihnen nachzugehen, und Agrippa nickte und machte sich an die Verfolgung der zwei Reihen kleeblattförmiger Spuren, die in dem Licht der tief stehenden Sonne gut zu erkennen waren. Die Pirsch hatte begonnen, und wir schritten schneller aus. Die Nashörner waren zwar weit vor uns, aber sie würden immer wieder stehen bleiben, um zu grasen. Wir hatten zwei Vorteile: die Spuren vor uns und die Begeisterung in uns. Wir legten einen noch höheren Gang ein – der Antichrist hätte sich ein Beispiel an uns nehmen können.

Erst als aus Minuten Stunden wurden und aus Schritten Kilometer, begann unsere Begeisterung nachzulassen. Doch noch immer blieben wir zusammen und gingen weiter, ohne auch nur einmal anzuhalten, um Wasser zu trinken oder uns etwas auszuruhen. Wir anderen hatten es auch leichter als Agrippa, der bei der Verfolgung der Fährten ständig hin und her gehen musste. Wir liefen ihm einfach nach. Als gegen Mittag die Sonne erbarmungslos auf uns niederbrannte, wechselte die Landschaft von dem weiten offenen Waldland mit dem sandigen Boden, auf dem es sich gut laufen ließ, zu einem zunehmend undurchdringlich werdenden Dickicht aus niedrigen Dornbüschen. Der ausgetrocknete, erodierte Boden enthielt immer weniger Sand, aber Leon und ich sorgten uns weniger darum, worauf wir gingen, als vielmehr, wodurch wir gingen. Wir würden die Nashörner in diesem Dickicht möglicherweise erst sehen, wenn wir praktisch über sie stolperten. Da sie unglaublich gut hören, würden sie dagegen sehr wohl wissen, dass sich ihnen etwas näherte.

Schon lange, bevor wir sie sahen, konnten wir Madenhacker hören. Agrippa, Leon und ich wussten, dass diese Stare Warzenschweine, Impalas, Wasserböcke, Giraffen, Büffel und andere Säugetiere als Wirte gebrauchen. Sie picken Insekten aus den Ohren und der Nase, vom Bauch und aus Wunden ihrer Wirtstiere. Diese wiederum ziehen ihren Nutzen aus dem bemerkenswerten Hör- und Sehvermögen der Vögel. Wenn sich irgendetwas nähert, fliegen sie auf und trillern und pfeifen vor sich hin. Das versetzt jedes Tier, das sich in Hörweite befindet, in Alarmzustand.

Nashörner sind diesen Vögeln möglicherweise die liebsten Wirtstiere. Man trifft selten auf ein Nashorn, das sich nicht in Begleitung von Madenhackern befindet. Agrippa und Leon standen plötzlich still. Ich griff nach hinten und stoppte Wayne mitten in der Bewegung. Auch Ann und Dave blieben stehen. Direkt vor uns, einige hundert Meter entfernt, flog ein Schwarm von etwa einem Dutzend dieser Wächter über den niedrigen und dichten Bäumen auf. Es hätte schlimmer kommen können, immerhin waren die Vögel weiter als zwanzig Meter von uns entfernt. Andererseits war klar, dass die Nashörner jetzt wussten, dass sich etwas Ungewöhnliches in der Nähe aufhielt; sie würden also alarmiert und äußerst wachsam sein. Leon winkte uns zu sich, und wir steckten die Köpfe zusammen wie eine Rugby-Mannschaft und hörten uns seine Vorschläge an. Leon erklärte, die Nashörner wüssten zwar, dass sich etwas Bedrohliches in ihrer Nähe befände, aber nicht, was oder wo; daher sollten wir ein paar Minuten warten, bis sie sich wieder ein bisschen beruhigt hätten. Wollten wir die Nashörner sehen, müssten wir anschließend weiter vorrücken, Dickicht hin oder her. Während wir unsere Kameras aus den Rucksäcken holten, größere Objektive aufsetzten und die Rucksäcke wieder schulterten, erklärte uns Leon, dass Nashörner praktisch blind seien, dafür aber ein unglaubliches Gehör hätten.

Seite an Seite pirschten sich Agrippa und Leon langsam an. Leon hielt sein Gewehr jetzt in der Armbeuge, statt es locker über der Schulter zu tragen. Wenn die beiden einen Schritt gingen, machten wir mindestens zwei und manchmal sogar drei, wobei wir uns verzweifelt bemühten, leise auf den Außenkanten unserer Schuhe zu gehen. Keiner blickte den anderen an. Entweder schauten alle nach unten, um zu sehen, wo sie hintraten, oder sie sahen zu Leon und Agrippa. Wenn ich nicht auf Safari bin, spiele ich entweder Squash oder laufe bis zu fünf-

zehn Kilometer am Tag, und trotzdem taten mir von dieser anstrengenden Gangart die Beinmuskeln weh. Für die anderen muss es noch
schlimmer gewesen sein, aber keiner fiel zurück, als wären alle durch
ein Seil miteinander verbunden. Ich muss meinen Gästen selten sagen,
dass sie das Tempo halten sollen, wenn wir in die Nähe von Großwild
kommen, das wir schon länger verfolgt haben. Niemand möchte zurückbleiben, und dafür gibt es auch gute Gründe.

Schließlich hielt Agrippa inne und kniete sich hin, und wir anderen
taten es ihm nach. Leon beugte sich vor und folgte mit den Augen
Agrippas ausgestrecktem Arm und Zeigefinger. Aber er schien nicht
zu sehen, worauf Agrippa deutete, da er sich noch tiefer duckte und
seinen Kopf mal auf die eine Seite, mal auf die andere drehte, um sich
einen Blick durch den Busch oder zumindest eine bessere Sicht durch
das Dickicht zu verschaffen. Leise stahl er sich zu uns zurück, und wir
steckten wieder die Köpfe zusammen.

»Agrippa hat gerade das Nashorn gesehen, aber es ist weitergelau-
fen, und wir müssen hinterher. Bleibt dicht hinter mir und seid leise.«
Das hätte er uns gar nicht erst eigens zu sagen brauchen. Nachdem wir
uns in beiderlei Hinsicht schon bisher alle Mühe gegeben hatten, wollten wir nun auch endlich einen Blick auf dieses geheimnisvolle Tier
werfen.

Fünf Minuten später hielten wir wieder abrupt an, dieses Mal erklärte Leon, dass er das Nashorn jetzt auch gesehen habe. Die Bäume
standen hier glücklicherweise nicht mehr so dicht, und wir setzten uns
langsam wieder in Bewegung. Innerhalb von ein paar Metern änderte
sich die Landschaft erneut und öffnete sich zu einem weiten freien Gelände, wie wir es zuletzt vor Stunden gesehen hatten. Vor uns standen
niedrige und nicht allzu üppige Büsche, und nur ein paar wenige große
Bäume waren zu sehen.

Plötzlich erstarrte zuerst Agrippa und dann Leon. Jetzt sah auch ich
das Nashorn ungefähr hundert Meter vor uns unter einem niedrigen
und ausladenden Baum verborgen. Leon packte Dave am Arm, ich zog
Wayne zu mir her und deutete auf den Baum und den dreidimensio-
nalen Schatten darunter. Es dauerte eine halbe Ewigkeit, bis Wayne
das Nashorn endlich ausgemacht hatte, aber schließlich konnte auch

er es erkennen. Ann hatte es ohne unsere Hilfe entdeckt. Das Nashorn wog vermutlich drei Mal so viel wie wir alle zusammen. Damit hatten wir die Nummer vier der großen Fünf.

Das massige Tier machte ein paar zaghafte Schritte unter dem Baum hervor, und dann sahen wir, dass es zwei waren, das andere Nashorn war nur hinter dem breiten Rücken des ersten verborgen gewesen. Auf einmal sprang das zweite Nashorn ein paar Schritte nach vorne und drängte dabei das andere vor sich her. Leon hob sein Gewehr, und ich machte meine Kamera bereit. Alles war plötzlich in Bewegung. Agrippa rannte ein Stück hinter Leon zurück, als dieser sich aufrichtete und sich breitbeinig hinstellte, das Gewehr an seine Schulter gelegt, den Lauf nach oben gerichtet. Noch heute sehe ich vor mir, wie der Lauf im Sonnenlicht glänzte. Die beiden Nashörner schnaubten heftig, und aus ihren Nasenlöchern kamen kleine Schaumwolken, als sie mit dreißig, vierzig Stundenkilometern auf uns zurasten, fast so schnell wie Elefanten. Die Erde bebte. Leon brüllte und schwang das Gewehr durch die Luft, aber die beiden liefen einfach weiter. Es gab keinen Grund mehr, leise zu sein, und ich drückte wiederholt auf den Auslöser meiner Kamera. Aus dem Augenwinkel sah ich, dass zwei aus der Gruppe zu dem Baum flüchteten, den uns Leon gezeigt hatte, als wir begonnen hatten, uns anzupirschen.

Leon wich nicht von der Stelle, während ich ohne Unterlass Fotos machte und die Nashörner unbeirrbar auf uns zuhielten. Agrippa stand ruhig neben uns – Winken und Schreien entsprachen einfach nicht seiner Art. Noch einmal brüllte Leon laut, und zumindest momentan genügte das, um die beiden zu einem Richtungswechsel zu veranlassen. Donnernd stürmten sie rechts an uns vorbei und schlugen dann einen weiten Bogen zurück zu der Stelle, von der sie gekommen waren. Sie liefen an dem Baum vorbei und verschwanden schließlich zwischen den verstreut stehenden Bäumen jenseits der offenen Savanne. Leon und ich liefen hinter ihnen her, dicht gefolgt von Ann. Agrippa war wohl mit den anderen beiden zurückgeblieben, zumindest konnte ich die drei nicht mehr sehen.

Wir erreichten die Bäume und liefen immer weiter, bis wir beinahe in die beiden Nashörner hineinrannten, die erstaunlicherweise stehen geblieben waren, vielleicht weil sie sich in dieser Deckung sicher genug fühlten, mochte sie auch nur schwach sein. Als sie uns näher kommen hörten, fingen sie wieder an zu schnauben und griffen uns ein zweites Mal an. Ann fiel in das Brüllen und Winken von Leon ein, und ich hatte gerade noch Gelegenheit, zwei Bilder zu schießen, bevor die Nashörner abrupt kehrtmachten und auch schon verschwunden waren. Kurz darauf hörten wir ein Krachen, und ein abgestorbener Baum, der fünfzig Meter vor uns stand, brach mitten entzwei und stürzte um. Die Nashörner mussten ihn auf ihrer Flucht gestreift haben. Leon sah zu Ann, über deren Gesicht sich wieder einmal ihr strahlendes Lächeln breitete, und wir klopften uns alle gegenseitig auf die Schultern und umarmten uns lachend.

Nachdem wir uns wieder etwas beruhigt hatten, erklärte uns Leon das Verhalten der Nashörner und der Madenhacker, die Verfolgungsjagd und die Flucht. Währenddessen brach Agrippa schweigend eine Melone auf, die er in seinem Rucksack mitgebracht hatte, und gab jedem ein Stück. Wir alle machten uns ausgehungert darüber her, und der Saft rann uns durch den Staub auf unseren Gesichtern über das Kinn. Innerhalb von Sekunden war von der Melone nicht mehr übrig als ein paar Stücke hellgrüner Rinde, die verstreut auf der heißen Erde lagen. Wir ließen die Wasserflaschen herumgehen und packten dann unsere Kameras zusammen, um uns auf den langen Weg zurück zum Antichrist zu machen. Den sehr langen Weg. Stunde um Stunde. Wir hatten gar nicht gemerkt, wie weit wir gelaufen waren, aber dass es heiß war und wir Hunger hatten, das merkten wir.

Um vier Uhr war noch immer weit und breit nichts von unserem Wagen zu sehen, aber wir waren immerhin wieder an der Stelle, an der das Tal deutlich als solches erkennbar war, und wussten, dass es nicht mehr weit sein konnte. Dreißig Minuten später traten wir unter den Bäumen hervor an den oberen Rand der Salzlecke. Agrippa lief einmal um die Lichtung, während wir direkt rüber zum Wagen und zur Kühlbox gingen. Keiner hatte Lust, etwas zu essen, aber das warme Bier und das Wasser waren im Nu in unseren Kehlen verschwunden. Wir mussten mal wieder Hand anlegen, als der Antichrist nicht anspringen wollte, aber dann flitzten wir über die Piste, und der Fahrtwind brachte unseren von Hitze und Anstrengung geröteten Gesichtern wohltuende Erfrischung. Müde hingen wir in den Sitzen, und ab und an machte jemand eine Bemerkung über den Nashornangriff, aber die meiste Zeit lächelten wir bloß still vor uns hin.

An diesem Abend gab Leon eine Runde aus und rezitierte Robert Services »The Cremation of Sam McGee«, und Wayne gab ein paar alte Folksongs zum Besten, während vom Feuer Funken in den blauschwarzen Himmel stoben. Der nächste Tag begann, wie vorherzusehen, recht gemächlich, erreichte aber schnell einen ersten Höhepunkt, als wir unseren Leoparden – die Nummer fünf – sahen, wie er über einen Felsvorsprung schoss, der über ein ausgetrocknetes Flussbett ragte.

Augenblicklich begannen wir zu rennen, Leon und ich aus Gewohnheit an der Spitze, dahinter, ebenfalls aus Gewohnheit, Ann, Wayne und Dave. Nur Agrippa rührte sich nicht vom Fleck, es widerstrebte wohl seiner Natur, sich so schnell zu bewegen. Auf einmal hatte ich keinen Boden mehr unter den Füßen, flog durch die Luft und schlug hart auf dem Sand auf, aber schnell rappelte ich mich wieder auf und lief weiter. Ich hörte, wie Leon auf dem Boden aufkam, und wusste, dass er unmittelbar hinter mir war. Unsere Eile hatte sich gelohnt, denn als wir um den Hügel liefen, der uns die Aussicht versperrt hatte, sahen wir zu unserer Linken etwas aufblitzen – den fliehenden Leoparden. Er war sehr groß, es musste wohl ein Männchen sein, und er strengte sich mächtig an, als er den Hügel hinaufflitzte und hinter dem Hügelkamm aus unserem Blickfeld verschwand. Leon war beim Laufen durch sein Gewehr und auch durch seine massige Gestalt behindert, aber ich rannte noch ein Stück weiter und konnte einen letzten Blick auf den Leoparden erhaschen, als er auf der anderen Seite den Hügel hinunterraste, sich nach links wandte und endgültig verschwand.

Unterhalb des Felsvorsprungs, über den Leon und ich gestürzt waren, entdeckten wir eine halb aufgefressene Grantgazelle, die unter dem höhlenartigen Überhang versteckt lag. Das erklärte, warum wir dem Leoparden am helllichten Tage so nahe hatten kommen können, ohne von ihm entdeckt worden zu sein. Schließlich stießen auch die anderen drei zu uns und sahen sich den Riss an, der auf die für Leoparden typische Weise getötet worden war. Er wies einige tiefe Klauenspuren auf der Schulter und vier tiefe blutige Löcher im Hals auf, wo der Jäger das Opfer mit seinen Reißzähnen im Würgegriff festgehalten hatte.

»Und wieder bricht ein wunderbarer Tag im Paradies an«, sagte Ann. Ein beredtes Schweigen folgte. Mir gefiel die Wortwahl. Der Gazelle vermutlich nicht.

Und es dauerte nicht lange, bis auch ich meine Meinung änderte. Wie ich zog auch Leon es vor, draußen zu schlafen, weil man so in Kontakt mit den Tieren blieb, die in der Umgebung herumstreiften. Agrippa schien darauf verzichten zu können. In dieser Nacht schliefen Leon und ich nahe beieinander, um uns gegenseitig Wärme und Schutz zu geben. Nur fing Leon an, im Schlaf zu sprechen und sich herumzuwerfen, und dann legte er sogar einen Arm um mich und zog mich zu sich heran. Irgendwann wurde ich seiner Annäherungsversuche müde und zog meinen Schlafsack vom Feuer, vor allem aber von Leon weg.

Einige Zeit später wachte ich davon auf, dass ich unsanft und in einem recht hohen Tempo über den Boden gezerrt wurde. Im ersten Moment dachte ich, dass Leon auf den üblen Scherz verfallen war, meinen Schlafsack wegzuziehen, und bekam daher einen Riesenschreck, als ich meine Augen aufschlug und nicht Leon erblickte, sondern zwei Hyänen, die den Schlafsack zwischen ihre Kiefer geklemmt hatten und versuchten, sich mit mir davonzumachen.

Ich brauchte ein paar Sekunden, um die Situation zu erfassen, doch dann rief ich lautstark um Hilfe und ruderte mit meinen Armen in der Luft herum. Die beiden Hyänen ließen den Schlafsack inklusive meiner Wenigkeit fallen und drehten sich um, um festzustellen, was denn diesen Lärm verursacht hatte. Ich stieß noch einmal einen Schrei aus, warf meine Arme in die Luft und schlug sie damit schließlich in die Flucht.

Ich kroch aus der warmen Hülle in die Kälte und stolperte, Schlafsack und Decken hinter mir herziehend, zurück zu meinem Platz. Leon hatte meine Schreie gehört und fragte mich aus den Tiefen seines Schlafsacks, was denn los sei. Laut lachend hörte er sich meinen Bericht an. Ich schlüpfte zurück in meinen Schlafsack, faltete meine Safarijacke zusammen, um sie als Kissen zu benutzen, und wartete darauf, dass ich mich wieder so weit beruhigen würde, um einschlafen zu können. Das muss ich auch getan haben, denn plötzlich krachte mein Kopf auf den Boden. Das fing langsam an zu nerven. Was immer Leon auch vorhatte, es war wirklich zu spät und ich zu müde. Mühsam öffnete ich die Augen, nur um mich Nase an Nase mit einer der Hyänen wiederzufinden. Sie hatte meine Safarijacke zwischen den Zähnen und schoss davon, als ich sie anbrüllte, aber die Jacke ließ sie nicht los.

Meine Shorts und die Sandalen waren schon verschwunden. Dass am Gürtel der Shorts mein Messer hing, brachte das Fass nun wirklich zum Überlaufen. Die Klamotten waren mir egal. Ich wollte mein Messer zurück, und zwar sofort. Seit mehr als zehn Jahren hatte mich dieses Messer überallhin begleitet. Es hing während des Zugunglücks an der Elfenbeinküste an meiner Hüfte, bei der Notlandung mit einem Flugzeug, als ich im Indischen Ozean schwamm, nachdem wir mit einer Dau gekentert waren, und auch gestern, als wir uns an das Nashorn herangepirscht hatten. Und ich hatte nicht vor, es an zwei hungrige, Leder fressende Hyänen zu verlieren.

Bei der Flucht der Diebe waren meine Unterhosen aus den Shorts gerutscht, und das war alles, was mir anzuziehen blieb, während ich hin und her überlegte, was ich tun solle. Ich konnte gerade noch erkennen, wie die beiden Hyänen am Ende des Pfads in den Busch sausten. Es blieb mir nichts anderes übrig, ich musste den Antichrist nehmen. Als ich die Vordertür aufriss, stellte ich fest, dass die Hyänen auch die Schaffell-Sitzbezüge geklaut hatten. Unerklärlicherweise sprang der Motor sofort an, vielleicht spürte er, wie dringend die Angelegenheit war. Ich drückte das Gaspedal durch, legte den zweiten Gang ein und gab wieder Vollgas. Dann beugte ich mich nach vorn, wobei ich unnötigerweise meine Nase fast bis an die Windschutzscheibe presste, weil ich dadurch mehr zu sehen hoffte, und konnte bald darauf die Hyänen im schwachen Scheinwerferlicht des Antichrist ausmachen. Ich holte rasch auf. Da ich keinen anderen Plan hatte, versuchte ich einfach, die beiden einzuholen. Wie erwartet, wichen die beiden Räuber im letzten Moment mit eingezogenem Schwanz zur Seite und liefen von der Straße weg über die Ebene. Aus einem der Mäuler sah ich meine Shorts und meinen Gürtel baumeln. Ich nahm erneut die Verfolgung auf und holperte über den unebenen Boden abseits der Piste. Schließlich hatte ich eine der beiden Hyänen eingeholt und drückte auf die schwache Hupe. Das Tier ließ meine Klamotten fallen und machte einen Satz nach rechts. Ich wendete den Wagen, fuhr zurück und sammelte meine Sachen ein. Als ich die Shorts ins Licht hielt, ließ mich schon das fehlende Gewicht ahnen, dass mein Messer weg war. Es musste irgendwo auf den vielen hundert Metern zwischen dem Camp und der Stelle, wo ich jetzt mutlos stand, im Gras liegen.

Zurück im Camp, sah ich, dass Leon trotz des Tumults und des davonröhrenden Wagens noch immer eingemummt am Feuer lag. Einen Moment lang streifte das Licht der Scheinwerfer über ihn, und dann war es wieder vollkommen dunkel. Ich kletterte aus dem Antichrist und ging langsam zu meinem Schlafsack, barfuß und in der Hand eine zerkaute Shorts, die aussah wie ein überfahrenes Kaninchen. Ich hörte Leon brummelnd fragen: »Was war denn nun schon wieder?«

Ich glaube, Leon lachte wieder, dieses Mal konnte ich seine Heiterkeit jedoch nicht teilen. Ich wollte mein Messer zurückhaben. Beim ersten Morgenlicht machte ich mich zu Fuß auf den Weg, und nicht einmal dreihundert Meter von dem Platz entfernt, an dem ich geschlafen hatte, lag es zwischen den beiden Fahrrillen. Ein Wunder! Ich hatte nicht geglaubt, dass ich es so schnell finden würde. Glücklich fuhr ich mit meinen Fingern über den Ebenholzgriff mit dem neu hinzugekommenen Gebissabdruck.

Zurück am Feuer, kam Agrippa vorbei und erkundigte sich, was ich gemacht hätte.

»Die Hyänen haben letzte Nacht meine Klamotten und mein Messer gestohlen. Deshalb bin ich los, um mein Messer zu suchen – und ich hab's wieder gefunden!«

Agrippa blieb kaum einen Augenblick stehen. Im Weitergehen meinte er: »Du solltest nicht so weit weg vom Feuer schlafen.«

Ich sah zuerst ihn und dann Leon an, aber der lag schon wieder unter seinen Decken. Nur schlief er nicht, denn ich sah, wie eine regelmäßige Erschütterung über die Decken lief. Colette hatte mir einen Becher Kaffee ans Feuer gestellt, und auf dem Weg dahin versetzte ich den Decken einen kleinen Tritt.

»Das habe ich anfangs ja auch gemacht, aber dann wurde es dort ein bisschen eng.«

»Trotzdem, sei vorsichtiger. Das nächste Mal nehmen sie vielleicht auch noch deine Nase mit.«

7

Auf Pirsch in der Serengeti

Es ist jetzt mehr als fünfundzwanzig Jahre her, seit ich die Serengeti zum ersten Mal gesehen habe, und trotzdem empfinde ich, wenn wir aus dem Ngorongoro-Hochland kommen und durch die Olduvai-Schlucht fahren, jedes Mal von neuem den unwiderstehlichen Drang, auf die weiten Ebenen hinauszulaufen. Damals sprang ich tatsächlich aus dem Landrover und warf mich voller Überschwang auf den Boden. Ich spüre noch heute, wie die unzähligen spitzen Erhebungen des harten Vulkanaschebodens durch mein verschwitztes Hemd stachen, als läge ich auf einer Strohmatratze. Wenn ich heute mit einer Safarigruppe unterwegs bin, benehme ich mich natürlich »erwachsener« und bitte den Fahrer anzuhalten, um meine Gäste aussteigen zu lassen. Sie sollen einfach nur eine Weile nach Westen über die unendliche Weite blicken und die Landschaft in sich aufnehmen. Es gibt wohl keinen Ort auf der Welt, der geeigneter wäre, sich die Winzigkeit des Menschen inmitten der reichen Schätze, die uns die Welt bietet, bewusst zu machen. Olduvai wird von Archäologen seit den Skelettfunden von Mary und Louis Leakey als »Wiege der Menschheit« bezeichnet; die Serengeti ist der eigentliche Nährbusen des Leben spendenden Afrika. Ich hatte noch nie einen Kunden, der diesen Lebenspuls nicht gespürt hätte.

Auf den Ebenen der Serengeti findet man die weltweit höchste Konzentration wild lebender Großsäuger. Sie ist einzigartig. Ein Gebiet, das halb so groß ist wie Belgien, ist die Heimat von fast zwei Millionen Gnus, mehr als einer halben Million Zebras, einer Viertelmillion

Thomsongazellen, einhundertdreißigtausend Grantgazellen und Hunderttausenden verschiedener Antilopen. Hier leben dreitausend Löwen und eine beträchtliche, nicht genau erfasste Zahl von Geparden und Leoparden. Auf einer meiner letzten Safaris, die meine Gruppe und mich acht Tage lang durch die Serengeti und drei Tage durch den angrenzenden, ökologisch zugehörigen Ngorongoro-Krater führte, bekamen wir hundertvierundsechzig große Raubkatzen, darunter elf Leoparden, zu Gesicht.

Die Vulkanascheschicht, die nach einem Ausbruch des Ngorongoro die Serengeti entstehen ließ, hat eine erstaunlich gleichmäßige Dicke: Durchschnittlich beträgt sie etwa siebzig Zentimeter. Darunter trifft man auf eine harte Schicht Kalziumkarbonat – anders gesagt Kalksteinzement –, die mehr oder weniger undurchlässig ist. Deshalb gibt es hier auch nur Grasland und keine Wälder mit tief wurzelnden Bäumen. Der Himmel zeigt stets ein strahlendes Blau, das oft bis an den fernen Horizont im Westen mit Wolken übersät ist, die an die Bilder von Georgia O'Keeffe erinnern, und in dem Scharen von Raubvögeln und Geiern ihre Kreise ziehen und Ausschau nach Beute halten. Die Räder des Landrovers rollen über diese endlose Grasebene, ohne auf Hindernisse zu treffen, und erzeugen dabei ein gleichmäßiges, leise zischendes »weißes Rauschen«. Lange Zeit fiel mir nicht ein, wo ich dieses Geräusch schon einmal gehört hatte. Doch jetzt erinnere ich mich wieder. Es gleicht auf erstaunliche Weise dem Geräusch, mit dem sanfte Wellen an den Strand spülen. Man kann sich vorstellen, auf dem goldgelben Gras wie auf den Wogen eines Meeres dahinzusegeln, von den entlegenen Ufern des Ngorongoro bis weit nach Osten. Im Nordosten erhebt sich der Kegel des Lengai, im Norden ragt das Gol-Gebirge auf, die bewaldeten Flecken erinnern an eine blassblaue japanische Tuschezeichnung, und die nach Westen verlaufenden Wasserläufe bilden dunkle, zackige Linien, die sich allmählich verbreitern und zur Ebene abfallen. Im Süden erkennt man die winzigen Pyramiden der Twin Peaks und die wie ein Mosaik wirkenden waldigen Flecken zu ihren Füßen. Im Westen ragt eine weitere Erhebung auf, Naabi Hill, der mit seiner auffälligen Sattelform bereits aus großer Entfernung ins Auge sticht.

Gelegentlich wird die Gleichförmigkeit des Graslandes von Büscheln struppigeren Grases und kleinen Büschen unterbrochen, die einem Gepard den nötigen Schutz bieten. In welche Richtung man auch blickt, überall sieht man äsende Antilopen, und von Zeit zu Zeit macht man die scharfe Silhouette einer Giraffe aus, die mit nach vorne gebeugtem Hals dahinsegelt wie ein Schiff mit einem merkwürdig in den Wind geneigten Mast. Wenn unser Wagen dem Bau einer Hyäne oder dem Loch eines Erdferkels ausweicht, neigen wir uns auf unseren Sitzen in die eine oder andere Richtung, und dann spüren wir ein leichtes Holpern und gleich darauf noch einmal, so als ob wir ein Eisenbahngleis überqueren würden. Ich muss nicht erst nach unten schauen, um zu wissen, was das ist. Jeden Tag donnern Millionen von Gnus über diese Ebenen, eines dicht hinter dem anderen, als zögen sie wie gehorsame Soldaten in den Krieg – was ja auch irgendwie der Fall ist, denn schließlich kehren zehn bis fünfzehn Prozent von ihnen nicht mehr zurück. Jeder der scharfen Hufe hinterlässt einen Riss in der Grasnarbe, der nächste Huf reißt sie noch etwas mehr auf, und so geht es immer weiter, die ganze schier endlose Reihe von vielleicht zehntausend Tieren entlang, vierzigtausend Hufe. Innerhalb weniger Minuten ist das an sich sehr widerstandsfähige Gras mehrere Zentimeter tief bis auf die blanke Erde zerhackt. Die hellbraunen Rillen, die die Gnus auf ihren Zügen in den Boden fräsen, sind knappe zehn Zentimeter breit. Sie mäandern über die Ebene und bilden ein dichtes Geflecht, wie die Wurzeln eines riesigen Baumes, die noch übrig sind, wenn der Stamm längst zerfallen ist. Und doch lässt dieses Muster eine eindeutige Ausrichtung von Süden nach Südwesten erkennen. (Die Gnus waren zur Zeit der berühmten Großwildjagden Anfang des zwanzigsten Jahrhunderts fast vom Aussterben bedroht. Von italienischen Kühen war in den 1890er Jahren die Rinderpest, eine Virusinfektion, die Rinder und andere Wiederkäuer befällt, ans Hoorn von Afrika eingeschleppt worden und fünf Jahre später nach Kenia. Die Krankheit griff rasch um sich und löschte die umherziehenden Herden von Gnus, Büffeln, Giraffen und anderen Tieren nahezu aus. Sie dezimierte infolgedessen auch die Raubtiere, die in der Serengeti in Gemeinschaft mit den Beutetieren leben. Nur die Zebras, die keine Wiederkäuer sind, blieben

verschont. Erst in den sechziger Jahren des zwanzigsten Jahrhunderts
zeigten die Immunisierungsmaßnahmen gegen die Rinderpest in Ostafrika Erfolg, und es dauerte weitere fünfzehn Jahre, bis sich die Population der Gnus wieder erholt hatte.)

Gelegentlich zerschneidet die scharf umgrenzte Silhouette eines einzelnen Baums den Horizont. Es ist erstaunlich, wie es den Bäumen gelingt, hier überhaupt Wurzeln zu schlagen. Die auffälligsten Naturer-
scheinungen aber sind die Kopjes, die im Süden und im Herzen der
Serengeti zu finden sind. So weit das Auge reicht, sind die Inselberge
aus metamorphem »Urgestein« die einzigen Formen, die nicht in die
Landschaft zu passen scheinen, sieht man von unserem Landrover einmal ab. Sie durchbrechen abrupt das flache Grün und ragen hoch auf –
in manchen Fällen mehr als hundert Meter –, und es scheint, als habe
ein Landschaftsarchitekt die ursprünglichen Pläne durchkreuzt und
willkürlich die überdimensionalen Felsformationen über die Ebene
verstreut, anstatt sie zu einer Hügelkette zusammenzufügen, wie es
ihrer Größe angemessener gewesen wäre. Jeder dieser Inselberge wirkt
hier ausgesprochen fehl am Platz.

In den Kopjes trafen die Winde der Serengeti zu guter Letzt auf einen Gegner, den nicht einmal sie zu besiegen vermochten. Dabei trugen die Winde selbst zu ihrer Niederlage bei, indem sie Erde und Vul-
kanasche zwischen die runden Erhebungen trugen, im Laufe der Zeit
auf der windabgewandten Seite zu einer dicken Schicht aufhäuften
und auf diese Weise Samen und Wurzeln die Möglichkeit gaben, Fuß
zu fassen. Das Wort »Kopje« kommt aus dem Dänischen und bedeutet »Kahlkopf«, diese Felsen sind jedoch alles andere als kahl. Wasser
sickert in den Boden ein und ermöglicht es den Pflanzen, die zäh genug sind, am Leben zu bleiben. Das Ganze verläuft wie eine Ketten-
reaktion. Der Wind häuft Erde auf, dann kommt das Wasser, und
schließlich kommen die Pflanzen. Alle Äste, die sich aus dem Schutz
der Felsen hervorwagen, trifft die Strafe des Windes. Wie verkrümm-
te und vom Alter gezeichnete Hände winden sich die Stämme der Akazien um die großen Steine und bringen bonsaiartige, vom Wind zer-
zauste Zweige hervor. Hin und wieder finden Schirmakazien zwischen
höheren Felsen genug Platz, um sich zu voller Größe zu erheben. Die-

se schön gewachsenen Bäume lassen die gekrümmten und zwerg-
wüchsigen Gewächse noch älter und zäher erscheinen. Regenbogeneidechsen gleiten über die Felsplatten wie flache runde Steine über die
glatte Wasseroberfläche eines Sees, und so wie die Kopjes auf diesen
Ebenen deplatziert aussehen, bilden die blauen Körper und orange-
farbenen Köpfe der Eidechsen einen seltsamen Kontrast zu den ge-
dämpften Farben der Felsen.

In der Serengeti ist Schatten rar, und die Kopjes bieten am meisten
davon. Deshalb werden diese Felsinseln häufig und auf jede erdenkliche Weise von Raubkatzen genutzt. Sie dienen ihnen als Markierun-
gen, Aussichtsposten und Zufluchtsstätten, an denen sie zwischen ihren Beutezügen Schutz finden. Es vergeht wohl kaum ein Tag, an dem
man nicht im Lauf des Vormittags auf irgendein Raubtier, meistens
eine Raubkatze, trifft, wenn man ein paar Stunden von Kopje zu Kopje fährt und sie einmal umkreist. An jedem Baum, der groß genug ist,
haben die Löwen während unzähliger Jahre ihre Spuren hinterlassen.
Die Felsen selbst sind mit gelborangen Flecken übersät, die mit ihrem
beißenden Uringeruch Zeugnis von den Revieransprüchen ablegen,
die hier viele verschiedene Spezies über die Jahrhunderte hinweg erhoben haben. Vor allem Geparde sind auf die Kopjes angewiesen. Für
sie ist Schatten vielleicht sogar noch wichtiger als für Löwen. Die Evolution hat dazu geführt, dass der Körper des Gepards seine Funktio-
nen innerhalb eines äußerst engen Temperaturbereichs erfüllen muss.
Die Körpertemperatur dieses Raubtieres ist sehr hoch und ermöglicht
es ihm, seine einzige Waffe, nämlich die erstaunliche Geschwindigkeit,
einzusetzen, doch bereits eine geringe Temperaturerhöhung um drei
Grad zwingt ihn dazu, die Verfolgung der Beute aufzugeben. Einem
Löwen, der in der Geborgenheit eines Rudels lebt, helfen seine Artgenossen bei der Jagd, der einzelgängerische Gepard dagegen ist auf sich
allein gestellt. Ein eifriger und unerfahrener junger Gepard kann Stunden damit verbringen, Regenbogeneidechsen um einen der Inselberge
herumzujagen, während seine Mutter faul ausgestreckt im Schatten
liegt. Auch viele Raubvögel finden sich hier ein, von den Zwergfalken
bis zu den Kaffernadlern; sie alle sind geschickte Jäger, ganz gleich, ob
es sich bei der Beute um Grashüpfer oder um Gazellen handelt.

Auf den weiten Ebenen der Serengeti ist der Tod immer gegenwärtig, Stunde für Stunde, Tag für Tag. In der ersten Jahreshälfte, wenn die Gnus und die Zebras und Gazellen, die sie auf ihrer Wanderung begleiten, diesen Teil der Welt in ein kleines Wunder verwandeln, unternehme ich mit meinen Safarigruppen ausgedehnte Streifzüge über die Serengeti und im Ngorongoro-Krater. Im Juli zieht diese Parade von Millionen von Tieren nach Kenia weiter, wo sie bis Oktober oder November bleibt, um dann wieder zurück in den Süden nach Tansania zu wandern. Die Wanderungen der Herden nehmen niemals ein Ende. Geburt und Tod bilden einen unaufhörlichen Kreislauf, mag der Schauplatz auch wechseln. Allein die Weißrückengeier vertilgen hier jeden Tag mehr als fünfzigtausend Pfund Fleisch, und sie sind nur eine von sechs Geierarten, die beständig ihre Kreise über unseren Köpfen ziehen. Nicht zu vergessen all die anderen Raubvögel und die Löwen, die Leoparden, die Geparde, die Hyänen, die Krokodile, die Schakale und die Afrikanischen Wildhunde (die allerdings sehr selten sind). Hier lauert überall der Tod, und er übt eine ungeheure Anziehungskraft auf uns aus. Ich habe noch nie einen Safariteilnehmer getroffen, der nicht auf die eine oder andere Art von dem Schauspiel um Leben und Tod, das täglich auf der Bühne der Serengeti in Szene gesetzt wird, ergriffen gewesen wäre.

Die Leute sind hin und her gerissen: Sie wollen hautnah miterleben, wie ein Tier zur Strecke gebracht wird, doch je nachdem welches Tier getötet wird und auf welche Weise, kann sich die Faszination auch schnell in Schrecken verwandeln. Wenn sie dann hinterher von ihrem Erlebnis berichten, behaupten sie, erst »Minuten später« am Schauplatz des Geschehens eingetroffen zu sein; meistens stimmt das gar nicht, aber sie wünschten, es wäre so gewesen. Der Tod kommt oft schnell und leise, wie in Gestalt des einsamen Goldschakals, der auf der Jagd nach Beute die Serengeti durchstreift. Er ist so mit seinem Vorhaben beschäftigt, dass er sich nicht einmal stören lässt, als wir uns ihm mit viel Lärm und Gestank in unserem Wagen nähern. Dieser Schakal läuft nicht nach Hundeart mit hoch erhobenem Kopf und lang gestrecktem Leib, rasch Kilometer um Kilometer zurücklegend, geradewegs einem Ziel entgegen. Nein, ihm geht es um etwas anderes, er ist auf Jagd, und deshalb bitte ich meinen Fahrer Olotu, einen Augenblick anzuhalten. Ich will abwarten und sehen, was passiert. Der Schakal kommt immer näher, die Schnauze knapp über dem Boden, ganz auf Gerüche konzentriert. Nur zehn Meter von der Kühlerhaube entfernt läuft er an unserem Wagen vorbei, seine Aufmerksamkeit gilt etwas, das sehr viel interessanter ist als unsere bloße Gegenwart, vielleicht einem Kaphasen, einem Beutetier, das die richtige Größe für ihn hat. Doch kaum eine Minute später kommt eine Thomsongazelle angeschossen und geht mit ihren kräftigen kurzen Hörnern auf den Schakal los. Ihm bleibt nichts anderes übrig, als dem Angriff auszuweichen, was ihn jedoch nicht veranlasst, seinen Kurs zu ändern. Die Gazelle nimmt die Verfolgung auf und senkt immer wieder den Kopf, um dem gelbbraun gescheckten Schakal einen Stoß zu versetzen. Vermutlich hat der Schakal die Witterung einer neugeborenen Gazelle aufgenommen. Die Gazellen selbst haben zwar keinen Geruch, wenn sie geboren werden, doch der Geruch der Nachgeburt und des Blutes muss seine Aufmerksamkeit geweckt haben. Unablässig läuft er hin und her, immer mit dem Wind, der ihm die Witterung der Gazelle zuträgt.

Dort drüben ist tatsächlich eine winzige Gazelle, und in diesem Moment begeht sie einen tödlichen Fehler. Anstatt bewegungslos liegen zu bleiben und den Kopf mit angelegten Ohren flach auf den Boden zu pressen, springt sie auf ihre wackeligen Beine und ergreift mit ungeschickten Sprüngen die Flucht. Hätte sie sich ruhig verhalten, wäre sie vielleicht unentdeckt geblieben, aber nun, da sie herumspringt, hat sie nicht die geringste Chance. Ähnlich wie ein Kampfflugzeug, das von Torpedos auf Maschinengewehrfeuer umstellt, stellt der Schakal vom Geruchssinn auf den Gesichtssinn um und nimmt sein Ziel ins Visier. Die Gazellenmutter ist zum Äußersten entschlossen, aber die Entfernung zwischen dem Schakal und dem Neugeborenen verringert sich rasch. Die Mutter verfolgt den Schakal, versetzt ihm mehrere Stöße gegen die Hinterläufe, und ein paar Mal wirft sie ihn sogar um, doch unaufhaltsam nähert sich der Räuber seiner Beute. Schließlich packt der Schakal das Gazellenjunge im Nacken, schüttelt es kräftig hin und her und schleudert es zur Seite. Die Mutter hat noch nicht aufgegeben und geht erneut auf ihn los. Der Schakal weicht aus, duckt sich, schießt dann wieder auf das Junge zu und packt und schüttelt es erneut. Nachdem er ein halbes Dutzend Mal zugebissen hat, gibt das Kleine kein Lebenszeichen mehr von sich. Schwer atmend und mit seitlich aus dem Maul hängender Zunge bleibt der Schakal über dem leblosen Körper stehen. Die Mutter des toten Gazellenjungen verharrt einen Augenblick reglos, wohl um sich über die Situation klar zu werden, dann dreht sie sich um, stolziert langsam davon und gesellt sich zu ihrer Herde. Eine Minute später grast sie bereits wieder friedlich mit den anderen, ohne auch nur noch einmal einen Blick zurückzuwerfen.

Gnus und Kuhantilopen machen die meiste Zeit den Eindruck, als seien sie gehirntot, und wenn einer ihrer Artgenossen einem Raubtier zum Opfer fällt, grast der Rest der Herde dreißig Sekunden später seelenruhig in vielleicht fünfzig Meter Entfernung, als sei nichts gewesen. Afrika ist keine lieblose Mutter, nur eine sehr nüchterne. Raubtiere töten ihre Beute nicht aus Wut oder Rache, und die Tiere einer Herde zeigen keine Anzeichen von Groll, alle – Räuber wie Beute – kämpfen ums Überleben. Selbst wenn drei Löwinnen gleichzeitig über ein Gnu herfallen, zeigen die anderen keine besondere Reaktion und lassen angesichts dieser dramatischen Situation keine verängstigten Schreie hören.

Wenn man nicht Stunden oder sogar Tage damit verbracht hat, einem bestimmten Raubtier zu folgen, wenn man nicht jederzeit weiß, wo es sich gerade befindet, nach welcher Beute es Ausschau hält und wann, wird man selten etwas von der eigentlichen Jagd und dem Erlegen des Beutetiers mitbekommen, obwohl der Tod auf den Fahrten durch Wildparks allgegenwärtig ist. Die Ebenen wirken ruhig und friedlich, und die meiste Zeit sind sie es auch. Doch plötzlich schießt der Räuber wie ein Blitz aus seinem Versteck hervor, und es folgt ein wildes Durcheinander aus wirbelnden Beinen und stampfenden Hufen, während Jäger und Beute verzweifelt ums Überleben kämpfen. Genauso plötzlich ist dann alles vorbei, und das Beutetier fällt wieder in eine geruhsame Gangart zurück, nachdem sein Angreifer die Verfolgung aufgegeben hat, oder der Jäger liegt heftig schnaufend und erschöpft über seinem Riss. Vom ersten Augenblick an baut sich der Verlauf einer Jagd wie nach einem Drehbuch auf. Wir haben es mit starken und edlen Charakteren zu tun, die über erstaunliche körperliche Eigenschaften und hoch entwickelte Fähigkeiten verfügen und die außergewöhnliche Leistungen vollbringen können. Dieses Drama hat mehrere Akte, die an verschiedenen Schauplätzen spielen und denen verschiedene Motive zugrunde liegen. Der Schlussakt dauert oft nur wenige Sekunden, und einen der Plätze in der ersten Reihe zu erobern ist jeden Zeitaufwand und jede Anstrengung wert.

Ich bin fast immer auf Seiten der Jäger, da ihre Rolle so viel schwieriger ist als die der Beutetiere und ihre Zahl so viel geringer. Manchmal gerate ich allerdings auch in Zwiespalt, und gelegentlich wird mir und meinen Leuten auf unseren Plätzen in der ersten Reihe übel. Der langsame, blutige und grausame Akt des Tötens mag eine Notwendigkeit sein, aber es fällt trotzdem verdammt schwer, dabei zuzusehen. Raubkatzen töten ihre Beute meistens, bevor sie sie verschlingen, Hyänen und Schakale dagegen nicht. Wenn eines ihrer Rudel ein Tier angefallen hat, das größer ist als eine der winzigen Thomsongazellen, fressen sie es bei lebendigem Leibe, sie reißen große Stücke Fleisch und Teile der Eingeweide aus seinem Körper und schaffen sie beiseite, um sie später zu fressen, dann kommen sie zurück, um Nachschub zu holen, während ihr bedauernswertes Opfer immer noch dasteht und sich wehrt oder, falls es das nicht mehr kann, reglos verharrt, bis es schließlich stirbt. Es ist ein grausamer Anblick, und oft vermag man ihn nicht zu ertragen und muss sich abwenden.

Elefanten zählen an sich nicht zu den Beutetieren, aber auch sie fallen gelegentlich Räubern zum Opfer. In Samburu beobachteten wir einmal sieben Löwen, wie sie einen sechs oder sieben Jahre alten Elefanten, der bereits Stoßzähne hatte, zur Strecke brachten. Sie brauchten Stunden dafür. Immer wieder brach der Elefant zusammen, und immer wieder richtete er sich auf, er blutete und stieß schmerzerfüllte Schreie aus, während die anderen Elefanten aus seiner Herde offensichtlich unter Schock standen und ziellos hin und her liefen. Es war kaum auszuhalten, besonders weil wir uns mit Elefanten stark identifizieren. Die erstaunliche »Leichtheit« und Sanftheit ihrer Bewegungen stehen in krassem Gegensatz zu ihrer Größe. In ihrer Anmut dienen sie sogar als Vorbild für traditionelle indische Tänze.

Mit der gleichen Gruppe hatte ich einige Zeit zuvor einem jungen Elefanten dabei zugesehen, wie er mit einem Stock spielte. Er hob ihn auf, warf ihn von sich, lief ihm nach, und dann begann das Ganze wieder von vorn. Welche Bedeutung hat ein solches Verhalten für die Futtersuche oder für die Gemeinschaft? Keine – hier geht es nur um das Spiel. Wir hatten kleine Elefanten beobachtet, die sich übermütig miteinander balgten, sich gegenseitig ins Wasser schubsten und mit den Beinen herumstampften, um die anderen nass zu spritzen. Wir hatten neugeborene, noch behaarte Elefantenbabys gesehen, die von der ganzen Herde gesäugt und beschützt wurden. Selbst wenn alle siebzig Tiere gleichzeitig losrannten, gaben sie Acht, die Kleinen nicht zu stoßen. Elefantenkühe gehen sehr zart fühlend mit ihren Jungen um, sie heben sie hoch, schieben sie über Felsen und ziehen sie aus Schlammlöchern, und die ganze Zeit über berührt das Kleine dabei mit der Spitze seines Rüssels die Mutter. Welch ein Gefühl von Sicherheit muss es vermitteln, wenn man eine Mutter hat, die fünf Tonnen wiegt, und ebenso schwere Tanten. Wir haben ein Baby beobachtet, das an seinem Rüssel saugte, als lutsche es am Daumen. Der kleine Elefant wusste nicht, was er mit seinem Rüssel anfangen sollte. Sosehr er sich auch mühte, einen Stock aufzuheben, er schaffte es nicht. Genauso wenig gelang es ihm, über einen Baumstamm zu steigen, der gerade mal zwanzig Zentimeter hoch war. Fast vier Stunden verbrachten wir damit, die Herde und vor allem dieses eine Elefantenbaby zu beobachten.

Früher sprachen Forscher von verschiedenen Elefantenherden, Löwenrudeln und Gorillafamilien als Gruppe 1, Gruppe 2, Gruppe 3 und so weiter; die einzelnen Tiere einer Gemeinschaft wurden mit 1A, 1B, 1C etc. bezeichnet. Alles war mit Nummern versehen, quantifiziert und unpersönlich. Heute erhalten die Herden, Rudel und Familien und die einzelnen Tiere, die im Rahmen von Forschungsprojekten untersucht werden, Namen, und zwar von nüchternen Wissenschaftlern, nicht von sentimentalen Touristen, die zwei Löwenjunge auf die Namen Dawn und Dusk tauften und einen besonders netten Elefanten auf den Namen Gilbert. Diese Namengebung lässt die in manchen Kreisen ganz neue Überzeugung erkennen, dass bei diesen Tieren mehr vor sich geht, als wir früher angenommen haben.

Aber was ist, wenn man sieben Löwen beobachtet, die zwei Stunden brauchen, um einen ausgewachsenen Elefanten zu töten, und dann davonschlendern, ohne auch nur besonders viel von ihm gefressen zu haben? Auch auf die Gefahr hin, dass ich ein Klischee wiederhole, aber wir neigen dazu, unsere Moralvorstellungen auf eine »natürliche« Welt zu übertragen, die keine Moral kennt, und deshalb liegen wir nachts in unseren Zelten und können nicht schlafen, weil uns die grausigen Szenen nicht aus dem Kopf gehen. Was für ein System ist das eigentlich?!

Nun, ein »System« ist es jedenfalls, und sogar ein perfektes, das sich über Tausende von Jahren entwickelt hat und jetzt so reibungslos und fehlerfrei funktioniert wie eine deutsche Luxuslimousine. Und wir stehen verständnislos und ehrfürchtig davor.

Wenn man in Afrika unterwegs ist, passiert es ständig, dass man irgendwo auf einer Anhöhe anhält, um den Blick über die Szenerie zu seinen Füßen schweifen zu lassen, sei es, um zu sehen, ob gerade irgendetwas Interessantes geschieht, sei es, um einfach nur die Gelegenheit zu nutzen und die Weite des Landes zu genießen. Wann immer ich in der Serengeti bin, suche ich das endlose Meer des im Wind sanft hin und her wogenden Grases nach allem ab, was aus der faszinierenden Gleichförmigkeit der Landschaft heraussticht. Selbst ich, ein Mensch, dessen Überleben nicht von der Fähigkeit abhängt, jede noch so kleine Auffälligkeit wahrzunehmen, erkenne mühelos, wenn da draußen im weiten Gelände etwas Besonderes vor sich geht. Die kleinste »Abweichung« erregt meinen Verdacht, meine Aufmerksamkeit, meine Neugier. Dazu genügt schon eine Schar Geier, die Flügelspitze an Flügelspitze in der Morgenluft dahingleiten und sich einem Riss am Boden nähern. Oder ich sehe, dass alle Tiere einer Herde von Gnus oder Thomsongazellen in dieselbe Richtung blicken, die Ohren wachsam nach vorne gerichtet, die Hufe in den Boden gestemmt, und überhaupt in einer Anspannung, die nichts anderes bedeuten kann, als dass sich ein Raubtier in der Nähe befindet. Manchmal gibt auch etwas so Einfaches wie eine »Schneise« im weiten Nichts der eintönigen Grasfläche einen Hinweis darauf, dass hier vor kurzem ein Gepard oder ein paar Löwen durchgezogen sind und sich die anderen Tiere noch nicht wieder hervorgewagt haben.

Was die Räuber anbelangt, so halten auch sie Ausschau nach Auffälligkeiten, nur sind sie uns dabei weit überlegen. Sie verfügen unter anderem deshalb über besser entwickelte Sinnesorgane und eine höhere Intelligenz als ihre Beute, weil sie mit einem Blick auf die ganze Herde erkennen müssen, welches der Tiere eine leichte Schwäche zeigt. Wenn ich mit meiner Gruppe eine Antilopenherde beobachte, auf die ein Gepard sein Auge geworfen hat, versuche ich, es ihm darin gleichzutun.

Welches Tier hinkt oder hat sich zu weit von der Herde entfernt, welches Tier ist hinter ihr zurückgeblieben oder ist merklich unterernährt? Anders gesagt, welches sind die jungen, die alten, die kranken und die schwachen Tiere? Diese Exemplare fallen dem Räuber auf, und Beutetieren ist nicht daran gelegen aufzufallen. Nach wenigen Tagen sind meine Leute oft selbst in der Lage, das Tier auszumachen, das ein Löwe anfallen wird: »Da, schau, das dritte Gnu von links in der Herde. Es hat eine steife Hüfte und bewegt sich irgendwie anders.« Wenn wir das sehen können, kann es der Räuber auch. Geht ein Löwe auf eine Herde von einem Dutzend Kaffernbüffel los, ist von vornherein klar, auf welchen Büffel er es abgesehen hat: auf denjenigen, dessen Kopf und Schultern sich stärker heben und senken, weil er eines seiner Beine stärker belastet. Hat der Löwe sein Ziel erst einmal ins Visier genommen, kann ihn nichts mehr davon abbringen.

Im Rahmen einer Untersuchungsreihe kennzeichneten Forscher ausgewählte Beutetiere mit weißen Farbmarkierungen. Diese Tiere glichen in jeder Beziehung dem Rest der Herde, abgesehen davon, dass sie diese seltsame Markierung trugen und damit gegenüber ihren Artgenossen einen Unterschied aufwiesen, der für die Räuber vermutlich völlig neu war. Aber aufgrund seiner Veranlagung und seiner Erfahrung setzt der Räuber einen Unterschied in jedem Fall mit Verletzbarkeit gleich. Fast ausnahmslos wurden die markierten Tiere als Beute erkoren.

Es gibt jedoch auch Ausnahmen. Es kommt erstaunlich oft vor, dass Geparde einen kräftigen ausgewachsenen Thomsonbock angreifen. Warum? Weil dieser Bock zwar gesund, aber ein Einzelgänger ist, weil er seinen Harem an ein anderes Männchen verloren hat und erst noch eine Herde von Junggesellen finden muss, der er sich anschließen kann. Dieser einzelgängerische Bock ist auf sich allein gestellt, wenn es darum geht, eine Gefahr rechtzeitig zu erkennen, und ein Gepard kann sich viel näher an ihn heranschleichen als an eine ganze Herde, in der immer etliche Tiere in Alarmbereitschaft sind und die Herde nach allen Seiten sichern. Evolutionär gesehen, schließen sich Tiere vor allem aus diesem Grund zu Herden zusammen. Allerdings zeigen Raubtiere manchmal auch ein Verhalten, das jeglicher Logik widerspricht.

Es war noch früh am Morgen. Wir waren um Viertel nach sechs nördlich des Ndutu-Sees in der Serengeti unterwegs, und ich konnte nichts entdecken, das mich veranlasst hätte, meinen Fahrer Chambulo den Wagen einen Augenblick anhalten zu lassen. Es musste sich also um eine tief sitzende Gewohnheit handeln, die mich auf der flachen Anhöhe Halt machen ließ. Die Sonne stand noch nicht sehr hoch, und das Dämmerlicht war so weich, dass wir das Gefühl hatten, wir könnten die Luft mit der Hand berühren und eine sanfte runde Delle hineindrücken. Die Sonne war gerade hinter dem Lemagrut hervorgekommen, und zu unseren Füßen dehnte sich die glatte türkisfarbene Oberfläche des Sees. Ich ließ meinen Blick kurz über die Wasserfläche gleiten, bevor ich nach dem Fernglas griff. Zwar wusste ich, dass es sich bei dem rosa Farbklecks am westlichen Ufer um Flamingos handelte, aber aus dieser Entfernung konnte ich keine einzelnen Vögel unterscheiden, sondern sah lediglich rosafarbene Pinselstriche. Ich legte meine Ellbogen auf die Kante der Dachluke, um das Fernglas abzustützen, und begann die linke Seite des Tals, wo es sich zum See hinabsenkt, abzusuchen. Ich hoffte, dort zwischen den Akazien einen gelbbraunen Fleck zu entdecken, der sich von dem spärlich mit Gras bewachsenen Hügel abhob. Am oberen Ende des Tals angelangt, setzte ich meine Suche im flachen Gelände fort und konzentrierte mich dabei vor allem auf die Bäume, obwohl es mir schwer fiel, der verlockenden offenen Ebene, die sich dahinter ausdehnte, zu widerstehen. Als ich meinen Blick nach Westen richtete, drangen die Strahlen der tief stehenden Sonne von der Seite unter die Augenkappen. Ich presste das Fernglas noch fester gegen meine Augen und suchte weiter in dem Gewirr abgestorbener Äste, auf dem blanken Erdboden, wo wir erst letzte Nacht die jungen Hyänen beobachtet hatten, und auf dem sanft abfallenden Gelände, das in einen flachen Graben mündete.

Plötzlich ließ mich etwas innehalten. Ich ging mit dem Fernglas ein kleines Stück zurück und achtete darauf, auf derselben Höhe zu bleiben, um den letzten Bereich, den ich abgesucht hatte, wieder in den Blick zu bekommen. Da war es erneut, ein kurzes, helles Aufblitzen. Ich spürte, dass meine Leute auf den Sitzen hinter mir unruhig hin und her rutschten und es kaum noch erwarten konnten, aus dem Wagen zu steigen, aber ich wollte nichts überstürzen, und daher mussten sie sich wohl oder übel noch ein klein bisschen gedulden. Schließlich war ich mir völlig sicher. Eine, nein, zwei Gestalten bewegten sich am westlichen Ufer des Sees parallel zum Hang in Richtung Süden. Meine Mitteilung an die Gruppe, dass ich vermutlich zwei Katzen entdeckt hätte, erwies sich sofort als Fehler. Alle bombardierten mich daraufhin nämlich mit Fragen und versuchten aufgeregt, sich durch die Dachluken zu quetschen, und brachten den Wagen dabei gefährlich zum Wackeln. »He, ganz ruhig, Leute, wie soll ich sie denn so im Blick behalten?« Die Katzen, wenn es denn welche waren, waren drei, vielleicht auch vier Kilometer von uns entfernt, und bei jeder Erschütterung machte das Fernglas einen starken Schwenk, und ich verlor sie aus dem Blickfeld. Als das Geschaukel des Wagens endlich nachließ, traten auch die beiden Gestalten in meinem Fernglas wieder scharf aus der feuchten Dämmerung hervor. Es waren zwei bräunlich gelbe Tiere, die gemächlich Seite an Seite über den Hang liefen. Da ich keine Mähnen erkennen konnte, musste es sich wohl um Löwinnen handeln.

»Niko na paka wawili«, sagte ich zu Chambulo. Ich habe zwei Katzen.

»Wako wapi?« Wo sind sie?

Bevor ich auch nur antworten konnte, hatte er den Motor bereits wieder angelassen, Salim im zweiten Wagen über das Funkgerät gerufen und war losgefahren. Chambulo kann sich jedes Mal wieder genauso für die Sache begeistern wie ich und meine Kunden. Und wenn sich jeder mit der gleichen Freude beteiligt, macht die ganze Safari viel mehr Spaß. Chambulo änderte die ursprüngliche Richtung und lenkte den Wagen nun nach Westen. Er fuhr nicht gerade rücksichtsvoll, und die

Leute, die in den Dachluken standen, mussten ständig herabhängenden Ästen ausweichen. Ein Augenblick der Unaufmerksamkeit, und schon konnte man sich an einem der dornigen Akazienzweige eine heftig blutende Wunde am Kopf oder im Gesicht zuziehen. Die Luft war so kalt, dass uns die Augen tränten, aber sie fühlte sich himmlisch an und trug noch zu unserer Vorfreude bei. Alle waren so auf die Katzen fixiert, dass sie den beiden kleinen Dik-Diks, die bewegungslos am Wegrand standen, keinerlei Beachtung schenkten. Das einzige Lebenszeichen, das die Tiere von sich gaben, war das Zittern ihrer merkwürdig langen Nasen, mit denen sie alles aufnahmen, was um sie herum vorging. Wir fuhren oder besser gesagt rutschten und schlitterten eine sieben Meter lange Böschung hinunter, weil die Reifen auf dem Kalksteinschotter kaum Halt fanden, und schossen dann auf das glatte, trockene Ufer des Sodasees hinaus. Wir hatten zwar ein klares und darüber hinaus sehr bewegliches Ziel vor Augen, dennoch konnte ich nicht umhin, einen Blick auf den flachen Uferstreifen aus Vulkansand zu werfen, auf dem sich in der vergangenen Nacht eine beträchtliche Zahl von Besuchern eingefunden haben musste. Überall waren die Spuren von Gnus zu erkennen, und das Geflecht aus ineinander verschlungenen Linien, das sie im Sand hinterlassen hatten, erinnerte mich an ein Gemälde von Jackson Pollock. Unwillkürlich und mit einem resignierten Lächeln schüttelte ich den Kopf, als ich diesen Wirrwarr zu meinen Füßen betrachtete. Diese Gnus waren wilde Tiere, offensichtlich unorganisiert, vielleicht sogar dumm, aber sie waren da, und zwar in riesiger Zahl – irgendeine höhere Macht musste sich also etwas dabei gedacht haben.

Als wir den Hang erreichten, auf dem ich die Löwinnen entdeckt hatte, verlangsamte Chambulo die Fahrt. Wenn wir jetzt parallel zum Hang am Ufer entlangfuhren, sollte es uns mit dem Dämmerlicht im Rücken möglich sein, sie ohne größere Mühe aufzuspüren. In den zwanzig Minuten, die wir für die Fahrt hierher gebraucht hatten, schienen sie sich jedoch in Luft aufgelöst zu haben, und ich wollte Chambulo gerade bitten, zu wenden und eine zweite Runde zu fahren, als ich ein Stück vor uns oben am Hang einen ockerfarbenen Rücken erspähte, der gerade in einem kleinen *korongo*, einem Wassergra-

ben, verschwand. Ich rief Chambulo zu, dass ich die Katzen entdeckt
hätte, und bat ihn, etwas nach links zu drehen, noch ungefähr zweihundert Meter auf dem Uferstreifen zu bleiben und dann den Hügel
hinauf in Richtung der Akazien zu fahren. Beim Näherkommen stellte ich zu meinem Erstaunen fest, dass es sich bei den beiden vermeint-
lichen Damen nicht um Löwinnen handelte, sondern um Geparde,
und zwar zwei große, ausgewachsene Männchen.

»Chambulo, hawa ni duma, si sima; pole mzee«, ließ ich Chambulo wissen. Doch das war erst die erste Überraschung dieses Tages. Geparde sind Einzelgänger und nicht reviergebunden. Zwar halten sie
sich häufig in einem bestimmten Revier auf, aber sie verteidigen es
nicht. (Die Begegnung zur Paarung bleibt deshalb weitgehend dem
Zufall überlassen, was auch erklärt, warum die Weibchen mehr als
zwei Drittel der Zeit brünstig sind, viel häufiger als die anderen großen Raubkatzen.) Gelegentlich weichen die Gepardmännchen allerdings für eine begrenzte Zeit von ihrem üblichen Verhalten ab, suchen
sich einen, vielleicht sogar zwei Gefährten und verteidigen ihr Revier.
Ich hatte erst vor kurzem in Tim Caros Buch über das Verhalten von
Geparden davon gelesen, und jetzt sah ich mit eigenen Augen eine dieser Gemeinschaften erwachsener Männchen, die er beschrieben hatte.
Das erlebt man nur selten.

»Hakuna matatizo. Paka ni paka«, erwiderte Chambulo. Na und,
Katzen sind Katzen. Klar, aus der Sicht des Safariteilnehmers.

Die Geparde schienen zwar nicht gerade unruhig zu sein, aber doch
etwas nervös, da ihnen unsere Anwesenheit sicher nicht entgangen
war. Wir hielten uns deshalb in gebührender Entfernung ungefähr
zweihundert Meter unterhalb von ihnen und fuhren als eine Art Eskorte neben ihnen her. Schon bald schenkten sie uns keine Beachtung
mehr und ließen ihren Blick wieder hin und her schweifen. Abwechselnd wandten sie den Kopf nach links und nach rechts, wobei ihre
Augen unter den buschigen Brauen gut verborgen blieben. Jede Kopf-
drehung um zwanzig Grad war von einem Schritt begleitet: rechtes
Bein, linkes Bein, mit rollenden Schultern, der Kopf weit vorgestreckt
dicht über dem Boden, der Schwanz steif nach unten gerichtet. Zehn
Minuten später erreichten die Katzen eine große Akazie, ließen sich

in ihrem Schatten nieder und begannen, gestützt auf ihre durchgedrückten Vorderläufe, die Umgebung abzusuchen. Von Zeit zu Zeit streckte eine von ihnen den Kopf nach vorn und richtete die Augen starr auf irgendetwas, das sich in der Ferne bewegte. Ich versuchte, mit Hilfe meines Fernglases herauszufinden, was sie da Interessantes sahen, hatte jedoch keinen Erfolg. Ich war überzeugt, dass sie etwas entdeckt hätten, und hätte zu gerne gewusst, was. Oder trieben sie vielleicht doch nur ihr Spiel mit mir, weil sie wussten, dass mein neugieriger Blick auf ihnen ruhte? Ich würde einiges darum geben, könnte ich die Welt nur eine Minute lang mit ihren scharfen Augen betrachten.

Während wir darauf warteten, dass die beiden Geparde ihren Weg fortsetzten, nutzte ich die Gelegenheit und machte mir eine Skizze von ihrer Schwanzzeichnung. Die schwarzen Flecken auf den goldgelben Rücken der Geparde reichen bis zu ihren Schwänzen, fließen dort ineinander und bilden Ringe. Diese Ringe sind, was Breite, Form und Zahl anbelangt, von Tier zu Tier verschieden – sie sind sozusagen der Fingerabdruck eines Gepards. Ich forderte meine Gruppe auf, sich ebenfalls Skizzen von dem Fellmuster zu machen, denn auf diese Weise hätten wir für die nächsten fünf Tage, die wir hier verbringen wollten, einen Anhaltspunkt. Wir würden die beiden Geparde zweifellos wieder sehen, und die Schwänze waren ein sicheres Erkennungszeichen.

Die Geparde erhoben sich, dehnten sich mit in die Luft gereckten Hinterteilen und weit nach vorne ausgestreckten Vorderläufen, gähnten beide wie auf Verabredung und setzten sich wieder in Bewegung. Vor ihnen fiel das Gelände sanft zu einem breiten, fast ausgetrockneten Flusslauf ab. Auf seinem Grund floss ein kümmerliches, schmutzig rotes Rinnsal, und die Ufer waren gesäumt von grünem Salzgras. Akazien warfen ihre Schatten über die offenen Sandbänke bis nahe an das rötliche Wasser heran. In diesem kleinen Tal lebte eine nicht besonders große, weit verstreute Herde von Grantgazellen, aber sie würden die Geparde zweifellos im selben Augenblick bemerken, in dem diese den Schutz der dicht stehenden Bäume verließen und auf den mit kurzem Gras bewachsenen Sandflächen des Talgrundes auftauchten.

Und so war es auch. Eine Reihe kurzer Laute, die wie ein Niesen klangen und wieder und wieder ertönten, bestätigte mir, dass die Grants die Geparde gesehen hatten. Der Warnruf schien sich über die ganze Länge des Tals fortzusetzen, er wurde von anderen Grants, Thomsongazellen und Kuhantilopen aufgenommen und weitergegeben, wobei alle eine eigene Version des Schnaubens zum Besten gaben. Es war unter der Würde der vornehmen Giraffen, ebenfalls zu schnauben, aber immerhin schwangen sie in einem großen Bogen langsam die Köpfe herum und spähten in die gleiche Richtung wie die anderen Huftiere.

Die Geparde ihrerseits taten so, als ginge sie all das Geschnaube und Geniese nichts an, und liefen zielstrebig weiter über den Talgrund. An dem roten Rinnsal blieben sie stehen und berührten mit den Nasenspitzen die Wasseroberfläche, tranken jedoch nicht – was nicht weiter verwunderlich war, da diese Tiere ihren Flüssigkeitsbedarf zum größten Teil mit Blut decken. Statt den Wasserlauf mit einem Sprung zu überqueren, wandten sie sich nach rechts und liefen weiter das Tal hinauf, weg von den Gazellen. Die breiten Grasstreifen auf beiden Seiten des Wasserlaufs wurden hier schmaler, und die Bäume rückten näher ans Ufer heran. An einer schmalen Stelle wandten sich die beiden Geparde erneut nach rechts und kletterten elegant über ein paar Felsen, um sich ein Stück weiter oben im Schatten auszuruhen. Als sie sich niederließen, sprang unter einem umgestürzten Baumstamm ein Kaphase hervor und schreckte die beiden Katzen auf, aber er war wohl als Beute zu mager und daher der Mühe einer Verfolgungsjagd nicht wert. Mit steil aufgerichteten Ohren sprang der braun gefleckte Hase davon und flüchtete unter einen Strauch Heliotrop, wo er bewegungslos und mit flach an den Rücken gelegten Ohren sitzen blieb.

Die Geparde gaben ihre Wache auf und ließen sich auf die Seite fallen – gesprenkelte Katzen im gesprenkelten Schatten, der Welt entrückt. Sie schienen weder die Rufe der Trauertauben noch die abgehackten, metallisch klingenden Laute des Waffenkiebitzes wahrzunehmen. Geparde fressen keine Vögel. Eingelullt von dem tiefen Summen der Insekten, waren sie bald eingeschlafen. Wir beschlossen, erst einmal zu frühstücken und dann wiederzukommen. Nach etwa zweihundert Metern bat ich Chambulo, noch einmal anzuhalten. Meine Leute sollten sich umdrehen und versuchen, die Geparde zu entdecken. Ich wusste, dass es ihnen nicht gelingen würde. Derselbe Kontinent, der die Raubkatzen hervorgebracht hatte, hatte sie jetzt wieder verschluckt.

Beim Frühstück sprachen wir darüber, warum sich Geparde manchmal zusammenschließen, und über die Vor- und Nachteile solcher Gemeinschaften. Die Vorteile sind keineswegs so offensichtlich, wie meine Gruppe meinte. Sie haben zwar vermutlich mehr Erfolg auf der Jagd nach Beute, und auch das Risiko für den einzelnen Gepard ist geringer, aber die Futtermenge wird dadurch nicht gleichzeitig mehr. Ein Gepard verbraucht dieselbe Energie, egal ob er allein oder zu zweit jagt. (Bei Löwen sieht das anders aus: Sie schließen sich zusammen, weil sie weniger mobil sind und größere Beutetiere jagen.) Caro führt in seiner Studie aus, der Vorteil sei darin zu sehen, dass die Geparde zu zweit in der Lage seien, Reviere in Besitz zu nehmen, die häufiger von Weibchen aufgesucht würden, mit denen sie sich diese Reviere dann teilen könnten. Letztlich läuft es auf die alte Geschichte hinaus, nämlich die eigenen Gene weiterzugeben. Meine Leute waren mit diesen Erklärungen allerdings nicht zu überzeugen, und vielleicht hatten sie Recht. Das Leben in der freien Wildbahn ist mehr als bloße Mathematik.

Wie dem auch sei, die Geparde zeigten jedenfalls dieses ungewöhnliche Verhalten, und es war ja auch nett zu wissen, dass da ein kleines Geheimnis auf uns wartete. Schließlich machten wir uns wieder auf den Weg, um noch einmal mit empfindlicheren Filmen im Gepäck nach den beiden Raubkatzen zu sehen. Sie schienen spurlos verschwunden zu sein. Unten am Flussbett hatten sie allerdings ihre Visitenkarte hinterlassen. Wir stießen auf zwei deutlich unterscheidbare Spuren, die zunächst auf den Fluss zuliefen, dann nach rechts schwenkten und vom See weg weiter talaufwärts führten. Das Trittsiegel von Geparden zeigt denselben verräterischen dreilappigen Hauptballen wie die Pfotenabdrücke aller Katzen, aber nur bei Geparden sind auch die Abdrücke der Krallen zu sehen, und die äußeren Lappen des Hauptballens reichen weit über den mittleren hinaus.

Mittlerweile stand die Sonne hoch am Himmel, und die feuchte Morgenkühle war brütender Hitze gewichen. Und irgendetwas lag in der Luft.

Mit ein wenig Erfahrung und viel Glück verfolgten wir die Spuren flussaufwärts. Nach zehn Minuten stießen wir wieder auf unsere beiden Freunde, die zielstrebig ihres Weges gingen, und folgten ihnen im Abstand von etwa dreihundert Metern. Die Staubwolken, die vor uns zwischen den flachen Kronen der Akazien aufstiegen, zeigten, dass eine Herde von Gnus im Anmarsch war, und die beiden Geparde änderten ihre Richtung und hielten auf die herannahende Herde zu. Ich warnte meine Leute, sie sollten sich keine allzu großen Hoffnungen machen, da Gnus für diese eher schmächtigen Katzen zu groß und kräftig seien. Genau genommen, hatte ich noch niemals erlebt, dass Geparde ein ausgewachsenes Gnu rissen, und nur selten einmal, dass sie ein Junges anfielen.

Ein ausgewachsenes Gnu wiegt um die fünfhundert Pfund, ein großes Gepardmännchen etwa einhundertzwanzig. Der feingliedrige Körperbau der Geparde, die schlanken Beine und die kleinen Zähne lassen nicht zu, dass sie mit roher Gewalt vorgehen. Sie bevorzugen zudem die Jagd im offenen Gelände, in dem sie ungehindert von Bäumen und Büschen ihre einzige Waffe, die Geschwindigkeit, einsetzen können. Um uns herum gab es genug offenes Gelände und jede Menge kleinerer Beutetiere, an denen sie mit sehr viel weniger Risiko ihr Glück versuchen könnten, und daher übten wir uns in Geduld, in der Hoffnung, dass sie belohnt werden würde.

Die beiden Geparde hatten jedoch offenbar beschlossen, sämtliche Regeln über den Haufen zu werfen. Sie schienen diese Gnus im offenen bewaldeten Gelände ernsthaft als Beute in Betracht zu ziehen und begannen, sich auf ihre typische, wunderbar anzusehende Art an sie heranzupirschen. Dieses Verhalten war nun tatsächlich einmal wie aus dem Lehrbuch, sie hielten ihre Köpfe mit weit nach vorne gestrecktem Hals dicht über dem Boden, die Herde keine Sekunde aus den Augen lassend, und suchten nach dem einen auffälligen Tier. Ihr ganzer Körper war nun in einer geduckten, angespannten Haltung, dennoch bewegten sie sich geschmeidig und mit kurzen, sicheren Schritten vorwärts. Als sie noch etwa einhundertfünfzig Meter von den Gnus trennten, gingen die beiden Katzen hinter einer umgestürzten Akazie in Deckung. Der teilweise schon zerfallene Baumstamm bot den beiden Geparden den nötigen Schatten, er lag allerdings zu weit von der potenziellen Beute entfernt. Die maximale Entfernung für einen Angriff beträgt für einen Gepard sechzig bis siebzig Meter, vorausgesetzt, er wird nicht bereits vorher entdeckt. Unsere beiden befanden sich im Augenblick weit außerhalb dieses Bereichs. (Andere Katzen müssen noch sehr viel näher an ihre Beute herangekommen sein, bevor sie angreifen können, Löwen bis auf fünfzig Meter und Leoparden sogar bis auf fünf Meter.) Geparde können die Verfolgung eines Beutetiers durchschnittlich vierhundert Meter durchhalten, und ich habe einmal einen Gepard beobachtet, der seine Beute mehr als sechshundert Meter weit jagte. Es war eine lange, lange Jagd an einem verhältnismäßig kühlen Tag. Löwen verfolgen ihre Beute vielleicht zweihundertfünfzig Meter weit, Leoparden nicht mehr als fünfzehn Meter, bevor sie aufgeben. Es besteht eine direkte Beziehung zwischen der Energie, die die Raubkatzen für den einzelnen Angriff aufwenden, und der Erfolgsrate, die sie insgesamt erzielen. Je mehr sich das Tier anstrengt, desto höher muss die Erfolgsquote sein. Geparde investieren eine Menge Energie, dafür aber nur selten, da ihre Erfolgsrate etwa siebzig Prozent beträgt. Wenn ein Gepard sich wirklich Mühe gibt, erwischt er seine Beute auch. Löwen strengen sich sehr viel weniger an und haben infolgedessen auch eine sehr viel geringere Erfolgsquote vorzuweisen: eine einzelne Löwin zehn Prozent, ein Rudel fünfzehn Prozent. Leoparden geben sich keine besonders große Mühe und scheitern deshalb auch meistens – in fünfundneunzig Prozent der Fälle, um genau zu sein. Das ist ihnen allerdings ziemlich egal, irgendwann werden sie schon einmal Glück haben. Außerdem halten sie sich für gewöhnlich in dichter bewachsenem Gelände auf, in dem einer Verfolgung von vornherein Grenzen gesetzt sind.

Das alles ist vollkommen logisch, wenn man es erst einmal verstanden hat. Und was ist mit Hyänen und Afrikanischen Wildhunden? Im Vergleich zu Leoparden sind sie das andere Extrem. Wildhunde nehmen die Verfolgung ihrer Beute aus einer Entfernung von etwa einem halben Kilometer, gelegentlich auch einem ganzen Kilometer auf und jagen sie mit einer Geschwindigkeit von sechzig Stundenkilometern über eine Strecke von bis zu acht Kilometern. Ich habe das einmal nachgemessen, am Ende haben sie das Gnu gekriegt. Unglaublich. Hyänen beginnen die Jagd aus einer Entfernung von einem halben Kilometer und verfolgen ihre Beute über fünf Kilometer.

Wir hatten die Geparde die ganze Zeit durch unsere Ferngläser beobachtet und wussten ganz genau, an welcher Stelle hinter der Akazie sie in Deckung lagen, auch wenn wir sie nicht mehr sehen konnten. Schließlich tauchten über dem Stamm langsam zwei der dunkelgelben Ohren mit den schwarzen Flecken auf der Rückseite auf. Sie waren von den Spitzen der Grasbüschel kaum zu unterscheiden. Zum wiederholten Mal suchte ich die Gnuherde ab, aber ich konnte kein einziges Jungtier entdecken und teilte meiner Gruppe mit, dass wir leider wohl weiter nichts zu sehen bekommen würden. Trotzdem war es aufregend, diese Pirsch zu beobachten, und außerdem kamen die Gnus von der Seite immer näher an die Geparde heran. Wir beschlossen, bis zum Ende abzuwarten. Die Minuten dehnten sich. Inzwischen hatten wir unsere Kameras hervorgeholt und uns auf Jacken und Kissen auf den Wagendächern niedergelassen. Wir hielten es vor Spannung kaum noch aus. Mein Herz schlägt immer für den Jäger, auch wenn ich selbst keiner bin, und ich hätte es meinen Gästen gewünscht, einen richtigen Beutezug mitzuerleben. In mehr als zwanzig Jahren hatte ich etwa hundert Geparde dabei beobachten können, wie sie ihre Beute gejagt und erlegt hatten, ein paar Dutzend Löwen und genau drei Leoparden.

Die Zeit schien stillzustehen. Kein Lüftchen bewegte sich, die Hitze hatte noch zugenommen, und es war nicht der geringste Laut zu vernehmen. Ich hörte nicht einmal mehr Tauben, obwohl sie nicht ahnen konnten, was hier vor sich ging, und selbst die Grillen und Grashüpfer waren verstummt. Jetzt richtete sich das weiter von der Herde entfernte Männchen auf, und ich gab meinen Leuten ein Zeichen, sich bereitzuhalten. Der Gepard musste etwas entdeckt haben, das meiner Aufmerksamkeit entgangen war; ich hatte nur ausgewachsene männliche Gnus gesehen. Der andere Gepard richtete sich nun ebenfalls auf und wandte sich mit einem fragenden Blick zu seinem Gefährten um, anstatt die Herde zu beobachten.

Plötzlich rannte der erste Gepard los. Das zweite Tier schnellte wie auf Knopfdruck hoch und lief dann eher gemächlich hinter seinem davonjagenden Gefährten her. Sie wirbelten kleine braungelbe Staubwolken hinter sich auf, während sie unserem Blickfeld entschwanden. Von einem Augenblick auf den anderen geriet die bis dahin lose Formation der Gnuherde in völlige Auflösung. Die eine Hälfte verschwand in einer großen Staubwolke, die andere Hälfte stürmte auf eine offene Lichtung, die sich seitlich von uns befand. Die beiden Geparde rasten in die Staubwolke hinein und wurden sofort von ihr verschluckt. Plötzlich tauchte ein einzelnes ausgewachsenes Gnu auf, umrundete eine Akazie und rannte nach links weiter, während sich der Rest der Herde nach rechts gewandt hatte. Diese Entscheidung führte es auf eine offene, ungefähr hundert Meter breite Lichtung, und das war genau so viel Platz, wie die Geparde brauchten. Mit Höchstgeschwindigkeit, etwa hundert bis hundertzehn Stundenkilometer, legten die Katzen mit vier großen Sprüngen jeweils fünfundzwanzig Meter pro Sekunde zurück. Bei dieser Geschwindigkeit sehen sie nicht einmal mehr, wo sie beim nächsten Sprung landen werden. Und – ich traute meinen Augen kaum – sie hatten es tatsächlich auf dieses große ausgewachsene Gnu abgesehen. Noch niemals hatte ich etwas Derartiges gesehen oder auch nur davon gehört.

Der zweite Gepard erreichte das Gnu zuerst. Ohne zu zögern und nicht besonders elegant warf er sich mit seinem ganzen Gewicht von hinten auf das Tier und brachte es aus dem Gleichgewicht, wenn auch nicht zu Fall. Der Gepard grub seine kurzen Fangzähne in den Rücken des stolpernden Gnus und umklammerte mit seinen Pranken dessen Hinterläufe. Die Schritte des Beutetieres wurden kürzer und langsamer, und der Gepard sprang auf seinen Rücken, ohne jedoch seinen Biss oder seine Umklammerung zu lockern. Die beiden Tiere zogen eine lange Staubfahne hinter sich her und kamen schließlich schlitternd zum Stehen. Nun erreichte auch der Gepard, der die Jagd begonnen hatte, den Schauplatz des Geschehens. Er stürzte sich, zu meiner Überraschung und der des Gnus, in vollem Lauf von vorn auf seine Beute und warf sich, jede Vorsicht außer Acht lassend, zwischen die Hörner des jetzt bewegungslos verharrenden Tieres, das gerade noch den Kopf senken und seine Hörner auf das heranschießende gefleckte Fellbündel richten konnte. Der Gepard hatte jedoch gut gezielt und landete mit wenigen Zentimetern Abstand auf jeder Seite genau zwischen den scharfen Spitzen. Auch wir in unseren Land Cruisern setzen uns jetzt wieder in Bewegung, wobei wir in der Eile ein paar kleinere Bäume und Büsche, die an der Lichtung standen, einfach niederwalzten. Die Reifen wirbelten hohe Staubfontänen auf, als unsere Fahrer die Wagen am Rand der Lichtung mit einer harten Bremsung zum Stehen brachten.

Wir waren jetzt nahe genug, um deutlich das heftige Schnaufen des Gnus und das Keuchen des Gepards, der sich in dessen Hüfte verbissen hatte, zu hören. Der Gepard, der dem Gnu zwischen die Hörner gesprungen war, wurde bei jedem Versuch des Tieres, ihn abzuschütteln, in die Luft geschleudert. Die Vorderpranken in den Hals seines Opfers gekrallt, landete er jedes Mal wieder zwischen den Hörnern. Das Gnu kämpfte um sein Leben, während die beiden Geparde ums Überleben kämpften. Es war verblüffend, welche Gefahr die beiden Raubkatzen auf sich genommen hatten. Zweifellos würde einer der beiden nicht besonders mächtigen Angreifer den Preis dafür zahlen müssen, sich an eine so große Beute gewagt zu haben. Schließlich holte der nach wie vor an den Nacken des Gnus geklammerte Gepard aus und konnte seine Pranke in den Unterkiefer des wild um sich stoßenden Tieres schlagen. Mit weit gespreizten Krallen und unglaublicher Kraft riss er den Kiefer nach hinten und brachte das Gnu auf diese Weise zu Fall. Als er Anstalten traf, ein zweites Mal zuzuschlagen, war die Beute jedoch schon wieder auf den Beinen, und dem Gepard blieb nichts anderes übrig, als in seiner Stellung auf dem Halsrücken zu verharren, den Körper immer noch ungeschützt zwischen den Hörnern ausgestreckt.

Vier Mal brachten die beiden Geparde das fünfhundert Pfund schwere Gnu zu Fall, und vier Mal richtete es sich wieder auf, mitsamt den beiden jeweils einhundertzehn Pfund schweren Katzen, die in seinem Nacken und an seiner Hüfte hingen. Beim fünften Mal hatte es nicht mehr die Kraft, um erneut aufzustehen, und dem vorderen Gepard gelang es, seine Zähne aus dem Nacken des Gnus zu lösen und es mit einem tödlichen Biss an der Kehle zu packen. Das Gnu gab sich geschlagen und trat nur noch ein paar Mal schwach um sich, bis es sich schließlich nicht mehr regte. Doch auch jetzt noch hielt es der hintere Gepard umklammert, und der andere hing mit seinem ganzen Körper über Hals und Schultern des sterbenden Tieres.

Auch wir auf unserem Beobachtungsposten waren erschöpft, und was mich betrifft, so hatte mich der Anblick dieses blutigen Kampfes um Leben und Tod so mitgenommen, dass ich beinahe zitterte. Die Kraft und die Wildheit, die hier zu Tage getreten waren, hatten mir den Atem stocken lassen, und ich konnte den Mut der beiden Geparde nur bewundern. Ich sah mich nach meinen Leuten um. Sie standen wie versteinert da, auf ihren Gesichtern glänzte der Schweiß.

Nachdem fünf weitere, schier endlose Minuten verstrichen waren, lösten sich die Geparde schließlich von dem Gnu und machten sich sofort daran, ihren Riss in den Schatten zu schleppen. Die beiden waren zweifellos erschöpft, vielleicht sogar verletzt, doch unter Aufbietung aller Kräfte – der Kraft ihrer Zähne, ihrer Muskeln und vor allem ihres Willens – gelang es ihnen, das Gnu zu einer niedrigen Akazie und damit aus dem Blickfeld lauernder hungriger Augen zu ziehen. Es vergingen danach noch einmal einige Minuten, bis sich die beiden Geparde so weit erholt hatten, dass sie den nächsten mühsamen Schritt tun und den Kadaver aufreißen konnten. Ihnen blieb jedoch nichts anderes übrig, da diese Raubkatzen einerseits im Gegensatz zu Löwen zu schwach sind, um ihre Beute zu verteidigen, sie andererseits aber auch nicht wie die Leoparden auf einen Baum schleppen können. Hinzu kommt, dass sie meist allein auf Beutefang gehen. Diese Geparde konnten ihre Beute nur dann transportieren, wenn sie sich in ihren Bäuchen befand, und deshalb mussten sie sie nun so schnell wie möglich verschlingen. Jetzt war eine andere Art von Geschwindigkeit gefragt.

Der eine Gepard riss den Bauch des toten Gnus auf, während sich der andere zwischen den Vorderläufen zu schaffen machte, und binnen kurzem waren ihre Gesichter von oben bis unten mit Blut bedeckt.

Wir machten zwar weiterhin Fotos, aber das Geräusch splitternder Knochen und zerreißenden Fleisches und das Keuchen der Raubkatzen ließen sich nicht lange ignorieren, und bald mischten sich unsere Seufzer und leisen Aufschreie darunter. Der Anblick der blutverschmierten Katzen und des leblosen, verunstalteten Körpers des Gnus war kaum zu ertragen – auch wenn wir wussten, dass in diesem wie in jedem System der Tod notwendiger Begleiter des Lebens ist. Abgesehen davon konnte niemand bestreiten, dass diese Geparde sich ihre Beute verdient hatten. Dieser Szene beizuwohnen war gewiss nicht erfreulich, doch andersherum betrachtet, sicherte sie zumindest für eine Weile wieder das Überleben der beiden Geparde.

Meine Leute waren ziemlich fertig. Nachdem sie die letzten Aufnahmen gemacht hatten, ließen sie sich seufzend zurück in ihre Sitze fallen und beobachteten die letzten Minuten dieses Festmahls durch die Fenster. Es wurde wenig gesprochen, nur gelegentlich ließ jemand eine Bemerkung fallen und äußerte seine Bewunderung für Jäger und Beute. Das Gnu hatte gekämpft, bis ihm der tödliche Biss in die Kehle Luft und Willenskraft geraubt hatte. Und hatte dabei nicht auch Glück eine Rolle gespielt? Der Gepard, der von vorne angegriffen hatte, hätte doch auch leicht von den Hörnern des Gnus zerfetzt werden können.

Später an diesem Tag fuhren wir in der Abenddämmerung nochmals an der Stelle vorbei, an der die Geparde das Gnu gerissen hatten. Es war nur mehr der Schwanz des Gnus und ein dunkler Fleck auf dem Boden zu sehen, umgeben von den Spuren zahlloser Raubtiere. Wo war die Medaille oder irgendeine andere Auszeichnung, die an den Mut und die Stärke der Beteiligten an diesem grausigen Schauspiel erinnerte? Aber vermutlich hat es schon seine Richtigkeit damit, dass nur blutgetränktes, niedergetrampeltes Gras an einen Kampf erinnert, wie er sich jeden Tag Hunderte von Malen in der Weite dieser Landschaft abspielt.

8

Die Jagd im Krater

Im Vergleich zu der tänzerischen, kraftvollen Eleganz von Geparden sind Löwen regelrechte Raufbolde. Es mag ja sein, dass sie sich mit einiger Finesse anpirschen, aber doch nur, um nahe genug an ihre Beute heranzukommen – mindestens bis auf fünfzig Meter – und dann ihre eigentlichen Jagdwaffen, Gewicht und Kraft, einzusetzen. Eine Löwin schlägt eine Impala nicht eben taktvoll nieder und dreht sie dann, vorsichtig den Hörnern ausweichend, um, um ihre Zähne in den Hals der Antilope zu schlagen und sie langsam zu ersticken. Je nach Größe der Beute versetzt eine Löwin dem Tier einen so heftigen Schlag, dass sie ihm damit das Genick bricht, und reißt ihm dann den Bauch auf, oder sie nimmt den ganzen Kopf in ihr Maul und zerschmettert ihn mit einem einzigen kraftvollen Biss ihrer riesigen Zähne. Das mag nicht schön sein, aber es ist wirkungsvoll.

Von allen Beutetieren, auf die ein Löwe Jagd macht, ist der Kaffernbüffel vermutlich das mächtigste. Die Männchen wiegen eine Dreivierteltonne, haben buchstäblich kugelsichere Hörner und sind außerordentlich stark und sehr schnell, selbst auf den sumpfigen Hochebenen der Aberdare-Gebirge oder am Rand des Ngorongoro-Kraters. Die Entscheidung, einen Büffel anzufallen, muss von einem Löwen oder, wie es meist der Fall ist, einer Gruppe von Löwen wohl überlegt werden. Die Höhe der Belohnung, nämlich Fleisch für ungefähr eine Woche, muss gegen das Risiko, bei der Jagd zu sterben, abgewogen werden. Der Löwe muss den Büffel auf die gleiche Weise einschätzen wie der Gepard das Gnu: Die Unterschiede in Größe und

Stärke der jeweiligen Kontrahenten sind in etwa gleich. Damit ein Löwe einen Büffel angreift, muss er schon ziemlich verzweifelt sein, und wahrscheinlich sind die meisten toten Büffel, an denen sich Löwen gütlich tun, tatsächlich von einem Rudel Hyänen zur Strecke gebracht worden, die dann von den wildernden Raubkatzen vertrieben wurden.

Das ist allerdings nicht immer der Fall. Genauso wie die Geparden am Ndutu-See, die ein Gnu wählen, auch wenn sie viel kleinere Tiere reißen könnten, lebten am südlichen Rand des Ngorongoro-Kraters viele Jahre lang vier riesige, außerordentlich kräftige Löwen, die sich fast ausschließlich mit Büffeln ein gutes Leben machten. Ich begegnete ihnen zum ersten Mal, als ich nach einem langen, staubigen, heißen Tag, den ich auf dem Grund des Kraters verbracht hatte, an den kühleren Kraterhängen joggen ging. Ich war schon oft über die Straße am Rand des Kraters gelaufen und dabei immer wieder Büffeln und Elefanten begegnet. Leoparden konnten mein Kommen hören, sehen und riechen und verschwanden daher schon vorher in dem dichten Grün ringsherum. Elefanten konnten mich vielleicht riechen, hielten es aber für unter ihrer Würde, sich wegen etwas so Kümmerlichen wie einem einzelnen Menschen wegzubewegen – schließlich waren sie Elefanten. Wenn ich meinen Blick nicht immer zu Boden gesenkt hätte und nicht in den tranceähnlichen Zustand eines Langstreckenläufers gefallen wäre, hätte ich höchstwahrscheinlich noch viel mehr von ihnen gesehen. Hauptsächlich waren es also Büffel, über die ich in dieser Gegend schon mehr als einmal gestolpert war, wenn sich die Bullen sicher genug fühlten, um zu den Wassergräben entlang der Straße zu kommen. Friedlich ließen sie sich das kurze Gras schmecken, das am Wasser wuchs, und bemerkten mich erst, wenn ich praktisch in sie hineinlief. Diese Überraschung veranlasste sie meist zu einem Angriff, aber da ich mich bis dahin warm gelaufen hatte, genügte schon ein konzentrierter Sprint über hundert Meter, um mich in Sicherheit zu bringen. Besser war es natürlich, einer solchen Begegnung von vornherein aus dem Weg zu gehen und mein Lauftraining hinter mich zu bringen, bis sich die Dämmerung und mit ihr der schwere Tau über die Höhen des Kraters senkte.

Eines Tages begleitete mich Mike, ein Langstreckenläufer. Für mich bedeutete das Laufen die auf einer Safari seltene Gelegenheit, allein sein zu können, und darüber hinaus, einmal nicht für das Leben anderer verantwortlich zu sein. Aber Mike wollte seine überschüssigen Energien loswerden und kam deshalb mit. Dieser Lauf war eine nicht abreißende Kette unglückseliger Begegnungen. Zwischen der Lodge und der Hauptstraße stießen wir auf eine Elefantenherde, zu der auch ein paar Weibchen und Jungen gehörten. Geduldig warteten wir, Mike ganz entspannt, bis ein Wagen vorbeifuhr und wir auf die Stoßstange springen konnten, um uns durch die Herde fahren zu lassen. Bevor wir wieder losliefen, gab ich Mike einen Kurzlehrgang. Büffel: Laufe zu einem Baum. Elefanten: Warte auf meine Anweisungen. Löwen: Laufe nie, wirklich nie, sondern entferne dich langsam; lass sie dabei keine Sekunde aus den Augen, und pass auf, dass du während des Rückzugs nicht hinfällst, weil das mit höchster Wahrscheinlichkeit zu einem Angriff führt, selbst wenn er ursprünglich gar nicht beabsichtigt war.

Die Straße entlang dem Kraterrand ist eigentlich eine furchtbare Strecke zum Laufen. Sie windet sich abwechselnd steil nach unten und dann wieder nach oben; abgesehen davon ist sie mit Schlaglöchern, Steinen und riesigen Pfützen übersät. Außerdem liegt sie in gut zweieinhalbtausend Meter Höhe. Mike und ich sprachen wenig. Wir waren etwa drei Kilometer gelaufen, als ich auf dem Damm, etwa fünf Meter oberhalb des Straßenbetts, etwas zu sehen glaubte. Keuchend blieb ich stehen und griff nach Mikes linkem Arm. Er hielt an, sah zu mir her und folgte dann meinem Blick den Damm hinauf. Dort kauerten vier Löwen, allesamt erwachsene Männchen mit beeindruckend dunklen Mähnen, einer neben dem anderen. Sie ließen vier Paar riesige Pranken über den Rand baumeln und betrachteten uns ausgesprochen interessiert.

»Löwen«, erklärte ich unnötigerweise. »Zieh dich langsam zurück, und lass sie dabei nicht aus den Augen. Sie sehen nicht unbedingt angriffslustig aus, eher neugierig. Beweg dich einfach langsam weiter, und pass auf, dass du über nichts stolperst, was hinter dir liegt.«

Nun, die letzten Worte hatte ich zu mir selbst gesprochen, da Mike schon lange weg war. Ich wandte meinen Kopf, so weit ich es wagte, von den Löwen ab, in der Erwartung, ihn in dem Graben auf der anderen Seite kauern zu sehen. Stattdessen entdeckte ich ihn hundert Meter weiter die Straße hinauf, kaum gebremst durch die Steigung. Langsam zog ich mich zurück, während die Löwen ihre Köpfe immer weiter nach oben reckten, um mich nicht aus den Augen zu verlieren. Schließlich erhoben sie sich sogar, um meinen Rückzug zu beobachten, wobei allerdings keiner von ihnen auch nur die kleinste Bewegung in meine Richtung machte. Erst als mindestens fünfundsiebzig Meter zwischen uns lagen, drehte ich mich um und trottete davon, aber nach jedem vierten oder fünften Schritt blickte ich über die Schulter zurück, um zu sehen, ob nicht doch einer der Löwen seine Meinung geändert hatte.

Als ich Mike einholte, stand er vornübergebeugt da, die Hände auf die Knie gestützt und nach Luft schnappend. Zum Glück kamen die vier nicht hinter uns her, da Mike jetzt schon völlig fertig war. Meine Stimme klang wahrscheinlich etwas verärgert, als ich sagte: »Komm, lass uns weitergehen, falls ihre Neugier doch noch siegt.«

Knapp zwei Kilometer vor der Abzweigung zu unserer Lodge donnerte plötzlich ein Büffel aus einem der vielen Gräben, an denen wir vorbeigekommen waren. Dabei war es eigentlich noch viel zu früh am Abend für einen Büffel. »Lauf!«, rief ich, und Mike drehte sich nicht einmal um, um nachzusehen, warum er laufen sollte, sondern spurtete erneut los, eine kleine Staubwolke hinter sich herziehend. Ich setzte ihm nach. Meines Wissens bluffen Büffel niemals, und auch dieser bluffte nicht, aber irgendwann schwenkte er nach links, kletterte mit einer für seine Größe erstaunlichen Behändigkeit den Hang hoch und verschwand in dem Hageniawald. »Alles in Ordnung«, sagte ich zu Mike und klopfte ihm im Laufen auf die Schulter, was allerdings nur zur Folge hatte, dass er noch mal einen Zahn zulegte.

»Er ist abgehauen«, rief ich. »Du musst nicht mehr rennen.«

»Herrgott noch mal«, schnaufte er. »Ist das hier immer so?«

»Nein«, sagte ich in aller Unschuld. »Aber es gibt halt so Tage …«

Er sah mich zweifelnd an und setzte sich wieder in Bewegung. An der Lodge angekommen, schnappten wir uns die anderen samt Kameras, und zehn Minuten später näherten wir uns wieder den Löwen, dieses Mal aber im sicheren Wagen. Sie hatten sich kaum von der Stelle gerührt. Ehrfürchtig beobachteten meine Leute diese Geschöpfe mit ihren beeindruckenden Mähnen, zusammengerechnet hatten wir mindestens eine Dreivierteltonne Löwen vor uns. Aus Mikes und meiner Perspektive hatten sie gigantisch ausgesehen, vom Land Cruiser aus erschienen sie bloß noch groß. Vorher hatten sie Mike und mich neugierig gemustert; jetzt, da wir im Wagen saßen, warfen sie uns nur einen abschätzigen Blick zu und ließen sich auf den Boden plumpsen, wobei sie ein kurzes Schnauben von sich gaben, als sie im dicken Gras alle viere von sich streckten.

Während der nächsten vier Monate war ich immer wieder auf dieser Straße Richtung Serengeti unterwegs und fuhr oft in der Dämmerung am Rand des Kraters entlang. Mit schöner Regelmäßigkeit lief ich dabei den vier Löwen über den Weg. Sie hatten sich einen Platz ausgewählt, der sich bestens dazu eignete, Jagd auf Büffel zu machen. Einmal begegneten wir ihnen, als sie gerade dabei waren, einen toten Büffel aus einem Graben zu ziehen. Man muss sich nur einmal vorstellen, wie viel Kraft dazu nötig ist, ein so schweres, lebloses Tier zehn Meter über eine steile Böschung zu ziehen und es dann in den sicheren Schutz des Waldes zu schleppen. Zwei der Löwen hatten mit ihren Zähnen das Hinterteil des Büffels gepackt; ihre kräftigen Schultern traten unter der Anstrengung deutlich hervor, als sie sich Schritt für Schritt langsam rückwärts auf den Wald zubewegten. Am Saum des Waldes angelangt, ruhten sie sich erst einmal zehn Minuten lang aus, während sich die anderen beiden bereits über den Büffel hermachten. Aus dem aufgerissenen Bauch stieg der Dampf in die kühle Bergluft auf.

Fünf Wochen nach dem Erlebnis mit Mike war ich mit fünf Kinderärzten auf der Straße unterwegs, die von dem Dörfchen Karatu aus zum Rand des Kraters führt. Juli und August sind hier meist nebelverhangen, und so war es auch an diesem Tag. Der Nebel war sehr dicht und veranlasste meine Gäste, sich in das relativ trockene Wageninnere zurückzuziehen; ich dagegen blieb auf dem Dach, mehr aus Dickköpfigkeit, nicht weil ich irgendetwas zu sehen erwartete. Die feuchte, kühle Luft war nach der staubigen Fahrt vom Manyara-See angenehm sauber und erfrischend. Man konnte nicht weiter als sieben Meter in jede Richtung sehen, und daher war es kein Wunder, dass es eine Weile dauerte, bis ich merkte, dass wir gerade an den Löwen vorbeigefahren waren. Ich wies unseren Fahrer Stephen an zu halten und klärte meine Gruppe rasch über die vier Löwen auf. Ich sagte ihnen, dass ich nur einen von ihnen gesehen hätte, der auf der Hangseite der Straße den Damm entlanggelaufen sei. Die Leute suchten ihre Kameras und Filme zusammen, und wir setzten langsam zurück. Dabei waren wir in größerer Sorge, dass in dem dichten Nebel ein anderer Wagen auf uns auffahren könnte, als dass der Löwe an unserer Verwendung des Rückwärtsgangs Anstoß nehmen könnte.

Es war einfach wunderbar. Zuerst erschien ein Löwe, dann ein zweiter und schließlich der dritte neben uns auf der Böschung. Wir sahen graue Nebelfetzen um sie herumwirbeln, als sie zielstrebig durch das nasse, zähe Gras marschierten. Von dem vierten Löwen war nichts zu sehen. War er während eines Angriffs vom Horn eines Büffels tödlich verletzt worden? Ich war zu beschäftigt damit, die drei anderen schemenhaften Gestalten zu fotografieren, um lange über diese Möglichkeit nachzudenken. So geisterhaft, wie die Löwen aufgetaucht waren, verschwanden sie auch wieder. Zuerst machte der eine kehrt, dann der zweite, dann der dritte, und gleich darauf waren sie zwischen den moosbedeckten und von Nebelschwaden umflossenen Baumstämmen des angrenzenden Waldes verschwunden. Als posiere er für einen Fotografen, blieb der dritte Löwe kurz stehen, bevor er vom Nebelschleier verschluckt wurde, wandte sich über die Schulter zu uns um und bedachte uns mit einem huldvollen Blick. Ich hatte meine Kamera schon auf ihn gerichtet und drückte in dieser Sekunde auf den Auslöser. Als ich meine Kamera senkte, um ihn mit bloßem Auge zu betrachten, sah ich nur noch die herumwirbelnden Nebelschwaden vor mir. Besser hätte er es nicht machen können.

Der zehnte Tag auf einer anderen Safari, und mir fiel bereits nichts mehr ein. Wir hatten alles gesehen, das meiste sogar zwei Mal. Im Februar und März wimmelt es in der Serengeti nur so von Tieren, der

Besucher wird ihrer fast überdrüssig. Es ist nichts Ungewöhnliches, fünf bis zehn Geparde und dreißig bis fünfzig Löwen an einem einzigen Tag zu Gesicht zu bekommen. Man kann diese Überdosis an Raubtieren genießen oder gleichgültig und faul werden. »Pole, Pole, ndio mwendo.« Diesen Spruch kennt in Kenia und Tansania jeder. Er meint so viel wie »Nur nichts überstürzen« und trifft auf jeden Fall auf die freie Wildbahn zu. Nach einem guten Start in Tansania hat man Zeit, auf Spurensuche zu gehen und die Mikrowelt der Termiten zu studieren oder einen ganzen Vormittag damit zu verbringen, die Verschiedenheiten zwischen Motten und schmetterlingsartigen Insekten zu untersuchen oder die Unterschiede zwischen Käfern und Wanzen. Darüber hinaus kann man auch endlich den Vögeln Gerechtigkeit widerfahren lassen und ihre Rufe zuordnen lernen. Und – wer hätte das gedacht – nicht alle Akazien gehören derselben Art an, wie man schnell feststellt, wenn man sie sich etwas genauer ansieht. Wie auch immer, am Tag bevor wir von der Serengeti zu den kühleren Höhen von Ngorongoro aufbrachen, erklärten mir die Teilnehmer dieser großen Safarigruppe unisono, dass sie alle hochzufrieden nach Hause fahren würden, wenn die Safari an diesem Tag enden würde. Alles, was nun folgte, wäre nur noch das Sahnehäubchen auf dem bislang Erlebten. Nun, ich glaube, dass sie von dem Sahnehäubchen zu guter Letzt recht beeindruckt waren.

Wir verließen die Lodge am Krater um halb sieben Uhr morgens. Bei mir im Wagen saßen vier der Frauen aus der Gruppe, Ende fünfzig und älter, die »Blauschöpfe«, wie sie sich nannten. Sie hatten gefragt, ob sie an diesem Tag bei mir im Wagen mitfahren könnten, was mir recht war. Da sie es, wie ich schon wusste, selten eilig hatten, hatten wir einen schönen und entspannten Tag vor uns. Wir könnten anhalten und frische Tierfährten fotografieren, eine neue Blume entdecken oder einfach nur Aufnahmen von der Landschaft machen, die mit nichts außer einer schönen Atmosphäre aufzuwarten hätten. Diese Gruppe fand an allem Vergnügen, was hier am Ngorongoro gut passte, weil die einspurige Straße, die sich von dem Kraterrand siebenhundert Meter zur flachen Ebene hinunterwindet, ein Abenteuer an sich ist. Man kann sie nur mit einem Auto mit Allradantrieb befahren, nicht etwa wegen des Matsches, sondern wegen der vielen losen Steine und der riesigen Löcher, mit denen die steile, schmale Piste übersät ist. Nur ein Wagen mit Allradantrieb kommt da durch. Schon mehr als ein Gefährt hatte unbeabsichtigt eine Abkürzung nach unten genommen, war über den Rand gerutscht und unten viel früher als erwartet und zusammengequetscht wie ein Akkordeon angekommen. Aber diese Straße konnte meine Begleiterinnen nicht aus der Ruhe bringen, im Gegenteil, sie bestanden darauf, während der Fahrt zu stehen, um die spektakuläre Landschaft zu betrachten. Sie lag wie ein riesiger grüner Teller vor ihnen, auf dem die verstreut liegenden Waldflecken, Sümpfe und trockenen Stellen wie Portionen verschiedener Gemüsesorten aussahen. Ihre Begeisterung war weitaus größer als ihre Angst, und das machte das Ganze für mich zu einem Kinderspiel. Mit den Blauschöpfen an Bord versprach es ein guter Tag zu werden.

Sosta saß am Steuer. Wir fuhren im ersten Gang bergab, immer weiter bergab, und die ganze Zeit über jaulte der Motor gequält vor sich hin. Über uns an die nahezu senkrechten Kraterwände geklammert, erhoben sich majestätisch Kandelabraeuphorbien mit ihren steil in die Höhe gereckten Ästen. Ein Stück weiter unten säumte rot blühender und vereinzelt auch riesiger rosa blühender Hibiskus den Weg, als befänden wir uns auf der Auffahrt zu einem großen Gut. (Man möchte wetten, dass sie jemand dort hingepflanzt hat, aber das stimmt nicht, glauben Sie mir.) Um sieben Uhr waren wir auf dem Grund des Kraters angekommen, wo es überraschend kühl war, obwohl wir siebenhundert Höhenmeter zurückgelegt hatten. Der Krater ist riesig, und vom Ende der Straße waren jenseits der ausgedehnten dunstigen Ebene in einem Kilometer Entfernung die Fieberakazien des Lerai-Waldes zu sehen, und noch ein Stück weiter lag die ruhige, spiegelnde Wasseroberfläche des Sees.

Auf der Ebene standen Büffel und kauten bedächtig auf dem harten Gras herum, und jedes Mal, wenn sie ausatmeten, stoben zwei Wölkchen aus ihren Nasenlöchern. Bei jeder Bewegung, wenn sie ihre warme Haut der kühlen und feuchten Luft aussetzten, stieg Dampf von ihren Bäuchen und den Innenseiten ihrer Beine auf. Weit und breit waren nur zwei Raubtiere zu sehen, zwei Goldschakale, die rasch über das kurze Gras dahinliefen. Aber es war ein trügerischer Friede: Die zweihundertzwanzig Quadratkilometer große Ebene des Ngorongoro-Kraters weist weltweit die dichteste Population von Löwen auf, und dasselbe gilt für Hyänen.

Wir beschlossen, direkt zum nahen Ufer des Sodasees zu fahren. Allerdings mussten wir vorsichtig sein und durften nicht zu nah an das Wasser heranfahren, damit wir nicht in dem weichen schwarzen Morast unter der spiegelglatten, spröden Oberfläche des Laugensalzes stecken bleiben würden. Wir wollten die Ufervögel beobachten, zu denen viele eurasische Migranten gehörten, die sich in diesem Monat in Tansania aufhielten. Auch Flamingos bevölkerten den See und bildeten in der nordöstlichen Ecke, wo ein kleiner Süßwasserfluss in den See fließt, einen dichten rosa Flecken. Die Vögel, die mit ihren rundlichen Körpern etwas Windschiefes an sich haben, wie sie da auf ihren spindeldürren Beinen stehen, versammeln sich zum Baden und Trinken an dieser Stelle, da sie das frischere Flusswasser dem stehenden Salzwasser vorziehen. Auf beiden Seiten des Flusses zieht sich von Norden her eine grünschwarze Linie von Binsen und führt all jene, die dieser Hilfe bedürfen, direkt zu den hier versammelten Flamingos. In einem Monat würden diese Binsen trocken und spröde sein und unter den erbarmungslosen salzigen Winden zerbrechen, die tagtäglich über den Kratergrund hinwegfegen. Noch war die trockenste Zeit des Jahres nicht gekommen, und die Binsen standen eine neben der anderen grün und kräftig da und wachten über das wertvolle frische Wasser. Meine vier Damen blätterten durch die Seiten ihrer Naturführer und ergänzten die Bildtafeln durch ihre Notizen, unterschieden Zwergstrandläufer von Temminicksstrandläufern, Sichelstrandläufer von Bruchwasserläufern und die Strandläufer wiederum von den Stelzenläufern. Aus reiner Gewohnheit suchte ich den Flusslauf mit meinem Fernglas ab. In einer Entfernung von zehn Metern und offensichtlich nicht besonders darum bemüht, sich zwischen den Binsen zu verbergen, saßen drei Löwinnen.

Ich machte die Frauen auf die Tiere aufmerksam. Obwohl nur die Gesichter der Löwinnen aus dem dunklen Grün hervorlugten, konnten sie sie ohne weiteres ausmachen. Wir fuhren ein Stück vor, ohne dabei größere Vorsicht walten zu lassen, hielten direkt neben den Löwinnen an und machten ein paar Nahaufnahmen von den schwer atmenden Tieren. Plötzlich hoben sich alle drei Köpfe um ein paar Zentimeter, und die Ohren stellten sich nach vorne gerichtet auf. Wir blickten sofort hinter uns, um herauszufinden, was dort wohl sein mochte, und folgten damit unsererseits instinktiv ihrer instinktiven Reaktion. Eine kleine Herde von Gnus näherte sich dem Fluss an der Stelle, wo er in den See floss.

Ohne zu zögern, bat ich Sosta, zurückzusetzen, ein Stück flussaufwärts und dann auf die andere Seite zu fahren. Während wir durch das Flussbett holperten, dankbar, dass der Grund an der Stelle, wo wir die Überfahrt riskiert hatten, fest war, entdeckten wir etwa siebzig Meter weit entfernt auf der Ebene einen Platz, von dem aus wir das mögliche Treiben beobachten konnten, ohne Einfluss auf das Geschehen zu nehmen. Die Gnus besahen sich argwöhnisch die hohen Binsen und hielten nur kurz zum Trinken inne, bevor sie ohne ersichtlichen Grund ihre Beine in die trockene Erde stemmten und mit einem Sprung nach hinten wegsetzten. Wer immer auf dem Sprung ist, mag ja am wenigsten Wasser abbekommen, aber wahrscheinlich lebt er auch am längsten.

Die Löwinnen hatten ihre Köpfe wieder gesenkt, die Augen gegen das grelle Licht und die intensive Hitze fast geschlossen. Zwei hatten ihre Köpfe auf die Pranken gelegt, aber zumindest eine der Katzen war wach und aufmerksam. Ich erinnerte meine Begleiterinnen daran, dass Löwen ihre Beute zu sechsundachtzig Prozent nachts erlegen.

Um neun Uhr legten wir eine längere Pause ein. Die erbarmungslos auf uns niederbrennende Sonne, der man in dem Krater nirgendwo entkommen konnte, hatte uns aus den Dachluken ins Wageninnere vertrieben. Wir hatten Gaukler, vier Arten von Weihen, zwei Falkenarten und zwei Geierarten identifiziert, bevor uns die Hitze zum Schweigen und beinahe auch zum Einschlafen gebracht hatte. Als ich einmal aufblickte, liefen ungefähr dreißig Gnus, unter die sich ein halbes Dutzend Zebras gemischt hatten, niedergeschlagen zum Wasser. »Niedergeschlagen« ist natürlich ein unverzeihlicher Anthropomorphismus. Sie waren nicht niedergeschlagen. Wahrscheinlich können sie gar nicht niedergeschlagen sein. Aber so sehen Gnus in unseren Augen einfach aus, wenn sie mit gesenktem Kopf und eingezogenem Schwanz dahintrotten. Diese Art zu gehen ist ganz im Gegenteil ausgesprochen effizient, und die Gänsemarsch-Formation stellt sicher, dass nur das Leittier dem Angriff eines Raubtiers ausgesetzt ist, das vielleicht unmittelbar vor ihnen in einem Versteck lauert.

Die Löwinnen hatten sich tief auf die Erde gekauert, was nur bedeuten konnte, dass sie nichts Gutes im Sinn hatten. Diese Gnuherde machte einen sehr viel gleichmütigeren Eindruck als die vorige. Vierzig Meter vor dem Fluss marschierten sie noch immer langsam, mit gesenkten Köpfen und auf den Boden gerichtetem Blick dahin. Noch dreißig Meter. Zwanzig. Keiner der goldfarbenen Köpfe lugte aus dem Gras hervor, aber ich erwartete auch nicht, die Löwinnen zu sehen, bevor sie ihren raschen Angriff starteten. Meine Begleiterinnen starrten gebannt auf das, was sich vor ihren Augen abspielte. Die Zebras liefen an der Reihe von Gnus vorbei und erreichten, jetzt nicht mehr hintereinander, sondern nebeneinander laufend, als Erste das Wasser. Sittsam und geordnet verteilten sich die Gnus auf beiden Seiten ihrer gestreiften Kollegen und begannen zu trinken, ohne auch nur einmal um sich zu sehen. Ich wusste, dass sich die drei Löwinnen ihnen genau gegenüber befanden. Aber die potenzielle Beute zeigte nicht die geringste Achtsamkeit. War es möglich, dass die Löwinnen so faul waren? Friedlich trank die Herde weiter. Das Wasser schimmerte, und um die Mäuler herum breiteten sich Kreise auf der Oberfläche aus.

»Was ist nur mit den Löwen los?«, fragte schließlich jemand. Die Minuten vergingen. Waren die Löwinnen bereits verschwunden, ohne dass wir es bemerkt hatten? Vielleicht waren sie ja gar nicht mehr in dem hohen Gras. Uns blieb nichts übrig, als abzuwarten. Jetzt hoben die Gnus und die Zebras ihre Köpfe wieder. Sie hatten ihren Durst gestillt, das Wasser tropfte von ihren Nasen und bildete einen Vorhang zwischen ihnen. Wie auf Befehl drehten sie sich um und stapften zurück in unsere Richtung, das Hinterteil gegen die versteckten Löwinnen gerichtet. Ich sagte mir fortwährend, dass ich meinen Finger vom Auslöser nehmen konnte, während mein Auge in Erwartung des Angriffs der Löwinnen noch immer am Sucher klebte.

Nichts dergleichen passierte. Allerdings hatten die Raubkatzen sich mittlerweile bewegt. Sie waren jetzt viel näher an der Flussmündung, als wir gedacht hatten. Und zwischen den Löwinnen und dem Wasser war nun sehr viel mehr offenes Gelände. Die Gnus waren nicht so nah und nicht so verlockend gewesen, wie es ausgesehen hatte, durch die Teleobjektive war einfach die Distanz verkürzt worden. Wir kehrten zu unserem weiter entfernten Beobachtungsposten zurück. Auf der gegenüberliegenden Seeseite, die weit und leuchtend weiß dalag, wirbelten Staubsäulen senkrecht in die Luft, alle eine Salzwolke nach sich ziehend. In der Luftspiegelung, die zwischen dem Wasser und uns flimmerte und auf einer Insel von getrocknetem und dürrem Gras dahinfloss, erschien jeder Baum als sein eigener umgekehrter Zwilling. Himmel und Erde schied kein Horizont mehr.

Zwei weiße Landrover, bedeckt mit dem graubraunen Staub des Kraters, hielten neben uns, und die Insassen erkundigten sich, warum wir hier schon so lange Zeit stünden. Sie hatten uns von der anderen Seite der Ebene aus gesehen und sich gedacht, dass wir entweder festsäßen oder etwas Ungewöhnliches entdeckt hätten, das sie aus der Entfernung nicht erkennen konnten. Samantha, eine meiner blauhaarigen Damen, bekannte freimütig, dass wir auf drei Löwinnen warten würden, woraufhin sich alle Insassen der anderen Wagen prompt umdrehten, als könnten die Katzen im selben Moment hinter ihnen auftauchen. Als die erhoffte Erscheinung ausblieb, wanderten ihre Augen suchend über die nähere Umgebung. Obwohl es ihm offensichtlich peinlich war, fragte uns ein Mann, wie die Löwen, auf die wir warteten, eigentlich genau aussähen, und Samantha gab ihm fröhlich Antwort. Alle sahen nun zu den in der Entfernung als feine Linie zu erkennenden Binsen und dann zurück zu Samantha. Sie erklärte, was gerade passiert sei und warum wir noch immer hier seien.

Darauf ergriff einer der beiden Fahrer das Wort und erklärte, wir würden unsere Zeit verschwenden, da die Löwen sich dort nur wegen des Schattens aufhalten und erst in der Nacht auf Jagd gehen würden. Sie würden immer nur nachts jagen, führte er aus, dann sprach er kurz mit dem Fahrer des anderen Wagens, und sie fuhren davon und ließen uns in einer Staubwolke zurück.

Nun, zumindest fast immer nachts. Der Fehdehandschuh war geworfen, so schien es uns, und vergnügt nahmen die Damen die Herausforderung an. »Abwarten und Tee trinken«, sagte Eleanor, »oder was meint ihr, Mädchen?« Alle waren dafür auszuharren.

Nicht lange, und die Sonne brannte durch unsere Dachluken. Nirgends auch nur die Spur eines Schattens. Zur Mittagszeit fand man am Äquator so gut wie keinen Schatten, was in diesem Krater flirrende Hitze bedeutete. Keiner gab mehr einen Mucks von sich. Wir hingen bewegungslos in unseren Sitzen und schwitzten schweigend vor uns hin.

Nach zwanzig Minuten ergriff Kathy das Wort. »Kennt ihr die Geschichte von den drei Männern aus Wyoming, die mit dem Wagen liegen geblieben sind und deswegen die Nacht im Haus eines Farmers verbringen müssen?« Ich hatte keine Ahnung, worauf sie hinauswollte oder was das mit uns zu tun hatte. Offensichtlich wussten auch die anderen mit dieser Frage nichts anzufangen, da niemand etwas erwiderte. Kathy fuhr fort. »Nun, der Farmer hatte eine hübsche Tochter, die noch nie mit einem Mann zusammen gewesen war. Die drei Männer hatten sich gerade zum Schlafen in den Heuschober gelegt, und die Tochter beschloss, hinauszugehen und …«

Jede Müdigkeit war auf einmal verflogen. Wir richteten uns sogar auf und drehten uns zu Kathy um, die auf dem Rücksitz saß. Sie plauderte immer weiter, als sei es das Normalste von der Welt, zu dieser Zeit, an diesem Ort und einem Hitzschlag nahe schmutzige Witze zu erzählen, während man die vage Hoffnung hegte, dass drei Löwinnen auf dem Grund des Ngorongoro-Kraters endlich auf Beutezug gehen würden. Wie sich zeigen sollte, teilten alle vier Frauen diese Ansicht: Sie waren eine unerschöpfliche Quelle schlüpfriger Witze. Die nächste Stunde verging wie im Flug, während sie abwechselnd einen Witz nach dem anderen zum Besten gaben. Ich hatte keine Ahnung, was Sosta denken mochte, aber dass er genau zuhörte, auch wenn er sich den Anschein vollkommenen Desinteresses gab, war unübersehbar. Sein Englisch reichte jedenfalls aus, um jedes Wort zu verstehen.

Erneut marschierte eine Gnuherde, diesmal von einer entsprechend großen Anzahl von Gazellen begleitet, über den hitzeflirrenden Boden zum Fluss. Die Gazellen überließen den Gnus die Führung, und diese erwiesen ihnen den Gefallen. Die Löwen dagegen dachten auch dieses Mal nicht daran, uns den erhofften Gefallen zu erweisen, und nach ein paar Minuten machte sich diese Gruppe genau wie die beiden anderen wieder davon. Ich hatte die Löwen nicht gesehen, aber da sie auch nicht auf dem freien Flecken zwischen den Binsen aufgetaucht waren, mussten sie dort noch irgendwo auf der Lauer liegen.

»Na ja, auf jeden Fall«, fuhr Eleanor fort, »hatte die Blondine noch nie einen Hund besessen, und deshalb war sie natürlich …«

Um halb zwei kreuzte eine weitere Gnuherde auf. Sie war größer als die anderen und hatte eine Menge Jungtiere dabei. Diese Jungen waren knapp elf Monate alt und würden wie ihre Mütter so schnell wie der Wind laufen, wenn Gefahr drohte. Möglicherweise waren sie für die Löwen aber doch die verlockendste Beute. Ohne dass ich etwas sagen musste, richteten sich jetzt alle im Wagen auf, was Eleanor aber nicht davon abhielt, ihren Witz zu Ende zu erzählen. Plötzlich flogen zwei Schnepfen aus den Binsen auf und erschreckten zwar nicht die Gnus, aber mich, da ich mit meinem Fernglas gerade wieder das Grün abgesucht hatte und die zwei Vögel genau in meinem Blickfeld hatte, als sie unerwartet in die Höhe schossen. Irgendetwas hatte die Vögel aufgeschreckt, das war klar, und ich fing erneut an, das Ufer abzusuchen.

Drei Meter weiter rechts entdeckte ich schließlich eine der Löwinnen und zeigte sie den Blauschöpfen. Wir ließen sie keine Sekunde aus den Augen, während sie leise vorwärts schlich. Keine der Damen wollte jetzt mehr einen Witz erzählen. Ich erinnerte sie daran, dass sie auf jeden Fall die Löwin im Blick behalten sollten. Hätte man nur die Beute im Auge, bestünde das Risiko, dass sich der Räuber schließlich auf ein anderes Tier stürzen würde. Wenn man sich dagegen an das Raubtier hielte und warten würde, bis das von ihm ausgesuchte Beutetier ins Blickfeld käme, könne man den Angriff eigentlich nicht verpassen. Natürlich könne es auch sein, dass die Löwin gar nicht angreifen würde, selbst wenn sie sich anschleiche. Keine gab mir eine Antwort.

Sechzig oder siebzig Gnus und sechs Ferngläser blickten in ihre Richtung. Alle verharrten in Warteposition, auf die kleinste Bewegung achtend. Plötzlich erschienen die anderen beiden Katzen neben der ersten Löwin. Es war mir vollkommen rätselhaft, wie sie es geschafft hatten, so weit nach vorne zu kommen, ohne entdeckt zu werden. Eine der beiden neu hinzugekommenen hatte sich sogar ein Stück an der ersten vorbeigeschlichen. Dann verschwanden die drei wieder. Löwen werden nie aufhören, mich zu überraschen.

»Haltet euch bereit«, sagte ich. »Jetzt könnte es so weit sein. Alle drei sind in Deckung und schleichen sich garantiert an.« Ich wagte es nicht, die Kamera vom Auge zu nehmen, aber gleichzeitig musste ich die Löwinnen wieder ins Blickfeld bekommen. Wenn ich sie nicht rechtzeitig im Fokus hätte, würde mir auch ihr Angriff entgehen, hätten sie ihn erst einmal begonnen. Sosta sah schließlich einen der braunen Köpfe mit den schwarz gesäumten Ohren über die Binsen spicken. Sie hatten sich weitere dreißig Meter nach links bewegt und die Herde nun praktisch zwischen sich und dem See in die Zange genommen. Aber noch immer warteten die Katzen, die jetzt hinter der Wand aus Binsen und außerhalb des Blickfelds der Gnus standen. Die Gnus ahnten nichts. Es war eine Qual, zuzusehen und dabei die ganze Zeit über die Kamera schussbereit zu halten, mit dem Finger auf dem Auslöser.

Plötzlich duckten sich die Katzen. Wir sahen nur mehr das dunkle Grün der Pflanzen und dahinter ein paar dunkle Schatten. »Macht euch bereit!«, sagte ich. »Macht euch bereit! Jetzt kommen sie!«

Die drei Löwinnen sprangen aus den Binsen hervor und rannten nach links, um den panisch fliehenden Gnus den Weg abzuschneiden. Ein Teil der Herde stürzte in das seichte Wasser des Sees, und die gerade noch friedlich in ruhigem Gewässer auf einem Bein stehenden Flamingos stoben auseinander. Ich bekam eine der Löwinnen vor die Linse und blieb an ihr dran. Selbst als sie den Gnus in den See gefolgt war, verlangsamte sie ihr Tempo nicht, sondern setzte ihnen mit derselben Entschlossenheit hinterher, mit der sie ihre Jagd aufgenommen hatte. Statt des Sands wirbelte nun Wasser auf. Die Löwin war so schnell, dass sie immer schon ein ganzes Stück weiter war, wenn die Fontänen wieder auf der Wasseroberfläche auftrafen. Schließlich hatte sie ein junges Gnu eingeholt und sprang gegen seine Hinterläufe.

Eine riesige Fontäne spritzte auf, als das Gnu mit einem lauten Knall
auf die Wasseroberfläche klatschte. Einen Moment lang stand die Löwin still und sah um sich, um in dem brodelnden Wasser nach ihrer
Beute zu suchen, von der sie wusste, dass sie sie erwischt hatte. Dann
tauchte das Gnu wieder aus den Wellen auf. Zwei Sätze, und sie hatte
es gepackt. Die beiden anderen Katzen waren offenbar weniger erfolgreich gewesen und kamen jetzt auf die erste Löwin zugetrottet, die
sich bereits auf den Rückweg ins Trockene gemacht hatte. Die Beute
klemmte zwischen ihren enormen Kiefern, Beine und Hinterleib hingen ins Wasser.

Das Gnu war so klein, dass die Löwin es hochheben und damit losrennen konnte, als ihre beiden Gefährtinnen sich näherten. Sie hatte
nicht vor, den Lohn ihrer Mühen mit den anderen zu teilen, und stob
durch das seichte Wasser davon. Und tatsächlich erwischte keine der
anderen beiden das hin und her schlenkernde Gnu. Kaum aber hatte
ihre erfolgreiche Kollegin das Ufer erreicht, stürzten sie sich auf sie.
Sie schleuderte ihr Opfer wie einen Lappen herum und versuchte, die
anderen von ihm fern zu halten, aber da diese nicht durch die Beute
behindert waren, hatten sie schon bald alle drei ihre Zähne in den Leib
des Gnus gegraben. Sie zerrten und rissen an dem Kalb, das ausgestreckt zwischen ihnen hing.

Sosta fuhr schnell näher heran. Er wusste, dass wir zu diesem Zeitpunkt die Löwinnen nicht stören würden, nicht stören könnten. In
sieben Meter Entfernung hielten wir an und hörten das tiefe, tödliche
Knurren, mit dem die Katzen um Stellung und Besitz kämpften, keine willens, ihren Biss so weit zu lockern, um erneut zuzuschnappen.
Sie stürzten zu Boden, jede versuchte, sich von den anderen beiden
wegzudrehen, aber keine ließ auch nur im Geringsten von ihrem Beu-
testück ab. Das Kalb wurde immer länger und dünner. Mit einem grau-
enhaften reißenden Geräusch lösten sich ein Bein und eine Schulter
des Gnus, und wie der Blitz lief eine der Löwinnen auf und davon,
ihre Trophäe hoch über der staubigen Erde in die Luft haltend. Die
anderen beiden schenkten ihr keinerlei Beachtung, sondern blieben,
bedrohlich knurrend, in das Gnu verbissen hocken. Dann versuchte
es plötzlich die kleinere der beiden mit einer anderen Taktik, sie drehte

sich und warf sich in ganzer Länge über das zerfetzte Gnu. Das Knurren und das splitternde Geräusch erreichten ein Ausmaß, dass selbst wir, die wir im Schutz des Wagens saßen, es mit der Angst zu tun bekamen. Die größere Löwin warf sich herum und landete auf ihrer kleineren Gefährtin samt der Beute. Wie eine bedrängte Hauskatze drehte sich nun die zuunterst liegende Katze auf den Rücken und kratzte der über ihr stehenden Löwin über Bauch und Hals. Ich schoss ein Bild nach dem anderen, verließ mich aber nicht auf den Motor der Kamera, sondern machte jede Aufnahme von Hand. Ich war mir sicher, dass auch meine Begleiterinnen gefesselt sein müssten, entsetzt und zugleich begeistert von der Heftigkeit des Kampfes, aber wegen des wütenden Knurrens und Fauchens war nichts von ihnen zu hören.

Schließlich war das Gnu mitten durch die Wirbelsäule in zwei Hälften geteilt. Die Plötzlichkeit, mit der das passierte, überraschte die beiden Gegnerinnen, eine von ihnen wurde durch die Luft gewirbelt, während sich die andere einmal um die eigene Achse drehte. Dann rannte jede der beiden mit ihrem Teil der Beute davon und ließ sich in einigen Metern Entfernung zu Boden fallen. Sie hielten sich nicht lange mit Kauen auf, sondern verschlangen die Bissen im Ganzen, samt der gebrochenen Knochen und des zerfetzten Fells. Nach nur wenigen Minuten war von dem Kalb keine Spur mehr zu sehen, nur noch die beiden Löwinnen, die auf der Suche nach Resten ein, zwei Kreise drehten. Dabei hielten sie sich in einem gehörigen Abstand voneinander, bis die Hitze der Jagd, die vorher entbrannt war, wieder zu einem Glühen geworden war, das jedes Raubtier ständig in sich haben muss.

»Kaum zu glauben«, rief eine der Frauen aus. »Wahnsinnig«, ließ eine andere hören. Kein noch so starkes Wort schien dem, was wir eben gesehen und empfunden hatten, gerecht zu werden. Mittlerweile näherten sich die Katzen einander wieder, nicht, um sich zu begrüßen, wohl eher neugierig. Sie waren mit Schmutz und Blut bedeckt, sahen räudig und zerzaust aus. Als sie nur mehr ein paar Meter voneinander trennten, blickten sie sich abschätzend an, wie zwei Männer, die im Streit um eine Frau liegen. Jede suchte den Platz ab, an dem die andere ihre Hälfte des Gnus gefressen hatte. Da dort offensichtlich nichts mehr zu holen war, kehrten sie zurück, die neutrale Zone zwischen sich.

Dann war alles vorbei, und als ob nichts gewesen sei, fielen sie Seite an Seite in ihren gewohnten Trott und liefen zu der dritten Löwin. Als sie die hohen Binsen erreicht hatten, legten sie sich wieder hin und waren aus unserem Blickfeld verschwunden. Wir sahen uns an, die rot geschminkten Münder meiner Begleiterinnen standen noch immer offen. Schließlich fing Kathy in einem monotonen Singsang an zu sprechen: »Sechsundachtzig Prozent der Beutezüge von Löwen finden nachts statt. Einzelne Löwinnen haben eine Erfolgsquote von zehn Prozent.« In ihren Augen blitzte es auf. »Selbst Gruppen von Löwinnen haben nur in fünfzehn Prozent der Fälle Erfolg. Vielleicht verschwenden wir hier nur unsere Zeit.«

Wir brachen alle in Gelächter aus, als sie meine Gewohnheit nachahmte, während des Sprechens geistesabwesend den Staub von den Linsen meines Fernglases zu blasen. »So, jetzt reicht's aber, meine lieben Blauschöpfe«, sagte ich schließlich, von ihrem Lachen fast übertönt, »wir wollen von unseren Katzen Abschied nehmen und uns auf den Weg den Hügel hinauf machen.«

Die Löwinnen lagen satt und zufrieden, Rücken an Rücken beieinander, ab und an bewegte sich unwillkürlich ein Schwanz, und sie reinigten sich eifrig von Dreck und Blut. Es war ein anrührendes Bild, wie sie ihre dicken Pfoten geziert umknickten, um ihre schmutzigen Gesichter zu putzen. Die Löwin, die sich gleich zu Beginn des Kampfes mit ihrem Riss davongemacht hatte, war bereits vollkommen sauber, aber wir konnten sie trotzdem als die Angreiferin ausmachen. Wie sie machten auch die anderen beiden den Eindruck, als könnten sie kein Wässerchen trüben, aber wir wussten es besser. Als ich sie alle drei von der Nasenspitze bis zum Schwanz musterte, konnte ich keinen einzigen blutigen Kratzer entdecken, und erst recht keine Wunde.

Der Frieden war in diesen Teil des Kraters zurückgekehrt. Die Flamingos standen wie zuvor am Uferstreifen, der von den wütenden Löwinnen in Aufruhr versetzt worden war. Wir verbrachten eine ruhige Stunde in der Gegenwart der bei frischer Tat ertappten Mörderinnen, bevor wir in die kühleren Gefilde des Kraterrands aufbrachen. Als wir zweihundert Meter über die Ebene gefahren waren, die einen beißenden alkalischen Geruch verströmte, bat ich Sosta, kurz zu halten, und forderte alle auf, einen Blick zurückzuwerfen. Obschon wir wussten, wo sich die Löwinnen in dieser Sekunde befanden, konnten wir sie nicht mehr sehen. Die verkrustete Oberfläche des Seeufers war an der Stelle, wo der Kampf stattgefunden hatte, aufgerissen und zertrampelt, aber selbst das war kaum mehr zu erkennen, da in der letzten Stunde der Wind darüber hinweggefegt war und gleichmäßig Staub darauf verteilt hatte. Man konnte nicht einmal mehr dort, wo das Kalb zerrissen und verschlungen worden war, auch nur noch einen dunklen Fleck erkennen.

»Nun gut«, begann Kathy, als wir wieder losfuhren, »kennt ihr schon den von dem Chirurgen und dem Tierarzt, die eine Runde Golf miteinander spielen?«

9

Die Überquerung des Grumeti

Es war Juni 1998. Im Moment hielt ich mich mit Susan Miller und Rob Haubner im hohen Gras am südlichen Ufer des Grumeti verborgen. Die beiden waren bereits mehrmals mit mir auf Safari gewesen und zeigten lebhaftes Interesse an den Menschen und Tieren Afrikas. Seit über einem Jahr hatten mein alter Freund und Mitarbeiter Willy Chambulo und ich uns mit der Planung unseres Camps in der Nähe des Flusses beschäftigt. Nirgendwo sonst in Ostafrika finden solche grausamen Kämpfe um Leben und Tod statt.

Man muss hier nichts weiter tun, als auf das Eintreffen der Gnuherden zu warten, die auf ihrer Wanderung nach Kenia und schließlich wieder zurück den Mara durchqueren müssen. Der Mara windet sich in westlicher Richtung durch die weiten afrikanischen Ebenen und mündet schließlich in den Viktoriasee. Auf dem Rückweg über die Grenze im Norden Tansanias müssen die unvorstellbaren Massen von fast zwei Millionen Gnus und fünfhunderttausend Zebras dann auf die andere Seite des nur zeitweilig Wasser führenden Grumeti gelangen.

Zu unserem Glück hatten sich die Gnus in diesem Jahr ausgesprochen kooperativ gezeigt, was Zeit und Ort anbelangte. In manchen Jahren hatte ich meine Pläne im letzten Augenblick ändern müssen, aber dieses Mal funktionierte die Logistik perfekt. Rob und ich hatten per E-Mail endlos darüber diskutiert, welche Objektive er und Susan einpacken sollten, welcher Film am besten geeignet wäre und wie viele sie brauchen würden. Wir hatten über Kleidung in passenden Tarnfarben und über Zeitpläne debattiert, um sicherzugehen, dass wir diese Gelegenheit auch wirklich optimal nutzen könnten. Und jetzt war der große Moment gekommen, im Zuschauerraum wurde es dunkel, und in Kürze würde sich der Vorhang heben. Das ausgewählte Publikum, das lediglich aus uns vieren bestand, verstummte, und die Akteure, die monatelang hinter der Bühne auf ihren Auftritt gewartet hatten, begaben sich auf ihre Plätze. Die Show konnte weitergehen, ganz im Sinne der Evolution: Die Hauptakteure müssen auf die andere Seite hinüber, die Nebendarsteller warten auf ihren Einsatz.

Denn wir und die Gnus waren nicht die Einzigen, die sich an diesem Tag in Bereitschaft hielten. Die Raubtiere hatten noch viel weiter gehende Vorbereitungen getroffen als wir, die wir dem Schauspiel lediglich voller Ehrfurcht zusehen wollten – schließlich hing ihr Überleben davon ab. So verlassen Hyänen ihre Reviere und sind tagelang unterwegs, um in dem Überfluss zu schwelgen, der ihnen bei den Flussüberquerungen geboten wird. Ich habe auch schon Löwen und Leoparden beobachtet, wie sie darauf warteten, dass die erschöpften Tiere die Uferböschung erklimmen würden, durchnässt und entkräftet vom Kampf gegen die starken Strömungen und von ihren von Panik ergriffenen Artgenossen beinahe zu Tode getrampelt. So manches Mal habe ich mit meinen Kunden stundenlang im Schatten eines Olivenbaums gewartet und einen Gepard beobachtet, der hinter einem Termitenhügel in Deckung lag und seinerseits die Herden, die aus dem Fluss stiegen, nicht aus den Augen ließ.

Gnus verabscheuen Wasser sogar noch mehr als Zebras und Thomsongazellen. Sie müssen zwar ständig trinken und zwei Mal im Jahr Wasserläufe durchqueren, aber trotzdem geraten sie immer noch völlig außer sich, sobald sie sich dem Fluss nähern. Es braucht nur eine Lerche oder ein Frankolinhuhn aus einem Lantanenstrauch aufzuflattern, während die Gnus ihr Maul ins schlammige Wasser halten, und unweigerlich brechen sie in Panik aus und rennen sich auf ihrer wilden Flucht gegenseitig über den Haufen, nur um dann dreißig Sekunden später wieder zum Wasser zurückzukehren. Diese kräftigen Grasfresser werden nicht vom Verstand, sondern vom Instinkt gelenkt, und dieser Instinkt sagt ihnen, dass die nächsten paar Minuten zu den gefährlichsten ihres Lebens zählen. Und es ist ebenfalls Instinkt, der die

Krokodile bewegungslos an dunklen, seichten Stellen verharren lässt, an der Wasseroberfläche nur die großen Nasenlöcher und schmalen Augenschlitze sichtbar.

Ich schärfte Rob und Susan ein, sich unbedingt außer Sichtweite der Zebras zu halten, die die Gnus auf ihrer Wanderung begleiteten und wahrscheinlich die Führung übernommen hatten. Zebras besitzen ein ausgezeichnetes Sehvermögen, und auch sie werden umso wachsamer, je näher sie dem Fluss kommen. Die Gnus lassen den Zebras gern den Vortritt. Sie verlassen sich darauf, dass diese Nomaden mit ihren hoch entwickelten Sinnesorganen lauernde Räuber rechtzeitig entdecken und sie warnen. Wenn sich die Tiere erst einmal in Bewegung gesetzt und an die Überquerung des Flusses gemacht hatten, konnten wir in dem Chaos, das folgen würde, immer noch nach Lust und Laune unsere Stellung wechseln. Denn dann wären wir das kleinste aller Probleme für diese Tiere, und sie würden uns nicht die geringste Beachtung schenken.

Willy und ich suchten das Ufer auf unserer Seite ab. Bei früheren Gelegenheiten war ich auf der Suche nach einer geeigneten Stelle zur Beobachtung der Flussüberquerung schon drei Mal unvermittelt auf eine Raubkatze gestoßen, die sich versteckt und ebenfalls auf der Lauer gelegen hatte. Jedes Mal war uns beiden vor Schreck beinahe das Herz stehen geblieben, und wir hatten hastig den Rückzug angetreten. Auf derartige Überraschungen kann ich, selbst wenn ich allein unterwegs bin, ganz gut verzichten, umso mehr, wenn ich Leute dabeihabe. Es war zwar nichts zu entdecken, ich suchte trotzdem weiterhin von Zeit zu Zeit die Bäume und das dichte Gebüsch aufmerksam mit den Augen ab, weil sich die Situation erfahrungsgemäß von einem Augenblick auf den anderen ändern konnte.

Willy Chambulo drückte sanft mit seiner flachen Hand Susans Kopf hinunter. Er nahm ihr auch den Hut ab, dessen Krempe in dem von Dunggeruch erfüllten Wind hin und her schlug. Gespannt beobachteten wir die Zebras, die sich mit steifen Beinen und vorsichtigen Schritten vorwärts bewegten. Sie hatten ihre aufgestellten Ohren nach vorne gerichtet und ließen ihre Blicke über die Büsche schweifen, die an beiden Ufern des Flusses ein dichtes Gestrüpp bildeten.

Wenn sie eineinhalb Meter vorwärts gekommen waren, blieben sie stehen und blickten sich um, dann liefen sie wieder ein paar Schritte und hielten erneut an. Von hinten schoben sich mit gesenkten Köpfen die Gnus heran und veranlassten gelegentlich eines der Zebras, kräftig auszuschlagen, so als ob es sagen wollte: »Drängel nicht so.« Die Gnus hielten nur kurz inne und drängten dann von neuem vorwärts. Insgesamt dauerte es mehr als eine Stunde, bis die Zebras einen Weg durch die schmalen Wasserrinnen gefunden hatten, die über den sanft abfallenden Hang zu einem flachen Streifen aus fest gestampftem Schlamm führten, der ihnen einen leichten Zugang zum Fluss ermöglichte. Die Gnus drängten sich hinter den Zebras durch die engen Lücken. Als schließlich die ersten Tiere den breiten Uferstreifen erreichten, liefen die Zebras zum Wasser und tranken, die Köpfe so weit wie möglich vorgestreckt. Viele ließen sich sogar auf die Knie sinken, um bloß nicht ins Wasser treten zu müssen. Die Gnus bahnten sich zwischen den Grüppchen von Zebras hindurch einen Weg zum Fluss, wateten unbekümmert geradewegs ins seichte Wasser, senkten den Kopf und tauchten das Maul hinein.

Susan, Rob, Willy und ich hatten ein Meer aus Gnuleibern vor uns. Zwischen ihren Beinen war kein Stück Boden mehr zu sehen. Die Tiere standen so dicht beieinander, dass ihre Rücken eine einen Kilometer lange durchgehende Fläche bildeten. Meine Nerven waren zum Zerreißen gespannt. Das ist immer so, wenn ich am Grumeti bin. Mit jeder Sekunde nimmt die Spannung noch zu, und dann genügt schon eine Kleinigkeit wie ein paar vorbeimarschierende Rebhühner, und die Herde macht kehrt. Es ist zermürbend, in Erwartung des kommenden großen Ereignisses so lange auszuharren und dann diesem hirnlosen Verhalten zusehen zu müssen. Auch Willy war aufgeregt und rutschte ständig von einer Seite zur anderen, um besser sehen zu können. Ich forderte Susan und Rob auf, mir zu folgen, kroch um eine umgestürzte Akazie herum und ging hinter einem dürren Feigenbaum neu in Stellung. Von hier aus hatten wir über mehr als hundert Meter freie Sicht auf den Fluss. Ein paar Krokodile lagen am Ufer auf der Lauer und warteten, andere bewegten sich bereits mit kaum merklichen Schwanzschlägen durch das Wasser.

Ich prüfte mit einem letzten Blick auf meine Kamera, ob alles stimmte, Einstellungsautomatik an, Vorlauf auf maximale Geschwindigkeit, Blende auf 4.5, Zähler auf 1. Jetzt macht schon endlich! Zwischen zwei dicht nebeneinander stehenden Bäumen flogen zwei Hagedasche auf und strichen dicht über die Herde hinweg. Wie zu erwarten, wichen die Tiere voller Panik zurück. Die Zebras rannten wieder ans Ufer, im Gefolge die hinter ihren breiten Hinterteilen hertrabenden Gnus.

Schließlich kehrten die Gnus jedoch ans Wasser zurück und tranken weiter. Unter den Blicken der anderen Zebras watete eine einzelne Zebrastute ein paar Schritte hinein, blieb dann stehen und starrte angestrengt auf das gegenüberliegende Ufer, während ein Krokodil aus seinem Versteck unter einem überhängenden Baum glitt. Es ließ seinen Körper noch tiefer ins trübe Wasser sinken, sodass nur noch zwei lauernde Augen, getrennt von fünfzehn Zentimeter Wasser, dem suchenden Blick der möglichen Beute ausgesetzt waren. Die Spannung war kaum mehr zu ertragen, aber ich ermahnte alle, in Deckung zu bleiben. Solange sich die Herde nicht richtig in Bewegung gesetzt hatte, konnte sie immer noch den Rückzug antreten. Wir alle hoben unsere Kameras, doch es war weder das Klicken eines Verschlusses noch das Surren eines Motors zu hören, während das Krokodil den Abstand zwischen sich und dem Zebra, das nach wie vor bewegungslos im seichten Wasser stand, verringerte.

»Mein Gott«, flüsterte Susan. »Worauf wartet sie denn? Sie muss doch wissen, dass mit jeder Sekunde, die sie da steht, die Gefahr wächst.«

Ich wusste keine Antwort. Es war nicht besonders klug von der Stute, an dieser Stelle zu zögern, es wäre besser gewesen, einfach weiterzulaufen. Wenn sie so im seichten Wasser stand, bot sie den Krokodilen eine perfekte Zielscheibe. Aber es musste wohl einen Grund für dieses abwartende Verhalten geben, da die Zebras fast immer auf diese Weise mit der Überquerung des Flusses beginnen und schon seit Millionen von Jahren Erfolg damit haben. Wir wünschten uns, dass dieses Zebra am Leben bliebe, aber gleichzeitig waren wir gespannt und bereit zuzusehen, wie es in den Fängen eines Krokodils landen würde.

»Worauf zum Teufel wartet sie denn?« Susan war geradezu verzweifelt. »Jetzt geh schon endlich! Geh schon!« Und als ob die Zebrastute Susans Flehen gehört hätte, watete sie tiefer ins Wasser, bis es ihr fast bis an die Brust reichte, machte schließlich einen Satz nach vorne und begann auf das etwa vierzig Meter weit entfernte Ufer auf der gegenüberliegenden Seite zuzuschwimmen. Wie auf Befehl gaben die Krokodile, die stromaufwärts und stromabwärts gewartet hatten, ihr Täuschungsmanöver auf und schossen ins Wasser, dabei schäumende kleine Bugwellen produzierend.

»Macht euch fertig! Jetzt geht's los! Gleich werdet ihr was zu sehen bekommen!« In diesem Moment ließ sich am gegenüberliegenden Ufer ein Krokodil ins Wasser gleiten und hielt direkt auf den Kopf der schwimmenden Stute zu. »Macht schon, macht schon! Der hat's auf sie abgesehen.«

Die kräftigen Kiefer klappten auseinander und ließen den breiten, weißen Rachen und die elfenbeinfarbenen Zähne sehen. Wasser strömte in die Öffnung und floss seitlich wieder aus dem Maul heraus, während sich das Krokodil dem Zebra immer schneller und mit kräftigeren Bewegungen näherte. Schließlich sah die Stute den Angreifer, machte eine leichte Drehung in Richtung stromabwärts und knickte ihr Ohr ein. Das Krokodil überwand den letzten trennenden Meter mit einem Schlag seines Schwanzes, der so kraftvoll war, dass das Reptil in einer Schaumfontäne aus dem Wasser gehoben wurde. Mit dem Zuschnappen des Kiefers riss es seinen Kopf zur Seite, und Kopf und Hals des Opfers verschwanden in seinem Rachen. Das Zebra wog etwa sechshundert Pfund, das dreieinhalb Meter lange Krokodil an die eintausendvierhundert Pfund. Es war alles andere als ein fairer Kampf. Schon im nächsten Augenblick war von dem Zebra nichts mehr zu sehen, und die Wasseroberfläche lag wieder still und glatt vor uns. Ich blieb mit dem Auge am Sucher meiner Kamera und beobachtete die anderen Zebras, die immer noch reglos auf dem breiten Uferstreifen verharrten.

Wie Eisenspäne, die von einem unsichtbaren Magneten angezogen werden, schwammen jetzt hastig aus allen Richtungen Krokodile zu der Stelle, an der das sterbende oder bereits tote Zebra in den Fluten verschwunden war. Die spiegelnde Wasseroberfläche verwandelte sich in einen Wirbel aus Schwarz und Weiß, Grün und Gelb, und immer wieder spritzten hohe Fontänen auf, wenn sich die Krokodile mit ihrer Beute überschlugen. Jedes Mal fehlte danach wieder ein Stück von dem Zebra. Das Wasser schäumte und färbte sich rot, als ein Krokodil mit einer heftigen Drehung seines Kopfes dem Kadaver ein Vorderbein mitsamt der Schulter abriss. Ein anderes Krokodil grub seine Zähne in die Flanke des Zebras und hielt einen Moment inne, um noch fester zuzupacken. Dann drehte und wand es sich hin und her und riss der Stute die Eingeweide heraus. Die Gedärme wickelten sich um sein Maul, aber mit einem Ruck befreite sich das Krokodil und schwamm dann eilig flussabwärts, um seine Beute in Sicherheit zu bringen.

Susan, Rob und ich waren vollauf damit beschäftigt, Fotos zu schießen, und dennoch konnten wir nicht umhin, auf das Geschehen zu reagieren. Immerhin waren wir nur zehn Meter davon entfernt. Ich hörte Stöhnen und Entsetzensschreie. Links hinter mir stieß Willy heftig den Atem aus, als an der Wasseroberfläche zwei Krokodile auftauchten, die sich um den Kopf des Zebras stritten. Selbst über das Rauschen und Gurgeln des Wassers hinweg war das Geräusch splitternder Knochen zu vernehmen, mit dem der Kiefer vom Schädel gerissen wurde. Die Strömung trug die sich wie rasend gebärdenden Krokodile mitsamt dem Kadaver immer weiter stromabwärts. Wir ließen die Kameras sinken und sahen uns mit weit aufgerissenen Augen und offenen Mündern an. Ungläubig schüttelten wir die Köpfe. Das Ganze hatte kaum mehr als zehn Minuten gedauert.

»Habt ihr das gesehen?«, fragte Rob. »Wie haben die das bloß gemacht? Ich hatte ja keine Ahnung, wie stark und brutal diese Biester sind. Für kein Geld der Welt würde ich auch nur einen Schritt näher ans Wasser gehen.«

»Schrecklich! Einfach schrecklich!«, das war alles, was Susan herausbrachte, und mehr war eigentlich auch nicht zu sagen. Willy und ich hatten so etwas schon oft gesehen, doch trotzdem überkam uns dabei jedes Mal wieder ein Zittern.

»Und jetzt schaut euch diese Burschen an«, sagte Willy und deutete auf die Zebras, die sich nicht vom Fleck gerührt hatten. »Die stehen einfach da, sehen zu und warten darauf, endlich rübergehen zu können, obwohl sie genau wissen, dass da drin Krokodile sind und nur auf sie lauern.«

Es widerspricht einfach jeder Logik, oder zumindest jeder menschlichen Logik, die vom Individuum und nicht von der Art ausgeht. Unseren Verstand kann man aber eben nicht mit dem Instinkt dieser Tiere gleichsetzen. Wir begehen einen Fehler, wenn wir versuchen, unser Denken auf sie zu übertragen.

»Mein Gott, welch ein Schauspiel«, sagte Rob, ließ sich gegen den Stamm des Feigenbaums sinken und schüttelte immer wieder den Kopf.

»Es ist noch lange nicht vorbei«, sagte ich. »Ihr solltet lieber einen neuen Film einlegen und eure Kameras vorbereiten. Und beeilt euch. Die anderen Zebras sind auf dem Sprung, und danach kommen noch die ganzen Gnus.«

Ich fragte Willy, was er von unserem Standort halte, und er schlug vor, über die Böschung zum Fluss hinunterzufahren, um uns am Ufer einen Platz auf gleicher Höhe mit den Gnus zu suchen, sobald sie anfangen würden, ins Wasser zu gehen. Willy kannte die unumstößliche Regel, die beim Fotografieren von Wildtieren in diesem Teil der Welt gilt: Man kann gar nicht nahe genug an sie herankommen oder zu weit unten sein. Teleobjektive sind zwar ausgesprochen praktisch, aber sie engen den Bildausschnitt ein und verringern die Tiefenschärfe. Wenn man ein Gnu vom Dach eines Wagens aus fotografiert, sieht es kleiner aus. Außerdem hat man von dort oben eine andere Perspektive auf die Umgebung als das Gnu. Von dem höheren Standort aus kann man keine so guten Bilder machen, und man sieht nicht die Welt, in der die Gnus leben. Man sollte zwar nicht so nahe herangehen, dass man die Tiere in ihrem natürlichen Verhalten stört, aber in diesem Fall war es äußerst unwahrscheinlich, dass unsere Anwesenheit irgendeinen Einfluss auf das bei der Flussüberquerung entstehende Chaos haben würde. Selbst wenn wir uns direkt an einen der Wege stellen würden, würden die Gnus ihre Richtung bestimmt nicht mehr ändern, wenn sie sich erst einmal in Bewegung gesetzt hätten.

Rob und Susan wollten wissen, ob es denn auch nicht gefährlich wäre, runter zum Fluss zu gehen. Nein, denn Willy würde Wache stehen.

»Wenn du meinst«, sagte Rob. Susan bedachte erst ihn, dann mich mit einem zweifelnden Blick. Sie seufzte und sah dann wieder auf ihre Kamera. Im Stillen beschworen wir die Zebras, endlich in die schlammigen Wellen zu steigen, die sanft ans Ufer rollten, doch stattdessen traten sie im Gänsemarsch den Rückzug an und bahnten sich einen Weg durch die Gnus. Die Tiermassen bewegten sich zurück in das höher gelegene Gelände, weg von der schmalen Furt im Fluss. Offensichtlich war es das fürs Erste gewesen, und wir mussten bis zum Nachmittag oder sogar bis zum nächsten Tag warten.

Zurück am Wagen, tranken wir Kaffee, tauschten unsere Beobachtungen aus und stellten uns vor, wie die Zebras und Gnus jetzt grasten, als ob ihr Leben niemals bedroht gewesen sei und nicht bald schon wieder bedroht sein würde. Willy ließ den Dieselmotor des Wagens vorglühen, warf ihn dann an und fuhr parallel zum Ufer flussabwärts. Wir überquerten eine kleinere freie Fläche, und als wir auf der anderen Seite ein paar Akazien passiert hatten, bot sich uns ein verheißungsvoller Blick auf eine ausgedehnte Ebene. Sie war völlig bedeckt von den wogenden Tiermassen, die sich langsam, aber stetig auf den Fluss zubewegten.

Niemand sprach ein Wort. Wir wussten, was das bedeutete. Es ging nur noch darum, eine geeignete Stelle zu finden, von der aus wir das Chaos und das Gemetzel bei der Überquerung des Flusses beobachten konnten. Sie musste niedrig liegen und geschützt sein, nahe am Wasser, aber doch nicht so nahe, dass wir die Tiere stören würden. Willy schwenkte nach rechts und hielt sich unter den Bäumen am Rand eines schmalen, vielleicht zehn Meter breiten Wasserlaufs, der auf den Grumeti zuführte. Der flache Graben würde wahrscheinlich genau an der richtigen Stelle am Fluss enden. Und so war es auch. Willy stellte den Wagen zwischen zwei Akazien ab, die einen guten Sichtschutz boten, und gesellte sich zu uns aufs Wagendach, von wo aus wir der Prozession zusehen wollten.

Dutzende von Fährten hatten sich tief unter die dünne Erdschicht gegraben und zeugten davon, dass diese Stelle nicht zum ersten Mal als Furt diente. Auch die herannahende Herde schlug instinktiv diesen schmalen Pfad ein, während sie dem Fluss zustrebte. Typischerweise hielten die Gnus ihre Köpfe »demütig« gesenkt, während die Zebras die ihren wachsam in die Höhe reckten. Sie blieben kein einziges Mal stehen, um zu fressen. Die staubige Luft war erfüllt von ihren an Eselsschreie erinnernden Rufen. Unsere Anspannung wuchs im selben Maße wie die Wachsamkeit der Zebras. Von ihrem Standort aus konnten sie den Fluss nicht sehen, aber mit ihren schwarzen, sich unablässig blähenden Nüstern hatten sie zweifellos den Geruch des Wassers wahrgenommen und stellten sich auf die vor ihnen liegenden Gefahren ein.

Auf dieser Seite des Flusses fiel das Ufer flach zum Wasser ab, auf der gegenüberliegenden Seite ragte es jedoch fast senkrecht in die Höhe. Das Ganze sah wie eine Falle aus. Aber würden die Zebras das auch erkennen? Willy wies darauf hin, dass die kreuz und quer laufenden Fährten ihnen zeigen würden, dass vor ihnen schon andere Zebras diesen Weg gegangen waren. Die Spuren würden wahrscheinlich stärker auf ihren Instinkt wirken als der Anblick der Klippen am gegenüberliegenden Flussufer. Ich beschloss, an dieser Stelle zu bleiben und mich auf die Suche nach einem geeigneten Beobachtungsposten zu machen. Meinen Begleitern riet ich, genügend Filme mitzunehmen. Wir würden eine ganze Weile nicht zum Wagen zurückkommen.

Kaum acht Meter weiter flussabwärts fanden wir nahe am Wasser eine ideale Stelle. Vermutlich während der letzten Regenzeit war hier ein ziemlich großer Baum umgestürzt, dessen Stamm nun etwa zwanzig Meter weit das Ufer hoch flussaufwärts reichte. Hinter diesem Stamm gingen Susan, Rob, Willy und ich nebeneinander in Deckung. Wenn wir uns hinknieten und den Stamm als Stativ für unsere Kameras benutzten, war der Sucher genau auf Augenhöhe. Die Voraussetzungen waren optimal. Jetzt mussten nur noch die Gnus und die Zebras mitspielen, auf die Krokodile konnten wir uns verlassen.

Auf der gegenüberliegenden Seite des Flusses hatte ein großer, langsam kreisender Strudel ein Becken gebildet, in dem Holz, Rinde, Blätter und Gras herumtrieben, Schwemmgut, das wahrscheinlich beim letzten Überquerungsversuch der Herde flussabwärts gespült worden war. Das Becken endete an einer schwarzen Sandbank, die ein gutes Stück in den Fluss hineinreichte. Mit Erschrecken stellte ich fest, dass diese Sandbank vollständig mit großen Schuppen bedeckt war – den Rücken einer Horde Krokodile. Die Tiere lagen nebeneinander aufgereiht im Sand, einige blickten flussaufwärts, andere flussabwärts, alle räkelten sich behäbig und versuchten, etwas von den durch die Baumkronen fallenden Sonnenstrahlen abzubekommen. Ihre Körper waren größtenteils unter der Wasseroberfläche verborgen, aber ihre Köpfe ließen darauf schließen, dass dort zwei außergewöhnlich riesige Exemplare lagen, vier oder fünf immer noch ziemlich große und nur zwei kleinere, denen es gelungen war, einen Platz in der Sonne zu erobern.

Ich deutete auf die Sandbank, aber zunächst vermochte keiner der anderen die schuppigen Gesellen, die dort auf der Lauer lagen, auszumachen. Ich sagte kein Wort. Rob erstarrte, als es ihm schließlich gelang, Krokodile und Sandbank zu unterscheiden, und schnappte nach Luft. Er drehte Susan an der Schulter herum, sodass sie mit ihrem Blick seinem ausgestreckten Arm folgen konnte. Ich beobachtete sie, als sie das Areal mit den Augen absuchte.

»Ach du lieber Himmel, das gefällt mir aber überhaupt nicht.« Sie sagte, sie sei sich nicht sicher, ob sie ein weiteres Mal den Anblick eines solchen Gemetzels ertragen könne. Wenn es ihr zu viel würde, würde sie sich einfach umdrehen, aber wir sollten ruhig weiter unsere Fotos machen. Bis es so weit war, brauchten wir allerdings etwas Glück. Denn noch waren die Gnus nicht zum Wasser heruntergekommen.

Von unserem Posten aus konnten wir den Grumeti, der an dieser Stelle zwei Biegungen machte, zweihundert Meter weit überblicken. Auf beiden Uferseiten kämpften Kroton, Grewia und Feigenbäume um einen Platz am Wasser. Staubwölkchen tanzten im Sonnenlicht, das in schmalen Streifen durch die Baumkronen über unseren Köpfen drang. Auf zwei kleineren Bäumen, die sich mit den Wurzeln noch hartnäckig an die Uferstreifen klammerten, mit den Kronen aber schon weit über das Wasser hingen, hatte sich ein Schwarm Gurrtauben niedergelassen, ihr Gefieder glänzte matt wie nasse Pflastersteine. Eine Zeit lang waren die Rufe dieser dunklen Gesellen das einzige

Geräusch. Dann fielen ein Paradiesschnäpper und ein paar Grüntauben mit ihren gutturalen Tönen ein. Etwas weiter unten am Fluss tauchten zwei Gelbschnabelenten auf und störten das Konzert mit ihrem unmelodischen Quaken. Als ich mich aufrichtete und ihnen mit meinem Blick folgte, stellte ich fest, dass inzwischen Hunderte von Gnus zum Wasser gelaufen waren. Zu meiner Verblüffung hatten sie sich ganz gegen ihre Gewohnheit und von uns unbemerkt herangeschlichen. Ich tippte Rob auf den Oberschenkel.

»Sie sind schon da. Sie haben sich hinter unserem Rücken quasi auf Zehenspitzen angeschlichen.«

Alle drehten sich um, um die Szene zu beobachten. »Dann kann's ja losgehen«, sagte ich unwillkürlich zu mir selbst, während ich den Deckel von meinem 300-mm-Objektiv entfernte. Das war das Stichwort für Susan und Rob. Das Warten begann von neuem, obwohl sich die von ihrem Instinkt vorangetriebene Herde dem gefährlichen Wasser schon wesentlich weiter genähert hatte als das letzte Mal. Willy, der keine Bilder machte, döste vor sich hin. Plötzlich hörten Rob, Susan und ich ein lautes Platschen, dem fast unmittelbar ein zweites und dann ein drittes folgte. Wir blickten zum Fluss und lauschten, um die Ursache dieses Geräusches zu entdecken. Schließlich wurde es mir klar. »Die Gnus müssen weiter unten in den Fluss springen, direkt hinter der Biegung.« Rob fragte, ob wir hingehen sollten. »Besser nicht. Wir haben lange genug gebraucht, um hierher zu kommen, und der Platz ist gut. Wenn wir zu Fuß losmarschieren, kommen wir wahrscheinlich zu spät, und wenn wir zum Wagen zurückgehen, können wir das hier vergessen.«

Susan stimmte mir zu. »Lasst uns warten. Jetzt sind wir schon einmal da, und wie es aussieht, machen die sich gerade auf den Weg.«

Willy war inzwischen aufgewacht. Er hatte das Gespräch mitbekommen und war ebenfalls dafür zu warten. Die Gnus, die etwa sechzig Meter von uns entfernt waren, tranken jetzt nicht mehr, sondern standen direkt am Wasserrand und starrten mit leerem Blick zum anderen Ufer hinüber, als warteten sie darauf, dass jemand sie hinüberwinken würde. Das tat natürlich keiner, aber nichtsdestoweniger setzte sich ein Jungtier mit stumpfen, senkrecht nach oben ragenden

Hörnern in Bewegung. Früher dachte ich immer, dass die Erschütterungen des Bodens, die von den trampelnden Herden verursacht werden, die Krokodile in Alarmbereitschaft versetzen würden. Nachdem es mir aber ein paar Mal passiert ist, dass sich Krokodile an mich herangepirscht haben, ich selbst dagegen mit meinen Versuchen, mich an sie heranzuschleichen, immer gescheitert bin, ist mir klar geworden, dass sie ausgesprochen gute Augen haben. Als das Gnu ins Wasser watete, stieß sich ein einzelnes Krokodil geräuschlos von der Sandbank ab und verschwand wie ein geschuppter Torpedo unter der Wasseroberfläche. Das Jungtier, statt mit einem Satz in den Fluss zu springen, watete erst ein Stück hinein und begann dann gemächlich zu schwimmen, als es ins tiefere Wasser kam. Mittlerweile näherte sich das Krokodil ihm von der Seite.

»Behaltet das Gnu im Auge«, sagte ich. »Kümmert euch nicht um das Krokodil. Das taucht schon wieder auf. Und macht euch darauf gefasst, dass alles ziemlich schnell gehen wird.«

Wie zu erwarten war, verharrte das Krokodil in seiner lauernden Position und schwamm auf der Stelle. Das Gnu schwamm ihm geradezu ins Maul. Öffnen – schließen – platsch, und dann lag die Wasseroberfläche wieder ruhig da. Ich hatte mit dem Finger am Auslöser auf diesen Augenblick gewartet und verpasste ihn trotzdem. Ich schoss das Bild, als mich das Platschen des Wassers aufschreckte, aber da war der entscheidende Moment schon vorbei. Das Ganze war schnell und unauffällig über die Bühne gegangen.

»Wo ist es denn jetzt?! Wo ist es hin?!«, fragte Susan aufgeregt.

»Untergetaucht«, antwortete Rob. »Einfach untergetaucht. Weg!«

»Macht euch nichts draus, wenn ihr es verpasst habt«, sagte Willy. »Jetzt kommen die anderen.«

Es begann völlig geräuschlos mit einer kaum wahrnehmbaren Bewegung. Dann preschte die ganze Herde, die dicht gedrängt am Ufer und bis weit auf die Ebene hinaus gestanden hatte, vorwärts. Der Impuls, den Fluss zu überqueren, sprang rasch von einem Tier auf das nächste über. Es war, als seien sie auf der Flucht. Als ich mich umdrehte, um die Reaktion der Krokodile zu beobachten, war die Sandbank leer. Das war Antwort genug. Sie waren zwar weder zu sehen noch zu hören, aber ich wusste, dass sie irgendwo da unter der Wasseroberfläche waren und sich unbemerkt der Herde näherten.

»Also Leute, es geht los. Achtet auf die Tiere an der Spitze der Herde. Ich kann keine Krokodile sehen, aber die Sandbank ist leer.«

»Leer?«, fragte Rob, der die Kamera nicht vom Auge nehmen wollte, um selbst nachzusehen.

»Leer.«

Plötzlich tauchten überall die Köpfe von Krokodilen auf und näherten sich von beiden Seiten den Reihen der schwimmenden Gnus, für die es jetzt zu spät war, um noch umzukehren. Auf diesen Moment hatten die Krokodile gewartet. Das Wasser schäumte vor ihnen auf, als sie auf die Gnus zuschossen.

»Schaut nach rechts«, brüllte Willy. Vor uns löste sich alles in lärmendem Chaos auf.

Ich konnte gerade noch rechtzeitig das Objektiv herumschwenken und neu fokussieren, als sich auch schon eines der Krokodile auf ein großes ausgewachsenes Gnu stürzte. Das Reptil schoss mit einem kraftvollen Schlag seines Schwanzes so weit aus dem Wasser, dass ich die hellgrünen Schuppen auf seinem Bauch sehen konnte, und grub seine Zähne in die Flanke der Beute. Es beschrieb mit einer heftigen Bewegung seines Kopfes einen engen Kreis und riss dabei das ganze Gnu mit. Dann schnappte ein zweites Krokodil nach dem Tier, das die Augen vor Entsetzen weit aufgerissen hatte. Wie die Löwen im Ngorongoro-Krater kämpften diese beiden Krokodile, um ihre Beute vor den Konkurrenten in Sicherheit zu bringen. Sie drehten und wanden sich und rissen dabei das Gnu buchstäblich in zwei Teile. Dann schwamm jedes mit seiner Hälfte eilig davon.

»Mein Gott, habt ihr das gesehen?«, fragte ich in die Runde. »Die haben dieses Gnu einfach in zwei Stücke gerissen, einfach so.«

Niemand antwortete. Rob und Susan hatten ihre Aufmerksamkeit auf eine Stelle weiter flussabwärts gerichtet, hielten ihre Kameras gegen die Nasen gepresst und bemühten sich, sie ruhig zu halten. Vor ihnen hatte sich ein ganzer Abschnitt des Flusses knapp unterhalb des Hauptstroms der schwimmenden Gnus in einen wahren Hexenkessel verwandelt – ein Durcheinander von Schwarz, Weiß, Grün und Rot.

Sechs oder mehr Krokodile hatten sich in zwei Gnus verbissen und kämpften darum, einen Teil der Beute zu ergattern. Sie hatten die Beine flach an den Körper gelegt und bedienten sich nur ihrer kräftigen Schwänze, um sich wie Haie hin und her zu winden und um die eigene Achse zu drehen. Immer wieder blitzten ihre grünlich weißen Bäuche im Sonnenlicht auf. Plötzlich spritzte eine rote Fontäne hoch, als eines der Krokodile ein Stück aus dem Körper des Gnus riss. Es war nahezu unmöglich, einen einzelnen Ausschnitt dieser Szene auf Film zu bannen.

Evolution und Migration sind keine zufälligen Systeme und haben sich über Millionen von Jahren durch Versuch und Irrtum immer weiter verfeinert. Während die Krokodile mit ihren Opfern beschäftigt waren, schafften es Dutzende und Aberdutzende von Gnus, über den Fluss auf die andere Seite zu kommen. Doch es war, wie wir es uns bereits gedacht hatten. Denn als die Tiere glücklich den Fuß der Klippe erreicht hatten, saßen sie in der Falle. Das Gedränge wurde immer größer, mittlerweile waren Hunderte von Gnus auf der anderen Seite angekommen und versuchten voller Panik, über die Rücken der anderen zu klettern, um ans rettende Ufer zu gelangen. Viele standen noch immer bis zur Brust im Wasser und versuchten ihr Glück zuerst flussabwärts und dann flussaufwärts, aber ihr Blick reichte nicht weit genug, um einen Ausweg zu finden. Sie hatten keine andere Wahl: Sie mussten zurück über den Fluss.

Die ganze Flut von Tieren machte kehrt und begann, auf unsere Seite des Ufers zuzuschwimmen. Ihre Nasen hielten sie knapp über dem Wasser, und die Augen hatten sie so verdreht, dass nur noch das Weiße zu sehen war. Die Krokodile, die beim ersten Mal nicht genug abbekommen hatten, hatten jetzt einen zweiten Versuch frei. Die bislang zu kurz Gekommenen warteten geduldig. Wenig später konnten auch sie sich die Bäuche voll schlagen.

Erstaunlicherweise gab keines der Gnus einen Laut von sich. Ganz wie es das System vorsah, schafften die meisten von ihnen den Rückweg, stiegen auf wackligen Beinen aus dem Wasser und trotteten, ohne auch nur einen Blick zurückzuwerfen, zielstrebig über die Böschung auf die Ebene hinaus, von wo sie gekommen waren.

Plötzlich kroch ganz in unserer Nähe ein kräftiges Krokodil mit einem fast ganzen Gnu zwischen den Zähnen ans schlammige Ufer. Ich rannte ein kurzes Stück flussaufwärts und warf mich flach auf den Boden. Auge in Auge mit dem Krokodil, verschoss ich einen ganzen Film, während es weiter auf mich zukam. Das sind die besten Aufnahmen, die ich jemals von der Furcht erregenden Kraft und Größe dieser Kreaturen gemacht habe. Ohne mich eines Blickes zu würdigen, kroch das Krokodil an mir vorbei und ließ sich weiter oben ins tiefere Wasser gleiten.

Rob fuhr sich mit den Fingern durch seine spärlichen Haare. Susan saß einfach nur da, sie hatte die Kamera in den Schoß sinken lassen und hielt sich voller Entsetzen die linke Hand vor den Mund. Mehrere Minuten lang sprach sie kein Wort. Dann sagte sie leise: »Ich glaube, in meinem ganzen Leben habe ich noch nicht so etwas Furchtbares gesehen.«

FREMDE IN EINEM FREMDEN LAND

Wie wär's, treffen wir uns um zehn auf einen Kaffee?«, fragte Bill Cooper. »Wir holen Nancy im Büro ab, gehen dann runter in die Trattoria und trinken einen Cappuccino.«

Diese harmlose Frage war es, die mich in die blutige Geschichte Ugandas verwickelte. Wir schrieben Juli 1985, ungefähr ein Jahr bevor ich aus meinen Führungen in Kenia einen Vollzeitjob machte. Mein Lehrvertrag mit der Schule in Zentralkenia war ein paar Wochen zuvor ausgelaufen, und ich wartete noch auf ein paar Papiere, die meine Qualifikation für die Stelle als Lehrer an der International School of Kenya in Nairobi bestätigten, einer der wichtigsten Grundschulen im Land. Auf lange Sicht wollte ich dort Vollzeit unterrichten und nebenher noch Safarigruppen führen, wie ich es schon seit fünf Jahren tat. (Ende des Jahres sollte mir die Stelle als Leiter der Biologieabteilung der Schule angeboten werden. Vor dem Treffen mit dem Direktor hatte ich noch fest vorgehabt, Ja zu sagen, aber stattdessen rutschte mir dann ein Nein heraus. Schon einen Monat später hatte ich The Ross Company gegründet.)

Im Moment jedenfalls war ich arbeitslos und frustriert und wusste nichts mit meiner vielen freien Zeit anzufangen. Bill Cooper war bei Olivetti beschäftigt. Seine Frau Nancy arbeitete für die *New York Times* und leitete praktisch deren Büro in Nairobi. Die Zeitung teilte sich das Stockwerk mit dem *Time-Magazine*, und da ich mit den Coopers befreundet war, hing ich dort gelegentlich rum. Die umtriebige Atmosphäre, die im großen internationalen Journalismus herrschte, war mir nach dem ruhigen Landleben eine willkommene Abwechslung. Das Büro im IPS-Gebäude an der Kimathi-Straße war genau der richtige Ort, wenn man eine Tasse Tee trinken und gleichzeitig den Finger an den Puls des Weltgeschehens legen wollte. Über die Coopers lernte ich die *Times*-Korrespondentin Sheila Rule, den *Time*-Fotografen William Campbell und seinen Chef mit dem bezeichnenden Namen James Wilde kennen. James war eine Klasse für sich. Die ganze Truppe war ein verschworener Haufen; sie teilten sich ein Büro und arbeiteten oft unter extremen Bedingungen an denselben Geschichten, wie die über die Dürre und die Kämpfe in Somalia oder die rasch wachsenden Spannungen und die Morde in Uganda. Wie sich gezeigt hatte, war Milton Obote, der Präsident von Uganda, genauso brutal und blutrünstig wie sein Vorgänger Idi Amin, nur dass er sein übles Spiel mehr im Verborgenen trieb. Als die Wahrheit dann doch irgendwann ans Licht kam, drohte die Situation im Land zu eskalieren. Um sich von der Trostlosigkeit und – wie ich bald feststellen sollte – der Angst, die mit solchen Aufgaben oft verbunden waren, abzulenken, feierten meine Freunde mit derselben Besessenheit, mit der sie arbeiteten. Schon in der kurzen Zeit, die ich hier den stillen Beobachter mimen durfte, wurde mir klar, dass die Arbeit eines Auslandskorrespondenten zu einer gefährlichen Sucht werden kann.

Wie nicht anders zu erwarten war, ging es auch an diesem Nachmittag im Büro chaotisch zu. William saß am Telefon und brüllte in den Hörer, und es dauerte nicht lange, und auch Sheila und Nancy brüllten in ihre Apparate. Ich begrüßte alle mit einem Nicken und setzte mich auf einen Stuhl gegenüber von ihrem Doppelschreibtisch. Lustlos blätterte ich das Lokalblatt durch und wartete auf Bill und unseren gemeinsamen Cappuccino. Das Geschrei schwoll noch mehr an, als William in das Büro von James Wilde stürmte, aber James brüllte schließlich immer. Kurz darauf flog die Tür auf und krachte so heftig gegen die Wand, dass ich nicht überrascht gewesen wäre, wenn es sie aus den Angeln gehoben hätte. James marschierte aus seinem Büro, den nicht weniger erregten William dicht hinter sich. »Er kann fotografieren, und die Sprache spricht er auch.«

James, der in ein prächtiges äthiopisches Gewand aus einem fließenden weißen Stoff gekleidet war, hielt plötzlich mitten im Lauf inne und starrte mich an, als wolle er jeden Moment einen Kampf mit mir beginnen. Ahnungslos saß ich da und fragte mich, um wen es eigentlich ging und warum sich James zu mir vorbeugte, die Hände in die Hüften gestemmt, und mich abwartend anstarrte.

»Und? Kannst du das?«, herrschte er mich an.

»Kann ich was?«

»Kannst du Fotos schießen, untertiteln und übermitteln, und sprichst du Kisuaheli?«

Als ich vor Jahren einmal Geld gebraucht hatte, war ich in North Dakota zu einer Ranch getrampt und hatte mir einen Job verschafft, indem ich auf jede Frage des Ranchers mit Ja geantwortet hatte. Daran erinnerte ich mich in diesem Moment. Ich hatte weder Geld noch Arbeit. Ich besaß nichts außer meiner BMW, zwei Taschen mit Klamotten und Zeit, viel zu viel Zeit.

»Ja!«, sagte ich mit aller Entschlossenheit und Überzeugungskraft, die ich aufzubringen vermochte.

»Wir zahlen dir für acht Stunden hunderfünfundachtzig Dollar plus Spesen, dafür gehören uns die Rechte an sämtlichen Fotos.«

Ich brachte nur ein Nicken zustande und versuchte, meine Aufregung zu verbergen. James hatte mir gerade ein kleines Vermögen angeboten.

»Na gut«, brüllte er, als er aus dem Büro lief. »Du hast den Job.«

Ich drehte mich zu William um. »Was war das denn?«, fragte ich.

»Mein lieber Freund, du bist gerade angeworben worden, um eine Gruppe von Korrespondenten in das Kriegsgebiet in Uganda zu führen und Fotos zu machen, vor allem aber musst du dafür sorgen, dass alle am Leben bleiben. Abgesehen davon, bist du auch Fahrer und Dolmetscher.« Er sagte mir, ich solle ein paar Schwarz-Weiß-Filme besorgen, und dann würde er mir zeigen, wie man Fotos übermittle. Es dauerte keine Viertelstunde, und ich war mit den Filmen, die mir mein Freund Mo auf Pump überlassen hatte, wieder zurück. William, er sei gepriesen, wies mich in die nicht besonders komplizierten Techniken ein. Dann besprachen wir die Einzelheiten meiner neuen Tätigkeit. Ich sollte als freier Mitarbeiter sowohl für die *Time*, die *New York Times* wie auch für die *London Times*, deren Korrespondent gerade im Flugzeug aus London saß, arbeiten.

Das Problem bestand darin, überhaupt nach Uganda einzureisen. Der Hochkommissar in Nairobi gehörte zu Milton Obotes Regierung. Die ersten Berichte über den Bürgerkrieg, in den drei Parteien verwickelt waren, deuteten allerdings darauf hin, dass er auf der Flucht war und das Land vielleicht schon verlassen hatte. Das Hochkommissariat hatte daher wohl keine Bedeutung mehr. William kannte den früheren Verkehrsminister, der sich in der Vergangenheit immer als sehr hilfsbereit erwiesen hatte. Möglicherweise war der Minister gar nicht mehr am Leben, aber William versuchte es trotzdem und schickte ein Telex an dessen Büro in Kampala. Ohne Erfolg.

In Ostafrika, vielleicht in der ganzen Dritten Welt, muss man lernen, ungewohnte Wege zu gehen, wenn man etwas erreichen will. Ich schlug also vor, über den Fernschreiber der *New York Times* im Namen des freundlichen Verkehrsministers eine Bestätigung an die *Time* zu schicken, dass er uns die Erlaubnis zur Einreise nach Uganda erteilt habe. Das war vielleicht nicht ganz korrekt, aber wen interessierte das schon? Offensichtlich musste man zu diesem Krieg eingeladen werden, und eine solche Einladung würden wir uns verschaffen. Natürlich konnte sich ein Problem ergeben, wenn wir den Namen und die Autorität von jemandem benutzten, der gar nicht mehr am Leben war, aber das würden wir erst am nächsten Tag an der Grenze herausfinden. Da keiner im Büro eine bessere Idee hatte, setzten wir das Schreiben auf und schickten es von unserem Fernschreiber an den im nächsten Büro. Ich holte es mir, machte drei Kopien und verstaute sie in meinem Pass. Alles Weitere würde sich in Busia ergeben, dem Grenzposten zwischen Kenia und Uganda. Der Cappuccino mit Bill und Nancy musste ein paar Tage warten.

Ich saß hinter dem Steuer des redaktionseigenen Peugeot-Kombis der *New York Times*, als wir uns am selben Abend um zehn Uhr von Nairobi auf den Weg Richtung Nordwesten machten, dem Rift Valley und dem Krieg entgegen. Außer für Sheila arbeitete ich auch für den Korrespondenten der *London Times*, der den absolut passenden Namen Nick Comfort trug. Er hatte es sich auf dem Rücksitz bequem gemacht und schlief, und auch Sheila, die vorne saß, schloss die Augen. Ihr hatten schon die ersten zehn Laster gereicht, die auf der engen, dunklen Straße ohne Seitenstreifen entlangbretterten. Sie wolle da lieber nicht so genau hinsehen, sagte sie. Mir fiel es nicht schwer, wach zu bleiben. Das war nicht einfach nur ein neuer Job, es würde eine vollkommen neue Erfahrung sein. Bisher hatte ich immer nur wilde Tiere fotografiert, noch nie einen Krieg. Ich hatte nahezu täglich Aufnahmen aus dem von Dürre und Krieg heimgesuchten Somalia gesehen, grausig und erschreckend real. Würde ich solche Szenen in Uganda fotografieren müssen? Ich wusste, dass ich den Job von der technischen Seite her hinbekommen würde, aber wie würde ich psychisch damit fertig werden? Und würde ich uns überhaupt über die Grenze bringen können und dann durchs Land?

Die lange Reihe von Lastern vor uns deutete darauf hin, dass wir uns der Grenze näherten. Es war vier Uhr früh. Über die nächsten Kilometer hinweg schlängelte ich mich an den Lastern vorbei, die alle darauf warteten, in das Kriegsgebiet einzureisen. Vermutlich kamen die meisten von ihnen aus Mombasa an der kenianischen Küste, das dem im Landesinneren liegenden Uganda als Hafen diente. Als ich das Ende der langen Schlange von Lastwagenfahrern erreichte, musste ich schließlich anhalten. Ich fuhr an den Straßenrand und erklärte Nick und Sheila, sie sollten im Auto warten, während ich mein Glück – unser Glück – an der Grenzstation versuchen wollte. Ich versuchte, mich möglichst unbemerkt zum Grenzübergang vorzustehlen, was sich allerdings als Ding der Unmöglichkeit erwies, da ich der einzige Weiße in diesem Menschengewühl war. Nicht dass man mich beschimpfte oder anrempelte, ich fiel einfach nur auf. Die Menge wartete erstaunlich gelassen. Als ich an dem Wachhäuschen anlangte, flog die Tür auf. Ich rief »hodi« und trat ein. Nicht einer der Waffen tragenden Soldaten erhob sich oder rührte sich auch nur, also trat ich weiter in den Raum und blickte die Soldaten einen nach dem anderen an. Sie würden es mir nicht leicht machen.

»Ninahitaji kuongea na nani kuingia tafadhali?«, fragte ich. Mit wem muss ich sprechen, wenn ich nach Uganda will, bitte?

Keine Antwort. Es blieb mir nichts übrig, als zu warten, mit wachsender Wut und einem Gefühl der Hilflosigkeit. Und genau das wollten die Soldaten wahrscheinlich auch erreichen. Als ihnen schließlich klar wurde, dass ich nicht einfach wieder verschwinden würde, ergriff ein hinter mir stehender Soldat das Wort. »Huwezi kupita saa hii. Utahitaji kusubiri mpaka ashubuhi.« Du kannst jetzt nicht über die Grenze. Du musst bis morgen früh warten.

Der Bürgerkrieg, für den man eine Einladung brauchte, hatte also auch Öffnungszeiten, was mir vollkommen absurd erschien, aber ich fragte nur: »Utafungua saa ngapi?« Wann ist die Grenze offen?

»Saa sita, na si mapena«, lautete die knappe Antwort. Sechs Uhr und keine Minute früher. Ein Krieg mit Stundenplan und darüber hinaus einem ganz exakten. Sonst läuft in Ostafrika niemals etwas nach Plan. Nun, so erstaunlich die Angelegenheit auch war, es ließ sich daran nichts ändern, und daher machte ich mich auf den Rückweg, um Sheila und Nick Bescheid zu sagen. Die wiederum waren dadurch nicht aus der Ruhe zu bringen. Sie ließen sich einfach noch tiefer in ihre Sitze rutschen. Echte Veteranen. Ich verriegelte die Türen und machte es mir ebenfalls bequem, um ein bisschen zu schlafen.

Mit dem ersten Morgenlicht wachte ich auf, aber nicht früh genug. Als ich leise aus dem Wagen geschlüpft war und wieder vor dem Wachtposten stand, war es schon zwanzig nach sechs. Dieselben Männer hatten Dienst. Zu meiner Verblüffung winkten sie mich dieses Mal lächelnd zu sich herein. Wo unsere Visa für Uganda seien? Schon die Stimme des Mannes, der mich das fragte, verriet mir, dass er ganz genau wusste, wie unmöglich es im Moment war, so etwas wie ein Visum zu bekommen. Ich erklärte ihm, wir seien beim Hochkommissar gewesen, die Büros seien jedoch auf unbestimmte Zeit geschlossen. Aber wir hätten eine Einladung und die Genehmigung des Verkehrsministers, die ich ihm auch zeigte. Nachdem das Papier einige Minuten lang von fast allen Anwesenden genau untersucht worden war, erklärte der Sprecher, dass wir trotzdem ein Visum brauchten.

Zunächst war ich ratlos. Dann versuchte ich es mit einer anderen Taktik und schlug vor, dass wir alle das Telex unterschreiben und abstempeln und es dann als Visum verwenden könnten. Der Verkehrsminister würde es bestimmt als Ausweis anerkennen, schließlich war es ja sein Schreiben, und man könne wohl davon ausgehen, dass er einen höheren Rang bekleide als die Männer auf dem Wachtposten. Letzteres gab ich den Soldaten eher unterschwellig zu verstehen, als es rundheraus zu behaupten. Sie besprachen das Ganze eine Weile und holten dann ein altes, zerschlissenes Stempelkissen und einen hölzernen Stempel hervor. Jeder der in dem kleinen Gebäude Anwesenden unterzeichnete das Schreiben. Ich unterschrieb ebenfalls und ging sogar zurück und holte Nick und Sheila, damit auch sie ihre Unterschrift darunter setzten.

Wer konnte schon sagen, was dieses Stück Papier drei Kilometer weiter im Landesinneren wert sein würde! All die blauen Stempel und Unterschriften machten es unmöglich, das Telex noch zu lesen. Aber immerhin, es war ein Anfang. Mit dem Dokument in der Hand fuhr ich den Kombi langsam bis zu der weißen Schranke, die die Straße versperrte, und wartete geduldig, bis sich die Soldaten dazu bequemten, aufzustehen, die fünf Meter zur Schranke zu gehen und sie zu heben. Sie sahen uns nicht einmal an, als wir hindurchfuhren, trotzdem sagte ich »Asante«. Danke.

Gleich nachdem wir die Absperrung durchquert hatten, wurde die Schranke wieder heruntergelassen und ein Schloss davor gehängt. Damit wurde die lange Reihe von Lastern aus dem Kriegsgebiet ausgesperrt, wir dagegen wurden darin eingeschlossen. Auf der ugandischen Seite der Grenze waren zu meiner Überraschung keine Soldaten zu sehen. Genau genommen sahen wir überhaupt niemanden, was mir ein falsches Gefühl der Sicherheit gab. Froh, einige Entfernung zwischen die Menge an der Grenze und uns legen zu können, drückte ich aufs Gaspedal. Hier gab es eindeutig zu viele Maschinengewehre, zu wenig Platz und zu wenig Disziplin und Autorität – die Katastrophe schien vorprogrammiert zu sein.

Zwanzig Minuten nach dem Grenzübertritt stießen wir auf die erste der vielen Blockaden, die uns immer wieder den Weg in die Hauptstadt Kampala versperren sollten. Mit so vielen Hindernissen hatte ich nicht gerechnet. An der ersten Straßensperre hatten die Soldaten einen Eukalyptus-Baum gefällt und über die Straße gezogen. Sie räkelten sich zwanzig Meter von der Straße entfernt in der Sonne, und zunächst sah ich sie gar nicht. Erst als ich das Tempo verlangsamte, um an dem Baum vorbeizufahren, bemerkte ich ein paar Soldaten, die rasch auf uns zukamen, offensichtlich überrascht, so früh am Morgen schon einen Wagen zu sehen und darüber hinaus einen, in dem lauter gut gekleidete Weiße saßen. Wir warteten, während die Männer langsam unseren Peugeot umrundeten. Dann steckte einer seinen Kopf durch das Fenster auf der Fahrerseite. Er kam mir unangenehm nah, außerdem hatte er auch noch seinen Gewehrlauf durch das Fenster geschoben. Ich blickte starr geradeaus, während ich mit den Händen fest das Lenkrad umklammert hielt. Eine überraschend junge Stimme verlangte zu wissen, wo wir hinwollten, und ich erklärte höflich, wer wir seien. Der Soldat war erstaunt, wie gut ich Kisuaheli sprach, aber das passierte mir oft in Afrika. Etwas aus dem Takt gekommen, sagte er, wir hätten keine Visa. Er konnte zwar nicht wissen, ob das tatsächlich zutraf, aber er hatte natürlich Recht. Dafür waren wir im Besitz des Telex des Verkehrsministers, und ich griff langsam zum Handschuhfach, zog es vorsichtig heraus und gab es ihm.

Zu diesem Zeitpunkt hatte sich ein halbes Dutzend Männer um das Auto versammelt. Sie drängten sich mit ihren Maschinengewehren in die Fenster und reckten die Hälse, um einen Blick auf das Papier werfen zu können. Man könne doch klar erkennen, dass dies ein Visum mit allen erforderlichen Stempeln und Unterschriften sei, erklärte ich. Da ich nicht nur daran zweifelte, dass die Männer lesen konnten, sondern vielmehr darauf zählte, deutete ich auf irgendeine Zeile und sagte, hier stünde, dass dies unsere Visa seien. Davon war dort zwar nichts zu lesen, aber der Anführer schob das Telex durch das Fenster zurück und ließ es auf den verdreckten Boden zwischen meinen Füßen fallen. Zum ersten Mal blickte ich den Soldaten direkt an, und mit Schrecken sah ich, dass sich das alte Gesicht eines Kriegers in das einst junge und weiche Gesicht eines Kindes gegraben hatte – kaum ein Junge, noch viel weniger ein Mann. Er erwiderte kurz meinen Blick, wandte sich dann in halb schlenderndem, halb stolzierendem Gang zum Straßenrand, sprang über den Graben und ging zurück zu den Bäumen.

Nick und Sheila hatten während dieser Unterhaltung kein Wort gesagt und schwiegen noch immer, als ich bereits wieder losgefahren war.

Nach ein paar Minuten atmete ich erleichtert auf, übersetzte den beiden das Gespräch und berichtete, was ich über das inzwischen verschmutzte, äußerst kostbare und vom ersten bis zum letzten Buchstaben erlogene Telex zusammenfantasiert hatte. Ein paar Kilometer weiter erwartete uns die nächste Straßensperre – einige Benzinkanister, die wahllos auf der Straße aufgestellt waren. Ein paar Männer warteten auf beiden Seiten der Straße. Ich fuhr langsamer, damit sie Gelegenheit hatten festzustellen, wer wir waren beziehungsweise nicht waren. Das Ganze spielte sich genauso ab wie das vorherige Mal, nur waren hier alle bis auf einen der Soldaten Jungen. Der einzige Erwachsene war ein großspurig auftretender Mann mit Sonnenbrille, der das Reden übernahm und auch den größten Teil der Angeberei. Vielleicht achtzehn, nicht älter. Er hielt das Telex verkehrt herum in der Hand, während er sich vergewisserte, dass das, was ich ihm gesagt hatte, auch stimmte. Ich fragte ihn, ob zwischen der Grenze und Kampala noch mehr Straßensperren lägen. »Mingi, mingi, mingi«, sagte er – viele, viele, viele –, wegen des Krieges, in dem sie kämpften. Das Wort »Krieg« erschreckte mich. Bis auf die Jungen und die Straßensperren war mir alles, was wir bisher gesehen hatten, friedlich und relativ normal erschienen. Vielleicht waren weniger Leute unterwegs, aber das war auch schon alles. Das ganze Land hatte soweit einen ausgesprochen beschaulichen, »sonntäglichen« Eindruck gemacht.

Dieses Bild wurde nur von den jungen Soldaten und den Straßensperren gestört, aber die reihten sich nun tatsächlich endlos aneinander. Der ganze Vormittag bestand aus einem ewigen Wechsel von Fahren und Anhalten, Fahren und Anhalten, obwohl wir weit und breit die einzigen Leute waren, die auf dieser Straße unterwegs waren. Ich glaube, wir fuhren nie länger als fünfzehn, zwanzig Minuten, ohne von einem neuen Trupp Kinder und dem, was sie auf die Straße geschleppt hatten, gestoppt zu werden. Das Ganze war ebenso ermüdend wie ärgerlich. Zuerst wollte ich ein paar Bilder machen, ließ die Kamera aber dann doch lieber in der Tasche stecken. Wir wussten nicht einmal, welche der Armeen all diese dummen Wachtposten aufgestellt hatte. Plötzlich und ohne dass sich ein nennenswerter Vorfall ereignet hatte, lagen die Hügel von Kampala vor uns. Die Stadt sah ruhig, sogar

schön aus, wie sie sich da über die beeindruckenden Hügel erstreckte, die die saftig grüne Ebene umgaben. Ich fuhr langsamer, damit jeder, an dem wir vorbeikamen, sehen konnte, dass wir keiner der Bür-
gerkriegsparteien angehörten, schließlich waren wir Weiße. Das war
vielleicht eine unnötige Vorsichtsmaßnahme, aber es schien vernünftig zu sein, wie Sheila und Nick bestätigten.

Schon an der ersten Kreuzung wurde der Eindruck von Ruhe und
Frieden, den die Stadt aus der Ferne vermittelt hatte, zunichte gemacht.
Auf beiden Seiten der Kreuzung war eine Batterie von Flakgeschützen
aufgereiht. Die Geschützläufe richteten sich erwartungsvoll gen Himmel, und um sie herum lungerten zwei Truppen uniformierter Soldaten. Ich hielt neben dem ersten Trupp, an dem wir vorbeikamen, an und
wartete einen Moment, bevor ich die Männer ansprach. Ich erklärte ihnen, dass man uns das Hotel Nile Mansions empfohlen hätte, und fragte sie nach dem Weg. Das stimmte zwar nicht, aber wir wussten, dass
das Nile Mansions eines der wenigen Hotels war, die noch halbwegs
funktionierten. Wir hofften, dass wir dort für die nächste Woche unser Lager aufschlagen könnten, während wir das Kriegsgebiet rund um
die Hauptstadt erkunden würden. Einer der Soldaten musterte uns einige unangenehme Sekunden lang, beschrieb uns dann aber überraschend höflich und wieder mit einer erschreckend jungen Stimme den
Weg. Das Hotel lag nicht weit entfernt. Sollten wir das nun gut oder
schlecht finden? Wir waren uns nicht sicher, ob die Artilleriegeschüt-
ze uns eher schützen oder im Gegenteil feindliches Feuer anziehen
würden. Jedenfalls dankten wir dem jungen Mann und fuhren weiter
im Schneckentempo über die praktisch leeren Straßen.

Wir fanden das Hotel an der beschriebenen Stelle. An dem riesigen,
heruntergekommenen und von Einschusslöchern übersäten Kasten
war unter den Fenstern des ersten Stocks in verblassten Buchstaben
»Nile Mansion« zu lesen, und auf dem Vorplatz und im Eingangsbereich lungerten massenhaft Soldaten herum. Als wir vorfuhren, kam
statt eines Portiers und diensteifrig heraneilender Pagen ein Trupp Ju-
gendlicher heranstolziert, die einen Tag, eine Woche oder einen Krieg
lang Soldaten spielten. Ich war mit meinen Nerven ziemlich am Ende
und in entsprechend gereizter Stimmung, als ich meine Autotür gegen

den herandrängenden Kreis von Kindern aufzustoßen versuchte. Mit aller Kraft drückte ich gegen die Tür und schob erst einen und dann einen zweiten und dritten Soldaten weg. Ohne mich weiter mit ihnen aufzuhalten, trat ich zielstrebig durch die Schwingtüren des Hotels, so als würde ich jemanden dort drinnen kennen oder erwartet werden. Dabei befolgte ich nur William Campbells letzten Rat, den er mir gegeben hatte, bevor wir Nairobi verließen: »Im Zweifelsfall musst du immer bestimmt auftreten.« Sicheren Schritts steuerte ich also durch einen Trupp von hundert schwer bewaffneten Soldaten. Vier Männer, keine Kinder diesmal, saßen hinter einem Klapptisch. Warum sollte ich mein Glück nicht bei ihnen versuchen? Ich trat auf sie zu und verharrte kurze Zeit fast in Habachtstellung, während sie sich weiter unterhielten. Endlich unterbrach ich sie und erklärte, dass wir für einige Tage drei Zimmer brauchten.

Die vier hörten schlagartig auf zu reden und starrten mich an. Ich wiederholte meine Bitte, bekam aber immer noch keine Antwort. Dann sahen sie sich an und berieten sich kurz, als wären sie Kandidaten in einer Quiz-Show, bis sich schließlich einer von ihnen erhob und vom Tisch wegging. Ich trat ein paar Schritte zurück und warf einen Blick nach draußen zu Sheila und Nick. Der Wagen war jetzt dicht von Soldaten umringt, und aus der Menge ragten Gewehrläufe in alle Richtungen – das Ganze sah aus wie ein Stachelschwein. Der Soldat kehrte mit einem zweiten Mann zurück und wies mich an, diesem zu folgen. Gemeinsam gingen wir nach draußen, am Peugeot vorbei und über die Auffahrt zu einer Treppe, die zu einer Galerie vor den Zimmern im ersten Stock führte. Auf halbem Weg die Galerie hinunter hielt er an und deutete auf drei Türen, dann machte er auf dem Absatz kehrt und marschierte denselben Weg zurück. Wieder am Wagen, erklärte ich Sheila und Nick erleichtert, dass wir Zimmer bekommen hätten, sie aber nicht zu viel erwarten sollten. Unter den argwöhnischen Blicken der Soldaten luden wir unser spärliches Gepäck aus und trugen es die Treppen hinauf.

Ich konnte es kaum erwarten, die unmittelbare Umgebung zu erkunden und mich endlich an die Arbeit zu machen. Abgesehen davon, schien es mir eine gute Idee zu sein, jeden wissen zu lassen, dass wir da waren und nichts zu verbergen hatten. Ich beschloss also, einen kleinen Erkundungsgang zu machen, und sagte Sheila und Nick Bescheid. Dann hängte ich mir die Kamera um den Hals und machte mich auf den Weg. Als Erstes parkte ich den Peugeot zwischen einem Armee-Geländewagen und einem Truppentransporter. Die Blicke sämtlicher Soldaten folgten mir, als ich die Straße entlangging. Als wüsste ich genau, wohin ich wollte, bog ich scharf nach rechts ab. Ich war vielleicht zweihundert Meter weit gekommen, als mich ein Landrover überholte und mit quietschenden Bremsen und einer beeindruckenden blauen Abgaswolke ein paar Zentimeter vor mir zum Stehen kam. Die Heckplane klappte auf, und mit den Gewehren im Anschlag sprang ein Dutzend Soldaten heraus. Sie stießen mich mit ihren Gewehrläufen und trieben mich zum Laster, »Geh! Geh!«.

Man zwang mich, auf den Wagen zu klettern, und zum ersten Mal, seit wir die Grenze übertreten hatten, stieg die Angst in mir hoch. Die Soldaten sprangen hinter mir auf den Landrover, stießen und rempelten mich, und einer riss am Riemen meiner Kamera. Ein heftiges Gerangel entstand zwischen uns, aber schließlich ließ er ab. Es waren so viele Soldaten und Waffen im Laster, dass sich einige zwischen den beiden Sitzbänken an den Längsseiten auf den Boden kauern mussten. Die Maschinengewehre schwangen hin und her, als wir an Geschwindigkeit zulegten. Ich sah in die Gesichter der Soldaten, aber keiner erwiderte meinen forschenden Blick, bis auf einen jungen Mann, auf dessen glattem Gesicht ein breites, aufreizendes Grinsen lag. Frech blickte er mich an. »Du bist ein Gefangener«, sagte er. »Ich habe dich gefangen genommen!«

Er hatte ein Gesicht zum Reinschlagen. Die idiotische Bemerkung des Mannes und sein dummes, geckenhaftes Gehabe hatten meine Angst in Wut verwandelt, aber ich konnte nichts tun, und daher schwieg ich und kochte still vor mich hin. Bis auch er versuchte, an meine Kamera heranzukommen. Nach einem kurzen Hin und Her zog ich sie schließlich heftig an mich und sagte in mehr als scharfem Ton: »We!«, was so viel heißt wie »Du!«. Und er ließ mich in Ruhe, trotz der AK-47, die vor seiner Brust hing. Der Laster nahm eine scharfe Rechtskurve, und alle kippten zuerst auf die Seite und dann gleich dar-

auf nach vorne, als er mit quietschenden Bremsen hielt. Ich rappelte
mich wieder auf und kletterte von der Ladefläche, mit einer Hand meine Kamera umklammernd. Wieder stießen sie mich mit ihren Gewehrläufen und trieben mich zu einem niedrigen Gebäude. Das Gelände
war von einem hohen Eisenzaun umgeben und wurde auf jeder Seite
von einer Maschinengewehrstellung gesichert. Auf dem Parkplatz
standen drei Flakgeschütze, deren Rohre, wie schon bei denen an der
Kreuzung, in den wolkenlosen Himmel gerichtet waren.

Dem Treiben hier haftete eine gewisse Geschäftigkeit an. Soldaten
betraten und verließen zielstrebig das Gebäude durch die von Posten
bewachten Doppeltüren. Drinnen ging es zu wie in einem Bienen-
stock. Als man mich hereinbrachte, teilte sich die Menge der Soldaten
wie durch Zauberhand, und alle starrten mich ungläubig an. Man trieb
mich ein kleines Stück weit einen Flur entlang, dann packte mich von
hinten eine Hand am Nacken und zwang mich, vor einer Tür stehen
zu bleiben. Einer der Soldaten stieß mich so heftig in das Zimmer, dass
ich fast gestürzt wäre. Hinter mir fiel die Tür zu. Ich hörte zwar nicht,
dass ein Schlüssel umgedreht wurde oder ein Schloss einrastete, versuchte aber trotzdem nicht, die Tür zu öffnen. An der gegenüberliegenden Wand standen drei Stühle, und überraschenderweise befand
sich dort noch ein weiterer Ausgang. Ich lauschte zuerst an der einen
Tür, dann an der anderen. Stille. Sie hatten mich bestimmt nicht vergessen, wahrscheinlich wollten sie mich einfach eine Zeit lang hier drin
sitzen lassen, um mich weich zu kochen. Ich war entschlossen, kein
Jota nachzugeben – was immer sie auch wollten. Erstaunlicherweise
war ich noch im Besitz meines Fotoapparats, und ich tat so, als würde ich ein paar Bilder von meiner Kerkerzelle machen – vielleicht beobachtete mich ja jemand durch ein Loch in der Wand oder über eine
verborgene Kamera. Ich wollte selbstsicher und gelassen wirken, nicht
eingeschüchtert, und redete mir ein, dass die ganze Angelegenheit
nichts weiter als lästig sei.

Aber nachdem einige Stunden vergangen waren, fing ich doch an,
unruhig zu werden. Mir war nicht bis in alle Einzelheiten klar, worum
es in diesem Krieg ging, aber ich wusste, dass zuerst Idi Amin Milton
Obote gestürzt und dann Obote die Herrschaft von Amin zurücker-

obert hatte und dass beide unbarmherzige Mörder waren. Mir gingen all die Geschichten von Massenmorden, Kindermorden, ja auch Kannibalismus durch den Kopf. Während der fast ununterbrochen seit zehn Jahren währenden kriegerischen Auseinandersetzungen in dem sonst so wunderschönen Land waren bereits Millionen Menschen umgebracht worden, und jetzt beteiligte sich auch noch General Okello an dem Kampf um die Macht. Was kümmerte es diese Männer, ob Sheila, Nick und ich am Leben blieben? Ich konnte mir ohne weiteres vorstellen, dass ein Soldat durch die Tür treten und sagen würde: »Tut mir Leid, Kumpel, aber wir befinden uns im Krieg. Corporal, bringen Sie ihn raus, und erschießen Sie ihn, ich bin schon ein bisschen spät dran.« Mir wurde bei dem Gedanken, dass sie das tatsächlich tun könnten, ganz anders – wer immer »sie« auch waren.

Und schließlich kamen »sie«. Lärmend drängte plötzlich ein Haufen Soldaten in den Raum. Sie verteilten sich und drehten sich dann, ohne mich überhaupt zu beachten, wieder der Tür zu, durch die sie gerade eingetreten waren – Brust raus, Füße zusammen, die Gewehre mit angewinkelten Armen steif vor die Brust gehalten. Ich saß auf meinem Stuhl und betrachtete verwundert diese kleine Parade. Als Nächster trat ein älterer, leicht übergewichtiger Soldat durch die Tür. Er trug eine makellos gebügelte und mit Orden behängte Uniform, schritt flott aus und hatte schon das halbe Zimmer durchmessen, bevor er mich überhaupt zu bemerken schien. Dann hielt er einen Moment lang inne und hob herausfordernd den Kopf in meine Richtung. Ich sprang sofort auf, verbeugte mich und grüßte ihn mit dem traditionellen Suaheli-Gruß: »Shikamoo.« Jetzt wandte er sich mir vollends zu, schob seinen Kopf noch weiter in meine Richtung und antwortete mit einem »Maharaba«. Ich richtete mich langsam wieder auf und sah ihm in die Augen. Forsch trat er auf mich zu, bis er genau den Bruchteil zu nahe war, dass ich mich unbehaglich fühlte.

»Unafanya nini hapa«, fragte er. Was tun Sie hier?

Jetzt musste ich also Stellung beziehen, und zwar abhängig davon, welche Armee mich gefangen genommen hatte. »Ich bin Fotograf und in Ihr Land gekommen, um zu beweisen, dass nicht General Okello die Gräueltaten begangen hat«, antwortete ich. Das war nun nicht ganz aus der Luft gegriffen, in Nairobi hatte ich nämlich erfahren, dass die anderen Armeen einige Tagesmärsche weit außerhalb von Kampala lagen. Ich erklärte dem Offizier, dass ich im Auftrag der *New York Times* in Uganda sei und gerade, ohne Fotos gemacht oder mit jemandem gesprochen zu haben, die Hauptstraße entlanggegangen sei, als plötzlich ein Laster voller Männer angehalten habe und man mich gefangen genommen und in dieses Lager hier gebracht habe. Er fragte mich, was ich über den Krieg wüsste und was über die Gräueltaten berichtet worden sei. Ich erklärte ihm so zurückhaltend wie möglich, im Westen wisse man, dass zwei verschiedene Freiheitsarmeen versuchen würden, Obote zu stürzen. Kenia und die westliche Presse hätten Gerüchte erreicht, dass General Okellos Truppen nicht nur Obotes Soldaten, sondern auch flüchtende Zivilisten massakrieren würden. Die *New York Times* halte es aber für wahrscheinlicher, dass die Gräueltaten auf das Konto des seines Amtes enthobenen und in Bedrängnis geratenen Obote gehen würden, der damit Rache übe. Wir seien gekommen, um die wahre Geschichte zu erfahren, mit Fotos zu dokumentieren und die Sache richtig zu stellen.

»Wie viele seid ihr?«

»Nur drei.«

Er wandte sich um, sprach in einer mir unbekannten Sprache mit einem hoch gewachsenen Mann und ging dann zur Tür. Ein junger Soldat, der die ganze Zeit mit der Hand am Türknauf gewartet hatte, riss sie für ihn auf. »Kommen Sie mit«, sagte der große Mann. Er verließ das Zimmer, wandte sich nach links und ging den Flur hinunter. Das ließ ich mir nicht zwei Mal sagen. Ich war mir keineswegs sicher, ob ich mit meiner Vermutung richtig lag, es mit den Männern von Okello zu tun zu haben. Der Offizier jedenfalls hatte mir keinen Hinweis darauf gegeben, und der große Mann, dem ich jetzt mit einer Eskorte von vier oder fünf Soldaten folgte, ignorierte meine Fragen. Kurz bevor wir das Ende des Flurs erreichten, hielt er an und wartete, bis ich bei ihm angelangt war. Dann deutete er auf einen Stuhl und ging den langen, dunklen Flur wieder zurück, um schließlich am anderen Ende durch eine weitere Tür zu verschwinden. Die Soldaten, die mich bewachten, wichen meinem Blick aus. Ich hatte zu viel Angst, um abzuhauen, und abgesehen davon, wohin sollte ich auch? Mir blieb nichts übrig, als mit weichen Knien und gelähmten Armen dazusitzen und zu warten. Armselige Weise zu sterben, dachte ich. Keiner würde je davon erfahren.

Und was geschah jetzt gerade wohl mit Sheila und Nick? Ich hoffte, dass sie sich wohlbehalten im Hotel befanden. Da schreckte mich plötzlich das Geräusch von Schritten aus meinen Gedanken, und ich hob den Kopf, um den Flur hinunterzuschauen. Der große Mann kam zurück, und mit jedem Meter, den er näher kam, schlug mein Herz schneller. Als er mich erreicht hatte, blieb er kurz stehen, um mir ein Stück Papier in die Hand zu drücken. Ich nahm es, wandte dabei meine Augen aber nicht von ihm ab und versuchte, seinen Gesichtsausdruck zu lesen. Er behielt jedoch sein militärisches Gebaren bei und sagte in knappen Worten auf Englisch: »Kommen Sie morgen früh wieder, und bringen Sie die anderen beiden mit, damit wir Ihnen die Passierscheine von General Okello aushändigen können.« Zu sagen, dass ich erleichtert war, wäre eine Untertreibung – ich war selig. Wir hatten es geschafft, und nun stand uns und unserer Geschichte nichts mehr im Wege.

Als er gegangen war, warf ich einen Blick auf den Fetzen Papier in meiner Hand. Das Schreiben war weder in Englisch noch in Kisuaheli verfasst, aber am unteren Rand war die krakelige Unterschrift von General Okello zu entziffern. Ich konnte es kaum glauben, dass ich meine Freilassung in Händen hielt, und versuchte mir irgendeinen Reim auf die unverständlichen Worte auf dem Papier zu machen. Endlich stand ich auf und ging ein paar vorsichtige Schritte in Richtung Tür, immer in der Erwartung, dass mich jemand wieder auf den Stuhl stoßen oder in meine Zelle zurückbefördern würde, aber nichts dergleichen geschah. Meine Zuversicht wuchs, als ich mich den Soldaten am Tor näherte. Barsch forderte ich sie auf, das Tor zu öffnen, und erklärte ihnen, dass ich einen von General Okello persönlich ausgestellten Passierschein in Händen hielte. Ich wedelte mit dem Papier vor ihren Augen herum und warnte sie davor, mich noch einmal zu belästigen, ich würde vom morgigen Tag an regelmäßig kommen und gehen, und wenn mich jemand schikanieren sollte, würde ich mich beim General beschweren. Rückblickend muss ich sagen, dass mein Verhalten auf ein gefährliches Gefühl der Macht infolge der überstandenen Angst und der wiedergewonnenen Freiheit zurückzuführen war und nicht etwa aus einer unter dem Druck zu Tage getretenen Klugheit.

Drei oder vier Stunden nachdem ich das Nile Mansions verlassen hatte, kehrte ich wieder dahin zurück. Nick und Sheila warteten schon auf mich. Sie waren nicht in Sorge, weil ich ihnen ja mitgeteilt hatte, dass ich in die Stadt gehen wollte. Sie hatten das zwar für keine besonders gute Idee gehalten, aber da ich nun mal darauf beharrt hatte – gut. Nun ließen sie sich von mir Bericht erstatten, und Nick, der zwanzig Kriege und Aufstände als Korrespondent miterlebt hatte, erklärte mir, wann ich mich falsch und wann richtig verhalten und wann ich schlichtweg Glück gehabt hätte. Wut, so warnte er mich, erweise sich fast immer als die falsche Reaktion, egal wie viel Angst man habe. Andererseits könne es das eigene Todesurteil sein, wenn man Zweifel und Angst zeige. Ich hatte noch keinerlei Kriegserfahrungen, und dies war erst der zweite Putsch, den ich erlebte (der erste war in Liberia gewesen, auf der anderen Seite des Kontinents), daher hörte ich Nick genau zu, als er mein Verhalten Schritt für Schritt durchging. Davon konnte ich nur lernen.

Das Ausgangsverbot galt ab achtzehn Uhr dreißig, deshalb blieben wir zum Abendessen, das aus Reis und Kartoffeln bestand, im Hotel. Daraus sollte unser Speiseplan in den nächsten zehn Tagen bestehen, aber das war uns egal. Nick und Sheila waren schon zu lange im Geschäft, um sich um etwas so Triviales wie Essen Gedanken zu machen, und ich war zumindest heute Abend so erschöpft und hungrig, dass mir alles wie ein Festmahl vorgekommen wäre. Kampala lag in völliger Dunkelheit, und wir nahmen unser frugales Mahl bei Kerzenlicht ein. Sheila und ich waren schweigsam, aber Nick war bester Laune, als würde er einen Abend in London draufmachen. Dieser Bürgerkrieg war für ihn nur ein weiterer Job.

Wir einigten uns darauf, dass Sheila sicherheitshalber das mittlere

der drei Zimmer bekommen solle. Es war gerade Mitternacht geworden, als plötzlich von dem Balkon vor unseren Zimmern ein ohrenbe-
täubendes, kreischendes Maschinengewehrfeuer einsetzte. Das Nile
Mansions lag direkt am Stadtpark. Wenn die Männer im Hotel in den
Park hineinschossen, dann mussten sich dort gegnerische Soldaten befinden, die ihrerseits in unsere Richtung feuerten. Ich ließ mich auf
den Boden fallen und brüllte während einer Feuerpause zu Sheila hinüber, dass sie in Deckung gehen solle, aber sie war bereits zu demselben Schluss gekommen und hatte sich mit dem Gesicht nach unten
flach auf den Boden geworfen. Ich zog das Kissen und die Decke vom
Bett und streckte mich darauf aus, nicht eben entspannt, aber doch mit
dem Gefühl, halbwegs sicher zu sein. Das Feuergefecht hielt gute
zwanzig Minuten lang an, und die ganze Zeit über konnten wir das
Klirren der Patronenhülsen auf dem Betonboden hören. Sheila und ich
versicherten uns gegenseitig ein paar Mal, dass dem anderen nichts
passiert sei. Sie hatte keine Ahnung, wie es Nick in seinem Zimmer
ginge, aber ich machte mir um ihn keine großen Sorgen. Es waren keine Mörsergeschosse, Raketen oder Handgranaten in unserer Nähe
eingeschlagen. Ihm konnte nicht viel passiert sein.

Nachdem das Feuer endlich eingestellt worden war, hörte man ab
und zu noch einen vereinzelten Schuss oder das schnelle Rattern eines
Maschinengewehrs, das aus einem anderen Teil der Stadt zu uns her-
überdrang. Auf dem Boden liegend, blickte ich zu der schwarzen, glas-
losen Fensteröffnung hinauf und wartete, bis das erste Grau der Morgendämmerung zu sehen war. Ich wartete weitere fünfzehn Minuten,
dann konnte ich nicht länger still liegen und wagte mich nach draußen, wo ich beinahe sofort wieder zu Boden gegangen wäre, als ich auf
den Geschosshülsen ausrutschte, mit denen der Balkon übersät war.
Ich ging vorsichtig zu Sheilas Tür und klopfte. Eine Sekunde später
öffnete sich die Tür, und es erschien ein erschöpftes und angespann-
tes Gesicht. Ich bin nicht der Typ, der immer einen Scherz auf Lager
hat, daher fragte ich Sheila einfach nur, wie es ihr ginge. »Erledigt«,
sagte sie, ansonsten aber gut. »So ein kleines Feuergefecht nimmt einen
immer mit, selbst wenn man nicht unmittelbar davon betroffen ist und
sich auch gar nicht in der Gefahrenzone befindet.«

Ich deutete auf den Balkon hinter mir, wies sie auf die Menge leerer Patronenhülsen hin und meinte, dass es wohl nicht nur ein kleines Feuergefecht gewesen sei. Sie lehnte sich nach draußen und hielt erst mal die Luft an, als sie die über zwanzig Meter verstreuten Messinghülsen sah.

Wir wollten frühstücken, zumindest einen Kaffee trinken, und beschlossen, Nick zu wecken und mitzunehmen. Auf unser erstes Klopfen kam keine Reaktion, und auch als ich heftiger gegen die Tür schlug, hörte ich nichts. Schließlich ging ich hinein und entdeckte Nick schlafend auf seinem Bett. Ich rüttelte am Bettgestell. Ächzend drehte Nick sich um, öffnete die Augen, nahm die Stöpsel aus seinen Ohren und sah mich an.

»Ganz schön was los gewesen, heute Nacht«, sagte ich.

»Was war denn?«

»Was meinst du damit – was war denn? Die Schießerei natürlich. Was denkst du denn?«

Er blinzelte mich an. »Ach, das war es, was ich gehört habe. Eine Schießerei.«

Zuerst dachte ich, er wolle mich zum Besten halten und den abgebrühten Kriegsberichterstatter spielen, aber je länger ich ihn ansah, desto klarer wurde mir, dass seine Ahnungslosigkeit echt war. Er hatte von dem Krach nichts mitbekommen. Sein Blick fiel auf die Patronenhülsen auf dem Balkon, die im Dämmerlicht schimmerten. »Dachte ich's mir doch, dass ich gestern Nacht etwas gehört habe. Aber ich habe es für eine Party gehalten und gehofft, dass sie entweder bald Ruhe geben oder mich wenigstens einladen.«

Sheila verdrehte die Augen und ging zurück auf ihr Zimmer. Ein paar Minuten später bahnten wir uns unseren Weg durch die Geschosshülsen, die Balkon und Treppe bedeckten, und gingen hinunter zu unserem Frühstück. Von dem Soldaten, der uns bediente, erfuhren wir, was wir uns eigentlich schon hätten denken können – dass das Nile Mansions kein Hotel mehr war, sondern schon vor Wochen von einer der Armeen beschlagnahmt worden war und jetzt als Quartier für die Truppen von General Okello diente. Das erklärte das Feuergefecht von gestern Nacht. Wenn irgendwelche gegnerischen Truppen versuchen würden, die Stadt einzunehmen oder zurückzuerobern, würden sie als Erstes das Nile Mansions angreifen. Na toll.

Unser erstes Ziel an diesem Morgen war das Hauptquartier des Generals. Er hatte uns zwar seinen Segen gegeben, aber das hieß nicht, dass man uns nicht trotzdem verhaften oder schikanieren würde. Ohne ihn wäre eine Zelle jedoch das Beste, das uns passieren könnte. Bei der Vorstellung, durch die Straßen der Stadt zu fahren, wurde uns zwar etwas mulmig zumute, aber es blieb uns nichts anderes übrig, und wir hatten ja auch das Stück Papier mit Okellos vorläufigem Passierschein. Kampala hatte sich in eine Geisterstadt verwandelt. Die Flugabwehrstellungen waren unbemannt, auf den Straßen war kein Mensch zu sehen, und es patrouillierten nicht mal Mannschaftswagen. Abgesehen von uns, rührte sich nichts. Dafür folgten uns bestimmt alle Augen, verborgen in Türeingängen und hinter Fenstern, während wir die breiten, menschenleeren Straßen entlangschlichen.

Als wir die Kommandozentrale erreichten, war natürlich weit und breit nichts von Okello zu sehen, allerdings ließ sich unmöglich sagen, ob er sich schon im Gebäude aufhielt. Ich stieg aus dem Wagen und sprach mit den Soldaten, die am Tor Wache standen. Dann überreichte ich ihnen das Blatt Papier, zeigte auf die Unterschrift des Generals und sagte, sie sollten sofort das Tor öffnen. Wir wollten nicht länger als nötig auf der verlassenen Straße herumstehen. Demonstrativ gelangweilt hoben sie die eisernen Schranken, ich fuhr hindurch und stellte den Wagen neben einen Panzer. Ich erklärte Sheila und Nick, dass es möglicherweise sicherer wäre, drinnen zu warten. Wir passierten dieselben Türen, durch die ich tags zuvor gegangen war, und entdeckten schließlich drei leere Stühle, auf denen wir die Zeit totschlagen konnten, bis der General auftauchen würde. Es verging eine gute Stunde, bis ein kleiner Konvoi auf den Parkplatz schwenkte, und, wie es sich gehörte, in der Mitte anhielt. Ich musste Sheila und Nick nicht erst darauf hinweisen, welcher der uniformierten Soldaten der General war. Als er durch die Tür trat, sprangen Nick und ich von unseren Stühlen auf, während Sheila sitzen blieb und sich beiläufig Notizen in ihr kleines Heft machte. Der General, ein großer Mann mit gewölbter Brust, hatte ein kindliches Gesicht, das so gar nicht zu seinem Rang passte. Er nickte mir zu und wandte sich dann sofort Sheila zu, die daraufhin ihr Notizheft zuschlug. Sie hatte ein hübsches Gesicht und ein bezauberndes Lächeln, und beides setzte sie jetzt ein. Erst da dämmerte mir, dass der General davon ausgegangen war, dass alle Reporter aus dem Westen Männer seien.

»Guten Morgen«, begrüßte er sie.

»Guten Morgen, General Okello.«

»Womit kann ich Ihnen behilflich sein?«, fragte er und streckte ihr seine Hand entgegen. Sheila erhob sich, als sie seine Hand schüttelte, und sie gingen miteinander den Gang hinunter, wobei der General seiner neuen Freundin und Vertrauten charmant den Kopf zuneigte. Sein eilfertiges Gefolge umringte die beiden und folgte ihnen durch eine Tür am Ende des Ganges nach. Nick und ich warfen uns einen kurzen Blick zu und ließen uns wieder auf unsere Stühle sinken. Besser hätte es nicht kommen können. Kaum fünf Minuten später tauchte Sheila wieder auf, der General verbeugte sich vor ihr und schüttelte ihr mit beiden Händen die Hand. Sie ging an uns vorbei, und Nick und ich folgten ihr schweigend, als wären wir ihre Lakaien. Als wir die Türen des Peugeots hinter uns geschlossen hatten, setzte sie uns ins Bild.

»Wir, meine sehr verehrten Herren, dürften für die Dauer unseres Aufenthalts keine Probleme mehr haben. Er hat uns nicht nur einen neuen Passierschein ausgestellt, er wird auch an jedem von uns gewünschten Ort unser Kommen per Funk ankündigen, sodass die betreffenden Stellen Bescheid wissen und auch die Straßensperren informiert sind.«

»Toll«, sagte Nick. »Das ist einfach toll. Wohin fahren wir zuerst?«

»Ich habe die Gelegenheit gleich genutzt und ihn gefragt, ob wir nicht beim Haus von Milton Obote anfangen könnten. Dort sind Okellos Männer sicher gleich als Erstes hingegangen, und vielleicht wartet dort ja noch irgendeine Geschichte oder Spur auf uns.«

Ich hielt am Eingangstor und erkundigte mich bei einer der Wachen, wie Obotes Haus zu finden sei. Er sah mich erschrocken an und gab keine Antwort. Stattdessen wandte er sich an einen der hinter ihm stehenden Männer, der rasch zu uns trat und eine ganze Reihe von Anweisungen herunterratterte, wann wir rechts und wann links abzubiegen hätten, ohne auch nur einen einzigen Straßennamen zu nennen.

Langsam fuhren wir durch die Straßen, die von Müll übersät waren. Sheila und Nick wiesen auf die Zeichen der Zerstörung hin, die der Bürgerkrieg hinterlassen hatte. Auf beiden Straßenseiten lagen ausgebrannte Autowracks, jedes Gebäude, das höher als zwei Stockwerke war, war von Einschusslöchern übersät, und die Fensterscheiben waren geborsten. Die Stadt machte den Eindruck, als sei sie schon vor Jahren verlassen worden.

Als wir an einem Mann vorbeifuhren, der seltsam verdreht über eine Bordsteinkante lag, verfielen wir in Schweigen. Nach der verbrannten und zerfetzten Kleidung zu urteilen, war er schon lange tot, und niemand hatte sich um ihn gekümmert, es vielleicht nicht gewagt. Nachdem ich bereits an ihm vorbeigefahren war, brachte ich doch noch den Mut auf und hielt an. Ich wollte meine Arbeit machen. Ich nahm mein kurzes Teleobjektiv und kniete mich nieder, sodass mein Blick auf einer Linie mit dem Bordstein war, auf dem die einsame Leiche lag. Als man mich tags zuvor gefangen genommen hatte, hatte ich Angst gehabt. Das hier war auch beängstigend, nur auf eine andere, tiefer gehende Art. Gestern hatte ich Angst um mich gehabt. Doch als ich jetzt dieses Bild machte und mir die Situation vergegenwärtigte, betraf meine Sorge eher die Menschen in Uganda, alle Menschen.

Ich musste nur zwei Mal halten, um mich nach dem Weg zum Wohnsitz des ehemaligen Präsidenten zu erkundigen. Das Anwesen entpuppte sich als ganz normales Haus, umgeben von einem großen Garten, und entsprach so gar nicht dem Bild, das ich mir von dem Wohnsitz eines Präsidenten, egal welchen Landes, gemacht hatte. General Okello hatte offensichtlich sein Wort gehalten, die Wachtposten öffneten uns sofort die Tore, als wir erklärten, dass wir Reporter seien und die persönliche Erlaubnis des Generals zum Besuch des Präsidentensitzes hätten.

Alles sah völlig normal aus; abgesehen davon, dass man die Zimmer offensichtlich durchsucht hatte, war es ein typisches Vororthaus. Das zerbrochene Geschirr auf dem Küchenboden war billig. Ich öffnete ein paar Schubladen und Schränke und entdeckte dort all jene Dinge, die auch ich in meiner Küche in Nairobi hatte. Als ich die Treppe zum Schlafzimmer des Expräsidenten hinaufstieg, bemerkte ich das verein-

zelte Einschussloch einer Kugel, die sich zwischen den schief hängenden Bildern mit billiger Kunst – afrikanische Zeichnungen neben typisch westlichen Acrylgemälden und Reproduktionen – tief in den
Putz gebohrt hatte.

Das Schlafzimmer bestätigte den Eindruck, dass Obote, ob nun gut
oder böse, ein ganz normaler Mensch gewesen war. Auf dem Nacht-
tischchen lag in einem einfachen Metallrahmen mit zerbrochenem Glas
ein kleines Foto von ihm und seiner Frau. Die billigen Decken auf dem
Doppelbett waren ganz zerwühlt, so als seien die Bewohner in aller
Eile aufgestanden. An einer Wand lehnte ein umgefallener Karton, aus
dem rote T-Shirts quollen. Ich zog eines davon heraus. »Re-elect Pre-
sident Obote« war darauf zu lesen. Ein wunderbares Erinnerungs-
stück, aber wenn man mich damit erwischen würde, käme das einem
Todesurteil gleich. Ich faltete das T-Shirt unnötigerweise wieder zusammen und legte es zurück in den Karton.

Dann folgte ich Sheila und Nick auf ihrem Gang durchs Haus und
machte Fotos von allem, wozu sie sich Notizen machten. Wir waren
merkwürdig schweigsam, fast ehrfürchtig, während wir von Zimmer
zu Zimmer gingen. Vermutlich versuchten auch die beiden anderen,
sich das Alltagsleben vorzustellen, das dieses Haus noch vor ein paar
Tagen erfüllt hatte. Nach zehn, fünfzehn Minuten standen wir wieder
draußen im grellen Sonnenlicht zwischen den grünen Bäumen im
schlichten Garten. Ein paar Männer, einige von ihnen bewaffnet, hatten sich auf dem Hof versammelt und schienen auf unsere Rückkehr
zu warten, aber sie sagten kein Wort. Ich ging gerade zurück zu unserem Wagen, als ein melancholisch aussehender junger Mann an mich
herantrat.

»Dort drüben«, sagte er mit leiser Stimme und deutete auf einen
stählernen Schiffscontainer, »dort sind sie erschossen worden.«

»Wer ist dort erschossen worden?«

»Alle. Alle Leute, die hier gearbeitet haben, die für Obote gearbeitet haben.«

Jetzt sah auch ich die vielen Einschusslöcher, die eine Seite des Containers durchsiebt hatten. Ich erklärte Nick und Sheila, was der Mann
gesagt hatte, und ging widerstrebend auf den zehn Meter langen Con-

tainer zu; es war, als würde ich magnetisch angezogen von dem Schrecken.

Auf einer der Seiten befand sich eine nachträglich eingebaute Tür; der Container schien lange Zeit in Gebrauch gewesen zu sein. Das überraschte mich nicht. In Nairobi werden solche Container oft für den häuslichen Gebrauch gehandelt. Ich hielt einen Moment lang inne, bevor ich durch die offene Tür trat, und ließ meinen Blick über die angerostete Stahlwand des Containers wandern. Sie war vom Boden bis auf eine Höhe von zweieinhalb Metern mit Einschusslöchern übersät, die zum Teil dicht nebeneinander lagen. Ich erfasste noch immer nicht richtig, was ich da sah und was hier passiert war, und ahnungslos trat ich über die Schwelle in den dunklen Raum. Der plötzliche Wechsel der Lichtverhältnisse zwang mich, kurz stehen zu bleiben, um meine Augen an das Dunkel zu gewöhnen. Durch die Löcher drangen Hunderte von Lichtnadeln in die Dunkelheit. Sie lagen so eng beieinander, dass alles, was breiter als zwei Handbreit war, von einem oder mehreren der Lichtstrahlen erfasst wurde.

Ich machte ein paar Schritte vorwärts und spürte unter meinen Füßen den Schlamm und Dreck, der sich über die Jahre auf See angesammelt haben musste. Mit meinen Fingern fuhr ich an den unregelmäßigen, messerscharfen Rändern der Löcher entlang, die von den eindringenden Kugeln gerissen worden waren, aber noch immer begriff ich nicht die volle Bedeutung dessen, was ich da sah und berührte. Für einen kurzen Moment wurde es noch dunkler, als jemand hinter mir in den Container trat. Ich drehte mich um. Der Mann ließ eine Taschenlampe aufblitzen und richtete sie vor sich auf den Boden. Bewegungslos stand er da, ohne einen Ton von sich zu geben. Vergeblich versuchte ich, sein Gesicht zu erkennen. Ich sagte Hallo.

»Sehen Sie sich das Blut an«, sagte er nach ein paar Sekunden. »Sehen Sie nur all das Blut.«

Ein furchtbares Grauen überfiel mich, als mir klar wurde, wo ich mich befand, was hier geschehen war und worin ich stand. Ich war nicht durch Matsch oder Öl oder Dreck gewatet. Es war geronnenes Blut, Zentimeter hoch. Die Soldaten hatten das gesamte Haus- und Gartenpersonal, die Wachen und alle anderen Leute, die sich im Haus von Obote aufhielten, zusammengetrieben und in den Container gebracht. Nachdem sie die Gefangenen eingesperrt hatten, hatten die Rebellen ihre Maschinengewehre in Stellung gebracht oder sich mit ihren AK-47 in einer Reihe aufgestellt. Und dann hatten sie einfach auf die eingeschlossenen Menschen draufgehalten, hatten die Luft mit dem Kreischen der Kugeln und des Stahls erfüllt, in dem die Schreie der Menschen im Container untergegangen sein mussten.

Der Boden in dem Container war zu rutschig, als dass ich schnell hätte herauslaufen können. Ich war gezwungen, langsam und vorsichtig zur Tür zu gehen, sonst wäre ich in den Morast von Blut gestürzt. Noch immer stand der Mann in der Tür, und ich zwängte mich an ihm vorbei und trat über die Schwelle. Immer wieder musste ich würgen, als ich meine Schuhe über das Gras streifte und verzweifelt versuchte, sie von dem Blut zu reinigen. In mein Gesicht müssen das Entsetzen, der Zorn, der Ekel eingeschrieben gewesen sein. Als ich aufblickte, sah ich, dass Sheila an der Tür des Containers angelangt war, und ich rief ihr zu, nicht hineinzugehen, bloß nicht hineinzugehen. Sie zuckte zusammen und steckte ihren Kopf nach drinnen in die Dunkelheit, und ich rief wieder, sie solle draußen bleiben, aber sie rührte sich nicht.

Ich ging auf die schimmernden Eichen am Rande des Rasenstücks zu, wobei ich noch immer die Füße über das kurz geschnittene, trockene Gras zog. Nie hatten mich so schnell Fieber und Kopfschmerzen erfasst wie in diesem Moment. Es dauerte ein paar Minuten, bis ich mich an die Stelle begeben konnte, wo die Mörder gestanden haben mussten, und dann machte ich ein Dutzend Fotos von der mit Einschusslöchern übersäten Stahlwand. Sheila wartete im Auto, ich ging langsam zu ihr hinüber, und Nick stieß kurz darauf zu uns. Wortlos wendeten wir und fuhren zurück durch das Tor auf die offene Straße. Es dauerte einen Moment, bis mir wieder einfiel, dass das Nile Mansions zu unserer Rechten lag.

Auf dem Weg in die Stadt legten wir einen Halt ein, weil wir schwarz ein paar US-Dollar gegen einen Aktenkoffer voll ugandischer Schillinge tauschen wollten, die stündlich an Wert verloren. Der Bankan-

gestellte hinter dem selbst gezimmerten Holztisch begann, mit mir
über den Wechselkurs zu streiten. Normalerweise hätten wir beide einen solchen Streit und das Geplänkel über den Wechselkurs, über die
neuesten Nachrichten, vielleicht sogar über den Krieg genossen. Aber
in diesem Moment war nichts lustig, nichts machte Vergnügen. Ich war
zu erschöpft, um mehr für uns aus dem Geschäft herauszuholen, und
zu schnell mit seinem Preis einverstanden. Er langte unter seinen
Tisch, ohne mich auch nur einen Moment lang aus den Augen zu lassen, und zog Stapel um Stapel schmutziger Geldscheine hervor. Er
musste die mit einem Gummiband zusammengehaltenen Bündel nicht
zählen. Ich fächerte eines von ihnen kurz auf, schob ihm dann einfach
die Dollars über den Tisch und schaufelte die anderen, fast wertlosen
Scheine in meine Kameratasche. Wir fuhren zurück zu unserem Ar-
meehotel, damit Sheila und Nick ihre Berichte über den Vormittag ver-
fassen und überlegen konnten, was wir am Nachmittag tun sollten. Da
alle Telefonleitungen gestört waren, konnte ich meine Fotos nicht
übermitteln.

Ich lag noch immer auf meinem Bett, als Sheila an meine Tür klopfte und erklärte, sie und Nick hätten entschieden, dass wir nach Entebbe am Ufer des Viktoriasees fahren sollten. Dort lag der interna-
tionale Flughafen mit den Gebäuden, die bei dem berühmten Angriff
der Israelis auf Entebbe zerstört worden waren und deren Überreste
noch immer entlang der Start- und Landebahn standen. Sheila und
Nick meinten, dass es erhellend sein könnte, den damaligen Vorfall
und die gegenwärtigen Schwierigkeiten im Land nebeneinander zu
stellen. Ich stand auf, griff nach meiner Kamera, steckte Filme und ein
paar Bündel mit Schillingen ein und machte mich auf den Weg. Das
war der Job, den ich angenommen hatte. Ein weiteres Mal fragte ich
am Tor nach dem Weg, und dann waren wir auf der Straße nach Süden
zum Viktoriasee.

Trotz des Passierscheins des Generals stand ich die ganze Fahrt über
unter Spannung und war sehr nervös, aber abgesehen von den üblichen Straßensperren, ereigneten sich keine Zwischenfälle. Gerade als
ich ruhiger zu werden begann, hörte ich es hinter uns rufen und schrei-
en. Erschreckt sah ich in den Rückspiegel. Hinter uns strömten Re-

bellen auf die Straße, sie hatten ihre Gewehre auf uns gerichtet und brüllten und gestikulierten. Einem Geschosshagel konnte man hier nicht entkommen, daher trat ich auf die Bremse und fuhr an die Seite. Instinktiv duckte ich mich.

Die Rebellen kamen herbeigerannt und umstellten den Wagen. Demonstrativ fuchtelten sie mit ihren Gewehren herum und richteten sie dann direkt auf unsere Köpfe. Langsam hob ich meine Hände vom Lenkrad und hielt sie nach oben. Sheila und Nick rührten sich nicht. Einer der Soldaten brüllte etwas in gebrochenem Englisch, und erst als ich ihn auf Kisuaheli ansprach und ihn fragte, was wir denn verbrochen hätten, beruhigte er sich so weit, dass ich seine Worte verstehen konnte. Wir hätten seine Straßensperre überfahren, erklärte er, und deshalb würde er uns jetzt verhaften. »Welche Straßensperre?«, fragte ich ihn. Ich hatte auf der Straße nichts gesehen, was diesem Zweck gedient haben könnte. Wieder wetterte er los, ob ich etwa den Kinderwagen nicht gesehen hätte, der neben der Straße stand.

Doch, den hätte ich gesehen, gab ich zu. Was denn damit sei? Das sei die Straßensperre. Warum hätte ich seine Straßensperre überfahren? Ich erklärte ihm, ich hätte nicht gewusst, dass es eine Straßensperre sei, aber es nützte nichts. Sheila, die langsam genug hatte, zog den Brief von General Okello heraus und verlangte Namen und Rang des Soldaten zu wissen. Verdutzt hielt er inne, wahrscheinlich war er überrascht, dass ihn eine Frau so direkt ansprach, und Sheila forderte noch einmal eine Antwort. Verwirrt las er den Brief, während ich ihn ruhig über dessen Inhalt aufklärte und darüber, wer wir seien und wohin wir wollten. Es dauerte nicht lange, und er warf das Papier durch mein Fenster und stakste von der Straße. Aber Sheila war noch nicht fertig mit ihm. Sie öffnete die Tür, baute sich auf und brüllte ihm nach, sie wolle endlich seinen Namen und Rang wissen. Er ignorierte sie und ging weiter, und schließlich setzte sich Sheila wieder in den Wagen, und wir fuhren langsam davon. Ich wandte den Blick kaum vom Rückspiegel. Dieser Ausbruch von Sheila, der so gar nicht zu ihr passte, hatte mir fast so viel Angst eingejagt wie die Soldaten. Aber ich war zumindest nicht der Einzige, der trostloser Stimmung und erschöpft war.

Entebbe erwies sich als denkbar uninteressant, die reine Zeitverschwendung. Die Kämpfe in Kampala und an den anderen Orten waren nicht von dort ausgegangen. Sie hatten Entebbe noch nicht einmal erreicht. Der Flughafen war natürlich schwer bewacht, aber ansonsten war es hier friedlich. Weder gab es Zeichen des Krieges noch irgendwelchen Luftverkehr. Nach einer halben Stunde machten wir uns schon wieder auf den Rückweg nach Kampala und fürchteten bereits jetzt den Augenblick, in dem wir erneut an dem Kinderwagen vorbeifahren müssten.

Das Ding stand noch da, und ich drosselte lange vor ihm die Geschwindigkeit und hielt schließlich, kurz bevor wir ihn erreichten. Dieselben Soldaten waren da, machten aber keinerlei Anstalten, zu uns herüberzukommen – die meisten erhoben sich nicht einmal aus dem Graben. Wir warteten, leise vor uns hin murmelnd, in unserem stickigen Wagen, bis ich schließlich den Motor wieder anließ und ein Stück weiterfuhr. Ich lehnte mich über den Beifahrersitz und rief ihnen aus dem Fenster zu, dass wir es seien und dass wir wieder zurück nach Kampala fahren würden. Nur ein oder zwei hoben überhaupt den Kopf, um uns anzusehen. Ich wartete aus Höflichkeit noch einen kurzen Moment und fuhr dann mit angehaltenem Atem langsam weiter. »Arschlöcher«, murmelte Nick vor sich hin, als ich den zweiten Gang einlegte.

Nick hatte irgendwo von einem Restaurant auf der anderen Seite des Parks vor dem von uns so geschätzten Nile Mansions gehört, das von einem Ausländer betrieben wurde. Wie das Essen war, wusste er nicht, nur dass es dort Wein gab, und das reichte uns. Trotz der Ausgangssperre beschlossen wir, es auszuprobieren. Wie sich herausstellte, waren die Kartoffeln und der Reis hier sogar gewürzt, und es gab darüber hinaus ein paar Karotten und etwas Spinat dazu. Schweigend aßen wir. Die Besitzer saßen an einem anderen Tisch und stellten keine Fragen, sie ahnten aber wohl, warum drei Weiße mitten im Krieg hierher gekommen waren. Ich kam mir schrecklich dumm vor, als ich dreiundzwanzigtausend ugandische Schilling plus fünftausend für das Trinkgeld zückte. Normalerweise warf ich nicht so mit Geld um mich.

Wir erreichten das Hotel gerade noch, bevor draußen die Schießerei losging. Unbeeindruckt davon besprachen wir in der Hotelhalle über einer Tasse Instantkaffee Sheilas Pläne für den nächsten Tag. Sie hatte in Entebbe von heftigen Kämpfen gute zweihundert Kilometer nördlich von Kampala in einer Stadt namens Gulu erfahren. Außerdem hatte sie ein Flugzeug ausfindig gemacht, das uns dorthin bringen könnte. Es schien mir nicht besonders klug zu sein, in einem kleinen Flugzeug langsam den Luftraum zu durchqueren, während die Truppen beider Seiten – eigentlich von drei Seiten – auf dem Boden unter uns in Stellung lagen, nicht wussten, wer wir waren, aber sich sicher sein konnten, dass wir nicht zu ihnen gehörten. Meine Einwände stießen auf taube Ohren.

Am nächsten Morgen fuhren wir zur Startbahn. Ich liebe es zu fliegen, und es macht mit kleinen Flugzeugen noch mehr Spaß als mit großen. Für diese Reise war ich allerdings ganz und gar nicht zu haben. Auch unser Pilot hatte Angst, aber er war dennoch bereit zu starten. Er sagte, dass die Okello-Rebellen mit größter Wahrscheinlichkeit das Rollfeld bei Gulu besetzt halten würden und dass wir uns vorsichtig nähern müssten, um nicht zu riskieren, beschossen zu werden. Wie aber sollten wir uns »vorsichtig nähern«, wenn wir mit den Leuten, die die Landebahn überwachten, keinen Kontakt aufnehmen konnten? Trotzdem nickte ich.

Mit nur hundertvierzig Meilen die Stunde flogen wir Richtung Norden, und ich fühlte mich die ganze Zeit über wie auf dem Präsentierteller. Das war wesentlich schlimmer, als mit dem Peugeot herumzufahren. Jeden Augenblick konnte uns irgendetwas treffen und ein gefährliches Loch in das weiche Aluminium schlagen. Doch wir hatten Glück, alles blieb friedlich, und es pfiffen keine Geschosse durch die angenehm milde Luft. Eine Stunde später konnte ich durch mein Fernglas die braune Landebahn bei Gulu sehen. Wir flogen ein paar Schleifen fünfzehn Kilometer südlich der Stadt, während ich die Landebahn und die Außengebäude absuchte, aber es war nichts Ungewöhnliches zu entdecken. Ich sah keine Menschenseele, und so machten wir uns fast widerstrebend zur Landung bereit.

Der Anflug und die Ladung verliefen glücklicherweise völlig ereignislos, auch wenn wir furchtbar angespannt waren. Selbst als wir auf

die Gebäude am Ende der Landebahn zurollten, kam niemand heraus-
gerannt, um uns abzufangen. Nachdem wir angehalten hatten, bemerkte ich einen Toyota Land Cruiser und ein paar Männer, die im
Schatten eines Baums saßen. Ich ließ meine Kamera, mein Fernglas
und das Geld im Flugzeug liegen und ging langsam über das offene
Feld zu ihnen hinüber. Es waren Rebellen, die die Landebahn bewachten. Sie hatten zwar keine Ahnung von unserem Kommen, aber es war
ihnen klar, dass wir keine militärische Bedrohung darstellten. Abgesehen davon, sagten sie, seien wir außer Schussweite geblieben, bis es
schließlich offensichtlich gewesen sei, dass wir landen wollten, also
hätten sie uns gegebenenfalls immer noch nach der Landung erschießen können. Nun, dieser Plan war wohl hieb- und stichfest.

Wie sich herausstellte, gehörte der Toyota nicht den Rebellen, sondern einem Freund von ihnen, der unter einem der anderen Bäume saß.
Sie riefen ihn her, und es dauerte nicht lange, bis wir uns über den Preis
einig waren, zu dem wir den Wagen für ein paar Stunden mieten könnten. Dieses kleine Geschäft befreite uns aus der Klemme und brachte
ihm in wenigen Stunden mehr Geld ein, als er normalerweise in einem
Monat verdienen würde. Der Mann stammte aus Gulu und erwies sich
als reich sprudelnde Quelle an Informationen. Es seien immer noch
viele Soldaten in diesem Gebiet, aber in den letzten drei Tagen hätten
keine Kämpfe stattgefunden, berichtete er. Ja, er sei während der
Kämpfe da gewesen, und ja, er könne uns an den Ort des Geschehens
bringen. Hauptaustragungsort der Kämpfe war bezeichnenderweise
das Provinzkrankenhaus gewesen.

Wo immer ich in Afrika gewesen bin, und ich bin auf diesem Kon-
tinent schon viel herumgekommen, sind mir Leute begegnet, die zu
Fuß unterwegs waren. Die einzige Ausnahme von dieser Regel ist
wahrscheinlich Südafrika. Selbst auf den entlegensten Straßen in
Nordkenia trifft man irgendwann jemanden, der irgendwohin geht.
Daher war das Fehlen von Menschen in den Straßen von Gulu ganz
besonders auffällig, und es hatte nichts mit sonntagvormittäglicher
Ruhe zu tun. Etwas ganz Grundsätzliches stimmte hier nicht.
Der Wind trieb Müll durch die breiten und verlassenen Straßen wie
Tumbleweeds in einem billigen Western. Die Bösen waren in Gulu ein-

gefallen, und es schien so, als hätten sie den Sieg davongetragen. Die Verkaufsstände und kleinen Läden waren zwar anders als die Gebäude in Kampala nicht mit Einschusslöchern übersät, aber die hölzernen Verschläge standen offen, Türen schlugen knarzend im Wind hin und her, und die geplünderten Waren waren überall dort liegen geblieben, wo sie jemand hatte fallen lassen. Das Krankenhaus lag verlassen da, und auch hier waren die Plünderer am Werk gewesen. Ich fotografierte die verwaisten Krankenstationen und die ausgeräumte Apotheke, überall waren Plastikflaschen mit Medikamenten verstreut, dazwischen aufgerissene Pakete mit Verbandmaterial. Die Laborausrüstung, die zu schwer war, um sie abzutransportieren, und zu kompliziert, um sie zu bedienen, stand jetzt draußen auf der nackten roten Erde herum, die als Garten des Krankenhauses diente.

Auf der breiten Treppe zum Eingang lag eine junge Frau in Zivilkleidung. Neben ihr lehnte ein Mann auf seiner Krücke, die aus zwei schweren, mit einem Stück Infusionsschlauch zusammengebundenen Stöcken bestand. Ich fragte ihn, was er gesehen habe und wo er herkomme, und er sagte, dass er und seine Frau an dem Nachmittag, als die Kämpfe begonnen hätten, beim Krankenhaus angekommen seien. Sie würde bald ihr erstes Kind zur Welt bringen, und sie seien den ganzen Tag gelaufen, um in die Klinik zu kommen, aber schon nach ein paar Stunden habe die Schießerei eingesetzt. Alle seien in Panik geflüchtet.

Seine Frau war während des Feuergefechts zwei Mal in die Hüfte geschossen worden. Er ging zu ihr herüber und hob vorsichtig ihren blauen Kittel. Die beiden roten Einschusslöcher waren angeschwollen und von grünem Eiter umgeben. Die Frau schien sich der beiden tiefen Löcher in ihrer Hüfte gar nicht bewusst zu sein und lag ruhig da, ohne einen von uns anzusehen. Sie konnte nicht gehen, und wohin hätte sie auch gehen sollen? Vielleicht würden ein paar Ärzte, die wussten, dass nach den Kämpfen Verletzte zurückgeblieben waren, wiederkommen. Vielleicht waren die Ärzte aber auch nach Kampala gebracht worden, oder sie hatten es vorgezogen, das Land zu verlassen. »Wir werden warten«, sagte der Mann und dankte uns für die Wasserflaschen, die wir ihnen daließen. Wir alle waren dieser Situation hilflos ausgeliefert – Sheila, Nick und ich allerdings nur im Augenblick. Wir mussten nicht hier bleiben. Doch was sollten wir zum Abschied sagen? »Gute Besserung«? »Viel Glück«? »Nett, Sie kennen gelernt zu haben«? »Einen schönen Krieg noch«?

Bevor wir gingen, machte ich ein paar Aufnahmen und unterhielt mich mit drei anderen Männern, die hier herumstanden. Sie waren sich nicht sicher, wer gegen wen gekämpft hatte, von wo die Kämpfe ausgegangen waren und wohin sie sich verlagert hatten. Leise sagten Sheila und ich Lebewohl. Schweigend fuhren wir zu unserem Flugzeug. Nur das Dröhnen des Motors und des Propellers durchbrach die Stille, die uns umgab, als wir von der roten Erde abhoben und in den wolkenlosen blauen Himmel stiegen.

Und so ging es die nächste Woche lang immer weiter: Wir trafen auf großspurige Kindmänner mit ihren lächerlichen Straßensperren und mit Gewehren, die beinahe so groß waren wie sie selbst – Täter und Opfer zugleich, die wiederum neue Opfer schufen. Wir erlebten Szenen des Schreckens und der Angst, begegneten aber nur wenig Wut – dazu waren die Menschen zu erschöpft. Eines Abends kehrte ich zu spät durch den Park zum Nile Mansions zurück, und da erwischte mich beinahe eine Gewehrkugel. Als wir drei Uganda verließen, machten wir wohl einen völlig anderen Eindruck als zu dem Zeitpunkt, als wir hergekommen waren, da uns die Rebellen auf dem Rückweg nicht mehr lange aufhielten. Ich glaube, sie sahen den Krieg in unseren Gesichtern, und vielleicht hielt sie das zurück. Wie auch immer, man winkte uns jedenfalls schnell durch. Am Nachmittag erreichten wir die Grenze zu Kenia; auf beiden Seiten der Grenze stauten sich jetzt die Lastwagen. Die Rebellen wollten sichergehen, dass weder die Soldaten Obotes noch irgendeiner seiner Leute aus dem Land flohen. Und auch die Kenianer legten keinen Wert auf diese Leute oder die Rebellen oder irgendwelche Armeeangehörigen. Zumindest im Moment war das noch nicht Kenias Krieg, und die Kenianer gaben sich alle Mühe, es dabei zu belassen.

Die Ugander lotsten uns schnell durch den »Zoll« und warfen nur einen raschen Blick auf den schmutzigen Brief mit General Okellos Unterschrift. Keiner hat uns jemals nach unseren Pässen gefragt. In

Kenia erwarteten uns strengere Kontrollen. Damals war kenianischen Bürgern oder in Kenia Lebenden der Besitz von US-Dollars verboten, aber man war gezwungen, auf Reisen Dollars mit sich zu führen, um sein Visum kaufen zu können. Schon seit Jahren stritt ich mit den Leuten von der Einwanderungsbehörde über diese widersinnige Regelung, aber sie meinten nur, das sei nicht ihr Problem, während die Leute bei der Bank wiederum erklärten, dass ich das mit der Einwanderungsbehörde klären solle. Dieses Mal umgingen wir das Problem, indem wir behaupteten, wir hätten unsere Dollars in Uganda erworben – damit waren wir mit keinem Gesetz in Konflikt geraten. Die Männer an der Grenze zeigten jedoch sowieso Verständnis, zum Teil weil sie um das Dilemma wussten, in dem Reisende steckten, zum Teil aber auch, weil wir schmutzig und müde waren und die Erlebnisse der letzten elf Tage deutliche Spuren an uns hinterlassen hatten.

Ich fühlte mich erst dann erleichtert und einigermaßen sicher, als die Kenianer unser Geld genommen und die Pässe abgestempelt hatten und die geöffnete Schranke hinter uns wieder fiel. Ich glaube, Nick ließ das alles ziemlich gleichgültig, aber Sheila ging es wie mir, davon bin ich überzeugt. Eine unglaubliche Last fiel von uns ab, als wir den Krieg hinter uns ließen. Abgesehen davon, war es schön, wieder zu Hause zu sein.

Am folgenden Tag in Nairobi hatte ich alle Hände voll zu tun. Ich musste meine Filme entwickeln, Kontaktbögen herstellen und von den besten Fotos Abzüge machen. Ich war froh, dass ich Schwarz-Weiß-Aufnahmen gemacht hatte. Die Strenge und die harten Kontraste der Schwarz-Weiß-Bilder vermitteln einen sehr viel stärkeren Eindruck von den Szenen, als es Farbe vermocht hätte. Ich arbeitete viele Stunden an den Vergrößerungen der Innen- und Außenaufnahmen, die ich von dem Container vor dem Wohnsitz des Präsidenten gemacht hatte. Wie er auf diesen Bildern da mitten im Hof steht, macht er den Eindruck eines überdimensionalen Sargs, der er ja auch war, auch wenn die Hunderte, vielleicht Tausende von Einschusslöchern aus der Entfernung gar nicht richtig zu erkennen sind. Aus der Nähe haben sie etwas Weiches, Rundes und könnten sonst woher stammen. Doch der Beklemmung, die von den Fotos ausgeht, die ich im Inneren des Containers gemacht habe, kann man sich nicht entziehen. Die durch die Löcher und die einen Spalt weit offene Tür einfallenden Lichtstrahlen erhellen die Szenerie zwar nicht richtig, aber sie verdrängen die Dunkelheit doch so weit, dass man die zerrissenen Ränder der Einschusslöcher sehen und das Blut auf dem Boden erkennen kann. Man vermeint fast zu spüren, wie sie einem in die Haut schneiden und das eigene Blut in den geronnenen, entsetzlich tiefen See tropft. Um den Schrecken verstehen zu können, muss man mitten in ihn hineintreten.

11

Der Impenetrable Forest

1. März 1999, sechs Uhr fünfunddreißig

V or mir stand der Mann mit seinem Maschinengewehr im Anschlag. Ich hoffte, dass Rob Haubner und Susan Miller meinen
Anweisungen gefolgt waren und Deckung gesucht hatten und dass
Bob McLaurin und Susan Studd von sich aus auf die Idee gekommen
waren, sich zu verstecken.

Der Mann trat einen Schritt zur Seite und bedeutete mir, ich solle
auf dem Weg weitergehen, der zum Hauptteil des Camps führte. Als
ich an ihm vorbeiging, versetzte er mir einen Schlag auf den Hinterkopf, ich weiß nicht, ob mit dem Gewehrkolben oder mit etwas anderem. Ich taumelte, und meine Knie gaben nach. Der Schlag wirkte wie
ein lähmender Schock, obwohl der Schmerz gar nicht so schlimm war.
Immerhin schaffte ich es, auf dem schlüpfrigen Pfad weiterzugehen.
Der Mann blieb dicht hinter mir und drückte mir den Gewehrlauf in
den Rücken, dann langte er nach vorne, nahm mir meine Armbanduhr ab und durchsuchte meine Taschen nach Geld, während er mich
gleichzeitig vorwärts stieß. Ich hielt das Ganze für einen Raubüber-
fall, auch wenn es in Uganda bisher noch nie einen Überfall auf ein
Touristencamp gegeben hatte.

Der Pfad endete auf der Wiese in der Mitte des Camps. Mitten auf
dem Weg sah ich Linda Adams sitzen, die Mittfünfzigerin aus Kalifornien, die sich uns tags zuvor auf unserem Ausflug zu den Gorillas
angeschlossen hatte. Um sie herum stand eine Gruppe von zehn Män-

nern, alle bewaffnet und in zerlumpter Kleidung, von denen keiner so aussah, als sei er der Anführer. Linda blickte zu mir hoch, bleich und voller Angst. Ich blieb neben ihr stehen und legte meine Hand auf ihre Schulter. »Linda, versuchen Sie, ganz ruhig zu bleiben«, sagte ich leise zu ihr, den Kerl mit dem Maschinengewehr direkt hinter mir.

»Mark, was geht hier vor?«, fragte sie mich mit zittriger Stimme.

Ich wiederholte, was ich eben gesagt hatte, und stellte mich so hin, dass sie meine Hand auf ihrer Schulter und meine Beine in ihrem Rücken spüren konnte. In meinem Kopf pochte es.

Jemand packte mich und riss mir meinen Gürtel und die Tasche mit meinem Messer herunter. Ich hatte dieses Dreißigdollarmesser in den letzten fünfzehn Jahren ständig mit mir herumgetragen. Ich war in Simbabwe Hyänen hinterhergejagt, um es wiederzubekommen, und jetzt nahm es mir diese Bande von Räubern einfach ab. Gerade war auf mich geschossen worden, doch in dem Augenblick, als sie mir das Messer wegnahmen, fühlte ich mich merkwürdig wütend, gedemütigt und traurig, eines Teils meiner Vergangenheit beraubt; dieses Messer und ich hatten eine lange gemeinsame Geschichte, es hatte mich in vielen schwierigen Situationen begleitet. Linda war völlig starr vor Angst.

»Setzen!«, schrie mich einer der bewaffneten Männer auf Englisch an.

Ich setzte mich neben Linda auf den Boden. Die Banditen starrten uns grimmig an, während wir schweigend und wie gelähmt dasaßen und abwarteten, was als Nächstes passieren würde.

Eine Zeit lang konzentrierten unsere Angreifer ihre Aufmerksamkeit ausschließlich auf Linda und mich, aber als ich aufblickte, sah ich, wie von ein paar weiteren bewaffneten Männern Rob Haubner und Susan Miller ins Camp geführt wurden. Aus den Gesichtern meiner Freunde war jede Farbe gewichen, sie sahen niedergeschlagen und verängstigt aus. Die Banditen stießen sie auf mich und Linda zu, und sie ließen sich neben uns auf den Boden fallen. Susan rang nach Atem. Ich berührte sie kurz und nickte ihnen zu. »Verhaltet euch ganz ruhig«, sagte ich leise. »Macht keine schnellen Bewegungen. Bleibt ganz still sitzen.« Sie sahen mich an, zu verängstigt, um etwas zu sagen. Rob streichelte Susans Schulter und zog sie an sich, damit sie sich gegen ihn lehnen konnte – diese Geste hatte ich bei den beiden so oft gesehen, wenn wir in der Serengeti unterwegs waren. Wenigstens konnten sie sich gegenseitig etwas Kraft geben. »Wahrscheinlich hauen sie wieder ab, wenn sie uns ausgeraubt haben«, flüsterte ich ihnen zu.

Wo waren Bob McLaurin und Susan Studd?

Als Nächste brachten die Männer eine Französin, die wir am Abend zuvor flüchtig kennen gelernt hatten, zusammen mit einem Mädchen, vermutlich ihre Tochter, und stießen sie neben uns. Die Kinder, die unter der Obhut der Französin standen, wurden ebenfalls in unseren Kreis geführt. Sie hatten noch ihre Schlafanzüge an und weinten verwirrt. Möglicherweise waren die Mädchen vergewaltigt worden. Die Französin versuchte, die Kinder zu beruhigen – zu laut, zu herausfordernd, dachte ich zähneknirschend. Ich beobachtete sie, als sie anfing, mit einigen der bewaffneten Männer französisch zu reden; es sah fast so aus, als würde sie lachen. Ein paar Mal stand sie auf, und einmal ging sie mit ihnen sogar ein Stück weit weg. Sie benahm sich, als habe sie überhaupt nicht begriffen, wie ernst unsere Lage war. Ich konnte ihr Verhalten nur einer Mischung aus Dummheit und blankem Entsetzen zuschreiben. Ohne Unterlass redete sie weiter, während die Kinder leise vor sich hin weinten, und ich musste mich zusammennehmen, um sie nicht zu schütteln, damit sie wieder zu Verstand käme. Stattdessen sah ich angestrengt auf den Pfad, der oberhalb von mir lag, und hielt nach Bob McLaurin und Susan Studd Ausschau.

»Wie viele in deiner Gruppe?«, fragte mich einer der Bewaffneten.

»Das sind alle. Wir sind nur zu dritt«, sagte ich schnell und deutete auf Rob und Susan. »Die anderen sind gestern abgefahren«, fügte ich hinzu, was auf ein paar Leute aus dem Camp auch zutraf.

»Wie viele seid ihr?«, fragte er noch einmal.

Ich wiederholte, dass die anderen Weißen und ihre Führer am Morgen des vorherigen Tages abgefahren seien. Die ganze Zeit über hatte ich Angst, zwei Schüsse zu hören, wenn sie Bob und Susan finden würden. Die Französin sprang wieder auf und begann, auf den Kerl einzureden, der der Anführer der Bande zu sein schien. Ich begann, mich zu fragen, warum sie nicht einfach unsere Sachen nahmen und damit verschwanden. Aber waren es andererseits nicht auch zu viele für eine Diebesbande? Vielleicht waren sie ja doch irgendwelche Guerillakämpfer.

»Hinsetzen!«, befahl der bewaffnete Mann der Französin, aber sie hörte nicht; immer wieder sprang sie auf und lief herum, als sei es ihr gleichgültig oder nicht bewusst, was hier vor sich ging, als genieße sie eine Art Immunität vor Maschinengewehrkugeln.

Erneut setzte sich die Frau hin, sprang sofort wieder auf, gestikulierte wild herum und redete ununterbrochen weiter. Als ich einen der Männer auf Kisuaheli sagen hörte, dass er von ihrem Gerede genug habe, dass sie keine Manieren habe, keinen Respekt, wurde mir klar, dass sie uns alle in Lebensgefahr brachte. Ich hatte jedoch keine Möglichkeit einzugreifen, ohne eine unvorhersehbare Reaktion unserer Bewacher oder der Frau selbst zu provozieren. Jetzt fühlte ich mich in doppelter Hinsicht als Geisel.

Inzwischen kamen immer mehr bewaffnete Männer den Pfad von der Straße herauf. Sie transportierten einen ihrer Kumpane auf einer Trage, die sie nicht weit von uns entfernt auf dem Gras absetzten. Der Verletzte bewegte sich nicht, aber ich sah auch nicht, dass er heftig blutete. Er musste angeschossen worden sein, als sich irgendjemand im Camp gegen die Angreifer zur Wehr gesetzt hatte.

Weitere Touristen wurden in unser Camp geführt, sie kamen vermutlich aus einem oder mehreren der Zeltlager, die sich in diesem Teil des Impenetrable Forest befanden. Es waren etwa zwanzig junge Leute im Collegealter darunter, die ich noch nie zuvor gesehen hatte und die wahrscheinlich mit einem dieser Laster, die man häufig in Bwindi findet, in Ostafrika herumfuhren – eine billige und beliebte Art, Afrika kennen zu lernen. Sie wirkten benommen, einige hatten noch ihre Schlafanzüge an, und die Banditen fragten sie nach ihrer Nationalität. Neben Rob, Susan und mir saß eine Frau von Mitte zwanzig, die französisch sprach. Sie sagte, sie sei aus der Schweiz, nicht aus Frankreich. Ihr Name war Dani. Inzwischen drängten sich jetzt mindestens vierzig Geiselnehmer und etwa dreißig Touristen auf der Wiese.

Die Männer waren schwer bewaffnet und fragten uns merkwürdigerweise alle nach unserem Herkunftsland. Andere schleppten währenddessen unablässig Gepäckstücke, Kameras, Kleidung, Radios und was sie sonst noch mitnehmen wollten auf die Wiese und türmten sie zu einem immer größer werdenden Haufen auf. Ich war erstaunt, als ich darunter Kleidungsstücke erkannte, die Bob und Susan gehörten, außerdem ihre Rucksäcke und ihre Kameras – sogar ihr Computer war dabei. Ich hatte keine Schüsse aus der Richtung ihres Zeltes gehört und war mir jetzt sicher, dass man sie zu Tode geprügelt hatte. Ich fühlte bei dieser Vorstellung alles Blut aus meinem Gesicht weichen.

Ich wusste, dass sich in verschiedenen Teilen Ost- und Zentralafrikas Rebellenarmeen herumtrieben. Der Norden von Bwindi war das Operationsgebiet der Lord's Resistance Army (LRA). Fünf Jahre zuvor waren innerhalb von drei Monaten nahezu eine Million Ruander umgebracht worden. Verantwortlich für diesen Massenmord waren die berüchtigten Interahamwe – extremistische Hutu mit einer Splittergruppe in Westuganda. »Interahamwe« ist ein Wort aus dem Kinyarwanda und bedeutet so viel wie »die gemeinsam zuschlagen«; die Mitglieder dieser Gruppe sind bekannt für ihren geschickten Umgang mit der Machete. Von den Hunderttausenden Opfern des Völkermords 1949 in Ruanda war kaum eines erschossen worden; man hatte sie systematisch zerstückelt. Oft verstümmelten die Interahamwe ihre Opfer, indem sie ihnen die Knie- oder Achillessehnen durchtrennten. Dann ließen sie die Verletzten in ihren Schmerzen liegen und kehrten ein paar Stunden später zurück, um sie zu töten.

Aber der Südwesten Ugandas, das Gebiet des Impenetrable Forest, ist das Territorium ungefährlicher Gorillafamilien, nicht das der LRA oder der Interahamwe. Während der vergangenen fünf Jahre war ich etwa ein Dutzend Mal mit Gruppen nach Bwindi in den Impenetrable Forest gefahren. Letztes Jahr hatte ich denselben vier Leuten, mit denen ich jetzt unterwegs war, geraten, nicht nach Uganda zu kommen, weil ich Bedenken wegen der immer noch unsicheren, kriegsähnlichen Lage im benachbarten Ruanda gehabt hatte. In diesem Jahr hatte ich jedoch bereits fünf Safarigruppen nach Uganda begleitet, wobei ich ständigen Kontakt mit dem Hauptbüro von Abercrombie & Kent in Nairobi hielt. Ich wollte sichergehen, dass alles in Ordnung war und in dieser Region keine Raubüberfälle oder andere Gewalttaten stattgefunden hatten. Es hatte nicht eine Warnung gegeben, dass so etwas wie das hier passieren könnte. Für mich kam dieser Rebellenüberfall unerwarteter als ein Vulkanausbruch.

In den letzten fünf Minuten waren keine Schüsse gefallen. »Woher?«, fragten die Rebellen in einem fort. Dabei stellten sie sich so nah vor uns hin, dass sie beinahe unsere Gesichter berührten, und stießen uns mit ihren Gewehren an. Die Gefangenen antworteten mit angsterfüllten, zittrigen Stimmen: »Amerika.« – »Australien.« – »Kanada.« – »Frankreich.« Wir wurden jedoch nicht unseren Nationalitäten entsprechend in verschiedene Gruppen aufgeteilt, aber das war möglicherweise Teil eines umfassenderen Plans.

»Woher?«, fragte einer der Rebellen und beugte sich über mich.

»Ich bin Amerikaner und lebe in Kenia«, sagte ich auf Kisuaheli und sah das Erstaunen auf dem Gesicht des Rebellen, als er mich in seiner Sprache antworten hörte. »Ich unterrichte in einem kleinen Dorf in Kenia«, sagte ich – das hatte ich tatsächlich getan, allerdings war es einige Jahre her. Mit dieser Lüge wollte ich mich als Anführer, als Einheimischer zu erkennen geben. Mir war klar, dass ich versuchen musste, die Rolle des Vermittlers zu übernehmen, damit ich die Fragen und Antworten kontrollieren und uns vielleicht das Leben retten konnte. Die richtigen Antworten, und wir würden am Leben bleiben; die falschen Antworten, und wir würden sterben.

Mit auf den Rücken gefesselten Händen wurde der kenianische Leiter des Camps hergebracht. Er vermied es, uns zu nahe zu kommen, und setzte sich absichtlich in einiger Entfernung hin, um seine Chancen zu erhöhen, am Leben zu bleiben. »Ich bin kein Ugander. Ich bin kein Tourist«, sagte er auf Kisuaheli zu den Rebellen, seine Stimme zitterte und hatte einen flehenden Klang. »Ich bin Afrikaner wie ihr, ich bin Kenianer.« Ich fühlte Ärger in mir aufsteigen, als ich merkte, dass er versuchte, auf Kosten seiner Gäste die eigene Haut zu retten. Die Rebellen schenkten seiner Erklärung, dass er der Camp-Verwalter sei, keine Beachtung; sehr viel mehr schienen sie sich für die Nationalitäten der Weißen zu interessieren. Offenbar hatten sie für ihr Tun ein wichtiges, für mich noch nicht erkennbares Motiv.

Während ein Teil der Rebellen weiter Fragen auf uns herabprasseln ließ, schleppten die anderen Beutestücke aus den umliegenden Zelten: Radios, Kartons mit Nahrungsmitteln, Kleidung, einen Computer – alles, was sie tragen konnten. Sie sahen aus wie Leute, die aus einem brennenden Haus flüchten. Aus der Küche brachten sie Körbe mit Lebensmitteln und Getränken. Es schien den Rebellen besonders viel Vergnügen zu machen, die Flaschen mit ihren Zähnen zu öffnen, sie in einem Zug auszutrinken und die leeren Flaschen neben uns auf den Boden zu schleudern. Einer von ihnen hatte eine Flasche Bier mitgenommen und setzte sie an den Mund, aber ein anderer riss sie ihm aus der Hand und schmetterte sie auf den Weg. Dann brüllte er den Biertrinker in einer Sprache an, die ich nicht verstand, vermutlich Kinyarwanda, und schlug ihm drei Mal heftig ins Gesicht. Dass der Mann nicht einmal die Hand hob, um sich zu verteidigen, weder den Kopf senkte noch wegdrehte, zeigte, dass diese Gewalttätigkeit Teil seines Lebens war. Es zeigte jedoch auch, dass es hier irgendeine Form von Hierarchie gab.

Einer der Rebellen trug Robs dunkelblaues Jackett. Ein anderer hatte einen braunen Rucksack über der Schulter hängen, der mir bekannt vorkam. Es war der von Bob McLaurin. Von Bob selbst und seiner Frau fehlte noch immer jede Spur.

Während der zwanzig Jahre in Afrika hatte ich schon viele Abenteuer erlebt und war einige Male in Lebensgefahr geraten: als ich vor wütenden Elefanten fliehen musste, als über dem Kilimandscharo der Motor meiner Cessna ausfiel. Die Angst hatte mich manches Mal beinahe um den Verstand gebracht. Aber das, was ich an diesem Morgen in Uganda erlebte, war eine ganz andere Art von Angst und Entsetzen. Ich verlor allmählich jedes Gefühl für meinen Körper, während ich dasaß, umgeben von einer Horde von Marodeuren und mit dem Wissen, dass jeden Augenblick einer von uns mit einem Schuss in den Hinterkopf getötet werden könnte. Mein Tastsinn war nahezu verschwunden, ich hörte nichts mehr, und alle meine Bewegungen waren verlangsamt. Ich konnte nicht einmal mehr Farben erkennen und sah nur mehr Grautöne. Ich driftete ab, versank allmählich in völlige geistige Leere.

Ich merkte, dass ich immer tiefer in einen gefährlichen Schockzu-

stand geriet. Rasch warf ich einen Blick zu den anderen. Linda war
geistig bereits weggetreten. Rob hatte den Arm um Susan gelegt, und
sie lehnte sich mit geschlossenen Augen schwer gegen ihn. Alle um
mich herum waren wie paralysiert. Sie reagierten nicht mehr auf das
Geschrei der Rebellen, das Zersplittern der Flaschen oder das Chaos,
das rings um uns ausgebrochen war. Was hatten einige der anderen Gefangenen bereits hinter sich? Hatten sie mit eigenen Augen gesehen,
wem die Gewehrschüsse galten, die ich nur gehört hatte?

Körperlich starke und geistig stabile Menschen wie Rob Haubner
und Susan Miller brachen vor meinen Augen zusammen. Ich durfte
nicht nachgeben, ich musste mich von dieser lähmenden Angst befrei-
en, sonst würde ich den kommenden Tag nicht mehr erleben. Und auch
der Rest meiner Gruppe nicht. Ich musste mich konzentrieren, wenn
ich am Leben bleiben wollte. Ich musste ganz einfach. In diesem Augenblick wurde mir klar, dass ich wach bleiben musste, um mein eigenes Leben und das der anderen zu retten.

»Hör auf, zusammenzuzucken und zu blinzeln«, sagte ich mir vor.
»Gönn diesen Mistkerlen nicht die Genugtuung.« Um mich wach zu
halten, versuchte ich, mir so viele Einzelheiten wie möglich einzuprägen. Ich verzeichnete im Geiste ihre Kleidung und Waffen – alles Au-
tomatikgewehre und zwei alte Enfields vom Typ G3. Bei jedem Gewehr, das ich sah, suchte ich nach einem Büschel Gras im Lauf. Dieser
Pfropfen hält Schmutz und andere Fremdkörper aus dem Lauf fern,
außerdem zeigt er, ob die Waffe vor kurzem abgefeuert wurde. Eine
beträchtliche Anzahl der Gewehre war noch mit diesem Pfropfen versehen, auch wenn eine beunruhigende Zahl von Rebellen lässig mit
dem Finger am Abzug herumging, bereit, im nächsten Augenblick ab-
zudrücken.

Diese Männer waren nicht die Kindersoldaten, denen ich während
des Bürgerkriegs in Uganda im Jahr 1985 begegnet war. Alle schienen
zwischen zwanzig und dreißig zu sein. Und praktisch jeder trug eine
Machete. Waren sie Interahamwe? Angeblich hielt sich diese gewalt-
tätige und sadistische Gruppe von Hutu nicht im Südwesten Ugandas
auf, aber wenn doch … Wenn diese Männer Interahamwe waren …
Ich versuchte, die aufsteigende Angst zu unterdrücken.

Langsam kroch die Morgendämmerung über den Himmel, doch ich wusste, dass uns die schwärzeste Nacht bevorstand.

»Aufstehen!«

Alle, die auf dem Boden saßen, wurden unvermittelt hoch gerissen. Man stieß uns vorwärts, an einer neuen Gruppe von Gefangenen vorbei, die zur gleichen Zeit ins Camp geführt wurde.

»Was ist los?«, fragte mich Linda mit zitternder Stimme.

»Ich glaube, sie wollen uns dazu benutzen, ihren Rückzug an die Grenze zum Kongo zu sichern«, sagte ich leise. Linda sah mich erschrocken und verwirrt mit weit aufgerissenen Augen an. Ich wusste, dass die ugandische Armee etwa dreißig Kilometer weiter unten im Tal stationiert war; sie mussten die Schießerei im Touristencamp gehört haben. Während wir eingekreist wurden, mussten sie eigentlich schon auf dem Weg sein, um den Gewehrschüssen nachzugehen – zumindest, um nachzusehen, was da los war. Der Regenwald bot den Rebellen eine ideale Deckung, da der Dschungel so dicht ist, dass man niemanden sieht, bevor man schon fast vor ihm steht. Zur Sicherung ihres Rückzugs aus diesem Gebiet konnten die Rebellen nichts Besseres tun, als Touristen als Geiseln mitzunehmen. Auf diese Weise konnten sie verhindern, dass die ugandische Armee sie auf der Flucht beschießen würde.

Wir mussten uns in einer Reihe aufstellen und wurden aus dem Lager geführt. Ich ging mit ein paar anderen an der Spitze und drehte mich um, um mich zu vergewissern, dass Rob und Susan mir folgten. Sie stolperten nebeneinander her, und es versetzte mir einen Stich, als ich sah, dass sie barfuß laufen mussten – die Rebellen hatten ihnen, wie auch den meisten anderen Touristen, die Schuhe abgenommen und sich zusammengebunden über die Schultern gehängt. Die Rebellen trugen alle Stiefel, sie wollten also lediglich verhindern, dass ihre Gefangenen flohen. Ich sah die junge Schweizerin, Dani, aber die französische Gruppe konnte ich nicht entdecken. Ich befürchtete, dass man sie umbringen würde, weil die Französin, die offensichtlich den Ernst der Lage verkannt hatte, zu weit gegangen war.

Linda Adams war in keinem besseren Zustand als Rob und Susan. »Ich glaube, ich schaffe das nicht«, sagte sie zu mir, als wir kurz stehen blieben.

»Das sollten Sie aber«, sagte ich heftig.

Ich machte mir furchtbare Sorgen um Susan Studd und Bob McLaurin. Dass ich gesehen hatte, wie die Rebellen die Sachen aus ihrem Zelt wegschleppten, verhieß nichts Gutes. Ich war mir sicher, dass man sie in ihren Betten getötet hatte. Vor meinem geistigen Auge tauchte immer wieder das Bild ihrer verstümmelten, blutüberströmten Körper auf, die dort in dem Zelt lagen.

Wir stiegen die Stufen hinunter, die vom Camp zur Straße führten. Unten angekommen, mussten wir uns erneut in einer Reihe aufstellen, von den Rebellen mit den Gewehrläufen an unseren Platz gewiesen, die Gesichter nach Osten.

Mittlerweile hatten sich Dutzende von Rebellen eingefunden – an die fünfzig, vielleicht auch noch mehr. Sie starrten uns finster an und liefen vor uns auf und ab. Sie zerschmetterten Flaschen vor unseren Füßen, holten aus, als wollten sie die Männer schlagen, und brachen in Gelächter aus, wenn einer zusammenzuckte oder aufschrie. Ich stand stocksteif da, die Hände zu Fäusten geballt, und versuchte, trotz der Mutlosigkeit und Ohnmacht, die ich empfand, wachsam zu bleiben und die Zahl der Bewacher und der Gefangenen festzustellen. Wir waren sechzehn Geiseln, und die Zahl der Rebellen die Straße hinunter schätzte ich auf fünfundsiebzig bis hundert, die meisten davon gesunde, kräftige junge Männer. Sie tranken die Softdrinks, die sie aus dem Camp mitgenommen hatten, ließen auf den gestohlenen Kassettenrecordern afrikanische Musik laufen, brüsteten sich mit ihrer Beute und genossen ihre momentane Macht.

Einer der Rebellen tat so, als wolle er dem Mann zu meiner Rechten sein Knie in den Magen rammen. Als sich dieser, ein stämmiger Neuseeländer namens Mark Avis, wie ich später erfahren sollte, zum Schutz vor dem Stoß zusammenkrümmte, brachen die Rebellen in johlendes Gelächter aus. Der vermeintliche Schläger war vielleicht fünfundzwanzig und untersetzt, mit einem spitzen, dreieckigen Gesicht. Er trug einen rosafarbenen Anorak mit offenem Reißverschluss, und er hatte ein Lachen, das einem Gänsehaut verursachte. Er trug kein Gewehr – nur eine Seitenwaffe, aber er schwang einen kurzen kräftigen Knüppel und war offensichtlich einer der Anführer.

Immer noch lachend und seinen Prügel schwingend, wandte sich der Rebell mir zu und tat so, als ob er mir damit ins Gesicht schlagen wolle. Ich blickte ihn starr an, bemüht, nicht einmal zu zwinkern. Die Folge war, dass er mir mit seinem Knüppel tatsächlich einen Schlag quer übers Gesicht versetzte.

Der Schmerz explodierte in meinen Wangenknochen und meinem Schädel. Ich taumelte zurück, hielt die Augen jedoch unverwandt auf meinen Peiniger gerichtet. Bei dem Gedanken, dass er die Tränen in meinen Augen für Weinen halten könnte statt für die physische Reaktion, die sie waren, packte mich die Wut.

Nun gingen die Rebellen zu anderen Demütigungen über. Sie sprangen zu der Musik herum, die aus den vor uns auf dem Boden abgestellten Kassettenrecordern tönte, und versuchten, uns zum Tanzen zu zwingen. Ich tanze nie und war auch jetzt nicht dazu bereit. Unsere Bewacher schenkten mir keine Beachtung, aber sie fuhren fort, die anderen zu drangsalieren und zu stoßen. Stumm tanzten die Geiseln vor sich hin. Die Rebellen sahen einfach lächerlich aus – merkwürdige Clowns, die linkisch mit ihren AK-47-Gewehren herumhüpften.

Plötzlich versetzte mir einer der Rebellen mit seinem Knüppel einen Schlag auf den Rücken. Der Schmerz durchfuhr meinen Brustkorb und kroch meine Wirbelsäule hinauf und hinunter, und automatisch krümmte ich mich. Dieses Mal hatte der Angriff jedoch eine andere Wirkung auf mich. Dieses Mal wurde ich wirklich wütend und wachte aus meiner Benommenheit auf. Ich biss die Zähne zusammen, und all meine Kraft aufbietend, beschloss ich, dass ich mich aus diesem Tunnel der Angst befreien würde. Der stechende Schmerz hatte mich in die Wirklichkeit zurückgebracht. Ich würde mich konzentrieren, ich würde meine Sinne zusammennehmen, und ich würde diesen Mistkerlen bis zum Letzten Widerstand leisten.

Der Mann, der mich geschlagen hatte, gab uns ein Zeichen, uns in Bewegung zu setzen. Wir marschierten weiter, in Richtung Süden auf den Impenetrable Forest zu. Rob und Susan stolperten und krümm-

ten sich bei jedem Schritt, wenn sie mit ihren bloßen Füßen auf den
Schotter traten. Nach etwa hundert Metern wurden wir nach rechts
dirigiert und einen schmalen und steilen grasbewachsenen Pfad hin-
aufgetrieben, auf die Grenze zum Kongo zu. Das bestärkte mich in
meinem Verdacht, dass wir dazu ausersehen waren, als Fluchtgeiseln
zu dienen, als menschliche Schutzschilde, die den Rückzug der Rebellen sichern sollten. Ich versuchte, Rob und Susan zu erklären, was hier
meiner Meinung nach vor sich ging. Abwesend sahen sie mich an und
zeigten so wenig Reaktion, dass ich mich fragte, ob sie mich überhaupt
verstanden hatten.

Um uns herum ragten an den Hängen des Tals hohe Bäume auf, in
ihren Kronen hing noch der Morgennebel. Ich war im Laufe der letzten Jahre mehrmals hier oben gewesen, um der K-Gruppe der Gorillas einen Besuch abzustatten, der einzigen Gruppe, die ständig auf der
Westseite des Tals lebte. Die anderen Gorillas hielten sich auf der Ost-
seite, weiter in Uganda auf, wo ich mit meiner Gruppe am Vortag gewesen war. Jetzt wurden wir nach Westen getrieben, aus dem Haupttal heraus, das von Norden nach Süden verläuft, und bewegten uns auf
den Kongo zu. Ich wusste, dass noch ein schwieriger Weg vor uns lag,
und konzentrierte mich auf das Gehen – ich atmete gleichmäßig, machte kurze Pausen zwischen den einzelnen Schritten, ließ meine Arme locker hängen und versuchte, mit meinen Kräften hauszuhalten.

Der Pfad war schmal, höchstens einen Meter breit, und wand sich
steil den Berg hinauf. Die Rebellen gingen zwischen den Touristen,
und da zwischen zwei Leuten immer etwa zwei Schritte Abstand waren, schien sich die Reihe endlos in beide Richtungen zu erstrecken.
Linda fiel schon sehr bald zurück, und ich verlor sie aus den Augen.
Ich vergewisserte mich, dass Rob und Susan immer in meiner Nähe
blieben, da ich mir Sorgen um sie machte. Falls wir tatsächlich in Richtung Kongo unterwegs waren, würden sie noch mehrere Stunden lang
barfuß über steiniges Gelände laufen müssen – das war mehr, als selbst
ein erfahrener Trekker aushalten konnte.

»Sprecht möglichst wenig«, sagte ich zu ihnen, als wir kurz Halt
machten. »Es ist nicht nötig, dass sie auf euch aufmerksam werden.«
Noch wurde keiner geschlagen, wenn er sprach, aber man musste das

Risiko ja nicht unbedingt eingehen. Susan hatte Mühe, Luft zu bekommen, teils wegen der Anstrengung, teils wegen der Höhe, in der wir uns befanden, vor allem aber wegen ihrer großen Angst. Sie schloss die Augen und taumelte gegen meine linke Schulter. Ich hielt sie fest. »Halt durch«, flüsterte ich ihr eindringlich ins Ohr. »Versuche, gleichmäßig zu atmen, Susan. Geh einfach immer weiter. Halt noch eine Weile durch.« Ihr leichtes Nicken sah aus, als würde es sie vollkommen erschöpfen. Ich brachte es nicht übers Herz, ihr zu sagen, dass wir wahrscheinlich bis zur Grenze zum Kongo laufen müssten, von der uns noch mehr als sechs Kilometer trennten, und dass wir vermutlich keinen Nutzen mehr für die Rebellen hatten, sobald wir die Grenze zwischen den beiden Ländern erreichten. Ich erwähnte auch nicht, dass ich mir inzwischen fast sicher war, um wen es sich bei unseren Geiselnehmern handelte – und dass sie nicht gerade für ihre Rücksichtnahme bekannt waren.

Ich sah zu Rob hinüber. Er war nicht in der Lage, seiner Frau zu helfen; sein Gesicht war völlig ausdruckslos, und er schien sich, als wir uns wieder in Bewegung setzten, in einem Zustand der Lähmung zu befinden. Kurz darauf sah ich ihn über Susan stolpern. Er hatte nicht einmal gesehen oder zumindest nicht begriffen, dass seine über alles geliebte Frau direkt vor ihm zusammengebrochen war.

Es gelang mir, einen Blick auf die Uhr eines der Rebellen zu werfen. Sie zeigte sieben Uhr zweiundzwanzig an. Obwohl das Ganze bis zu diesem Augenblick weniger als sechzig Minuten gedauert hatte, kam es mir vor wie viele Stunden. Und das war erst der Anfang. Ich verdoppelte meine Anstrengungen, wach und aufmerksam zu bleiben. Ich konzentrierte mich darauf, mir Zeiten, Namen, Waffentypen und sogar Seriennummern einzuprägen. Außerdem konnte uns jede noch so unbedeutende Information helfen, diese Sache lebend zu überstehen, oder später vielleicht sogar dazu beitragen, diese Banditen ihrer gerechten Strafe zuzuführen.

Wir setzten unseren Marsch in der Morgendämmerung fort. Hin und wieder brach die Sonne durch das Laub der Bäume und trieb uns den Schweiß auf die Stirn. Die Rebellen hatten uns kein Wasser gegeben. Unter dem Blätterdach des Waldes war es allerdings immer noch

verhältnismäßig kühl. Einer der Soldaten befahl Rob, seine Jacke auszuziehen. Er trug bereits keine Schuhe und kein Hemd mehr. Jetzt hatte er nichts mehr als seine Hose an. Es war kalt, deshalb knöpfte ich
mein Hemd auf und zog es aus. »Rob, komm schon, wir ziehen es abwechselnd an«, drängte ich ihn. Aber er schüttelte den Kopf, also sagte ich, ich würde es ihm später geben. Er nickte nur, und wir stolperten weiter in den Wald hinein.

Von Zeit zu Zeit blieb der ganze Zug plötzlich stehen, manchmal
mehrere Minuten lang. Ich konnte mir das nicht erklären, vor allem,
wenn der Pfad an diesen Stellen breit genug und nicht besonders steil
oder überwachsen war. Susan stand jedes Mal weit vornübergebeugt
da und rang mit geschlossenen Augen nach Atem. Einige Male verlor
sie das Bewusstsein und brach zusammen. »Warum geht's nicht weiter?«, fragte mich einer der Rebellen. »Was ist mit ihr? Und mit der
da?« Dabei deutete er auf eine andere junge Frau, die schwer atmend
zwischen uns auf dem Boden lag. Wie ich später herausfand, war es
Rhonda Avis, die Frau von Mark, dem Neuseeländer.

Als wir wieder aufstanden und uns weiterschleppten, schwankte
Susan noch stärker als zuvor, sie hatte die Augen geschlossen und
konnte sich kaum noch auf den Beinen halten. Ich wollte sie hier her-
ausbringen. Auf Kisuaheli fragte ich einen der Rebellen, ob er sie nicht
zurückschicken könne, da sie ein Problem mit dem Herzen habe. Das
stimmte zwar nicht, aber ich behauptete es einfach.

Der Rebell sah mich skeptisch an. »Was ist mit ihrem Herzen?«

»Ich weiß nur, dass sie zu meiner Gruppe gehört und dass sie irgendein Problem hat«, erwiderte ich.

»Das kann ich nicht entscheiden«, sagte er mit vollkommen gleich-
gültiger Stimme. »Ich werde fragen.« Er lief vor an die Spitze des Zugs.
Offensichtlich gab es innerhalb der Rebellentruppe eine Hierarchie,
die an ihrer Sprechweise oder ihrer Kleidung nicht ohne weiteres zu
erkennen war, allerdings trugen die drei Männer, die die meisten Be-
fehle gaben, weder ein Gewehr noch eine Maschinenpistole, sondern
lediglich Seitenwaffen.

Der Rebell kam zurück. »Sie kann umkehren«, sagte er mit unbewegter Miene.

»Danke«, erwiderte ich. »Sie braucht kein Geleit. Sie kennt den Weg.« Der Gedanke, dass Susan allein zurücklaufen müsste, beunruhigte mich zwar, aber immer noch weniger als die Vorstellung, dass einer oder zwei dieser Kerle sie getrennt von ihrer Truppe begleiten würden.

Diese Wendung erleichterte mich für kurze Zeit. Ich war entschlossen, so lange wie möglich durchzuhalten, aber ich glaubte nicht, dass die Rebellen diejenigen von uns, die sie bis zum Schluss auf diesem Marsch an die Grenze mitschleppten, freilassen würden. Wenn wir unsere Funktion als Schutzschild erst einmal erfüllt hatten und sie an der Grenze angelangt waren, gab es keinen Grund mehr für sie, uns noch weiter als Geiseln zu halten. Wir hätten keinen Nutzen mehr für sie, im Gegenteil, wir würden sie sogar behindern, da wir als Weiße natürlich auffielen. Wir würden zu einer Last werden. Sie müssten uns also freilassen oder töten, und warum sollten sie uns freilassen? Warum sollten sie dieses Risiko auf sich nehmen? Ich vermutete, dass sie uns an der Grenze erschießen würden, und dachte, dass die vorgeschützte Krankheit Susan vielleicht das Leben retten könnte.

Ich hatte ihr den Rückzug zum Camp bereits erklärt: einfach immer geradeaus den Berg hinunter, bis sie wieder ins Haupttal käme. Jetzt nahm ich Susans Gesicht zwischen meine Hände. »Susan«, sagte ich schnell, »geh an jeder Weggabelung immer bergabwärts.« Sie sah mich an. »Bergabwärts, Susan – geh an jeder Gabelung bergabwärts.«

Rob stand schweigend neben uns, während ich mit Susan sprach, als ob er nicht begriffen hätte, dass seine Frau freigelassen wurde. Und ich glaube, das hatte er wirklich nicht, da er sich nicht einmal von ihr verabschiedete, weder mit Worten noch mit einer Umarmung. Er stand einige Augenblicke lang neben ihr, ohne etwas zu sagen oder sie zu berühren, und als wir weitergetrieben wurden, ließen wir Susan einfach auf dem Pfad hinter uns zurück. Ich war entsetzt, da ich wusste, was Susan für Rob bedeutete. Wir hatten alle schreckliche Angst, wir fürchteten uns vor jeder Bewegung, vor jedem Wort. Als wir weitergingen, konnte ich nicht sehen, ob Susan allein war oder ob die Rebellen sie begleiteten.

Nachdem sie außer Sichtweite war, blieb Rob so weit zurück, dass

sich zehn Touristen und einige Rebellen zwischen uns schoben, aber
ich versuchte, den Blickkontakt aufrechtzuerhalten, und gab ihm ein
Zeichen mit nach oben gerichtetem Daumen, während ich so tat, als
kratze ich mich an der Wange. Es erschien mir lebenswichtig, sich irgendwie zu verständigen. Rob ging mit schweren Schritten weiter, er
ließ den Kopf hängen, und seine Arme baumelten hin und her, als ob
sie nicht zu ihm gehörten. Ich wollte wenigstens versuchen, auch ihn
freizubekommen. Während der nächsten längeren Pause erklärte ich
wiederholt, dass Rob seine Frau begleiten müsse, da er ihre Medikamente bei sich habe.

»Ist er Arzt?«

»Nein«, sagte ich sofort, weil ich nicht wollte, dass es für die Rebellen so aussah, als verfüge Rob über wertvolle Kenntnisse, die ihnen
nützen könnten. »Er ist ihr Ehemann, er kennt ihre Medikamente und
weiß, wie sie sie einnehmen muss.«

Ich hatte inzwischen zwei Anführer ausgemacht – den spitzgesich-
tigen Kerl, der mir auf der Straße den Schlag mit dem Knüppel ver-
setzt hatte, und einen anderen mit einem gelockten schwarzen Bart.
Jetzt kam ein dritter die Kolonne entlang, um mit mir zu reden. Der
Anblick des Mannes überraschte mich. In den ersten Jahren, die ich in
Kenia verbracht hatte, hatte ich in der Zentralprovinz unterrichtet, im
Herzen von Kikuyuland, der Heimat eines blühenden kenianischen
Stammes. Dieser hellhäutige, etwa fünfunddreißig Jahre alte Mann sah
für mich wie ein Kikuyu aus. Außerdem sprach er ein sehr gehobenes
Kisuaheli, er verwendete die korrekten Substantivformen und bildete
komplizierte Sätze mit Verben. Seine Syntax unterschied sich deutlich
von dem grammatisch falschen Kauderwelsch, das man sonst oft zu
hören bekam. Seine Kleidung sah aus, als ginge er einer Arbeit im Ge-
schäftsviertel von Nairobi nach, er trug ein langärmeliges Hemd, das
an den Manschetten und am Kragen zugeknöpft war. Wie die anderen
trug er Gummistiefel, aber er hatte die Hosenbeine ordentlich in die
Schäfte gesteckt. Er sah sauber und gepflegt aus und wirkte energisch.
Und er trug meine Armbanduhr.

Ich bemühte mich um einen respektvollen, nichtsdestotrotz ein-
dringlichen Ton und erklärte ihm, dass Rob zurückgehen müsse, um

sich um seine Frau zu kümmern. »Er muss ihr ihre Medikamente geben«, log ich.

»Ich kann diese Entscheidung nicht treffen«, erwiderte der Kikuyu. Er ging den Weg zurück an die Spitze der Kolonne und verschwand im Wald.

Zehn Minuten später war er wieder da. »Von wem sprichst du?«, fragte er. »Warum sollen wir ihn zurückschicken?«

Ich deutete auf Rob und erklärte es ihm noch einmal.

»Nein«, sagte der Kikuyu. Er drehte sich auf dem Absatz um und war weg.

Rob hatte das Gespräch mitverfolgt. Er begriff, dass es um ihn ging, und konnte sich wahrscheinlich denken, worum ich gebeten hatte. Ich gab ihm heimlich ein Zeichen und bedeutete ihm, in meiner Nähe zu bleiben. Er schien in sich selbst versunken und sah weder traurig noch verängstigt aus, vielmehr war sein Gesicht völlig ausdruckslos. Wir setzten uns wieder in Bewegung.

Der Pfad stieg jetzt noch steiler an. Hier oben waren die Bäume weniger mächtig, und über unseren Köpfen schwebten Schmetterlinge, die so groß waren wie kleine Vögel. Inzwischen hatte sich der Morgennebel aufgelöst, und die Sonne stand jetzt fast senkrecht über uns und brannte auf uns herab, während wir schweigend und mit gesenkten Köpfen weitergingen. Ich konnte einen Blick auf eine Uhr werfen: es war halb elf. Wir kletterten nun schon seit dreieinhalb Stunden bergauf.

Als wir etwa die Hälfte der Steigung hinter uns gebracht hatten, hörte ich hinter mir die Stimme einer Frau, die auf Französisch etwas zu einem der Rebellen sagte, und nach dem, was ich davon verstand, bat sie darum, sich erleichtern zu dürfen. Ich blickte mich um. Es war Dani, die Schweizerin, und in Anbetracht der Umstände wirkte sie ziemlich energisch und wach. Nach einem kurzen Wortwechsel führte sie einer der Rebellen etwa drei Meter vom Pfad entfernt in den Wald.

Ein Schauer überlief mich. Ich bekam Angst. Mach dir in die Hose, oder setz dich direkt vor uns zum Pinkeln hin, dachte ich – aber geh nicht von der Gruppe weg, aus welchem Grund auch immer, und schon gar nicht, um dich vor diesen Kerlen halb auszuziehen. Abgesehen von ihrem geschickten Umgang mit Macheten, sind die Interahamwe auch dafür berüchtigt, üble Vergewaltiger zu sein. Ich war mir sicher, dass vor unseren Augen gleich etwas ganz Schreckliches passieren würde, und fühlte mich hilflos, weil ich nichts tun konnte, um es zu verhindern.

Ich konnte Dani nicht mehr sehen, behielt jedoch den Soldaten im Blick. Quälend langsam verstrichen die Minuten. Die Gedanken in meinem Kopf überschlugen sich. Ich fragte mich, ob es mir gelingen würde, einem der Rebellen das Gewehr zu entreißen und ihn meinerseits als Geisel zu nehmen, aber das hätte mit Sicherheit den Tod von uns allen bedeutet. Der Rebell stand bewegungslos da. Und jetzt tauchte auch die Schweizerin wieder auf. Ich nahm mir vor, ihr zu sagen, dass sie sich auf keinen Fall ein weiteres Mal von der Gruppe entfernen solle. Meine Erleichterung verwandelte sich allerdings schon gleich darauf in Besorgnis, als ich hörte, wie sie begann, mit ihrem Begleiter zu plaudern. Zweifellos dachte Dani, es würde unsere Situation verbessern, wenn wir uns mit unseren Bewachern anfreunden würden, ich befürchtete jedoch, dass sie sich da gründlich täuschte.

Bald darauf hielten wir erneut an. Keuchend standen wir da, als einer der Rebellen mit Bobs Laptop auf mich zukam. Ich sollte ihm helfen, das Programm zu starten. »Der Akku ist fast leer«, sagte ich wahrheitsgemäß, als es mir nicht gelang. Einer der Touristen weiter hinten in der Reihe gab sich als Computerspezialist zu erkennen und bot seine Hilfe an. »Wie kann man nur so dumm sein«, dachte ich bei mir, »mach dich um Himmels willen nicht nützlich, oder du wirst hier noch sehr viel länger festgehalten, als dir lieb ist.«

Als Nächstes musste ich ihnen erklären, dass ein Mobiltelefon kein Funkgerät ist. »Kann man damit Kampala erreichen, die Vereinigten Staaten, Nairobi?«, fragten sie.

»Vielleicht«, sagte ich, »aber wahrscheinlich braucht man dazu ein Passwort.«

Sie brachten andere gestohlene Dinge an, um sie von mir begutachten zu lassen – Kassettendecks, Radios, Kopfhörer, Kameras. Als Einziger in der Gruppe, der Kisuaheli sprach, wurde ich zum Technikexperten erklärt. Sie zeigten mir Medikamente, Parfüm, Deodorant,

Cremes, Make-up und Tabletten und wollten wissen, was man damit macht. »Hii ni, nini, ni dawa, chakula, au mchezo?« Was ist das – ist es Medizin, etwas zu essen oder ein Spiel? Es war eine völlig sinnlose, quälende Prozedur, und angesichts dessen, was bereits geschehen war, wirkte das Ganze besonders absurd. Verdammt noch mal, ich wollte, dass die Kerle endlich auf den Punkt kamen und uns sagten, was sie vorhatten.

Nach einer steilen Steigung machte der Pfad eine Biegung nach rechts beziehungsweise nach Norden und führte in den Wald hinein. Über ein paar bergabwärts führende Kehren kamen wir wieder in ein Gelände, das mit hohen Bäumen und dichtem Gebüsch bewachsen war. Wieder hielt unser Zug an, und wir wurden barsch angewiesen, uns hinzusetzen. Ich fuhr mit meiner Bestandsaufnahme von Waffen fort. Sie hatten Gewehre des Typs SAR 50 und SAR 80 oder 20 (ich konnte die Nummer nicht ganz erkennen) und einige Automatikwaffen mit orientalisch aussehenden Schriftzeichen. Außerdem enthielt ihr Arsenal zwei verschiedene Arten von Handgranaten. Bei einer davon, in der typischen Ananasform, wurde der Sicherungsstift von einem Stück Schlauch gehalten. Eine ungewöhnliche und ziemlich gefährliche Art, mit einer Granate zu hantieren. Es kam mir auch merkwürdig vor, dass sich einige der anderen Rebellen sehr für diese Granate interessierten, und ließ mich vermuten, dass sie sie gestohlen hatten.

Wir marschierten weiter. Das Verhalten der Rebellen gab mir Rätsel auf: Manchmal benahmen sie sich wie Banditen, dann wieder schienen sie strengen Verhaltensregeln zu folgen. Was hatten sie vor? Wieder blieben wir stehen. Mehrere Minuten vergingen, in denen wir schweigend dastanden. Was ging hier vor sich?

Schließlich standen wir wieder auf und setzten unseren Gewaltmarsch fort. Nachdem wir eine weitere Viertelstunde bergauf geklettert waren, es war jetzt nach der Uhr eines der Rebellen genau elf Uhr dreißig, ließen sie uns kehrtmachen und führten uns in die Richtung zurück, aus der wir gerade gekommen waren. Bei dieser Kehrtwendung kam ich an Rob vorbei, der mitten auf dem Weg saß. Entschlossen, ihn in meiner Nähe zu behalten, beugte ich mich zu ihm hinun-

ter und begann, ihn am Oberarm hochzuziehen. In dem Moment trat
einer der Rebellen vor mich und versetzte mir mit seinem Gewehrkolben einen so heftigen Stoß in den Magen, dass ich gegen Rob fiel, um
mich dann sofort wieder hochzuzerren und mich grob vor sich her-
zuschubsen.

Ich kämpfte um Luft und zwang mich gleichzeitig weiterzugehen.
Als ich mich wieder einigermaßen erholt hatte, sah ich mich nach Rob
um. Er war fünfzehn Meter hinter mir, saß immer noch auf dem Boden und war von einer Gruppe Rebellen umringt. Zusammen mit zwei
anderen Männern wurde er von der Gruppe abgesondert. Was sollte
das? Ich konnte mir keinen Grund denken, warum sie mit den drei
Männern zurückblieben. Vielleicht hatte es unter den Rebellen ja Streit
darüber gegeben, an welcher Stelle sie die Grenze zum Kongo überqueren sollten, und ein paar von ihnen waren dabei, sich abzusetzen,
und suchten sich jetzt Geiseln für ihre Flucht. Ich wusste, dass die
Aufteilung der Gruppe eine Katastrophe für uns bedeuten würde.

Rob saß mit angezogenen Beinen da und hatte die Arme um die
Knie geschlungen. Er wirkte völlig willenlos, unendlich erschöpft und
niedergeschlagen. Er sah mich direkt an – dieser Blick wird mich bis
ans Ende meines Lebens verfolgen. Eine innere Stimme sagte mir, dass
ich Rob niemals lebend wiedersehen würde, und ich hasste mich für
dieses Wissen und für die Ohnmacht, mit der ich diese Tatsache akzeptieren musste.

Als ich ihn so dasitzen sah, war ich den Tränen nahe und kurz davor aufzugeben. Die Erkenntnis, dass dieser Tag unausweichlich in einer Katastrophe enden würde, erdrückte mich fast. Als wir über den
Bergkamm zurückmarschierten, hielt ich bei jeder sich bietenden Gelegenheit über den Hang hinweg Ausschau nach Rob, in der Hoffnung, er würde uns folgen, aber er und die anderen Männer waren verschwunden.

Nachdem wir zehn oder fünfzehn Minuten zurückgelaufen waren, bogen wir auf einen erst vor kurzem in das Buschwerk geschlagenen Pfad
ein, der über einen steilen und rutschigen Hang auf die entfernte Berg-

kette im Südwesten zuführte, die die Grenze zum Kongo bildete. Einer der Rebellen warf ein Paar Schuhe weg, und ich merkte mir die Stelle, weil ich diesen neuen Weg nicht kannte. Falls wir mit dem Leben davonkämen, würde uns diese Markierung, ebenso wie die Schuhe, später vielleicht von Nutzen sein. Auf einem hohen Baum auf dem Hang etwas unterhalb von uns ließen sich fünf Große Blaue Turakos nieder. Sie befanden sich direkt auf unserer Augenhöhe, und aus reiner Gewohnheit beobachtete ich sie und machte auch die anderen auf die Vögel aufmerksam. Verständlicherweise nahmen sie nicht die geringste Notiz von ihnen.

Ich hatte hundertsiebzehn Rebellen gezählt, aber mir war klar, dass es noch mehr waren, weil ich nicht bis ans Ende der Kolonne sehen konnte. Außerdem waren einige Rebellen mit Rob und den anderen zurückgeblieben. Wir waren jetzt nur noch sechs Geiseln. Ich nutzte die Gelegenheit und stellte mich vor und fragte jeden nach seinem Namen: Die Schweizerin hieß Danja Walther, genannt Dani, sie blieb immer dicht bei Gary Tappenden, einem schmächtigen Mann mit gebleichten Haaren und Ohrringen. Michael Baker, ein groß gewachsener Australier, war derjenige, der angeboten hatte, bei dem Computerproblem zu helfen. Er war freundlich und hatte einen wachen Verstand und war trotz seiner bloßen Füße erstaunlich behände. Mark Avis war auf dem Marsch oft gestolpert und fiel immer wieder zurück. (Später erfuhr ich, dass ihm die Rebellen seine Brille weggenommen hatten.) Mitch Keifer, ein Kanadier, machte den Eindruck eines Gelehrten und verhielt sich still und zurückhaltend. Auch er blieb oft zurück. »Wir müssen von jetzt an eng zusammenbleiben«, sagte ich zu ihnen. »Ganz gleich, was passiert. Wir müssen unbedingt zusammenbleiben und dürfen uns nicht weiter als höchstens einen Meter voneinander entfernen.« Einige nickten stumm. Die Reaktion der anderen ließ mich daran zweifeln, dass sie meine Worte überhaupt vernommen hatten.

Auf dem Weg über den Hang hielten wir oft an und blieben jedes Mal etwa zehn Minuten stehen, vermutlich wegen des verwundeten Mannes auf der Trage, den die Rebellen am Morgen ins Camp gebracht hatten. In einer dieser Pausen begann einer der Geiselnehmer auf Französisch ein Gespräch mit Dani. Sie unterhielten sich eine ganze Weile, und ich sah, dass sie sogar ihre Adressen austauschten, die sie auf kleine Fetzen Papier schrieben. Als wir weitergingen, fiel mir auf, dass der Mann ständig taxierende Blicke auf Dani warf und sich immer in ihrer Nähe hielt, was mir gar nicht gefiel. Ich wusste, dass die Lord's Resistance Army, die weiter nördlich von Bwindi operierte und keinerlei Verbindung zu diesen Rebellen hatte, in den letzten zehn Jahren Hunderte und Aberhunderte von ugandischen Schulmädchen entführt und sie zu Dauergefangenen und Sklavinnen gemacht hatte. Sobald ich nahe genug an Dani herangekommen war, sagte ich ihr, sie solle diese freundschaftlichen Unterhaltungen besser bleiben lassen. »Es könnte ein böses Ende für dich nehmen, wenn du damit weitermachst«, sagte ich leise. »Tu so, als sei dein Französisch nicht so gut. Gib nur kurze Antworten.«

Sie sah mich entsetzt an, als sie begriff, worauf ich hinauswollte. Der Kerl setzte seine Annäherungsversuche fort, aber in der nächsten Pause tauschte ich den Platz mit Dani und schob mich vor sie, sodass ich nun zwischen ihr und dem Rebellen ging. Ich weiß zwar nicht, warum, aber der Trick funktionierte. Der Rebell blieb nicht zurück, um wieder in ihrer Nähe zu sein. Ich war erleichtert, aber immer noch auf der Hut. Dani war keineswegs außer Gefahr.

Als wir das nächste Mal anhielten, es war jetzt ungefähr eins, wurden von der Spitze des Zugs Wasserflaschen durchgereicht. Wir waren seit mehr als sechs Stunden in der Hand der Rebellen und hatten in der ganzen Zeit nichts zu trinken bekommen. Als ich das warme Wasser hinunterschluckte, dachte ich wieder an Bob und Susan. Man hatte sie höchstwahrscheinlich in ihrem Zelt getötet. Ich erinnerte mich an einen Zeitungsbericht über eine Touristengruppe, vier Neuseeländer, glaube ich, die einige Monate zuvor von Rebellen im Kongo gefangen genommen worden waren. Einen von ihnen hatte man freigelassen, aber die anderen drei waren seither verschwunden, und man wusste nicht einmal, ob sie tot oder noch am Leben waren. Standen uns Tage, Wochen oder sogar Monate des Herumziehens und der Gefangenschaft bevor? Oder würden sie uns an der Grenze, die jetzt nur noch wenige Kilometer entfernt war, einfach umbringen?

Der gut gekleidete Kikuyu unterbrach meinen Gedankengang.

»Wissen Sie, worum es in diesem Krieg geht?«, fragte er mich. Ein anderer Rebell stellte Dani die gleiche Frage auf Französisch.

Das war das erste Mal, dass die Rebellen einen Satz sagten, in dem es um Politik ging. Ich stellte mich dumm, tat so, als hätte ich dazu keine Meinung, aber er ließ nicht locker. »Wie können Sie schon so lange in Kenia leben und nicht wissen, wofür wir kämpfen?«, fragte er. »Sie müssen doch etwas zu der Sache zu sagen haben, um die es uns geht?«

»Sagen Sie mir doch, wofür Sie kämpfen«, antwortete ich. Verzweifelt bemühte ich mich, keine Parteinahme zu zeigen – ich wollte nicht, dass sie uns umbringen würden, nur weil ich für die falsche Seite war.

Sie berichteten von den Kriegen in Afrika, vor allem in Ostafrika, und erklärten, sie seien »auf der Jagd nach Tutsi«. Schließlich wurde mir klar, welches Ziel sie verfolgten. Wie ich vermutet hatte, waren sie Interahamwe, Hutu, die gegen die USA, Großbritannien – und Uganda – den Vorwurf erhoben, nach dem Massaker von 1994 eine von Tutsi geführte Regierung unterstützt zu haben. Unsere Entführung war ein terroristischer Akt, mit dem sie Schlagzeilen machen und so den Tourismus, der eine Haupteinnahmequelle Ugandas ist, schädigen, wenn nicht sogar zerstören wollten.

»Schreiben Sie auf, worum es Ihnen geht«, schlug ich ihm ruhig vor. »Ich werde Ihren Brief dem amerikanischen Botschafter überbringen und an die Presse weiterleiten.« Der Kikuyu sagte nichts. Wahrscheinlich durchschaute er mein Manöver und wusste, dass ich die Rebellen nur glauben machen wollte, dass es von Nutzen für sie wäre, uns am Leben zu lassen.

Während der nächsten Pause bat ich einen der Rebellen, Dani seine Ersatzstiefel zu überlassen. Sie hatte ihre Schuhe einer Geisel gegeben, die nicht mehr laufen konnte. Als er meine Bitte ablehnte, legte Dani ihren Kopf auf mein Knie und begann zu weinen. Gary saß auf der anderen Seite neben ihr. Einer der beiden Rebellen, die mich am Morgen geschlagen hatten, wollte wissen, was mit ihr los sei.

»Was zum Teufel denkst du denn, was mit ihr los ist?«, fuhr ich ihn wahrscheinlich viel zu heftig an. »Sie hat Angst, verdammt noch mal«, sagte ich auf Kisuaheli. »Ihr habt uns unsere Kleider weggenommen, uns bestohlen und geschlagen, und wir haben Angst, wir sind hungrig und müde.«

Freunde und Ehefrauen waren vor unseren Augen weggeführt worden. Wenn wir das Marschtempo nicht mehr durchhielten, uns verletzten oder versuchten, einem anderen zu helfen, würden unsere Namen vielleicht später auf der Liste der Vermissten oder Toten erscheinen. Wir waren seit sieben Stunden unterwegs, einige von uns barfuß, alle erschöpft. Was zum Teufel erwartete der Kerl eigentlich?

Mein Ausbruch war unüberlegt, aber er bewirkte wie durch ein Wunder, dass wir wenige Augenblicke später Wasser, Limonade und einen runden Laib Rosinenbrot bekamen. Ich verteilte es an die Gruppe und drängte jeden, etwas zu essen, vor allem Mark, der aussah, als sei er am Ende seiner Kräfte.

Der Kikuyu tauchte wieder auf. »Ihr braucht keine Angst zu haben«, sagte er mit unbewegter Miene auf Kisuaheli. »Es wird euch nichts passieren. Was erzählt ihr denen da draußen denn nach eurer Rückkehr?«

Zum ersten Mal seit Stunden sah ich einen Hoffnungsschimmer – zumindest einen schwachen. Vielleicht hatten wir für die Rebellen ja doch einen Nutzen. Ich griff nach diesem Strohhalm. Bemüht, mit ruhiger und entspannter Stimme zu sprechen, redete ich die ganze Zeit Kisuaheli; ich wollte nicht, dass die anderen Geiseln verstanden, worüber ich mit den Rebellen sprach, sie hatten schon genug damit zu tun, mit der momentanen Situation fertig zu werden. »Wir werden allen erzählen, dass ihr uns nicht verletzt habt, dass ihr uns zu essen gegeben habt und Wasser und Limonade.«

Der Kikuyu blieb hartnäckig und wollte wissen, was wir über ihren Kampf erzählen würden. Ich erklärte ihm, wir würden der Welt jede von ihnen gewünschte Botschaft überbringen, was immer sie wollten. Er beließ es zunächst dabei und ging weg, wenig später kehrte er jedoch zurück und wiederholte, dass wir keine Angst haben sollten, dass uns nichts geschehen werde. Ich verzichtete darauf, das für die anderen zu übersetzen. Ich sah keinen Sinn darin, ihnen Hoffnung zu machen, weil ich alles andere als überzeugt davon war, dass sie uns am Leben lassen würden.

Wir überquerten einen kleinen Fluss, aber die Rebellen erlaubten uns nicht, stehen zu bleiben und zu trinken. Dann wurden wir auf der anderen Seite einen steilen Hang hinaufgeführt. Von der Anhöhe aus konnte ich über das enge Tal sehen und einen Blick auf die Trage werfen. Ich wollte wissen, ob der Mann noch lebte oder bereits tot war. Es waren weder an seiner Kleidung noch auf dem Schlafsack, auf dem er lag, größere Blutflecken zu erkennen, allerdings schien er bewusstlos zu sein. Sein Kopf kippte mit jeder schaukelnden Bewegung der Trage von einer Seite auf die andere. Plötzlich sah ich, dass er kurz den rechten Arm hob. Er war also noch am Leben, wenn auch sehr schwach. Und er würde wahrscheinlich auch überleben. Es hätte doch wohl keinen Sinn, die ganze Gruppe wegen eines toten Rebellen aufzuhalten, der den Armeesoldaten, die vielleicht schon die Verfolgung aufgenommen hatten, nichts mehr verraten konnte.

In der nächsten Pause setzten der Kikuyu und ich unser Gespräch fort. Er wiederholte seine Frage, was ich der Welt erzählen würde. Ich versuchte, wie zuvor so neutral wie möglich zu bleiben, und schlug ihm erneut vor, alles aufzuschreiben, und ich versprach ihm, dafür zu sorgen, dass seine Nachricht an die Presse und in die Hände des amerikanischen Botschafters gelangen würde. Der Kikuyu sagte, ich solle mir keine Sorgen machen, sie würden uns um drei Uhr freilassen. Ich schaute auf seine Armbanduhr: zwei Uhr einundvierzig. Ich überlegte, ob ich es der Gruppe sagen sollte. Schließlich entschied ich mich dagegen, und um drei war ich froh, dass ich es nicht getan hatte, weil dieser Zeitpunkt verstrich, ohne dass auch nur das Geringste passierte.

Ich war nicht einmal besonders enttäuscht. Wir befanden uns auf keinem natürlichen Bergkamm, an keinem Fluss, in keinem Tal und an keiner Weggabelung – es gab nichts, was auf eine Grenze hingewiesen hätte. Wenn sie uns tatsächlich gehen lassen würden, dann wäre es an einer solchen Stelle.

Etwa vierzig Minuten später erreichten wir ein Stück verbranntes Land, das sich etwa zweihundert Meter unterhalb des Bergkamms befand, der die Grenze zum Kongo markierte. Offensichtlich hatten die Bewohner eines Dorfes ein Stück Wald abgebrannt, um Felder anzulegen. Ich prägte mir einen umgestürzten verkohlten Baumstamm und einen ebenfalls umgestürzten, aber noch schwelenden Baum ein, die uns später den Weg zurück in den Wald zeigen würden. Von hier aus wäre es selbst bei Mondlicht nicht schwer, dem ausgetretenen Pfad ins Camp zu folgen.

Auf der Spitze des Bergkamms blieben wir alle stehen. Der Himmel hatte sich grau überzogen, und durch das Blätterdach der Bäume fiel leichter Regen. Die anderen fünf Geiseln setzten sich. »Weiter gehen wir nicht«, sagte ich zu ihnen. »Keinen Schritt mehr, egal, was passiert.« Die Rebellen merkten, was los war, sie kamen von drei Seiten auf uns zu und bildeten einen Kreis um uns. Wir sahen uns mehr als hundert erfahrenen Mördern mit Maschinengewehren und Macheten gegenüber. Der Druck und die Angst waren kaum noch auszuhalten. Ich beschloss, mich freiwillig zu melden, falls die Rebellen einen von uns zu ihrem Schutz in den Kongo mitnehmen wollten. Außerdem wollte ich, was immer auch geschehen würde, Dani schützen. Als einzige Frau in der Gruppe war sie das attraktivste Opfer.

Die Soldaten stellten die Trage mit dem Verletzten ein paar Meter von uns entfernt unter einem großen Baum ab, und einige von ihnen blieben in der Nähe stehen. Einer der Rebellen trat gegen Garys Füße und gab ihm durch Gesten zu verstehen, dass er seine Schuhe ausziehen solle. Auch meine Schuhe wollte einer, aber ich sah einfach weg. Gary trug keine Socken, und seine Fußnägel waren grün lackiert – ein groteskes Überbleibsel aus einer anderen Welt.

Der Soldat, der sich während unseres Marsches hin und wieder mit Dani unterhalten hatte, kam jetzt auf sie zu. »Ich nehm die da«, sagte er auf Kisuaheli. Er sah sich um und richtete den Blick auf Gary mit seinen grünen Fußnägeln, den Ohrringen und dem gefärbten Haar. »Und du kommst auch mit.« Ich war mir nicht ganz sicher, aber ich nahm an, dass er Gary für eine Frau hielt. Der Rebell sprach Kisuaheli und nicht französisch, doch Dani kapierte, worum es ging, als er sie brutal an den Haaren hochriss, nach ihrem Gesicht fasste und sie an sich zog.

Ich spürte den unwiderstehlichen Drang, irgendetwas zu tun. Nicht etwa, weil ich besonders mutig war, nein, ich war wütend und hatte

Angst, und eigentlich hatte ich mich schon in unser Schicksal ergeben. Ich riss Dani an den Schultern zurück und hielt sie fest, als der Soldat versuchte, sie wegzuziehen. Das Ganze war wie ein dummer Wettstreit, den ich gewann, weil Dani plötzlich vor meinen Füßen zusammenbrach. Und da endlich verlor sie die Fassung und fing an, heftig zu schluchzen. Überrascht starrten die Rebellen sie an. Ich nahm die Jacke, die sie um ihre Taille geschlungen hatte, und deckte sie damit zu. Dann sagte ich ihr, sie solle still liegen bleiben. Laut grölend kamen die Soldaten näher heran, und ich presste Dani fester an mich. Einer fragte sie, warum sie weine. Selbst den Tränen nahe, wütend und zu Tode verängstigt, brüllte ich ihn ungefähr mit den gleichen Worten an wie seinen Kumpan eine Stunde zuvor. Das ließ zumindest ihr albernes Gelächter verstummen.

Ich wandte mich an den Kikuyu-Anführer, der in der Nähe stand, und erinnerte ihn fast schreiend daran, er habe mir versprochen, dass uns nichts geschehen würde, und was sei jetzt? Zuerst ging er nicht darauf ein, dann begannen er und die anderen, Fragen zu stellen, was wir täten, welche Berufe wir hätten, wo wir lebten – alles auf Kisuaheli, und ich übersetzte die Fragen auf meine Art. »Keiner von euch ist Arzt, nicht wahr?«, fragte ich. Wir durften keinen Nutzen für sie haben. Wir durften keine Fernmeldetechniker, Elektronikexperten oder Mediziner sein, zumindest nicht, wenn wir nicht den Rest unserer Tage im Kongo verbringen wollten. Wir konnten noch nicht einmal kochen. Ich behauptete noch einmal, ich sei Lehrer in Kenia. Alle anderen seien Studenten, das erschien mir am sichersten.

»Ich will mein Messer zurück«, erklärte ich – bat ich. Diese Bitte ließ alle verstummen. Die Rebellen erkundigten sich, was ich da eben gesagt hätte. »Ich will mein Messer zurück. Jemand hat es mir gestohlen. Es ist ein ganz besonderes Messer, und ich will es jetzt zurückhaben.«

»Wer hat es genommen?«, fragte der Kikuyu. Nachdem ich den Kerl beschrieben hatte, schickte er tatsächlich einen der Rebellen los, um herumzufragen. Er kehrte mit einem Schweizer Armeemesser zurück.

»Das ist nicht mein Messer!«, sagte ich und warf es auf den Boden. Erstaunt wichen die Rebellen einen Schritt zurück und sahen ihren

Kommandanten an. Ich ließ nicht locker und beschrieb mein Messer noch einmal. Für die Rebellen kam mein Ausbruch völlig unerwartet, und sie wirkten etwas verunsichert, deshalb preschte ich nochmals vor, in dem verzweifelten Versuch, Boden zu gewinnen. Es tat gut, wenigstens wieder etwas von meiner alten Selbstsicherheit zu spüren, nachdem ich mich so lange völlig hilflos gefühlt hatte, und wenn ich heute zurückblicke, denke ich, es hat letztlich vielleicht dazu beigetragen, dass sie uns gehen ließen. Das psychologische Gleichgewicht hatte sich ganz offensichtlich verschoben. Das war vielleicht die Rettung für uns.

In diesem Augenblick wurde ein Schwarzer mit einer Schnittwunde über dem rechten Auge zu uns geführt. Ich nahm natürlich an, dass er zu den Rebellen gehörte, und erklärte ihm, dass einer der anderen eine Tinktur habe, mit der er die Verletzung behandeln könne.

»Ich bin eine Geisel«, sagte er überrascht. Er sei kein Rebell, sondern einer von uns, ein Fahrer aus dem Camp, was wiederum mich überraschte. Er war mir den ganzen Tag über nicht aufgefallen. Sein Name war Masindi. Sie hatten ihn zum Arbeiten mitgenommen, und er hatte an der Spitze des Zugs gehen müssen, um den Weg freizuschlagen. Masindi ließ sich erschöpft neben die anderen Geiseln sinken. Ich blieb stehen und musterte sie, wie sie da saßen, ihre schmutzverkrusteten Arme, ihre übel zugerichteten Füße, die zerrissene Kleidung. Sie ließen die Köpfe hängen und hielten die Augen auf den Boden gerichtet. Allen stand noch immer die Angst ins Gesicht geschrieben.

Es war inzwischen vier Uhr vorbei. Ich hatte die Zeit von meiner eigenen Uhr ablesen können, die am Handgelenk des gut gekleideten Kikuyu hing. »Drei von uns werden bei euch bleiben, wenn ich und die anderen gehen«, sagte er zu mir.

Wozu sollte das gut sein? Sie würden uns umbringen, darum ging es! Warum sollten sie sonst mit uns zurückbleiben? Ich gab die Mitteilung an die anderen weiter und sagte ihnen, sie sollten sich ruhig verhalten. Als ich mich wieder dem Kikuyu zuwandte, hielt er Papier und einen schwarzen Federhalter in der Hand. Er hatte zwei Seiten voll geschrieben. »Lesen Sie das, und übersetzen Sie es für Ihre Gruppe.«

»Ich kann kein Französisch«, sagte ich. »Außerdem regnet es, und die Schrift wird verwischen.«

»Dann übersetzen Sie das, was ich sage«, erwiderte er.

Auf diese Weise erfuhren wir schließlich, dass unsere Geiselnehmer eine von vier Rebellengruppen in diesem Gebiet waren, die alle aus Kigali in Ruanda stammten; dass für sie ganz Afrika und nicht nur Ostafrika Kriegsgebiet war und dass sie beim nächsten Mal alle Geiseln sofort umbringen und keine Gefangenen machen würden, ohne Rücksicht auf Geschlecht, Rasse oder Nationalität. Hatten wir das verstanden? Alle würden sterben.

Ich übersetzte seine Rede für die anderen, und wenn er meinte, meine Übersetzung sei nicht lang genug und müsse daher unvollständig sein, drängte er mich, nichts auszulassen und bis zum Ende zu übersetzen. Ich bemerkte, dass sich die Männer an ihren Waffen und ihrem Gepäck zu schaffen machten, als bereiteten sie sich auf den Weitermarsch vor. Der Kommandant war mit seiner Ansprache fertig, und ich faltete seine Botschaft zusammen und steckte sie in meine Hemdentasche. Dann muss mich der Teufel geritten haben, als ich ihn bat, mir meine Uhr zurückzugeben.

Er sah mich einen Augenblick lang schweigend an und sagte: »Kaufen Sie sich eine neue.« Und dann waren er und die anderen weg, einfach so, sie gingen über die Lichtung und verschwanden im Dschungel, über die Grenze in den Kongo. Bevor wir Gelegenheit hatten, uns Gedanken über die drei Rebellen zu machen, die bei uns geblieben waren, drehten auch diese sich um und folgten ihrer Truppe in den Wald.

Wir waren wieder allein. Ich konnte es einfach nicht glauben. Ich konnte diese Männer beschreiben, ich kannte sogar von einigen die Namen. Trotzdem waren wir frei. Frei, aber noch lange nicht in Sicherheit. Keiner sagte ein Wort. Vorsichtig standen wir auf. Wir fielen uns nicht in die Arme, es gab keine Jubelschreie, wir waren wie betäubt.

12

Der Weg zurück

Die Rebellen zogen sich in den Dschungel zurück, und dann waren sie auf einmal weg.

Inzwischen hatte der Regen nachgelassen und war nur mehr ein leichtes Nieseln. »Wir brauchen uns nicht zu beeilen«, sagte ich zu den anderen. Ich holte tief Luft und versuchte, mich zu beruhigen und zu begreifen, dass wir tatsächlich wieder frei waren. »Wir haben Zeit. Keiner ist verletzt. Wir gehen ganz langsam und helfen uns gegenseitig beim Abstieg. Ihr wisst ja, dass beim Bergsteigen die meisten Unfälle während des Abstiegs passieren, wenn man mit seinen physischen und psychischen Kräften am Ende ist.« Der Weg durch den Wald müsste leicht zu finden sein – schließlich waren mehr als hundert Leute darüber getrampelt. Dann kam mir plötzlich ein beunruhigender Gedanke. »Hat einer von euch bemerkt, ob die Rebellen Landminen dabeihatten?«

Diese Aussicht war nicht gerade ermutigend. Unsere Geiselnehmer konnten durchaus auf die kluge Idee gekommen sein, Landminen zu legen. Wenn auch nur eine hochging, wäre jeder Verfolger gezwungen, den Pfad zu verlassen, und müsste wertvolle Zeit damit verschwenden, parallel zum eigentlichen Pfad einen neuen zu bahnen. Aber keiner von uns hatte irgendwelche Landminen gesehen.

Masindi, der Fahrer, lief fast panisch und viel zu schnell voraus. Die anderen folgten ihm unter meiner Führung. Ich musste Mitch buchstäblich festhalten, damit er nicht ebenfalls loslief, und obwohl wir ein recht langsames Tempo angeschlagen hatten, baten mich einige, noch langsamer zu gehen. Das Terrain war trotz der Abschüssigkeit gar nicht so schlecht zu begehen, aber wir schlitterten und stolperten die ganze Zeit. Mark Avis hatte einen bösen Sturz, bei dem er sich das Bein verrenkte. Da ihm die Rebellen seine Brille weggenommen hatten, konnte er kaum sehen, wo er hintrat. »Es kann nicht mehr lange dauern, bis wir zum Hauptweg kommen!«, sagte ich, um uns Mut zu machen und alle bei der Stange zu halten. »Und wenn wir es bis Einbruch der Dunkelheit nicht schaffen, dann warten wir eben, bis der Mond aufgegangen ist.«

Als Dani und ich an einem Bach die Wasserflaschen füllten, fragte einer aus der Gruppe, ob man das Wasser überhaupt trinken könne. Zum ersten Mal an diesem Tag musste ich lächeln. Trink einfach, wollte ich sagen. Ich lauschte den Vogelrufen. Es waren einige Große Blaue Turakos zu hören, vielleicht dieselben, die ich schon am Vormittag vernommen hatte, gefolgt vom Ruf eines Haarbrust-Bartvogels. Ich war überrascht, dass sie noch da waren, dass im Wald offenbar alles seinen gewohnten Gang ging. Den Wald hatte ich ganz vergessen.

»Ich denke, wir sollten ein Dankgebet sprechen, dass wir noch am Leben sind«, sagte Michael Baker, der Australier. »Und eine Fürbitte für die anderen.« Ich nickte, einigen von uns würde es vielleicht helfen, schaden konnte es jedenfalls nicht. Wir fassten uns an den Händen, Michael hob an zu sprechen und forderte dann die anderen auf, auch etwas zu sagen.

Einer der anderen ergriff kurz das Wort, seine Stimme klang in dem riesigen Wald ganz verloren. Ich wünschte, ich hätte auch ein paar Worte sagen können, aber es gab noch so viel zu tun, noch so viele Unwägbarkeiten lagen vor uns. Zu diesem Zeitpunkt erschien mir ein Gebet unangemessen, dazu war es für mich noch zu früh oder bereits zu spät.

Wir machten uns wieder auf den Weg, und ungefähr eine halbe Stunde später trafen wir auf einen kleinen Trupp bewaffneter Soldaten. Im ersten Moment ließ uns ihr Anblick zusammenzucken, da wir nach den Ereignissen dieses Tages jedem Menschen mit einem Gewehr in der Hand mehr als argwöhnisch gegenüberstanden, aber ihre Uniformen flößten mir Vertrauen ein. Wie sich herausstellte, waren es Ugander, die uns und die Rebellen verfolgt hatten. Ich berichtete ihnen alles, was ich über die Geiselnehmer wusste, klärte sie über deren Anzahl und Bewaffnung auf und zeigte ihnen die Kammlinie über dem Tal, wo wir freigelassen worden waren. Der gerodete Fleck war noch immer leicht auszumachen. Die Soldaten gerieten über meinen Bericht furchtbar in Wut. Sie machten sich sofort kampfbereit und erklärten, dass sie die Rebellen auf der Stelle unter Beschuss nehmen würden, was natürlich zur Folge gehabt hätte, dass diese zurückschössen. Ich wollte nur noch weg. »Ihr bleibt bei uns«, sagte der Kommandant.

»Nein«, sagte ich entschieden, »das tun wir ganz bestimmt nicht.« Als sie darauf bestanden, drängte ich Dani ein Stück vorwärts und sagte den anderen, sie sollten weitergehen, ich würde ihnen gleich folgen. Einer der Soldaten verlangte erneut, dass wir bei ihnen blieben, aber jetzt reichte es mir endgültig. Ich stieß ihn zurück, und er stürzte über einen abgebrochenen Ast. Als er sich wieder hochgerappelt hatte, brachte ich ihn mit einem wütenden Blick zum Schweigen. »Seid ihr da, um gegen uns oder gegen die Rebellen zu kämpfen?«, brüllte ich ihn an, und dann ging ich an ihm vorbei zu meiner Gruppe. »Geht! Geht!«, rief ich ihnen zu. »Jetzt macht schon!«

Der Befehlshaber der Soldaten erklärte, dass uns zwei Soldaten ins Camp zurückbegleiten würden. »Tut, was ihr nicht lassen könnt. Wir verschwinden jedenfalls.«

Wir kamen zu dem grasbewachsenen Pfad, der ins Tal hinunter und zu unserem Camp führte, und ich entdeckte die Schuhe, die der Rebell weggeworfen hatte, und gab sie Masindi. Ich hatte den anderen bereits gesagt, dass ich mich an dieser Stelle von ihnen trennen würde, um mich auf die Suche nach Rob zu machen, weil ich ihn hier zuletzt gesehen hatte, auf dem Pfad, der von hier aus in Richtung Norden führte. Doch jetzt, als wir an der Kreuzung angekommen waren und ich die Angst in den Augen der anderen sah, fragte ich mich, ob ich nicht besser bei ihnen bleiben sollte. Es war schon fast dunkel, und wir hatten noch einen langen Weg vor uns – und was auch immer Rob und den anderen beiden widerfahren war, daran ließ sich wahrscheinlich nichts mehr ändern. Es hatte keinen Sinn, noch länger darüber nachzudenken, ich musste sofort entscheiden, wo ich meine verbliebenen Kräfte am sinnvollsten einsetzen konnte.

Noch während ich hin und her überlegte, tauchten die beiden Soldaten unseres Begleitschutzes neben mir auf. »Jemand muss nach meinem Freund suchen«, sagte ich zu ihnen. »Die Rebellen haben ihn dort entlanggeführt.« Ich deutete auf den Pfad.

Die Soldaten erklärten, es sei schon ein Trupp losgeschickt worden, um den Weg abzusuchen, auf dem ich Rob das letzte Mal gesehen hatte. Damit war die Sache entschieden. Die Soldaten sollten nach Rob suchen, während ich mit meiner Gruppe weiterging.

Nachdem wir vielleicht zwanzig Minuten gegangen waren, gelangten wir auf eine kleine Anhöhe, und von dort oben sah ich rechts neben dem Pfad drei Körper liegen.

Einige Soldaten näherten sich ihnen gerade aus der entgegengesetzten Richtung. »Bleibt hier«, sagte ich zu Dani und den anderen. Jetzt bemerkten auch sie die drei leblosen Gestalten und ließen sich wortlos und erschüttert auf den Boden sinken. Ich ging hinunter, übermannt von Entsetzen und der schrecklichen Gewissheit über das Schicksal meiner Freunde, an das zu denken wir die letzten Stunden vermieden hatten. Es gibt keine Worte, die das Grauen, das ich empfand, beschreiben könnten.

Ich erkannte Susan Miller sofort an ihrer grünen Hose und der gelben Bluse. Ihr linker Arm ragte in die Luft, offensichtlich hatte die Totenstarre schon eingesetzt. Sie war über und über von Blut bedeckt; man hatte ihr mit mehreren Machetenhieben den Schädel gespalten. Die beiden anderen Frauen erkannte ich nicht; sie hatten tiefe Wunden und waren ebenfalls blutüberströmt. Eine lag auf dem Rücken, ihre Kleider waren bis über ihre Hüften hochgeschoben. Offenbar war sie vergewaltigt worden.

Ich wich zurück und ließ mich schluchzend und würgend auf den Boden fallen. Es war, als hätte mich jemand mit einem heftigen Schlag niedergestreckt. Schreckliche Gedanken fuhren mir durch den Kopf: Wer war zuerst getötet worden? Wer hatte den Gräueltaten zusehen, zuhören müssen? Susan war umgebracht worden. Ihr Leben musste eine Viertelstunde nach dem kurzen Abschied von Rob beendet worden sein. Ich dachte an Rob, ich hatte keine Ahnung, ob er noch am Leben war – und wenn er wusste, dass Susan tot war, wäre er dann nicht auch lieber tot?

Ich versuchte verzweifelt zu begreifen, was geschehen war. Als man Susan erlaubt hatte, sich auf den Rückweg zu machen, war sie offensichtlich von ein paar Rebellen begleitet worden. Aber statt sie zurück ins Camp zu führen, wo zu diesem Zeitpunkt bereits die ugandische Armee eingetroffen sein musste, hatten sie wohl einfach gewartet, bis wir außer Sichtweite waren, und sich dann einen stundenlangen Marsch und das Risiko eines Angriffs durch die Armee erspart, indem sie Susan und die anderen Frauen auf der Stelle getötet hatten. Aber das Ganze blieb noch immer unfassbar.

Langsam stieg ich den Weg wieder hinauf und erklärte der Gruppe, dass eine der Frauen mit Sicherheit Susan sei und eine der anderen möglicherweise Linda Adams. Wie erstarrt blieben wir sitzen, während die Soldaten drei Bahren zusammenbauten, die Leichen, deren Köpfe sie in Tücher gewickelt hatten, darauf legten und sich dann wieder auf den Weg machten. In einiger Entfernung folgten wir ihnen, hin und wieder fiel jemand hin, und ich hoffte, dass die anderen nicht die dunkelroten Blutflecken entdecken würden, die in regelmäßigen Abständen auf dem von Blättern bedeckten Pfad zu sehen waren. Aber keiner sagte ein Wort. Wir brauchten zur Straße länger, als ich gedacht hatte, und kamen erst mit dem letzten Tageslicht dort an.

Der Kommandant der ugandischen Armee erwartete uns am Eingang zum Camp. Er nahm mich beiseite, um mir die schlechten Nachrichten zu überbringen. Der Parkwächter war umgebracht worden, man hatte ihm zuerst Arme und Beine gebrochen und ihn dann bei lebendigem Leib verbrannt. Von fünf Touristen hatte man die Leichen gefunden, die drei Frauen, die wir auf dem Weg entdeckt hatten, und ein Paar aus Großbritannien, das sich an diesem Morgen geweigert hatte mitzugehen. Man sagte mir, dass den beiden wohl einfach nicht klar gewesen wäre, was da vor sich gegangen sei – das Ganze sei so unglaublich gewesen, dass sie den Überfall nicht ernst genommen hätten, und deswegen hatten sie sterben müssen.

Langsam ging ich wieder zu meinen Leuten zurück, die noch immer unter Schock standen und sich aneinander drängten, und gab die schlechten Botschaften weiter. Erst jetzt kam mir zu Bewusstsein, dass Mark Avis schon früh an diesem Tag von seiner Frau Rhonda getrennt worden war. Der Anblick der drei Frauen auf dem Pfad hatte ihn sehr mitgenommen, und er hatte es wohl nicht über sich gebracht nachzusehen, ob eine der Frauen Rhonda war.

Ein zweiter Kommandant stellte sich uns vor und sprach uns mit ernster Miene sein Beileid aus. »Geben Sie mir bitte sofort Bescheid, wenn Ihr Suchtrupp meinen Freund Robert Haubner entdeckt«, sagte ich. »Vielleicht ist er noch irgendwo da draußen, zusammen mit den beiden anderen vermissten Geiseln.«

Der Kommandant starrte mich an. »Da draußen sind noch Leute?«

Mit Entsetzen wurde mir klar, dass diese Armeeeinheit weder von Rob und den beiden Männern noch von anderen Leuten, die möglicherweise dort draußen waren, etwas wusste. Die Soldaten, die uns begleitet hatten, hatten gelogen, als sie behauptet hatten, es sei ein Suchtrupp losgeschickt worden. Es gab überhaupt keinen Suchtrupp.

Man hatte mich in die Irre geführt, belogen. Und nun quälte mich der schreckliche Gedanke, dass Rob vielleicht noch immer in der Wildnis herumirrte und wir wertvolle Zeit verloren hatten. Ich hätte bei meinem Entschluss bleiben und die andere Strecke gehen sollen. Ich machte mir bittere Vorwürfe.

Da diese Leute mir schon einmal eine Lüge aufgetischt hatten, glaubte ich dem Kommandanten nicht, als er jetzt sagte, dass Bob McLaurin und Susan Studd am Leben seien. Sie hätten sich an diesem Morgen während des Überfalls außerhalb ihres Zeltes versteckt. Das erschien mir schlichtweg nicht möglich. »Ihre Freunde sind nicht mehr hier. Sie sind schon in Kampala«, erklärte er.

Wenn das, was er sagte, der Wahrheit entsprach, dann mussten irgendwann Leute von der Botschaft im Camp gewesen sein und die Rettung organisiert haben. Im Moment war jedoch, abgesehen von dem Armeekontingent, nichts von der Anwesenheit irgendwelcher offiziellen Vertreter zu bemerken. Es waren mindestens sechzehn Leute vier oder fünf verschiedener Nationalitäten entführt worden. Aber keiner war da, der sich um die medizinische Versorgung kümmerte oder das Nötige veranlasste, um uns zurück in die Hauptstadt zu bringen. Besorgt drang ich weiter auf den Kommandanten ein. Er versicherte mir, dass die anderen Touristen noch am selben Morgen evakuiert worden seien, nur wenige Stunden, nachdem der Angriff erfolgt sei. Offensichtlich hatten die Botschaften nicht damit gerechnet, dass noch irgendwelche Überlebenden auftauchen würden. Aber wir waren am Leben – wenn auch mehr schlecht als recht –, und nach und nach dämmerte uns, dass wir auf uns allein gestellt waren. Wie sollten wir hier wegkommen?

Masindi verließ das Camp mit einigen seiner Freunde, und ich schickte den Rest der Gruppe hinunter zum Mantana-Camp, das nicht überfallen worden war und wo man sich um sie kümmern und sie mit Tee und Decken versorgen würde. »Ihr werdet bald furchtbar frieren«, erklärte ich ihnen. »Das ist bei einem Schock immer so. Trinkt also, packt euch in die Decken ein und bleibt beisammen.« Diese letzte Anweisung war völlig überflüssig. Sie machten sich schon auf den Weg, gleichzeitig erleichtert und voller Angst, mich und diesen Ort zu verlassen, an den wir uns so sehr zurückgewünscht hatten.

Ich blieb noch eine Weile im Camp und teilte dem Armeekommandanten alles mit, was ich wusste. So genau wie möglich erklärte ich ihm, wo wir Rob und die anderen zuletzt gesehen hatten. Ich nannte ihm die Namen der drei Rebellenanführer und beschrieb den gut gekleideten Kikuyu, der möglicherweise ein kenianischer Soldat war. Als sich der Kommandant erkundigte, wie wir entkommen waren, erwähnte ich den Brief, den zu überbringen ich angeboten hatte. Er wollte ihn sehen, aber ich sagte ihm, dass ich ihn der amerikanischen Botschaft übergeben wolle.

Schließlich wagte ich mich in das Abercrombie-&-Kent-Camp, wo ich in der Dunkelheit von Zelt zu Zelt ging. Das Lager machte den Eindruck, als sei es seit Jahren verlassen, überall lagen Müll und Glasscherben herum. Selbst die Äste, die über dem Pfad hingen, waren zerbrochen und verdorrten bereits. Die geisterhafte Stille, die im ganzen

Camp herrschte, machte meinen einsamen Erkundungsgang noch viel beängstigender. Ich erwartete jeden Augenblick, dass sich mir ein bewaffneter Rebell in den Weg stellen würde. Als ich am Zelt von Rob und Susan angelangt war, schob ich die Planen zur Seite und zwang mich dazu hineinzugehen. Wie versteinert blieb ich stehen. Das Bettzeug war zerrissen, die Kissen waren auf den Boden geworfen, und mitten in dem Durcheinander lagen Zahnpasta, Rasierapparat und eine Haarbürste. Einen Augenblick lang stand ich nur da, zitternd, dann hielt ich es nicht mehr aus. Ich musste hier raus. Am Eingang des Camps entdeckte ich ein Fahrrad. Ich schnappte es mir und schlug den Weg Richtung Mantana ein.

Als ich wieder zu den anderen stieß, saßen sie in Decken gehüllt da und tranken Limonade. Ich bat um einen Becher Tee und fragte, ob wir alle duschen könnten. Dann schickte ich sie paarweise los, damit immer einer vor der Dusche Wache halten konnte, während sich der andere wusch.

Unser Abendessen bestand aus Hühnchen mit Reis, es tat uns allen gut. Die anderen wollten nicht jeweils zu zweit in einem Zelt schlafen, wie ich vorgeschlagen hatte, sondern beschlossen, in einem der Zelte Matratzen auf den Boden zu legen, damit wir dort alle zusammen schlafen könnten. So kam es, dass ich die Nacht zwischen Mitch und Dani liegend verbrachte.

Keiner von uns bekam ein Auge zu. Ich hatte meinen Arm um Dani gelegt, die die ganze Nacht über leise vor sich hin weinte. Mitch schreckte mindestens zwei Mal hoch, und ich konnte im Mondlicht, das durch den Eingang fiel, die Tränen in seinen Augen sehen. Ich setzte mich auf und umarmte ihn, mir fiel nichts ein, was ich hätte sagen können. Ich fühlte mich hilflos, verzweifelt und unendlich traurig.

Irgendwann später fragte mich Mark Avis, ob ich ihm helfen würde, seine Frau unter den Leichen zu identifizieren, die offen im Mondschein auf dem kiesbedeckten Parkplatz lagen.

Ich ging mit ihm hinaus. Mark, noch immer ohne Brille, beschrieb mir die Kleidung von Rhonda. Ich betrachtete die Leichen – alle waren von oben bis unten bedeckt mit Blut, das im Mondlicht zu glühen schien – und versuchte herauszufinden, ob eine der Toten Marks Frau

war. Ich konnte es nicht. Mark ging langsam vor mir her zurück zum
Zelt.

Ein paar Stunden später bat er mich, es noch einmal zu versuchen,
und wieder verließen wir das Zelt und gingen hinaus auf den mond-
beschienenen Parkplatz. Wieder gelang es mir nicht, Rhonda zu identifizieren, obwohl mir Mark erneut mit zitternder Stimme ihre
Kleidung so genau wie möglich beschrieb. Unsere Stimmen durchschnitten die tiefe, feierliche Stille, die über dem Wald lag. In den afrikanischen Steppen ist immer irgendein Geräusch zu hören, das über
das Gras geweht wird und meist von irgendeinem Raubtier stammt;
hier aber war es außergewöhnlich still; selbst die Luft schien den Atem
anzuhalten.

Wieder etwas später erhob ich mich von unserem Lager, um den pa-
trouillierenden Soldaten zu sagen, sie sollten bitte nicht mehr an unserem Zelt vorbeilaufen. Das Geräusch ihrer Schritte versetze uns alle
in Panik. Wie Schatten verschwanden sie in der Dunkelheit.

Gegen Morgen hörte ich, dass draußen jemand leise meinen Namen
rief. Ich setzte mich auf und rief genauso leise, erhielt aber keine Antwort. Vielleicht zwanzig Minuten später, als ich gerade wegzudäm-
mern begann, hörte ich die Stimme von neuem rufen. Wer konnte das
sein? Auch diesmal blieb auf meine Antwort hin alles still. Ich ging
vors Zelt, konnte jedoch niemanden entdecken. Plötzlich von Trauer
überwältigt, ließ ich mich zu Boden sinken und brach in Tränen aus.
»Wo bist du? Wo bist du?«, rief ich. »Bitte, bitte sprich mit mir. Erklär es mir, erklär es mir doch!«

Um mich herum war nichts als die stille, einsame Nacht. Ein paar
von uns waren tot, andere wurden vermisst, und wir waren noch immer hier, völlig schutzlos, wir konnten niemanden verständigen, niemand hatte auf uns gewartet, alle hatten gedacht, wir wären tot. Dies
war die längste, schwärzeste Nacht meines Lebens, und ich glaube, den
anderen ging es genauso, besonders Mark Avis. Ständig erwarteten
wir, Schüsse zu hören, und klammerten uns an die Hoffnung, ihr Ausbleiben bedeute, dass die Vermissten nicht getötet worden seien. Aber
es bedeutete nur, dass man sie nicht erschossen hatte.

Die ersten Drosselrufe empfand ich geradezu als Segen. Das Licht, so lange es auch gebraucht hatte, kam nun endlich hervor, und mit Erleichterung vernahmen wir die üblichen Geräusche des erwachenden Camps. Wir tranken schnell Kaffee oder Tee und aßen die Kekse, die uns von den besorgten, freundlichen Mitarbeitern gebracht wurden. Ein weiteres Mal bat mich Mark Avis, ihm zu helfen herauszufinden, ob sich seine Frau unter den fünf Toten befand, die noch immer unbedeckt auf dem Parkplatz lagen und im Tageslicht schwärzlich, blutig, geschunden und verstümmelt aussahen. Seine Beschreibung allein reichte nicht aus, um sicher sein zu können, ob eine von ihnen Rhonda war.

Wir blieben eng nebeneinander auf dem Zeltboden sitzen, nicht willens oder fähig, hinauszugehen und uns dem neuen Tag zu stellen. Ein kleiner Wagen hielt vor dem Zelt. Der Fahrer war ein Weißer namens John, der ein Camp in Kampala betrieb; im Grunde war es eine Art Raststätte mit Übernachtungsmöglichkeit für Leute, die sich auf der Durchreise befanden. John hatte von dem Überfall bei Bwindi gehört und war in der Nacht die vierhundert Kilometer von Kampala hierher gefahren, um uns seine Hilfe anzubieten. Er war lebhaft, sprach schnell, bewegte sich schnell und war entschlossen, alles so schnell wie möglich auf die Reihe zu bekommen. Sein Auftauchen war eine ungeheure Erleichterung. Jetzt wo John da war, sahen wir eine Möglichkeit, hier herauszukommen. Ich konnte noch immer nicht begreifen, wie man uns hier so mutterseelenallein zurücklassen konnte.

John meinte zwar, dass man vor halb neun wahrscheinlich niemanden in Kampala erreichen würde, aber dann schaffte er es doch, zum dortigen Fremdenverkehrsamt durchzukommen, das für das Mantana-Camp zuständig war. Der Mann am anderen Ende der Leitung wollte die Namen und Nationalitäten der Überlebenden wissen. Ich musste einige Male zwischen Zelt und Funkgerät hin- und herlaufen und abwechselnd übersetzen, um sämtliche Informationen zusammenzubekommen. Als ich fragte, ob es Pläne gäbe, uns auszufliegen, sagte der Mann in Kampala, davon wisse er nichts, er würde aber die Botschaften anrufen, um es in Erfahrung zu bringen. Ich sagte, dass ich mich um neun Uhr wieder melden würde. Es fiel kein Wort über irgendwelche offiziellen Vertreter der amerikanischen, australischen, schweizerischen oder ugandischen Regierung.

In der Zwischenzeit hatten die anderen beschlossen, zu dem alten Camp zu gehen, das geplündert, abgebrannt und zerstört worden war, um zu schauen, wie es dort aussah. Ich bat sie zu warten, bis wir wüssten, wie die Pläne für unsere Evakuierung aussähen. Dann ging ich zum Kommandanten und fragte ihn, ob es irgendwelche Nachrichten von Rob und den anderen Vermissten gebe. Nichts. »Sie haben sich nicht per Funk gemeldet?«, fragte ich.

»Wir haben leider keinen Funkkontakt zu den Soldaten, die auf Patrouille sind«, bekannte der Kommandant. Ich war wie vor den Kopf geschlagen. »Aber unsere Truppen suchen noch immer nach Ihren vermissten Leuten«, versicherte er mir. Ich hätte es gerne geglaubt.

Wo war Rob Haubner? Ich kannte ihn als einen ruhigen, methodisch denkenden Mann, und wenn die Rebellen ihn laufen gelassen hätten, wäre er bestimmt imstande gewesen, seinen Schock zu überwinden und den Weg ins Camp zurückzufinden. Da er noch nicht wieder aufgetaucht war, ließ sich nur der Schluss ziehen, dass er entweder tot war oder dass die Rebellen ihn als Geisel über die Grenze in den Kongo verschleppt hatten. Beide Aussichten erschreckten mich zutiefst.

Unwillkürlich stiegen Erinnerungen an unsere gemeinsamen Safaris in mir hoch. Ich sah Rob und Susan, wie sie während ihrer Flitterwochen in der Massai Mara nach dem Abendessen am Feuer saßen. Rob hatte mit Susan im Arm gegen einen Baumstamm gelehnt auf dem Boden gesessen. Das Gespräch war irgendwann verebbt, und Susan hatte schließlich vielsagend gegrinst und gesagt, sie würden jetzt wohl besser zu Bett gehen, immerhin müssten sie ja am nächsten Morgen recht früh wieder aufstehen. »Wir können ein bisschen Schlaf brauchen, meinst du nicht, Rob?« Und die beiden lächelten mich an, sagten gute Nacht und gingen Hand in Hand zu ihrem Zelt. Ich sah sie auf den Klippen über dem Elementaita-See, wie sie von dort oben den Sonnenuntergang in einem Meer von orange- und rosafarbenen Wolken beobachteten. Ich hörte Susans munteres Lachen, wie sie einen weiteren Spieß mit Gazellenfleisch aus dem Feuer nahm und mit Genuss hineinbiss. Ich erinnerte mich, dass wir am nächsten Morgen um den See herumflogen, die Türen des Flugzeugs hatten wir ausgehängt, und die Tausende und Abertausende von rosa Flamingos filmten, die sich dort versammelt hatten. Jeder Abend auf dieser Safari machte mir von neuem deutlich, wie ungewöhnlich die beiden waren, wie viel Spaß wir auf unseren gemeinsamen Reisen gehabt hatten. Und schließlich sah ich Susan vor mir, wie ich sie zwei Nächte zuvor gesehen hatte – mit den Frauen vom Dorf um das lodernde Feuer tanzend, Rob und Susan Studd zum Mitmachen verführend. Ich sah vor mir, wie Rob mit seiner Digitalkamera Fotos machte und sie später auf dem Computer, den die Rebellen zehn Stunden später stehlen sollten, den Frauen zeigte. Robs Gesicht leuchtete vor Freude, etwas mit den anderen teilen zu können, auf. Susan hatte beide Arme um ihn geschlungen, während er sich über den Bildschirm beugte. Ich erinnere mich, dass ich in diesem Moment dachte, wie gut sie doch zueinander passten, so zufrieden und glücklich in der Gesellschaft des anderen.

Um neun Uhr nahm ich wieder Verbindung mit dem Fremdenverkehrsamt auf, nur um zu erfahren, dass es keinen offiziellen Plan für unsere Evakuierung nach Kampala gab. Ich geriet außer mich – es war einfach nicht zu fassen, dass man offenbar keinen Finger krumm machte, um uns hier herauszubringen! Wir waren also noch immer auf uns selbst gestellt. Mir blieb nichts anderes übrig: Ich würde uns selbst herausfliegen müssen.

Es erschien mir jedenfalls besser, die Sache selbst in die Hand zu nehmen, als auf einen Wagen oder ein Flugzeug zu warten, die vielleicht nie kommen würden. Mein Flugzeug stand auf der Startbahn von Kayonza, das knapp zwanzig Kilometer weit entfernt lag, und war gerade groß genug, um uns alle zu transportieren. Allerdings war mir der Gedanke, fliegen zu müssen, nicht ganz geheuer, und ich hatte riesige Angst, dass mir in meiner Erschöpfung und Verzweiflung irgendein Fehler unterlaufen könnte. Wir sammelten sämtliche Schlüssel ein, deren wir in Mantana habhaft werden konnten, in der Hoffnung, dass einer davon die Tür des Flugzeugs öffnen und ein anderer den Motor starten würde. Schweigsam folgten mir die anderen durch das Camp, wir müssen wie ein Trauerzug ausgesehen haben.

Wir liefen die Straße hinauf zu dem Laster, mit dem Danis Gruppe gebracht worden war und den die Marodeure in Brand gesteckt hatten, und dann weiter zum zerstörten A-&-K-Camp. Wir wollten sehen, ob wir noch irgendetwas von unseren Habseligkeiten finden konnten. Einheimische säumten den Straßenrand. Sie wussten natürlich alle, was passiert war. Stumm blickten sie uns an, und als wir vorbeigingen, drängten sie sich Schutz suchend enger aneinander. Ein paar Parkangestellte hielten mich auf, und wir redeten kurz miteinander, und als ich auf dem Parkplatz anlangte, sah ich oberhalb des Camps Gary Tappenden allein dasitzen, die Ellbogen auf seine Knie gestützt. Traurig und mutlos blickte er auf die Zerstörung und brachte kein Wort heraus. Dani und Michael untersuchten gemeinsam mit Mark die ausgebrannte Karosserie des Lasters und gingen den Haufen zerstörter Besitztümer durch, die die Rebellen dort hingeworfen hatten. Sie nahmen ab und an einen Brief oder den Fetzen eines Kleidungsstücks auf und überlegten, wem das wohl gehöre und was sie damit tun sollten.

Der Camp-Verwalter war gerade dabei, einen alten, heruntergekommenen Minibus zu beladen. Da wir nicht alle in Johns Auto passten, fragte ich ihn, ob er uns zur Flugpiste von Kayonza mitnehmen könne. Er antwortete mir, dass er nach Kampala fahren und uns gegen Bezahlung bis nach Kayonza mitnehmen würde. Ich hatte zwar kein Geld, nahm das Angebot aber trotzdem an. In aller Seelenruhe belud er seinen Laster fertig, während ich daneben ungeduldig von einem Fuß auf den anderen trat. Ich wollte nur noch weg hier. Endlich konnten wir uns mit den Resten der Camp-Ausrüstung in den Laster zwängen. Wir hatten kein Gepäck. Wir hatten keine Ausweise, keine Schuhe, wir hatten rein gar nichts. Da mir auch mein Gürtel fehlte, musste ich die ganze Zeit meine Hose festhalten, damit ich sie nicht verlor.

Auf dem Weg zum Flughafen fuhren wir an zwei Einheiten der ugandischen Armee vorbei. Als einer der Wagen stoppte, hielten auch wir an, und ich stieg aus, um den Kommandanten zu begrüßen. Er brach mir mit seiner Umarmung fast die Rippen und sagte mit ehrlichem Mitgefühl, dass ihm das, was passiert sei, sehr Leid tue. Ich berichtete, was wir vorhätten, und er gab mir für den Notfall einhunderttausend ugandische Schilling, ungefähr hundert Dollar. Die Hälfte des Geldes bekam gleich unser Fahrer, und dann setzten wir unseren Weg nach Kayonza fort.

An der Startbahn hatte sich eine große Menschenmenge versammelt. Die Rebellen hatten in der Nähe einen Mann getötet. Aus der Entfernung sah meine blau-grüne Cessna unversehrt aus, und ein kleiner Rundgang überzeugte mich davon, dass nichts fehlte oder kaputt war. Sie war den Rebellen zwar sicher aufgefallen, aber sie hatten wohl beschlossen, dass sie keinen unmittelbaren Wert für sie hatte. Die umstehenden Leute halfen mir, sie auf die Startbahn zu schieben, und ich probierte mein Glück mit den Schlüsseln. Schon einer der ersten passte. Wir waren drin!

»Das war der leichte Teil«, murmelte ich. »Das Anlassen wird vermutlich etwas schwieriger.« Und ich hatte Recht. John und ich verschwendeten einige Zeit darauf, einen Schlüssel zurechtzufeilen, und dann versuchte ich es mit einem Fischmesser, das jemand auf dem Boden des Minibusses gefunden hatte. Es ließ sich halb herumdrehen, und daher beschloss ich, alle einsteigen zu lassen und einen gründlichen Check vorzunehmen für den Fall, dass sich das Messer beim nächsten Mal ganz herumdrehen lassen sollte. Vielleicht war dies unsere einzige Chance, daher mussten wir startklar sein.

Ich hielt die Luft an, drehte das Messer und schob es vorsichtig weiter in das Zündschloss. Wundersamerweise ließ es sich ganz herumdrehen, und nach kurzer Zeit sprang stotternd der Motor an, und der Propeller begann, sich zu drehen. Durch die Vibration fiel das Messer zwar wieder heraus, aber das machte nichts, die Maschine lief ja. John verabschiedete sich durch das offene Fenster, und wir winkten ihm und Mitch Keifer zu, der bei ihm bleiben wollte. »Wenn es keine Probleme gibt, drehen wir eine Runde über euch!«, rief ich John über den Motorenlärm hinweg zu. Andernfalls würden wir eben wieder landen.

Wir hoben ab, und alles schien in Ordnung zu sein. In diesem Moment war ich ziemlich stolz auf mein kleines Flugzeug. Ich flog eine Schleife. Damit ließen wir diesen Ort endlich hinter uns, wir würden leben! Es dauerte allerdings nicht lange, und alle verfielen auf ihren Plätzen in dem überfüllten kleinen Flieger wieder in dumpfes Schweigen. Ich zog die Maschine hoch und nahm im Regen Kurs auf Entebbe. Es fiel mir schwer, mich auf die verschiedenen Berechnungen zu konzentrieren, die ein Pilot anstellen muss. Aufmerksam verfolgte ich ständig die Frequenz 118.2, die allgemeine Verkehrsfrequenz, und konnte schließlich ein anderes Flugzeug kontaktieren. Ich bat die Crew, an Entebbe durchzugeben, dass ein Flugzeug mit Überlebenden des Bwindi-Aufstands unterwegs sei und in 1,4 Stunden ankommen würde. Wir würden hoffen, dort jemanden von der US-Botschaft anzutreffen, brauchten jedoch keinen Krankenwagen. Nicht lange darauf konnte ich selbst die Flugsicherung von Entebbe erreichen und sie von unserer verbleibenden Flugdauer in Kenntnis setzen; sie wollten den genauen Zeitpunkt unserer Ankunft wissen. Keiner von uns hatte eine Uhr; meine war ja mittlerweile im Besitz des Kikuyu-Kommandanten. »Schauen Sie doch auf Ihre eigene Uhr!«, gab ich zurück. »Wir werden in ungefähr einer Stunde und vierundzwanzig Minuten da sein.«

Entebbe beharrte auf einer genauen Angabe. Wann würden wir ankommen? So ging das hin und her, es war zum Haareraufen. Schließlich mischte sich ein anderer Pilot, der den grotesken Dialog mitverfolgt hatte, ein, errechnete unsere Ankunftszeit und gab sie an Entebbe durch.

Während des ganzen Flugs hatte ich Sorge, dass das Gemisch zu sehr abmagern und dadurch möglicherweise der Motor absterben würde oder das Gemisch zu reich werden könnte, sodass der Motor absaufen würde, oder dass einer der Tanks leer laufen könnte, ohne dass ich es bemerkte. So etwas war mir zwar noch nie passiert, aber in meinem momentanen Zustand schien es durchaus möglich, wenn nicht sogar wahrscheinlich. Dann müsste ich wohl oder übel den Motor neu starten, und deshalb hielt ich in Ermangelung des Schlüssels für den Fall des Falles das Messer auf meinem Schoß griffbereit. Dabei ließ ich die ganze Zeit über kaum die Auspufftemperatur und die Tankanzeige aus dem Blick.

Gut fünfzehn Kilometer vor Entebbe hörte es auf zu regnen. Wir duckten uns unter den Wolken hinweg, und in einiger Entfernung konnte ich die Landebahn sehen. Ich hatte mit der Landung zu kämpfen und ließ das Flugzeug gleiten, aber wir waren da – frei und am Leben. Trotzdem machten wir uns noch immer Sorgen – was würde uns hier erwarten?

Als wir auf die Flughafengebäude zusteuerten, sah ich einen Mann, der uns zu zwei Autos winkte, vor denen ein paar Männer in Anzug und Krawatte standen. Das waren wohl die Vertreter der US-Botschaft. Wir stiegen einer nach dem anderen aus dem Flugzeug aus. Draußen umarmten wir uns und hielten einander fest – das erste Mal.

Unter den Wartenden war auch Mike KcKinley, der Vertreter der US-Botschaft. Er hatte die Schlüssel zu meinem Flugzeug – sie waren in einem Rucksack gefunden worden, den die Rebellen nicht gestohlen hatten und der von den anderen am Morgen der Entführung mitgenommen worden war. Ich konnte also zumindest den Motor ausstellen.

Mark erkundigte sich nach seiner Frau. Mike McKinley brauchte gar nicht den Mund aufzumachen, der Ausdruck auf seinem Gesicht sagte alles. Mark brach schluchzend zusammen. Mir fiel nichts ein, was ich ihm hätte sagen können, und so kauerte ich mich einfach nur neben ihn und legte einen Arm um seine Schulter.

Rhonda Avis war ermordet worden. Man hatte sie gemeinsam mit Susan und einer anderen Frau aus der Gruppe geholt. Es war ihre Leiche gewesen, die wir mit den beiden anderen auf dem Weg gesehen hatten.

Als wir in die Autos stiegen, um zur US-Botschaft zu fahren, erzählte mir Mike McKinley, es sei das Gerücht in Umlauf, dass die ugandische Armee uns gerettet habe und die Ermordeten im Kreuzfeuer zwischen Armee und Rebellen gestorben seien. Ich geriet in Wut, als ich diese unglaubliche Lüge hörte. Aber etwas anderes war im Moment wichtiger, ich wollte etwas über das Schicksal meiner Freunde erfahren. Ich nahm Mike beiseite. »Irgendwelche Neuigkeiten über Rob Haubner oder die anderen beiden?«, fragte ich.

»Nein, nichts«, waren seine einzigen Worte. Es machte mich fast verrückt.

Ich wagte kaum, mich nach Bob und Susan zu erkundigen, vielleicht auch wegen der schrecklichen Nachricht über den Tod von Marks

Frau. Der ugandische Kommandant hatte mir am Abend zuvor zwar mitgeteilt, dass sie in Sicherheit seien, aber ich hatte mich nicht des Gefühls erwehren können, dass er mich nur beruhigen oder keine schlechten Nachrichten überbringen wollte. Die beiden waren nicht zum Flughafen gekommen, um uns abzuholen, wie ich es eigentlich gehofft hatte.

Während der ganzen Fahrt in die Stadt blickte ich starr geradeaus. »Sagen Sie mir die Wahrheit über Bob McLaurin und Susan Studd«, bat ich Mike. Vielleicht wusste er ja gar nichts, schließlich hatten er und die anderen auch von Robs Schicksal keine Ahnung und waren über die tatsächlichen Umstände unserer Flucht vollkommen falsch informiert.

»Sie befinden sich in Sicherheit«, sagte Mike in einem Ton, der keinen Zweifel zuließ. »Sie sind hier in Kampala.« Mike erklärte, Bob und Susan hätten den Schuss gehört, der genau vor ihrem Zelt auf mich abgegeben worden sei. Sie hätten schon vorher Schüsse gehört, aber erst dieser habe sie veranlasst, sich zu verstecken. Dass sie in einer solchen Situation noch vernünftig hatten handeln können, war erstaunlich, aber sie hatten es getan – und sie waren am Leben. In allen Einzelheiten berichtete mir Mike, wie sie in Deckung gelegen hätten und die Rebellen drei Mal direkt an ihnen vorbeigelaufen seien, ohne sie zu sehen. Stunden später hätten sie sich dann aus ihrem Versteck hervorgewagt und festgestellt, dass alle weg waren, das Camp war zerstört, die Laster brannten, und auf der Erde lagen drei Leichen. Mike versprach mir, dass ich Bob und Susan bald sehen würde.

Als ich diese Neuigkeiten hörte, fiel mir ein Stein vom Herzen. Sie änderten jedoch nichts daran, dass ich mir weiterhin große Sorgen um Rob machte.

Auch Linda Adams war in Sicherheit. Sie war nicht unter den drei Frauen, deren Leichen wir gefunden hatten, wie ich erstaunt vernahm. Vielmehr war sie auf dem Weg zusammengebrochen, und die Rebellen waren an ihr vorbeigegangen und hatten sie einfach liegen gelassen. Fiona Marley, die Leiterin einer anderen Tour, hatte ihr gesagt, sie solle liegen bleiben. Dann hatten sich die beiden Frauen zunächst im Wald versteckt und waren schließlich ins Camp zurückgelaufen.

Wir erreichten die US-Botschaft am frühen Nachmittag. Auf demselben Gelände befand sich das britische Hochkommissariat. Die Teilnehmer der Safarigruppe, die nicht entführt worden waren, hatten sich
bereits versammelt und rannten jetzt auf uns zu, um Mark, Michael,
Gary und Dani unter Tränen und Umarmungen zu begrüßen. Da sie
mich nicht kannten, hielt ich mich im Hintergrund.

Schon bald fand dann meine offizielle Befragung statt; man stellte
mir knappe und präzise Fragen über das, was passiert war, und wer die
Geiselnehmer waren. Ich übergab das zweiseitige Schreiben, mit dem
sich die Rebellen an die Weltöffentlichkeit wandten und das vielleicht
unser Leben gerettet hatte. Die Leute in der Botschaft überflogen den
in Französisch verfassten Brief und erklärten, sie würden ihn an den
Botschafter weiterleiten. Niemand dankte mir für das, was ich getan
hatte, aber es machte mir auch niemand Vorwürfe.

Die Angehörigen der US-Botschaft verhielten sich uns allen gegenüber außerordentlich freundlich. Angesichts dessen, was wir durchge-
macht hatten, waren sie zurückhaltend, umsichtig und verständnisvoll
und versorgten uns schnellstmöglich mit Dingen wie Pässen, Flugti-
ckets und Fotos. Die Botschaft und das britische Hochkommissariat
hatten uns ein Telefon zur Verfügung gestellt, damit wir unsere Familien anrufen konnten, um ihnen mitzuteilen, dass wir am Leben waren. Ich hatte niemanden, den ich anrufen konnte. Zu meiner Familie
hatte ich keinen Kontakt mehr, und mit einem Freund, selbst einem
guten, wollte ich über die Ereignisse nicht sprechen – dazu waren sie
einfach zu schrecklich. Ich wartete bis zum späten Nachmittag und
beschloss dann aus einem Impuls heraus, Joe anzurufen, einen engen
Freund in Colorado, der mich immer bei sich aufnimmt, wenn ich in
die USA reise. Ich wollte ihm sagen, dass wir entführt worden waren,
dass man mindestens sechs Menschen umgebracht hatte und dass ich
noch am Leben war. Joe war völlig verwirrt, als ich anrief, denn genau
in dem Moment, als das Telefon klingelte, war das FBI in seinem Haus,
um ihm mitzuteilen, dass ich tot sei. Ich habe immer noch keine Ahnung, woher das FBI von ihm wusste oder wie sie auf die Idee kamen,
ich könne tot sein. Aber in diesem Moment wurde mir klar, dass die
Welt mitbekommen hatte, was in diesem entlegenen Winkel Afrikas

geschehen war. Ich hielt das Telefonat kurz, fast oberflächlich, und legte auf. Es reichte mir, wenn er wusste, dass ich noch unter den Lebenden weilte.

Bob McLaurin und Susan Studd waren noch immer nicht in der Botschaft aufgetaucht. Ohne genau zu wissen, warum, wollte ich sie unbedingt sehen. Ich zitterte sogar schon. Ich wusste, dass man sie über Susans Tod informiert hatte, aber was Rob anging, wussten weder sie noch ich etwas Genaueres. Welche Wirkung hatten der Terror und die Morde auf sie gehabt?

Unsere Gruppe wählte mich zum Sprecher für eine Pressekonferenz aus, die noch an diesem Abend in einem Nebenzimmer der Botschaft abgehalten werden sollte. Ich war der Einzige der ehemaligen Geiseln, der anwesend war, und stand geblendet vom Scheinwerferlicht vor ungefähr fünfzig Reportern und Fotografen, die sich in dem Raum drängten. Ich hatte selbst schon für Nachrichtenagenturen gearbeitet und wusste, dass die Entführung und die Morde noch eine Weile Schlagzeilen machen würden. Allerdings war ich noch nie auf einer Pressekonferenz gewesen und hatte keine Ahnung, wie das Ganze ablaufen sollte, daher fragte ich einfach die Anwesenden, was sie sich vorstellten. Martin Dawes, ein Journalist von der BBC, den ich schon länger kannte, schlug vor, dass ich zunächst einmal einfach berichten solle, was geschehen war, und danach würden sie mir Fragen stellen. Ich war einverstanden.

Mein Bericht über die schrecklichen Ereignisse dauerte etwa eine halbe Stunde. Ich versuchte, alles so ruhig und sachlich wie möglich vorzutragen, wie ein Soldat, der nach seiner Rückkehr ins Quartier einen Lagebericht gibt. Während ich sprach, war es vollkommen still im Raum, so still sei es auf einer Pressekonferenz noch nie gewesen, versicherte mir später Virgil Bodeen, der Presseattaché der Botschaft. Man unterbrach mich nur einige wenige Male, um Fragen zu stellen.

Als ich sagte, dass wir auf dem Rückweg zum Camp nur einem kleinen Trupp ugandischer Soldaten begegnet seien, zeigten sich die Reporter sehr überrascht. Man hatte der Presse mitgeteilt, dass die Armee uns gerettet habe und dass die Toten, die es gegeben habe, im Kreuzfeuer gestorben seien.

Ob bewusst verfälscht oder nur irrtümlich falsch weitergegeben –
diese Fehlinformation über die Ereignisse brachte mich erneut in Rage.
Ich stellte die Sache richtig und ließ es dabei nicht an klaren Worten
fehlen. Niemand habe uns gerettet, niemand sei im Kreuzfeuer gestorben, und diejenigen, die tot seien, habe man auch nicht erschossen. Sie
seien allesamt mit Macheten niedergemetzelt worden.

Ich beantwortete weitere Fragen. Sie waren alle fair und rücksichtsvoll, mit Ausnahme der Frage einer Frau, die mich darum bat zu beschreiben, wie die Leichen ausgesehen hätten. Ich lehnte ab.

Nach der Pressekonferenz war ich vollkommen erschöpft und fertig, und Wayne Hanning, der Botschaftsrat, nahm mich mit zu sich
nach Hause. Er und seine Frau hatten ein reizendes amerikanisches
Heim mit netten Kindern, guten Büchern und einer Kunstsammlung,
und ich fühlte mich endlich, endlich sicher. Wayne bot mir an, über
Nacht bei ihnen zu bleiben, aber die fünf, mit denen ich aus dem Kongo entkommen war, hatten mich gebeten, bei ihnen im Gästehaus in
Johns Camp zu schlafen, und ich ließ mich dorthin bringen. Wir setzten uns in der stillen, tiefschwarzen Nacht in einen großen Kreis auf
den Rasen und entzündeten schweigend Kerzen für unsere ermordeten Freunde. Keiner sagte ein Wort; einige hielten sich an den Händen
und weinten, wobei sie sich vor und zurück wiegten. Die beiden Kerzen, die vor mir standen, fielen um, und bevor ich sie wieder aufrich-
ten konnte, waren die Flammen erloschen. Ich weinte, und wieder
überkam mich die Verzweiflung. Nicht einmal ein paar Kerzen wollten für mich brennen.

Nach einer schlaflosen Nacht wurde ich am nächsten Morgen einer
medizinischen Untersuchung unterzogen. Man entdeckte wohl nichts,
trotz der riesigen Schwellung in meinem Bauch, die von dem Schlag
herrührte, den mir der Rebell mit seinem Gewehr versetzt hatte, als
man mich und Rob auf dem Marsch voneinander trennte, und obwohl
ich Blut im Urin hatte. Jedenfalls hörte ich nichts mehr von den Ärz-
ten.

In der Botschaft wurde ich noch einmal vom FBI befragt, und ich
erhielt einen neuen Pass. Und dann kamen Sue und Bob, sie sahen erschöpft aus, aber sie waren am Leben! Ich erhob mich und umarmte

sie. Dann setzten wir uns mit Mike McKinley hin und redeten. Mike holte tief Luft und erklärte, er müsse uns etwas sagen. »Rob ist gefunden worden, tot, im Kongo, und mit ihm die beiden anderen vermissten Männer.« Die Rebellen hatten Rob und die zwei Geiseln aus der anderen Gruppe in den Kongo verschleppt und dort getötet.

Susan brach in Tränen aus, und Bob nahm sie in den Arm. Ich war allein gelassen mit meinen Empfindungen. Ich war der Letzte, der Rob lebend gesehen hatte, und ich hatte ihm nicht helfen können. Für mich gab es keinen Trost.

Wir redeten. Wir redeten, um mit dem Entsetzen fertig zu werden, das die Morde an unseren Freunden in uns hervorriefen. Bob war sehr ruhig, fast geschäftsmäßig und professionell. Susan sprach mit leiser, sanfter Stimme. Weder Bob noch Susan gaben mir auch nur die geringste Schuld, was mich überraschte. Mir war furchtbar zumute. Ich konnte weder ihnen noch sonst jemandem von diesem letzten Bild von Rob erzählen, das sich in mein Gedächtnis eingebrannt hatte: Er sitzt da auf dem Weg, hat die Arme um seine Knie geschlungen und sieht mich mit seinen traurigen Kinderaugen an. Später sollte es noch schlimmer werden, aber in diesem Moment fühlte ich mich einsamer denn je. Mein Freund und Schützling Rob war tot, ermordet im Kongo.

Die FBI-Leute konzentrierten sich bei ihrer Befragung auf die konkreten Umstände der Gewalttat und die vorhandenen Beweise. Das Verhör nahm mich zwar sehr mit, aber die Beamten waren wesentlich einfühlsamer und umsichtiger als alle anderen offiziellen Vertreter irgendwelcher Einrichtungen, mit denen ich in den nächsten paar Wochen zu tun haben würde. Besonders Billy Corbett, der in Nairobi stationiert war und den Anschlag auf die US-Botschaft im vorangegangenen Herbst untersucht hatte, war einfach wunderbar. Im Gegensatz zu den anderen tat er während seiner Ermittlungen vieles, was er nicht hätte tun müssen, beispielsweise beantwortete er prompt jeden meiner Anrufe und kam oft vorbei, um sich nach meinem Befinden zu erkundigen. Die guten Erfahrungen mit dem FBI setzten sich nach meiner Rückkehr in die USA fort, wo ich im Zuge der Untersuchung mit Butch Luker und Jennifer Snell zu tun hatte.

Die BBC bat um eine Pressekonferenz mit einem anderen Zeugen, und zwar am liebsten mit Dani, vielleicht, weil sie eine Frau war, vielleicht auch, weil sie als Flugbegleiterin bei der Swissair arbeitete und als Ersatz für den Flug Nr. 111 eingeteilt gewesen war, der im September 1998 vor der kanadischen Küste abstürzte. Möglicherweise betrachteten die Reporter das als makabres Gegenstück zu ihren schrecklichen Erlebnissen im Impenetrable Forest. Dani war damals zwar nicht im Flugzeug gewesen, aber viele ihrer Freunde, und sie hatte die Reise nach Afrika unternommen, um für eine Weile zu vergessen. Sie erklärte sich mit dem Interview einverstanden, aber nur, wenn ich dabei sein würde und es nicht in der Botschaft und in Anwesenheit einer größeren Gruppe von Leuten stattfände. Martin Dawes vom BBC, ein außerordentlich mitfühlender und sensibler Journalist, sagte, er würde mit einer Kollegin kommen und das Interview solle in einem Hotelzimmer aufgenommen und erst dann an die Presseagenturen gegeben werden. Ich versuchte, Dani so gut wie möglich zu unterstützen. Der Anfang fiel ihr schwer, aber dann brach es nur so aus ihr heraus, und sie ließ sich die nächsten anderthalb Stunden nicht stoppen. Sie weinte viel, und an einer Stelle schob Martin die Kamera beiseite. Ich werde ihm nie vergessen, dass er sein Mitgefühl für das Opfer über seine Arbeit stellte.

Am Nachmittag fuhren wir ins Krankenhaus, wo Fiona Marley die Leichen der Leute aus ihrer Gruppe identifizieren sollte und ich Susan und Rob. Man hatte uns bereits vorgewarnt, dass das auf uns zukommen würde, und wir hatten uns beide vor diesem Moment gefürchtet. Billy Corbett begleitete uns, wofür ich ihm sehr dankbar war. Als wir vor der Leichenhalle standen, versuchte er, uns auf das, was auf uns wartete, vorzubereiten: Hinter jenen geschlossenen Türen befänden sich die Leichen, sagte er, sie lägen auf dem Boden, mit Tüchern zugedeckt. Man habe sie gewaschen, und wir sollten uns darauf gefasst machen, Verfärbungen und Verstümmelungen zu sehen, ihre Köpfe seien mit Machetenhieben gespalten worden. Wir würden die Reihe abgehen, ein Angestellter des Krankenhauses würde nacheinander die

Tücher von den Gesichtern nehmen, und Fiona oder ich sollten den Namen des Toten nennen, falls wir ihn erkannten.

Fiona weinte, und ich zitterte am ganzen Leib, als wir in den Raum geführt wurden. Sie deckten das erste Gesicht auf, und Fiona identifizierte den Toten. Dann das zweite. Dann das dritte. Ein Gesicht war so zerstört, dass Fiona zuerst nicht hinsehen konnte. Sie schlugen vor, am Schluss noch einmal zu dieser Leiche zurückzukehren, aber Fiona bat, einen Moment zu warten, und nahm dann die Identifikation vor. Blankes Grauen stieg in mir auf, als sie das Tuch von dem nächsten Gesicht zogen. Es war Susan. Rob war der Letzte.

Bob McLaurin und Susan Studd traten am nächsten Tag mit den Leichen ihrer Freunde Rob Haubner und Susan Miller den Heimflug in die USA an. Alle wollten nur noch so schnell wie möglich Uganda verlassen und nach Hause. Die Botschaft hatte uns ständig irgendwo herumkutschiert, sodass wir kaum Zeit fanden, uns voneinander zu verabschieden. Ich hatte nicht einmal Gelegenheit, Bob und Susan auf Wiedersehen zu sagen.

Ich kümmerte mich darum, dass Dennis Naylen, ein befreundeter Pilot, einen Flug von Nairobi nach Kampala bekam, damit er uns in meinem Flugzeug zurückfliegen konnte. Mike McKinley hatte mir zwei Mal gesagt, dass wir uns gleich nach der Landung auf dem Wilson Airport in Nairobi zu meinem Hangar begeben sollten und weder durch den kenianischen Zoll müssten noch irgendwelche Einwanderungsformalitäten zu erledigen hätten, das hätten die amerikanischen Botschaften in Kampala und Nairobi für uns arrangiert.

Kaum waren wir in Nairobi gelandet, als auch schon die Pressemeute die Jagd auf Dani und mich aufnahm. Noch auf der Landebahn umringten Dutzende von Reportern unser Flugzeug. Sie hängten sich auf dem Weg durch das Flughafengebäude an unsere Fersen und trieben Dani bis in die Herrentoilette. Schließlich gelang es uns, ihnen in einem Wagen zu entkommen, und wir verkrochen uns in meinem Haus. Seit wir den Kongo verlassen hatten, war Dani nicht von meiner Seite gewichen, und auch jetzt wollte sie nicht in der Schweizer Botschaft, sondern bei mir wohnen. Mir war das recht, und es bereitete auch keinerlei Umstände. Wahrscheinlich war es sogar gut, wenn ich mich um jemand anderen kümmerte und nicht allein mit meiner Traurigkeit blieb.

Wir kehrten an einem Donnerstag nach Nairobi zurück und verbrachten die Nacht in meinem Haus. Am nächsten Abend überbrachte man uns die Nachricht, dass die kenianische Einwanderungsbehörde hinter uns her sei – wir wären illegal eingereist, da wir nicht den Zoll passiert hätten. Erst da wurde mir klar, dass die US-Botschaft in Kampala keinen Kontakt mit der Botschaft in Nairobi aufgenommen hatte, und das hieß, dass weder Zoll- noch Einwanderungsformalitäten vorab erledigt worden waren. Wir waren also tatsächlich illegal nach Kenia gekommen, und das auch noch unter äußerst obskuren Umständen. Es war möglich, dass uns die kenianische Regierung noch heute einsperren und erst am Montag wieder freilassen würde. Dennis Naylen war von der kenianischen Einwanderungsbehörde bereits verhaftet worden, und man drohte, ihm seine Pilotenlizenz zu entziehen. Verständlicherweise war er äußerst aufgebracht, denn schließlich hatte er uns nur helfen wollen.

Es war der Teufel los, und nicht ganz zu Unrecht war man über unsere illegale Einreise empört. Nach dem Bombenattentat auf die Botschaft waren die Kenianer von den USA unter Druck gesetzt worden, ihre Sicherheitsmaßnahmen zu verschärfen. Aber jetzt hatten die Vereinigten Staaten selbst die Regeln umgangen und die Kenianer nicht informiert, worüber diese begreiflicherweise verärgert waren. Am Samstagmorgen sprach ich mit den Einwanderungsbehörden und erfuhr, dass wir uns stellen müssten. Keiner von uns befand sich natürlich in dem Zustand, sich schikanieren, befragen oder einsperren zu lassen. Ich suchte mit Dani Unterschlupf im Haus eines Freundes, um den Schikanen und einer möglichen Festnahme zu entgehen – auf diese Weise blieben wir auch von den ständigen Anrufen der Presseleute bei mir zu Hause verschont. Im Haus meines Freundes waren wir bis Montagmorgen sicher. Dani verließ das Land am Sonntag. Sie benutzte ihren Mitarbeiterausweis von der Swissair, der in der Zwischenzeit von der Fluggesellschaft nach Nairobi gebracht worden war.

Montagmorgen ging ich zu Billy Corbett, um mit ihm gemeinsam die Angelegenheit mit der kenianischen Einwanderungsbehörde zu regeln. Die Vertreter der US-Botschaft hatten sich nicht gerade als hilfsbereit erwiesen, wenn sie mir nicht sogar noch Steine in den Weg gelegt hatten. Am Mittwoch konfiszierte die kenianische Flughafenbehörde mein Flugzeug, ohne mich davon in Kenntnis zu setzen. Sie würden das Flugzeug nicht herausgeben, bevor sie nicht einen Brief der US-Botschaft in Händen hielten, und zwar unabhängig davon, ob die Frage der illegalen Einreise bis dahin geklärt worden war oder nicht. Ich sprach mit dem Leiter der Flughafenbehörde, der sehr nett und hilfsbereit war, aber auch ihm waren ohne diesen Brief die Hände gebunden. Der amerikanische Botschaftsangestellte, auf den ich traf, war dagegen wieder ausgesprochen feindselig. Erst als Billy Corbett intervenierte, verfasste man einen sehr vage gehaltenen Brief. Sie gestanden darin zwar keinen Fehler ein, was unsere Einreise nach Kenia betraf, doch die Flughafenbehörde war bereit, ihn zu akzeptieren. Dank der bürokratischen Sturheit der Amerikaner blieb mein Flugzeug zweiundzwanzig Tage lang unter Verschluss. Das Ganze war ein unnötig nervenaufreibendes Nachspiel zu einem schrecklichen Erlebnis.

Da ich die nächsten Wochen noch in Kenia verbrachte, konnte ich nicht an dem Gedenkgottesdienst für Rob Haubner und Susan Miller in Portland teilnehmen, aber im April flog ich in die Staaten und besuchte ihre Familien und Bob McLaurin und Susan Studd.

Ich hatte Angst vor dieser Rückkehr nach Amerika. Ich war abgemagert, ich hatte an die zehn Kilo verloren, und konnte noch immer nicht wieder richtig schlafen. Die Vorstellung, wie die Leute auf mich und die Spuren, die die Entführung und die Morde bei mir hinterlassen hatten, reagieren würden, beunruhigte mich. Viele meiner Ängste erwiesen sich als berechtigt.

Ein paar Freunde holten mich in Denver am Flughafen ab. Schon ihre nervösen Blicke zeigten mir, dass sie nicht wussten, was sie tun sollten, was sie fragen durften, wie sie sich am besten verhielten. Selbst diejenigen, die mir ihr Mitgefühl bekundeten, hielten Abstand zu mir, als hätte ich mich an dem Leid infiziert und wäre in irgendeiner Weise ansteckend. Ich war nicht mehr derselbe, und das verunsicherte nicht nur mich, sondern auch jene, die mich von früher kannten.

Selbst mein guter Freund Michael, der aus Vancouver gekommen war, um mir Beistand zu leisten, wusste nicht, wie er mit mir umgehen sollte, aber mir selbst erging es ja nicht anders. Ich tat nachts immer noch kaum ein Auge zu, aber ich wollte auch keine Schlafmittel nehmen. Ich machte den Versuch und ging aus, aber das kleinste Geräusch oder eine schnelle Bewegung – ein vorbeifahrendes Auto, das Klingeln eines Telefons, eine zuschlagende Tür – erschreckten mich zutiefst, sodass mir nichts anderes übrig blieb, als im Haus zu bleiben. Ich war noch zu entkräftet, um viel Sport zu treiben, es war gar nicht daran zu denken, draußen joggen zu gehen. Ich hielt es nicht aus, allein zu sein, aber genauso wenig konnte ich auf jemanden zugehen. Mein Aufenthalt in Colorado, der dazu dienen sollte, mich zu erholen und ein Gefühl der Sicherheit wiederzugewinnen, erwies sich als schwierig und keineswegs beruhigend.

In Seattle empfand ich auf der Fahrt vom Flughafen zu Bob McLaurin und Susan Studd dieselbe Angst, die ich schon empfunden hatte, als ich auf ihre Ankunft in der US-Botschaft in Nairobi gewartet hatten. Dabei schreckte mich nicht einmal so sehr der Gedanke, die Familien von Susan Miller und Rob Haubner zu treffen. Diesen Begegnungen sah ich nicht wirklich ängstlich entgegen, zumal mir klar war, dass ich mich ihnen stellen musste. Und ich freute mich sogar darauf, Robs Sohn kennen zu lernen, einen Mann von Mitte zwanzig, von dem ich seit Jahren immer wieder gehört hatte. Vor dem Treffen mit Bob und Susan hatte ich jedoch Angst, weil ich nicht wusste, wie sie sich mir gegenüber verhalten würden.

Überraschenderweise verlief der Besuch sehr angenehm. Wir verbrachten viel Zeit in ihrem Haus in Portland, saßen in der Küche herum und tranken Kaffee. Erwartungsgemäß wollte Bob eigentlich nicht über Bwindi sprechen. Wie ich später feststellen sollte, gingen auch die anderen, die den 1. März 1999 überlebt hatten, nicht viel anders mit diesem Erlebnis um. Die meisten Überlebenden sind angesichts der

Erinnerungen ihrer Sprache beraubt oder vermeiden es auf andere Art, noch einmal in den Abgrund des Schreckens hinunterzusteigen. Wir, die wir überlebt haben, wissen, dass andere unsere Angst und unsere Trauer niemals wirklich nachvollziehen können, und wir können nicht darüber sprechen, weil Worte unsere Erlebnisse nur harmloser erscheinen lassen. Bob und Susan lebten in ihrem schönen Haus, hatten ihr altes Leben wieder aufgenommen und waren zum Alltag zurückgekehrt – was mir für mich selbst so unmöglich erschien wie ein Wochenendausflug ins Paradies.

An einem der Abende kamen die Familien von Rob Haubner und Susan Miller zu Besuch. Robs Sohn blieb fern, vielleicht weil er den schweren Verlust noch immer nicht akzeptieren konnte. Ich war enttäuscht und traurig.

Ich glaube, es war Susans Schwester, die mich während der Vorspeise fragte, warum ich mit meiner Gruppe nach Bwindi gefahren sei, wenn ich doch um die Gefahren dort gewusst habe. Ich sagte ihr, ich sei überzeugt gewesen, dass das Gorilla-Camp sicher sei, sonst wäre ich dieses Wagnis niemals eingegangen. Ich weiß nicht, ob sie mir glaubte oder nicht, jedenfalls vertieften wir das Thema nicht weiter. Die Unterhaltung war ansonsten zurückhaltend, keiner wollte die schmerzvollen Ereignisse berühren.

Am nächsten Morgen, nachdem Bob zur Arbeit gegangen war, setzten Susan und ich uns nach dem Frühstück in den Garten und redeten und tranken Kaffee. Ich konnte die Tränen nicht zurückhalten – dieses letzte Bild von Robs jungenhaftem Gesicht, das einen unendlich verlorenen Ausdruck zeigte, stieg wieder vor mir auf. Meine Tränen verwirrten Susan. Sie fragte mich, ob es mich immer so aufwühlen würde, wenn ich über die schrecklichen Ereignisse in Bwindi sprach. Diese Frage von Susan, einer ausgebildeten Psychologin, überraschte mich, was ich ihr auch sagte. Sie erinnerte mich daran, dass sie und ihr Mann Rob und Susan das letzte Mal in der Nacht vor dem Überfall beim Tanzen und danach am Feuer sitzend gesehen hatten. Susan und Bob waren nicht entführt worden, sie hatten nicht die Leichen der Menschen gesehen, die man brutal ermordet hatte. Mir wurde klar, dass sie in einer anderen Wirklichkeit lebten als ich. Während

Susan und ich dasaßen und Kaffee tranken, dämmerte mir, dass kein Außenstehender jemals das, was ich an diesem Tag im Impenetrable Forest erlebt hatte, in seiner ganzen Tragweite erfassen und verstehen könnte.

Ich kehrte in diesem Frühjahr in dem Wissen nach Afrika zurück, dass ich es eines Tages verlassen oder zumindest nicht mehr ständig dort leben würde. Dieser Kontinent war schon so lange mein Zuhause, und er hatte mir so vieles geschenkt. Ich verdankte ihm alles, was ich besaß: Arbeit, Geld, Freunde, Anerkennung und ein Gefühl der Zugehörigkeit, das ich bis dahin nicht gekannt hatte. Wenn ich weggehe, wird das hoffentlich meine eigene Entscheidung sein und zu einem von mir selbst gewählten Zeitpunkt geschehen. Damals, wäre es einer Flucht gleichgekommen, und es passt nicht zu mir, mich geschlagen zu geben.

Das Wiedersehen mit meinen Freunden in Nairobi war keineswegs leichter als die Begegnungen in den USA; jeder hatte Angst, mit mir zu sprechen. Wie sehnte ich mich danach, an dem Ort, der meine Heimat war, wieder mit den Menschen, die mir nahe standen, zusammen zu sein. Ich wusste, dass ich mich meinen Ängsten stellen müsste, oder sie würden mich nie mehr loslassen.

Wie ich erwartet hatte, konnte ich ohne Furcht in den Busch zurückkehren. Im Mai nahm ich meine Arbeit in Kenia wieder auf und flog eine kalifornische Familie nach Samburu, zum Mount Kenya und in die Massai Mara. Es war gut, wieder draußen in den Weiten Afrikas zu sein, dort, wo ich hingehörte, auch wenn die Wildnis nie mehr das für mich sein würde, was sie einmal war. Alles, was ich sah, all die Laute und Gerüche waren mir vertraut. An der Sanftheit und Vorhersehbarkeit des Buschs hatte sich nichts geändert; nur ich hatte mich verändert, und dafür war der Mensch verantwortlich, nicht etwa ein wildes Tier. Seltsam, dieser Begriff »wildes Tier«.

Im Sommer kamen Dani und ihre Mutter, um mit mir auf Safari zu gehen. Dani wollte sich der Herausforderung, nach Afrika zurückzukehren, stellen. Und ihre Mutter wollte den Mann kennen lernen, der, wie sie sagte, ihrer Tochter das Leben gerettet hatte. Wir besuchten ein privates Wildreservat und fuhren über das offene Grasland des Masai-Mara-Reservats, wir beobachteten Gnus auf ihrer Wanderung, Löwen, Leoparden und Geparde. Alles ging gut, wir durften Dani nur keine Sekunde allein lassen. Einmal, als wir einem Leoparden folgten, der mit seinem Riss im Gebüsch verschwunden war, drehte sie sich plötzlich um und rannte weinend weg. Das Dickicht, die vor ihr liegende Gefahr, das Blut und das Töten, das alles habe sie wieder nach Uganda zurückversetzt, sagte sie mir später. Seltsamerweise ging es mir gerade umgekehrt: Nur hier im Busch befand ich mich auf Boden, auf dem ich mich sicher und wohl fühlte.

Vielleicht wird es wegen der Geschehnisse am 1. März 1999 niemals wieder eine Gorillatour geben. In Uganda ruhte einen Monat lang jeder touristische Reiseverkehr. Mittlerweile dürfen Reisende wieder ins Land, aber nur wenige kommen. Die meisten westlichen Länder raten von Reisen nach Uganda noch immer entschieden ab. Die beiden regionalen Reiseveranstalter haben alle Hände voll damit zu tun, Buchungen zu stornieren. Wenn die Gewalt keine Ende nimmt und keine Besucher mehr kommen, werden die Landbesitzer vielleicht den Wald roden und die Gebiete, in denen die Gorillas und andere wilde Tiere und Pflanzen leben, landwirtschaftlich nutzen. Die Rebellen werden sich an der verhassten Regierung gerächt haben. Nur wird auf diese Weise auch eine ganze Tier- und Pflanzenwelt zerstört.

Noch Wochen nach jenem Tag im Impenetrable Forest hatte ich innere Blutungen von dem Gewehrhieb, der mir versetzt worden war. Afrika blutet noch heute, und ich kenne kein Heilmittel gegen den Schrecken und die Trauer, die wir alle empfinden, gegen den Krieg, der unser Land teilt und zerstört, gegen das, was in Afrika geschehen ist. Nie werde ich aufhören, diesen Kontinent zu lieben, aber auf meine Liebe ist ein Schatten gefallen.

13

»SOBAT!«

Trotz des Entsetzens und all der Narben, die der furchtbare Überfall in Bwindi bei mir hinterlassen hat, lebe ich noch immer in Kenia, und nach wie vor gehe ich gern auf Safari. Ich versuche, das Gute, das mir hier immerzu geboten wird, zu genießen und in Erinnerung zu behalten, so wie ich Susan und Rob in Erinnerung behalte. Ich werde das alles niemals vergessen. Wenn mich in der Massai Mara in der Morgendämmerung der vielstimmige Gesang der Vögel aus dem Schlaf weckt oder wenn ich am Ende eines anstrengenden Tages mit meiner Gruppe den weichen Wind der Serengeti auf meinem Gesicht spüre, ist ein Teil von mir traurig, aber der andere Teil ist glücklich, dass er hier sein darf.

Wenn ich an den Tag denke, an dem ich Ole Ndutu und Pakwo kennen gelernt habe, steigt in mir ein Gefühl der Dankbarkeit auf. Auch das zählt zu den Erlebnissen, die ich niemals vergessen werde.

Im Juli 1995 war der Ewaso Ngiro erstaunlich trocken, er sah aus wie ein breiter Strom orangebraunen Sandes, der nach Osten auf den Indischen Ozean »zufließt«, aber unter all dem Sand verbarg sich noch Wasser, und das wussten auch die Elefanten. Jeden Tag kamen sie, um im Flussbett ihre Wasserlöcher zu graben. Auch Spießböcke, Impalas und Zebras kamen und tranken aus diesen Löchern, die die Elefanten mit ihren Stoßzähnen gebohrt hatten und an deren Rändern sie Dunghaufen hinterlassen hatten, die dunklen Brotlaiben glichen. In der glühenden Hitze und dem trockenen Wind knackte und knisterte es im Busch. Notgedrungen verbrachte ich den größten Teil des Tages mit meinen Kunden im Schatten der Bäume oder unter den Vordächern unserer Zelte, aber den beiden Kindern und ihren Adoptiveltern schien das nichts auszumachen.

An diesem Vormittag waren wir verhältnismäßig früh von unserer Pirschfahrt zurückgekommen, auf der Flucht vor der unbarmherzig brennenden Sonne, die bereits jedes andere Lebewesen für den Rest des Tages in den Schutz der Schatten getrieben hatte. Um neun Uhr saßen wir am Frühstückstisch, auf dem tropische Früchte, frisches Brot und Kaffee standen. Nebenher behielten Nancy und Jim Johnson Nicole und Daniella im Auge, ihre beiden sieben und neun Jahre alten Töchter, die unablässig zwischen ihrem Zelt, der Küche und dem Flussufer hin und her sprangen und mit allem spielten und alles untersuchten, was nur irgendwie ihre Aufmerksamkeit erregte. Ich hatte es mir in einem Klappstuhl bequem gemacht und las in meinem Buch. In der flirrenden Hitze war von jenseits des Flusses das leise Bimmeln einer Kuhglocke zu vernehmen, bald darauf gefolgt von einer zweiten und dann einer dritten Glocke. Gelegentlich löste ich mich von den Zeilen und warf einen kurzen Blick über den Fluss, um zu sehen, ob sich die Samburu schon näherten. Der Ewaso Ngiro erstreckt sich über eine weite Entfernung vom Laikipia-Plateau im Süden hin bis zum Lorian-Sumpf im Osten, aber wann immer sie die Möglichkeit haben, kommen die Samburu zu der Stelle, an der ein Camp aufgeschlagen ist, um zu trinken oder sich zu waschen. Offensichtlich amüsiert es sie, das merkwürdige Verhalten der *wazungu*, der weißen Touristen, zu beobachten, während sie ihren Verrichtungen nachgehen.

Tatsächlich tauchte auch bald die erste Herde auf, ein Mosaik aus Rot, Weiß, Schwarz und Braun. Die Kühe kamen eine nach der anderen mit gesenkten Köpfen den Pfad herunter, der zu dem schmalen Felsstreifen am gegenüberliegenden Flussufer führte. Den Herden folgten drei Krieger. Mit ihren leuchtend roten *shukas* und den geschmeidigen Körpern, die eine Mischung aus Ocker und Rindertalg ebenfalls rötlich glänzen ließ, bot das farbenprächtige Trio einen erfreulichen Kontrast zu der von der Sonne völlig ausgeblichenen Wüstenlandschaft. Selbst über die Entfernung hinweg waren deutlich ihre

Stimmen zu hören, als sie sich mit weit ausholenden Schritten dem
Fluss näherten.

Nicole und Daniella sahen der Ankunft dieser merkwürdigen Männer und ihrer Herden eine Weile vom Flussufer aus zu und liefen dann
zum Zelt ihrer Eltern zurück, wo Nancy und Jim saßen und die Prozession ebenfalls neugierig beobachteten. Die Samburu übersahen uns
geflissentlich, während sie ihre höckrigen Rinder in den Schatten von
drei ausladenden Schirmakazien trieben, die etwa dreißig Meter vom
ausgetrockneten Flussbett entfernt standen. Ganz von allein teilte sich
die Herde in kleinere Gruppen auf, die jeweils gerade genug Platz im
Schatten eines der drei Bäume fanden. Es war beeindruckend, wie sie
wie auf Geheiß mit tief gesenkten Köpfen im Schatten stehen blieben,
während die Krieger geradewegs zum Flussbett liefen und ihre Speere mit der Spitze nach oben in den Sand rammten. In dem gleißenden
Licht schimmerten die schwarzen Straußenfedern an den Speerspit-
zen hell auf.

Ich legte mein Buch auf den Klapptisch und ging hinüber zum Zelt
von Nancy und Jim, die gerade längere Objektive auf ihre Kameras
steckten. Sie erkundigten sich, ob es in Ordnung wäre, die Krieger zu
fotografieren. Ja, sagte ich, schließlich seien wir zuerst da gewesen, und
diese *morani* hätten sich abgesehen davon wahrscheinlich genau diese Stelle ausgesucht, weil sie uns von dort aus beobachten konnten,
während sie ihr Vieh zur Tränke führten. Nancy und Jim konnten also
Aufnahmen machen, ohne unhöflich oder aufdringlich zu sein. Im
umgekehrten Fall, wenn wir uns den Samburu genähert hätten, hätten sie das Recht gehabt, uns Fotos von sich zu verweigern oder eine
Bezahlung dafür zu verlangen. Nancy und Jim sollten aber trotzdem
damit rechnen, darauf angesprochen zu werden.

Einer der *morani* ließ sich auf die Knie nieder und begann, mit einer Kalebasse den heißen Sand zur Seite zu schaufeln. Schon bald hatte er einen kleinen Berg neben sich angehäuft. In Anbetracht der Hitze und des gleißenden Sonnenlichts, das vom Sand reflektiert wurde,
arbeitete er mit einer unglaublichen Geschwindigkeit, und selbst aus
der Entfernung konnten wir sehen, dass die schwarz-rot bemalte Haut
schon nach kürzester Zeit mit einer glänzenden Schweißschicht über-

zogen war. Seine roten schulterlangen Zöpfe schwangen bei jeder Schaufelbewegung hin und her. Die beiden anderen Krieger standen mit lässig gekreuzten Beinen neben ihm und stützten sich auf ihre Speere, den Arm abgewinkelt und die Hand mit festem Griff um den Schaft gelegt – die klassische Haltung des afrikanischen Kriegers, Millionen Mal fotografiert und reproduziert.

Als Jim zum Fotografieren an eine andere Stelle ging, wo ihm nicht die Äste der Akazien die Sicht behinderten, riefen die Krieger laut etwas zu uns herüber und winkten mit den Armen. Wir mussten kein Maa beherrschen, um zu verstehen, dass sie nicht wollten, dass wir Aufnahmen von ihnen machten. Natürlich hatten sie gewusst, dass wir sie fotografieren würden, und das hier gehörte dazu.

»Tulikuwa hapa kwanza«, rief ich ihnen auf Kisuaheli zu, das auch viele Samburu sprechen. Wir waren zuerst da.

»Haithruru«, erwiderte der Krieger. »Hapa yote ni ya Samburu.« Das ist egal. Hier gehört alles den Samburu.

»Laikini Ewaso Ngiro ni mto mrefu, na mmechagua kushimba hapa hapa mbele ya kampi yetu, tu.« Aber der Ewaso Ngiro ist lang, und ihr habt beschlossen, gerade hier zu graben, direkt vor unserem Camp.

Der Krieger in der Grube nahm seine Arbeit wieder auf. Nach kurzer Zeit wiederholte einer der beiden anderen die Warnung, dass wir sie nicht fotografieren dürften. Die weit gereisten Johnsons kicherten, als ich ihnen den Wortwechsel übersetzte, und ich sagte ihnen, sie sollten sich nicht stören lassen und so viele Fotos machen, wie sie wollten, das sei lediglich Geplänkel, auch wenn es vielleicht viel ernster klinge. Die beiden kleinen Mädchen saßen ungewöhnlich still und eingeschüchtert neben ihren Eltern.

Bei den Samburu war jetzt Schichtwechsel. Der Krieger kletterte aus dem Loch, und mit einer Armbewegung und einer raschen Drehung, die jahrhundertealt, wenn nicht jahrtausendealt sein mussten, schlug er seine *shuka* um sich und nahm augenblicklich die Pose des ruhenden Kriegers ein. Währenddessen übernahm einer der beiden anderen seinen Platz in der Grube und begann zu schaufeln. Die Farbe des herausgeschaufelten Sandes wechselte von einem hellen Orange zu einem dunklen Rotbraun, Zeichen dafür, dass er feuchter wurde. Nicht lange, und der Krieger schöpfte mit jeder Kalabasse neben dem Sand auch Wasser aus dem Loch. Einer der *morani* rollte ein altes, faltiges Stück Leder auseinander und spannte es über einen abgenutzten Holzrahmen, den der andere neben dem Brunnen aufgestellt hatte. Jetzt war der dritte Samburu an der Reihe, in das Loch zu steigen, und schöpfte mit der Kalabasse Wasser in den ledernen Trog. Als es auf Mittag zuging, verlangsamte sich sein Arbeitstempo. Inzwischen waren auch die Trauertauben und die Grüntauben verstummt, nur zwei schiefergraue Bubuwürger, die in einem Salvadorastrauch nach Insekten suchten, unterbrachen gelegentlich mit ihren Rufen die Stille. Der *moran* in der Grube begann plötzlich zu singen, und die klare, an Flötenklänge erinnernde Melodie und der auf- und abschwellende Gesang folgten dem Rhythmus seiner Bewegungen. Gebannt sahen wir ihm von unserer Seite des Flusses aus zu und lauschten den wundervollen Tönen, die durch das Tal schwebten und irgendwo im Busch verklangen. Auch die Viehherde reagierte auf sein Lied. Anstatt jedoch still und ehrfürchtig zuzuhören, trottete das erste der drei Grüppchen auf das Flussbett zu. Wir wurden Zeugen einer erstaunlichen Symbiose zwischen Mensch und Tier. Die Kühe rannten nicht einfach zum Wasser, das sie schon lange gerochen haben mussten. Vielmehr stellten sie sich in ordentlichen Zweierreihen auf und warteten geduldig vor dem Brunnen, bis sie an der Reihe waren. Ich hatte schon viele Jahre in Afrika verbracht, aber ich hatte noch niemals von solch einem disziplinierten Verhalten bei Haustieren gehört, geschweige denn es selbst beobachtet. Wir waren völlig in Bann geschlagen, verzaubert von der Friedfertigkeit, der Ordnung und dem Miteinander von Mensch und Tier und natürlich von dem wunderbaren Gesang des Kriegers.

Die Samburu hatten zu uns herübergesehen, als wir mit unseren Kameras näher gekommen waren, um eine ungehinderte Sicht auf diese Szene zu haben, und anstatt uns wieder anzublaffen, riefen sie jetzt, wenn wir schon Fotos machen wollten, dann sollten wir wenigstens zu ihnen herunterkommen, damit wir alles auch richtig sehen und ihr Vieh gebührend bewundern könnten. Die Johnsons sahen mich mit fragenden Blicken an, als ich diese Aufforderung übersetzte. Ich zuckte mit den Schultern und sagte: »Warum nicht? Wir können genauso gut zu ihnen hinuntergehen.« Dann nahm ich die beiden Mädchen an die Hand und ging, gefolgt von ihren Eltern, über den schmalen Uferstreifen und den festen Sandboden des Flussbetts bis zum Wasserloch.

Die Johnsons blieben etwas zurück, um noch ein paar Fotos zu schießen, gesellten sich dann aber bald zu mir und ihren Kindern neben den Samburu-Kriegern. Ich fungierte bei der Unterhaltung als Dolmetscher, und wir sprachen mit den beiden Kriegern, die sich gerade ausruhten, über ihr Vieh und die bevorstehenden Regenfälle. Währenddessen fuhr der dritte fort, den Ledertrog mit Wasser für die Tiere zu füllen. Nach zehn Minuten machte die erste Gruppe von Kühen, deren Durst offensichtlich gestillt war, kehrt und lief zurück in den Schatten ihres Baumes. Jetzt würden sie mindestens die nächsten drei Tage überstehen, ohne zu verdursten. Die Samburu lösten sich wieder beim Wasserschöpfen ab, und erneut erfüllte die Luft ein Gesang, der mich an gregorianische Choräle erinnerte. Unablässig wurde Wasser geschöpft und ausgegossen. Nun verließ das zweite Grüppchen von Kühen den Schatten und machte sich mit gesenkten Köpfen und in Reih und Glied auf den Weg zum Leben spendenden Wasser. Mit der Geduld, die sie im Laufe vieler Jahre entwickelt hatten, stellten auch sie sich an und warteten, bis sie an die Reihe kamen. Als auch die zweite Herde getränkt war, kehrte sie zu ihrem Baum zurück, der dritte Krieger sprang in den Brunnen und begann zu singen, und die letzte Gruppe von Kühen kam zum Wasser gelaufen.

Ich war bei Rodeos geritten, und ich hatte zahlreiche Viehmärkte und -auktionen zwischen North Dakota und Washington und runter bis Westtexas besucht, aber ich hatte nie zuvor eine Herde gesehen, die sich so friedlich, so vernünftig und so geordnet verhalten hatte. Selbst Nicole und Daniella merkten, dass sich vor ihren Augen etwas Außergewöhnliches abspielte, und fragten, woher die Tiere denn wüssten, wann sie zum Wasser kommen sollten, und warum sie nicht angerannt kämen, so wie ihre beiden Hunde jeden Morgen zu ihren Futterschüsseln. Ich übersetzte ihre Frage, und einer der Krieger erwiderte, dass die Tiere die Stimme des jeweiligen Sängers erkennen würden, und die sage ihnen, dass sie jetzt an der Reihe seien. Die Lieder, fuhr er fort, würden allerdings nicht von Vieh oder Wasser handeln, sondern vom Stamm der Samburu, seiner Geschichte, von einem großen Krieger oder Ereignis, einem legendären Viehtrieb oder der erfolgreichen Jagd auf einen Löwen. Ich fragte ihn, ob wirklich jede Herde die Stimme ihres Besitzers erkenne. »Natürlich tun sie das. Schon immer, seit sie kleine Kälber waren und in unseren *bomas* waren, um dort nachts bei uns zu schlafen.«

Was für ihn eine Selbstverständlichkeit war, war für uns fünf aus der westlichen Welt kaum vorstellbar. Ich sagte, dass ich sie nachts in den *bomas* sehen müsste, um das wirklich zu verstehen.

»Dann komm heute Nacht«, lautete die schlichte Antwort. »Bei Sonnenuntergang, wenn wir sie heimtreiben, dann wirst du verstehen, wie wir jede Kuh erkennen und wie sie uns erkennen.«

Überrascht schwieg ich einen Augenblick. Es sehe so aus, übersetzte ich dann für die Johnsons, als hätten wir soeben eine Einladung ins Dorf erhalten, um zuzusehen, wie die Männer ihre Herden in den Pferch treiben, melken und für die Nacht unterbringen. Wie ich erwartet hatte, stimmten die Johnsons sofort zu. Vorsichtig erklärten sie ihren Töchtern, dass ihnen die seltene Gelegenheit geboten werde, ein *manyatta* der Samburu zu besuchen. Die Begeisterung von Nicole und Daniella hielt sich zwar in Grenzen, aber ich sagte den drei Kriegern, wir würden da sein und ich würde ihnen gern einen angemessenen Preis für eine Ziege zahlen, wenn sie bereit wären, sie für uns zu schlachten und zu braten und vielleicht auch Tee für uns zu machen. Wir hatten uns schnell geeinigt, und die drei Männer gingen zu ihren geduldig wartenden Herden. Sie pfiffen laut durch die Zähne und wandten noch ein paar andere Kniffe an, um die widerstrebenden Tiere dazu zu bringen, den Schatten zu verlassen, sich wieder zu einer Herde zu vereinen und den Heimweg über das Plateau anzutreten. Nach wenigen Minuten war aus der Ferne nur noch das Bimmeln einiger Kuhglocken zu hören, bevor sich über allem wieder die mittägliche Stille ausbreitete.

Um vier Uhr machte ich meine Runde und scheuchte alle aus ihrer Siesta auf, was in dieser Hitze geraume Zeit beanspruchte. Die Mädchen waren ganz benommen, und ich musste ihnen beim Anziehen helfen und sie dann zum Tisch führen, wo der Nachmittagstee auf uns wartete. Es war so heiß, dass sie nicht einmal etwas von dem Schokoladenkuchen essen wollten. Ich hatte gerade meine zweite Tasse Tee halb ausgetrunken, als zwei der drei Krieger, mit denen wir am Vormittag gesprochen hatten, über den glühend heißen Sand gelaufen kamen und uns ein lautes »Sobat!« entgegenriefen, den traditionellen, formlosen Gruß der Samburu, nicht die »richtigen« Begrüßungsworte, die zwischen gleichaltrigen oder gleichrangigen Stammesmitgliedern üblich sind. Für uns Weiße reichte diese Begrüßung, da wir weder Maa beherrschten noch die angemessenen Grußformeln, die man normalerweise austauschen würde.

»Enta sopa boge«, rief ich zurück, und wandte mich zu ihnen um. »Karibu chai.« Willkommen zu einer Tasse Tee. Ich schenkte ihnen ein, während sie sich mit so viel Nonchalance zwei Stühle heranzogen und setzten, dass man meinen konnte, sie würden das jeden Tag tun. Tatsächlich pflegen die Samburu kaum Umgang mit Touristen und ihren Führern. Die beiden Krieger, Ole Ndutu und Pakwo, schüttelten allen mit festem Druck die Hand, als ich sie meiner Gruppe vorstellte. Die kleinen Hände von Nicole und Daniella verschwanden förmlich zwischen den kräftigen Fingern der Krieger. Sie bemerkten die Zurückhaltung der Mädchen, beugten sich nach vorne und sagten freundlich »Hallo«. Auf Englisch.

Ole Ndutu und Pakwo waren gekommen, wie sie uns stolz mitteilten, um uns zu ihrem _manyatta_ zu geleiten, und wir sollten jetzt auch besser aufbrechen, entweder mit dem Wagen oder zu Fuß. Wir beschlossen zu laufen, und die Johnsons eilten davon, um festere Schuhe anzuziehen.

»Màbe!«, riefen die Samburu, als wir wieder vollzählig waren. Gehen wir! Natürlich waren sie uns mit ihren langen Beinen und den weit ausholenden Schritten schon innerhalb weniger Minuten ein gutes Stück voraus. Die Samburu (und ihre Verwandten, die Massai) legen in kürzester Zeit enorme Strecken zurück, wie ich während meines ersten Aufenthalts in Kenia gelernt hatte, als Mike Rainy uns Studenten losschickte, um eine Nacht bei den Samburu zu verbringen, und ich Mühe hatte, mit meinen beiden Gastgebern Schritt zu halten. Ich rief Ole Ndutu und Pakwo zu, dass wir wegen der beiden Mädchen nicht so schnell laufen könnten, und tatsächlich hielten sie an, um auf sie zu warten. Von da an lief Pakwo neben Nicole her, Ndutu neben Daniella, und Nancy, Jim und ich bildeten das Endes des Zugs.

Ich war schon so oft in den *manyattas* der Samburu und der Massai gewesen und hatte so viele Nächte dort verbracht, dass ich überhaupt nicht daran gedacht hatte, die Johnsons auf das ihnen bevorstehende Erlebnis vorzubereiten. Erst als wir durch die schmale Öffnung in dem dichten Zaun aus Dornensträuchern stiegen, der die Ansammlung der aus Kuhfladen gebauten Hütten umgab, und ich den Ausdruck auf den Gesichtern von Nicole und Daniella sah, wurde mir bewusst, dass dieser Anblick auf jeden, der nicht mit den einfachen Lebensbedingungen in der Dritten, wenn nicht sogar Vierten Welt hier im Samburu-Reservat vertraut war, wie ein Schock wirken musste.

Die meisten Bewohner nahmen überraschenderweise kaum Notiz von uns, als wir das Dorf betraten. Ein paar Kinder konnten zwar nicht umhin, uns anzustarren, offensichtlich verwirrte sie der Anblick von Altersgenossen mit heller Haut, hellen Augen, glatten Haaren und seltsamer Kleidung. Doch auch sie waren viel zu höflich, um etwas zu sagen, geschweige denn, dass sie auf die Idee gekommen wären, auf uns zuzulaufen und uns anzufassen, obwohl ich sie alle begrüßte und die Schwestern dazu ermunterte, ihnen die Hand zu geben und Hallo zu sagen. Das taten sie auch, hielten dabei jedoch mit der anderen Hand fest die ihrer Eltern umklammert. Obwohl das Vieh und die Ziegen noch nicht in die sichere Umzäunung des Pferchs gebracht worden waren, war das *manyatta* mit Fliegen übersät. Sie zwangen jeden von uns, egal ob schwarz oder weiß, sich ständig mit der Hand über Nase, Mund und Augen zu wischen, da sie sich auf jeden Tropfen Feuchtigkeit stürzten, den sie nur irgendwo aufspüren konnten. Ein paar magere Hunde, jede Menge Müll und ordentlich aufgestapelte Holzscheite, die mit Lederstreifen zusammengebunden waren, vervollständigten den ersten Eindruck von dem *manyatta*. Und Rauch, überall Rauch. Alles roch nach Rauch, die Kleidung und die Körper der Bewohner, die Hütten, die Luft und selbst die Hunde.

Unsere beiden Gastgeber stellten uns dem Dorfältesten vor, Ole Tinga, einem Mann, dessen wettergegerbtes Gesicht mit den schmalen Augenschlitzen wie eine Maske aussah. Nichtsdestoweniger war er unglaublich lebhaft und hatte einen festen Händedruck. Als ihm Nicole und Daniella vorgestellt wurden, legte er ihnen nacheinander sanft seine Hand auf den Kopf, wie es bei den älteren Samburu Sitte ist, wenn sie so junge Menschen begrüßen. Die beiden Mädchen standen ganz still da, als er sie berührte, und ich erklärte ihnen die Bedeutung dieser Geste und fügte gleich noch eine Erklärung zum sozialen Gefüge dieses Stammes an. Die Tatsache, dass ein Samburu mehrere Frauen haben darf, wenn er es sich leisten kann, machte auf die Kinder keinen Eindruck, Nancy und Jim hoben jedoch die Augenbrauen, als ich erläuterte, dass diese Polygamie unter anderem dem Zweck diene sicherzustellen, dass dem Familienverband immer genug Arbeitskraft zur Verfügung stehe. Die Ehefrauen werden meist sehr schnell die besten Freundinnen, wenn sie es nicht schon vorher waren, und jede hat im *manyatta* ihre eigene Hütte. Die Hütte der Hauptfrau liegt rechts vom Eingang in dem Dornenstrauchzaun. Die Hütten der zweiten Frau und aller folgenden Frauen befinden sich auf der linken Seite. Die wohlhabendsten Krieger oder Dorfältesten können bis zu vier oder fünf Frauen haben.

Wir bückten uns und folgten Ole Tinga durch den dunklen, niedrigen Eingang seiner Hütte. Im Innern war es stockfinster, und wir blieben geduckt in dem tunnelartigen Eingangsbereich stehen, während sich unsere Augen allmählich an die Dunkelheit gewöhnten. Eines der Mädchen trat einen Schritt zurück und stieß gegen mich. Ich beugte mich zu ihr hinunter, legte meine Hände auf ihre schmalen Schultern und sagte ihr, es sei alles in Ordnung. Sie presste sich gegen meine Beine, bis ich sie, ohne die Hände von ihren Schultern zu nehmen, langsam vorwärts in die dunkle Hütte schob. Nach wenigen Schritten war man aus dem bogenförmigen Eingangsbereich in einen runden Raum mit einem Durchmesser von etwa fünf Metern gelangt. In der Mitte befand sich eine kleine Feuerstelle, drei glimmende Holzscheite mit jeweils einem größeren Stein dazwischen. Rauch stieg auf und bildete in dem Lichtstrahl, der durch ein Loch in der Wand fiel, einen deutlich abgegrenzten grauen Zylinder. Der enge Raum war von einem angenehmen Geruch nach Akazienholz, altem Leder, jungen Ziegen und Kälbern erfüllt.

Eine alte Frau mit glatt rasiertem Kopf, schmalen Augen und mit Glasperlen bestickten Lederstreifen in den lang gezogenen Ohrläppchen deutete auf die flachen Steine, die in einem Kreis um die kleine Feuerstelle herum lagen. Ich setzte mich auf einen der Steine und zog Daniella auf meinen Schoß. Nancy und Jim nahmen ebenfalls auf den abgewetzten Steinen Platz, und Nicole setzte sich zwischen Jims Füßen auf den Boden. Die alte Frau mit dem runzligen Gesicht sagte kein Wort, sondern beugte sich nach vorne und blies langsam und gleichmäßig in ein langes Schilfrohr, das sie auf die drei Holzscheite richtete. Das Feuer flackerte auf, und sie stellte eine verbeulte und angeschwärzte *sufuria*, einen runden, dünnwandigen Kochtopf, die Milch und Wasser enthielt, zwischen die drei Steine.

Wie erfuhren nicht, wie die Frau hieß, nur dass sie Pakwos Großmutter war. Pakwo setzte sich neben sie und blickte um sich, und dann deutete er nacheinander auf die Gegenstände, die wir in dem dämmrigen, rauchgeschwängerten Licht ausmachen konnten. Zu seiner Linken, hinter seiner Großmutter, befand sich die Schlafstelle, die sich etwa zwanzig Zentimeter über den aus festgestampfter Erde bestehenden Boden der Hütte erhob. Dieser Bereich war mit abgeschabten Kuhfellen bedeckt, an der leicht geschwungenen Wand auf der Rückseite lehnten sieben hölzerne Kopfstützen, die bei Bedarf auch als Stühle dienten. Pakwo erzählte uns, dass sich neun Leute diesen Schlafplatz teilen würden. Sie schliefen in ihre *shuka* gehüllt, und manchmal hatten sie auch gar nichts an, weil das flackernde Feuer, die Ziegen und Kälber und die Körperwärme der dicht zusammengedrängten Menschen ausreichten, um die Hütte warm zu halten. Die Kürbisflaschen, die neben seiner Großmutter standen, wurden ausgewaschen und mit brennenden Olivenholzstäbchen gereinigt, bevor man sie mit frischer Milch und Kuhblut füllte. Wenn man die Flaschen verkorkte, hielt sich die Mischung einige Tage lang. Zusammen mit Tee und einem gelegentlichen Stück Fleisch war das die einzige Nahrung, die die Samburu zu sich nahmen. Es ist diese Mischung aus Blut und

Milch, die den Samburu-Kriegern so viel Kraft und Ausdauer verleiht. Sie bauen weder Obst noch Gemüse an, und Fleisch gibt es nur zu besonderen Anlässen. Im Namen meiner Mitbesucher lehnte ich Pakwos großzügiges Angebot ab, von der Milch-Blut-Mischung zu probieren, die ich früher selbst auch schon getrunken hatte. Ich sagte, wir wollten warten, bis der Braten fertig sei. Er zuckte mit den Schultern, offensichtlich erstaunt, dass ich ein solches Anerbieten ablehnte, und übersetzte meine Worte für seine Großmutter. Das leichte Zucken, das über ihre Augen- und Mundwinkel lief, zeigte, dass sie unsere Antwort richtig deutete und sich darüber amüsierte.

Wir unterhielten uns mit Pakwo über die Regenfälle und das Gras, den Zustand der Viehherden und darüber, was er sich von der nächsten Regenzeit erwarte. Er erzählte, dass er vielleicht bald auf besseres Weideland ziehen würde, je nachdem, wann die Regenfälle einsetzen und wie heftig sie sein würden. Ich versuchte, den Kindern zu erklären, dass man hier nie weiter als bis zur nächsten Regenzeit denke. Das Leben dieser Menschen besteht aus so vielen Unwägbarkeiten und birgt so viele Gefahren, dass es geradezu eine Grobheit ist, sich nach den Kindern zu erkundigen, weil immer eines während der letzten Trockenzeit gestorben sein kann.

Als die Milch aufschäumte, streckte die alte Frau eine faltige Hand aus, warf eine sorgfältig abgemessene Menge losen Tee hinein und stellte die *sufuria* zwischen zwei der Feuersteine auf den festgestampften Boden. Sie sagte etwas zu Pakwo, und er stand auf und erklärte, er werde jetzt das Ziegenfleisch holen, da der Tee bald fertig sei. Während seiner Abwesenheit verharrten wir in Schweigen, weil ich mich nicht auf Maa unterhalten konnte und Pakwos Großmutter kein Kisuaheli sprach. Nancy fragte ihre Töchter beiläufig, was sie von all dem halten würden. Nicole erklärte uns, sie finde es erstaunlich, dass es im Wohnbereich nicht schmutzig aussähe und auch nicht rieche, obwohl doch der Boden der Hütte aus Erde und die Wände aus Kuhfladen bestünden. Daniella sah Nicole überrascht an und nickte. Und das tat auch die alte Frau, mit einem fast unmerklichen Lächeln in Nicoles Richtung.

Pakwo kehrte mit drei Männern in seinem Alter zurück, die zwei

Tabletts aus geflochtenen Grasmatten trugen. Auf den Tabletts lagen verschieden große Stücke dunkel gebratenen Fleisches. Sie stellten die Tabletts vor uns ab und setzten sich dann auf die noch freien Steine um die Feuerstelle. Einer von Pakwos Freunden griff hinter sich in ein kleines Regal und holte ein paar Emailbecher hervor, die er neben der *sufuria* auf den Boden stellte. Ohne ein Stück Stoff oder Leder als Topflappen zu benutzen, nahm Pakwos Großmutter die *sufuria* und füllte vorsichtig jeden der Becher zu drei Viertel mit dem Milchtee. Die Krieger verteilten die Becher und stellten sie vor uns ab, zuletzt vor den Kindern. Wir saßen schweigend da und warteten auf ein Zeichen, das Aufschluss über die angemessene Verhaltensweise während des Essens geben würde. In den Hütten der Samburu, in denen ich bis jetzt zu Gast gewesen war, hatte man immer auf die Älteren gewartet. Ich geduldete mich also, bis die alte Frau den Becher an den Mund hob, bevor ich die Finger durch den Henkel meines Bechers steckte, und ließ ihn beinahe fallen, so heiß war er. Die Samburu lachten über mich, als ich die Hand schnell zurückzog. Und auch die Großmutter konnte nicht an sich halten und schaukelte kichernd vor und zurück, wobei sie wie ein Schulmädchen die Hand vor den Mund hielt. Das wiederum bereitete den Kriegern offensichtlich großes Vergnügen.

Dann wurde das Fleisch herumgereicht. Pakwo erklärte uns, dass seine Großmutter es nicht mehr selbst kauen könne, deshalb kaue es jemand für sie vor und spucke es dann auf eine vor ihr liegende Matte, von der sie es sich nehme. Nancy sagte, in Nordamerika gebe es verschiedene Indianerstämme, bei denen das auch üblich sei. Daniella musterte prüfend die Auswahl an schwärzlichem Fleisch, suchte sich dann sorgsam ein Stück aus und begann, langsam darauf herumzukauen. Alle, einschließlich ihrer Schwester, hatten die Augen auf sie gerichtet. Gut so, Daniella! Die alte Frau sagte etwas, und Pakwo übersetzte: Schmeckt dem Mädchen das Fleisch? Ich gab die Frage an Daniella weiter, und sie nickte bejahend mit dem Kopf. Darüber freute sich die Frau so sehr, dass sie in die Hände klatschte und ein Stück nach vorne rutschte, um Daniella die Hand auf den Arm zu legen. Ein Lächeln zog über ihr Gesicht und ließ ihre Zahnlücken erkennen, und zuletzt war die ganze Hütte erfüllt von ihrem mädchenhaften Lachen.

Schließlich war der Tee so weit abgekühlt, dass wir die Becher in die Hand nehmen konnten, und wir tranken das unglaublich süße, dampfende Gebräu, auch wenn es uns schon bald den Schweiß aus allen Poren trieb. Nicole und Daniella schien es wirklich zu schmecken. Egal wo, alle Kinder scheinen Süßigkeiten zu lieben, dachte ich bei mir. Die Unterhaltung plätscherte dahin, und ich übersetzte die Fragen und Antworten, wobei ich allerdings von Zeit zu Zeit der Fülle rollender Rs und gutturaler Töne der drei Krieger nicht mehr folgen konnte. Bald jedoch waren die einzigen Geräusche unser leises Kauen, das Schlürfen beim Teetrinken und das sanfte Knistern der Flammen. Allmählich verschwand die bläuliche Rauchsäule, als hinter den Kuhfladenwänden, die uns umgaben, die Nacht das Land in Dunkelheit hüllte.

Die Krieger aßen mit Abstand am meisten von dem Fleisch. Den Samburu kommt offensichtlich jeder Vorwand, zu tanzen und Fleisch zu essen, gelegen. Zurückhaltung war hier fehl am Platz. Nach kurzer Zeit waren die beiden Tabletts leer, und von dem Tee in der *sufuria* war nur noch eine dünne Schicht Schaum übrig. Die beiden Mädchen schliefen schon beinahe im Sitzen ein, und wir hatten noch über eine Stunde Weg zurück ins Camp vor uns, also sagte ich zu Pakwo, dass wir jetzt aufbrechen müssten und seiner Großmutter für ihre Gastfreundschaft und ihre Großzügigkeit dankten. Während er meine Worte übersetzte, starrte sie wortlos auf die drei glimmenden Holzscheite. Als ich aufstand, um ihr die Hand zu geben, hob sie beide Hände aus ihrem Schoß und umfasste meine Hand mit einem Griff, der viel fester war, als ihr Alter hätte erwarten lassen. »Ole Sera«, sagte sie. »Siera nage.« Danke. Lebt wohl. Nancy und Jim gaben ihr ebenfalls die Hand, und auch ihre Töchter verabschiedeten sich. Dann folgten wir den Kriegern in den Busch hinaus, der inzwischen in völliger Dunkelheit lag.

Pakwo sagte, sie würden uns ins Camp zurückbegleiten. Ich erklärte ihm, dass ich den Weg kennen würde, doch sie bestanden darauf, und da es sehr unhöflich gewesen wäre, widersprach ich nicht länger. Augenblicklich, ohne zu fragen und vermutlich auch ohne lange überlegt zu haben, nahm einer der Krieger Nicole auf den Arm, und Pakwo hob Daniella hoch. Sie warfen einen kurzen Blick auf Nancy, die keinen Protest äußerte, sondern einfach hinter ihnen herlief. Pakwo bahnte sich seinen Weg durch die Herde, die inzwischen in das *manyatta* getrieben worden war und jeden freien Platz ausfüllte. Der dritte Krieger zog den Dornenstrauch zur Seite, der als Tor diente, und vorsichtig gingen wir durch die Kuhfladen hinaus in die dunkle, sternenübersäte Nacht.

Afrikanische Nächte sind selten schwarz, sondern vielmehr von einem intensiven Indigoblau, das regelrecht zu pulsieren scheint. Als wir ins Camp zurückliefen, tauchten immer wieder nur schemenhaft erkennbare Akazien und Sandsteinfelsen vor uns auf. Meine Schritte und die der Johnsons hinterließen auf dem harten Sand und dem Felsgestein ein knirschendes Geräusch, während die Samburu in ihren Sandalen völlig geräuschlos auftraten. Die Beine und Arme der Mädchen waren nur als helle Streifen zu erkennen. Sie schwebten wie geisterhafte Erscheinungen in der Luft und bewegten sich im Rhythmus der ausholenden Schritte der Krieger, die sie trugen, auf und ab. Kein Laut störte die Ehrfurcht gebietende Stille.

Unser Camp war klein, es bestand lediglich aus drei Schlafzelten und einem Küchenzelt, doch die vielen Kerzen und Laternen ließen es eindrucksvoll und strahlend erscheinen. Wir konnten es schon aus einer Entfernung von mehreren hundert Metern ausmachen, sein Feuer schien ein bisschen zu hell zu brennen. Ich begrüßte meine Mitarbeiter, die sich bereits Sorgen um uns gemacht hatten, und versicherte ihnen, dass alles in Ordnung sei, gar nicht besser sein könne.

Ich dankte Ndutu und Pakwo für den wunderbaren Abend. Pakwo hielt meine Hand und meinte, die Schwestern würden nach der gesunden Mahlzeit heute Nacht sicher gut schlafen und morgen früh gestärkt aufwachen. Nancy und Jim brachten die Mädchen ins Bett, und als sie wieder zurückkamen, waren die drei Krieger bereits in der Nacht verschwunden. Meine Leute hatten ein Abendessen für uns vorbereitet, aber wir tranken nur Tee und saßen noch lange am Lagerfeuer.

Am nächsten Tag, nachdem wir eine letzte Pirschfahrt unternommen und gefrühstückt hatten, packten wir unsere Sachen zusammen, um ins Great Rift Valley zu fahren. Gerade als wir das Camp in Richtung Startbahn verließen, übertönte ein heller Ruf das morgendliche Konzert der Vögel. »Sobat!«, schallte es uns entgegen, und auf der Piste vor uns standen Pakwo, Ndutu und Ole Tinga. Langsam schritten die drei groß gewachsenen Männer auf den Wagen zu. Nicole lehnte sich über das Wagendach, um allen dreien die Hand zu schütteln, und Daniella tat es ihr nach und sagte fröhlich »Guten Morgen«, was keiner Übersetzung bedurfte.

»Tumekuja kusema kwaheri tu«, sagte Ole Tinga. Wir sind nur gekommen, um uns zu verabschieden.

»Na tunashukuru kwa hii, kwa jana usiku pia«, antwortete ich. Wir danken euch, und wir danken euch auch für den gestrigen Abend.

»Kaa salama, na chunga nanya yako na ngombe yenu vizuri.« Lebt wohl und gebt gut auf eure Großmutter und eure Herden Acht.

»Bila shaka.« Das tun wir ganz bestimmt. »Na safari salama, na chunga hawa wadogo.« Gute Reise und gebt ihr gut auf die beiden Kleinen Acht.

Ich sagte ihnen, dass ich nächsten Monat wiederkommen würde, dass ich sie zu gebratenem Fleisch und Tee in mein Camp einladen wolle und Pakwos Großmutter auch kommen müsse. Dann ließen wir das Akazienwäldchen hinter uns und fuhren hinaus in die ausgedörrte Wüstenlandschaft. Kurz bevor wir das Flugzeug erreichten, knackte es im Funkgerät. Es war mein Freund Michael, der westlich von uns sein Lager aufgeschlagen hatte und wissen wollte, ob wir gestern die Leopardin mit dem Riss im Ohr gesehen hätten. Nein, sagte ich. Dann fragte er, ob wir bei der Flotte von Minivans dabei gewesen wären, die die beiden Geparde regelrecht umzingelt habe. Ich antwortete ihm, dass wir die Fahrzeuge noch nicht einmal gesehen hätten. Im Funkgerät blieb es einige Zeit lang still, dann meinte Michael, dass doch wohl zumindest die Elefanten an den Wasserlöchern im Flussbett für gute Unterhaltung gesorgt haben müssten, aber ich musste gestehen, dass wir auch die nicht gesehen hätten, zumindest nicht am Nachmittag. Es folgte eine noch längere Pause, bevor Michael sich schließlich erkundigte, was wir denn dann eigentlich gestern auf unserer Nachmittagstour gesehen hätten.

»Nichts Besonderes.«

Pause. »Na ja, manchmal gibt es solche Tage. Manchmal entdeckt
man einfach nichts, egal wie sehr man sich auch anstrengt.«

Ich stimmte ihm zu, beendete das Gespräch, legte das Mikrophon
zurück in die Halterung am Armaturenbrett und drehte mich zu Nancy und Jim um. Auf ihren Gesichtern lag ein Lächeln, und auch die
beiden Mädchen lächelten verschmitzt. Sie hatten das Gespräch mitverfolgt. Daniella fuhr mit den Fingerspitzen über das Perlenarmband,
das Pakwos Großmutter ihr geschenkt hatte.

Danksagung

Ich hätte niemals das Leben führen können, das ich so sehr lieben gelernt habe, wären nicht so viele Leute bereit gewesen, mir auf meinen Safaris in die Weite Afrikas zu folgen. Insbesondere danke ich David und Diane Reesor und Bob und Birgit Bateman, die immer geduldig abwarteten, was sich noch ergeben würde.

Ich hatte das Glück, mit einer Reihe anderer Safarileiter zusammenzuarbeiten, die ganz besondere Persönlichkeiten sind und von denen ich viel gelernt habe. Vor allem David Wolf hat meinen Horizont erweitert und ist mir Vorbild bei meiner Arbeit als Safariführer. Auch Susan Scott, Ed Harper und Leon Varley habe ich in dieser Hinsicht viel zu verdanken.

Mein Dank gebührt Will und Emma Craig, die mir in Lewa Downs jede Freiheit ließen, sowie Judy und Mike Rainy, die mir gezeigt haben, dass zu jeder Safari Humor, Wissen und Geduld gehören. Ich danke James Waweru für seine klugen Ratschläge und meinen Fahrern Patrick Nganga, Mungai und Mike Ndiema.

Bei allem, was mit Flugzeugen zu tun hatte, opferten mir Geoff Price, Will Wood und Phil Mathews großzügig ihre Zeit und brachten mir viel bei. Meine Fluglehrer Tad, Gad und Drew Chitiea spornten mich an, ihren hohen Standards nachzueifern.

Ich danke Willy Chambulo und Emanuel Zelothe in Tansania, die auch in brenzligen Situationen nicht die Nerven verlieren, für ihre Geduld.

Nach den Entführungen und Morden in Uganda gab es eine Reihe von Leuten, die niemals aus den Augen verloren, was der Verlust und das Entsetzen für die Überlebenden bedeuteten. Mein Dank gilt den FBI-Agenten Billy Corbett, Jennifer Snell und Butch Luker sowie Mike McKinley, Joel Reifman und Wayne Hanning für die Hilfsbereitschaft und Rücksichtnahme, die sie bei der Untersuchung dieser Tragödie zeigten.

Martin Dawes, John Larson und Christian Martin wurden im Laufe unserer gemeinsamen Arbeit zu guten Freunden, auf deren Unterstützung ich jederzeit zählen kann.

Viele Freunde standen mir nach den Ereignissen in Uganda bei. Besonders Omar und Seher Khan haben sich mit nie nachlassender Geduld um mich gekümmert. Will Marshall, Mark Lynch und Michael Gustavson halfen mir, meinen Lebensmut wiederzugewinnen. Außerdem bin ich Joe Bozzuto zu Dank verpflichtet, dessen unermüdliche Unterstützung von unschätzbarem Wert war.

Ich danke Jonathan Burnham, Mike Bryan und David Groff in New York. Mein ganz besonderer Dank geht an Farley Chase, der nie müde wurde, mir zuzuhören, und mir jede erdenkliche Hilfestellung gab.